Antonio Negri & Michael Hardt,

Labor of Dionysus

A Critique of the State-Form

アントニオ・ネグリ／マイケル・ハート

長原豊／崎山政毅／酒井隆史＝訳

ディオニュソスの労働

国家形態批判

人文書院

フェリックス・ガタリのために

謝辞

著者は本書の草稿にコメントしてくれたケネス・スーリン、マイケル・ライアン、ニック・ウィズフォードに感謝する。第I部第二章に収録された「ケインズと国家の資本主義的理論」の翻訳については、トニ・ネグリ『奪回された革命——マルクス、ケインズ、資本主義の危機と新たな社会的主体（一九六七—八三）』（Toni Negri, *Revolution Retrieved: Writings on Marx, Keynes, Capitalist Crisis and New Social Subjects* (1967-83), London : Red Notes, 1988）に収録されている英訳を参照した。レッド・ノーツ・コレクティヴの寛容な協働に感謝する。

序――ディオニュソス

本書の狙いは悦びの実践《プラクシス》の提起にある。ここでの悦びとは大らかで開放的な社会的主体がその力を増大させることである。こうした主体による生きた労働が悦びであり、それはまた自分自身の力の肯定でもある。マルクスは、「労働は、生きている造形的な焔」である、と書いた。労働は「生きた時間による諸物の形成として、諸物の無常性、それらの時間性」であるとも（Marx 1973：361）。こうした意味での労働の肯定、それはまた生そのものの肯定でもある。

けれども、現代社会で私たちが日々直面している仕事はそう楽しいものではない。それどころか、多くの場合それは、ある者にとっては倦怠と退屈を、またある者にとっては苦痛と惨めさしか意味しない。このことを私たちは知り尽くしている。資本家のための労働における同じ事の果てしない繰り返し。私たちから時間を盗みとり、私たちの力を奴隷化する労働。それは監獄として現れる。私たちに残された余暇と呼ばれる時間を満たしているもの、それは私たちの受動性、私たちの非生産性でしかないように見える。けれども私たちが肯定する労働は、異なった平面、異なった時間で把握されるべきだ。生きた労働は、資本家のための労働とどの賃金関係という監獄の内部と外部、労働と非労働 nonwork というこれら二つの領野、いわゆる労働日によって画定されるそうした分割を侵犯するとき、生命《いのち》を創り出し社会を構成する。生きた労働とは、雪に埋もれながらもじっと春を待つ、一つの種子なのだ。あるいはより正確に言えば、それは、協働のダイナミックなネットワークの内部、すなわち社会の生産と再生産において資本が画定する時間に出たり入ったりしながら潜り抜ける、つねにすでに能動的な生命の力なのだ。ディオニュソスとは生きた労働の神であり、みずからの意のままになる時間における創造である。本研究をとおして私たちは、その野性的なエネルギーを資本のために働かせることを目的として生きた労働を首尾よく生け捕りまた飼い慣らすために資本が考えだした諸実践とその有力な諸理論に焦点を当てるだろう。とはいえ、国家によるこうした制御と搾取のための周到で実践的かつ理論的な諸装置についての私たちの分析は、その恐るべき戦略的配備に畏怖の念を喚起することなどには向けられてはいない。むしろ私たちの研究は、資本の秩序を転倒し、根源的なオルタナティヴを提起する諸力をより明確に認識することに向けられている。現代における資本主義的諸関係のいよいよもって増大する強力で巧妙な圧制のもと、生きた労働はこれまでになく力強く成長し、最終的には不屈であることを示しつづけている。『共産党宣言』は「このような巨大な生産手段と交通手段を魔法のように忽然と出現させた近代のブルジョワ社会は、自分で呼びだした地下の悪霊をもはや制御できなくなった、あの魔法使に似ている」と述べている（Marx and Engels 1965：39)。本書はこうして、創造的なことに、すなわち資本の足下で蠢くこのディオニュソス的な諸力へ捧げられる。

ディオニュソスの労働＊目次

第七章　構成的権力の潜勢力

ディオニュソスの労働——国家形態批判

Labor of Dionysus : A Critique of the State-Form

by Michael Hardt and Antonio Negri

I

第一章　批判としてのコミュニズム

恐竜

読者のなかには驚き慌てる者がいるかもしれない。だが私たちは、労働、搾取、資本主義についてだけではなく、階級闘争、プロレタリアの諸闘争、またコミュニズムの未来についてさえ語るつもりだ。恐竜という遺物がいまだこの地を徘徊しているというのか?! これらの用語に拠ってさまざまな議論を提起するのは、私たちがこうした用語を頑なに信じていたり、そうした用語の曖昧でしかない正統性なるものに何らかの確信をもっているからでもなく、現代世界に対する私たちの欲望と解釈を位置づけるためにこれらの用語に絶え間ない再検討を加えるとき、これらの用語が政治的そして社会的な分析にとってもっとも有効な諸範疇であると信じているからにすぎない。

こうした用語に関わる問題は必ずしも最近のこととはいえない。ずいぶん以前のことだが、当時戦闘的で活動的なマルクス主義者だった本書の著者の一人であるネグリが、マルクス主義国家論が存在するか否かという問題をめぐって、影響力をもつあるヨーロッパの自由主義的な民主制の主唱者と論争を交えたことがあったが、この論争はすぐに変質してしまった(1)。問題は、これら二人の論争当事者にとっても、またその傍観者や、両者それぞれの支持者たちにとっても、論争の対象がそれぞれ異なっていたことにあった。ノルベルト・ボッビオにとってマルクス主義国家論とは、マルクス自身の作品を注意深く読み解き、そこから最終的に導くことができるものとしてのみ理解されていたのであろう。そしてボッビオはそこに何ものも発見しなかった、というわけである。けれども急進的マルクス主義者ネグリにとってのマルクス主義国家論とは、革命運動という展望から法と国家の諸制度を実践的に批判することであり、またそこでの実践とはマルクス主義の文献学的な詮索とはほとんど無縁だった。むしろそれは、革命主体の構築とその力の表出をめぐるマルクス主義的な解釈学に関わっていた。そうした意味から言えば、ボッビオにとって法と国家についてのマルクス主義理論など存在しなかったのだ。国家と法についてのマルクス主義理論という名のもとで流通していたものといえば、「既存社会主義」すなわちソヴィエト連邦や他の東欧社会主義国によってもたらされた国家論の折衷的で俗流的な解釈にすぎなかった。他方ネグリは法と国家に対する非常に根源的な批判をマルクスのうちに見いだした。それは、長年にわたる革命的過程で登場した労働者の運動によって展開されながらも、その現実過程にあってはソヴィエト連邦や「既存社会主義」が与えたもろもろの法典や国家の基本法によって抑圧されてきた当のものだった。

一五年前の〔赤い旅団の壊滅を口実としたイタリアでの一連の政治弾圧がもたらした〕あの混乱が原因となって議論の生産性が抑えられ、そうした諸用語に関わる論争過程での応酬がまったく不可能となっていたなら、読者も私たち自身も、コミュニズムという展望から法と国家というテーマに立ち向かうことが、今日なぜかくも不可能な作業に見えるのかを理解するのに困難を感じなくてよかったはずだ。実際今日、マルクス主義、社会主義、そしてコミュニズムという語は、歴史的展開の暗闇であまりに深くその信頼性を傷つけられてしまっている。その結果、論争過程における論点の切り縮めからそれらの用語の意義を救いだすことができず、またそうした用語を利用することの重要性を再提起したり、それらの用語がはらんでいる意義を再発見したり、あるいは新たな理論を展開したりするいかなる試みもまた、まったくの譫言《たわごと》であるかのように見えるにいたっている。けれども確かなことは、特殊な時期における宣伝《プロパガンダ》の幻影や悪夢を踏み拉《しだ》いて、そうした探究が重要な結果を生みだすことが可能となるといった事例は、過去だけでなく最近においてでさえ初めてではないということである。いずれにせよボッビオとネグリに共通項が存在したとすれば、それは、両者が実在する社会主義をマルクス的思考のほとんど外部における展開と捉えていた点である。マルクス主義を実在する社会主義の歴史へ切り縮めてしまうことには何の意味もない。一七八九年のパリ蜂起からベルリンの壁の崩壊にいたる長い歴史をつらぬいて、資本家のための労働、資本家のための法律、資本家のための国家、そうしたものに抗して展開されてきた一連のプロレタリアの解放闘争を実在する社会主義の歴史や意味論に還元することもまた、無意味なのだ。

　これらの諸仮定や知識の偶像視を乗り越えて探究すること。そうした欲望が、法（制）的コミュニズム juridical *communism* のための理論の構築を志向する本書に収められた一連のテクストの基礎にある。この試みはさきのソヴィエト世界の法（制）的社会主義 juridical *socialism* とは無縁である。この試みは、しかし、マルクスと彼が展開した資本主義に対する批判に大いに関わっている。またそれ以上に、資本家による労働者階級と全人類の搾取に抗する二世紀以上にもわたる闘争をつらぬいて表明されてきたコミュニストたちの欲望に、それは関わっているのだ。ギリシア語における語源的な意味で、コミュニズムとは恐竜であろう。恐竜、この恐るべき野獣――しかしこの怪物は決して絶滅しなかったし、モダンとポストモダンの歴史を潜り抜けて、その力を表示しつづけている。

コミュニズム

法（制）的コミュニズムの理論は、コミュニズムを国家‐形態の批判の出発点であると同時に到達点と捉えている。ボッビオと同様、多くの人びとは、マルクスが国家それ自体にはほとんど注意を払わず、国家論をまったく展開しなかったという理由を挙げて、国家‐形態すなわち国家を支え構成する法的および経済的な諸装置の複合体についてのマルクス主義的分析が、事実上、不可能であると指摘してきた。実際マルクスが、国家とその法についての実定（実証）的な理論を提示しなかったことは事実である。しかし、このことはマルクス主義的な分析が国家について何も語っていないということを意味しているわけではない。適切に言い換えれば、むしろそれは国家のマルクス主義的批判が否定から始まることを意味している。「コミュニズム」とは、マルクスが記すように、「事物の現状を破壊する真の運動」である。私たちが議論の出発点にコミュニズムを据えるのは、そうした意味においてなのだ。

　マルクスからのこの引用によって提起されるコミュニストの理論的実践には、密接に関係する次の二つの要素が存在している。第一は、「事物の現状」の分析、あるいは私たちの場合で言えば、実際に機能しつつ存在している法と国家の諸理論についての分析である。そこでの分析対象は、資本主義的であれ、社会主義的であれ、労働の組織化の規律的諸姿態と労働の社会的分割がとる強制的形態を原因とする専制のために市民や労働者の頭脳《あたま》や身体《からだ》を盗みとるために役立っているそうした諸形態にぴったりと対応した支配の諸理論である。したがって私たちは、そうしたことを明らかにするために、ジョン・メイナード・ケインズ、ハンス・ケルゼン、ジョン・ロールズ、リチャード・ローティ、そしてニクラス・ルーマンなどの人びとの著作を考察し、またそうした分析から、彼らがこうした支配の現代的な実践と形態をいかに適切に理論化しているかを見極めようとするだろう。私たちは、マルクスが生きていた時代にあって彼がアダム・スミス、デヴィッド・リカード、そしてヘンリー・ケアリを取り上げたときと同様の精神に導かれて、これらの人びとを取り上げるだろう。それはいわば、いくつかの点で彼らの研究が支配の現状を把握し、またそうした支配に関与していると私たちが考えているからである。

こうした事物の現状についての認識に加えて、このマルクス主義的方法における第二の要素は、そうした現状を「破壊する真の運動」とマルクスが呼んだものを把握することである。言い換えれば、国家のマルクス主義的批判は、支配の諸構造と諸メカニズムを破壊し転覆するときに作動する真に社会的な諸力を把握しなければならない。私たちは、マルクスがそうしたように、この批判の根底に、つねに従属させられながらも、つねにみずからを解放しようともしている、生きた労働の理念と経験を想い描くだろう。生きた労働は資本主義に内属している。すなわち、生きた労働はまさにそれが生みだされた諸制度の内部に閉ざされてはいるが、しかし倦むことなくそうした諸制度をなんとか破壊しようともしている。こうして私たちの批判は、変化しゆく彼（女）たちの諸形象を定義・再定義し、いかに彼（女）たちの運動とその戦取的変革が、法と国家の新たな配置《アレンジメント》と絶え間なく対峙し、それらを破壊してゆくかを明らかにすることで、敵対《アンタゴニズム》とさまざまな革命的主体というレヴェルへ到達しなければならない。これらが国家－形態に対する批判の二側面であり、こうした批判がその出発点として「事物の現状を破壊する真の運動」すなわちコミュニズムを選び採るのである。こうして私たちは、第一の仮説として、法と国家の道具的合理性という次元のまったく外部に存在する思考の方法、そうした合理性を破壊する方法として、法（制）的コミュニズムを措定することができるだろう。

だが否定的な方法だけでは充分とは言えない。批判はプロジェクトをも開示しなければならない。コミュニズムはニーチェ的な意味における総体的批判としても理解されなくてはならないのだ。コミュニズムは、現在における諸価値の破壊だけでなく新たな諸価値の創出、現存するものの否定だけではなく新たに飛び出てくるものの肯定でなければならないという意味で、ニーチェ的なのである。このように国家‐形態の批判とは実効をともなうオルタナティヴの提示をも意味している。マルクス主義的批判のこの肯定的側面は、その基礎として、生きた労働の理念と経験をも構想せねばならないのだ。生きた労働とは、資本主義的生産過程の転覆だけでなく、そのオルタナティヴの構築をも絶え間なく措定する、内的な力である。言い換えれば、生きた労働は、資本主義的な価値増殖 valorization の過程における生きた労働の抽象化と剰余価値の生産を拒絶するだけでなく、そうした資本主義的な価値増殖に取って代わる価値創出 valorization のためのスキーム、いわば労働の自己価値創出（自己価値増殖）self-valorization を措定する。このように生きた労働とは、否定だけでなく肯定においてもまた能動的な力である。生きた労働の自己‐価値創造の諸過程で産出されるもろもろの主体性はオルタナティヴとして社会性を創造する担い手である（第七章で私たちは、現代社会にすでに存在している、いわゆる「コミュニズムの先行条件」を考察するだろう）。労働の社会的組織化の物質的変革のとどまるところを知らない運動とその実効性を保証する諸規範としての集合性の力の表出と肯定、すなわち群集‐多数性 multitude が、法（制）的コミュニズムの超越（論）的なスキームにおける推進力である。このスキームは強い意味で超越（論）的である。言い換えればそれは、形式的ではなく存在論的であり、目的論的ではなく実践的《プラグマティク》である。いかなる移行の必然性も、またいかなる移行への信認も、それは指向しない。むしろそれは、つねに新たな闘争の諸過程、つねに新たな生産性の配備、そして構成的権力の表出を前提としている。すでに述べたように、その否定的側面にあってはコミュニズムが国家‐形態の批判の出発点とされたが、その肯定的側面においては、いまや国家‐形態の批判はコミュニズムをその到達点として理解‐実現する。

法（制）的コミュニズムが総体的批判として与えられている以上、それはまた内在的批判としても理解されるべきである。私たちがマルクス主義的な批判的方法によって摑みだすことを願っているこの破壊的で創造的な機械は、社会的諸闘争の現実的なレヴェルと革命的諸主体の構成の質によって規定されるものとまったく同一である。その意味は、まず第一に、法および国家は一つの関係性、つねに開かれた地平としてのみ規定されており、また重層的に決定されうることは確かだとしても、その本質は社会的諸主体間における力の関係性の動態とその現象学へ差し戻すことがつねに可能であり、また実際差し戻されてもいるということである。また第二にそれは、もっとも絶対的な内在性の平面——第一の基礎でももろもろの自然権の一覧表でもなく、イデオロギー的なシェーマでもなければ、ましてや憲法のパラダイムですらない——から身を引き剝がすことが可能な法と国家の領野には何ものも存在しない、ということをも意味している。まさしく貨幣のように、法（それは資本主義システムの内部にあって貨幣が引き受けている多くの諸形態を引き写しているのだが）は、その法にとって妥当ないかなる価値をも担っていない。法が担っていること、それは、社会的諸抗争と資本主義社会の再生産の必然性、すなわち労働の分割と搾取が、日々産出する価値にすぎない。法と国家のイデオロギー的機能の不変的要素は、現前するその一貫性、連続する偶然性を構成するその可変的要素に較べれば、つねに現実的とは言えない。この意味で法と国家はまったく非現実的なのだ。コミュニスト的批判の任務は、この非現実性を明らかにし、二階級間のさまざまな闘争、支配と解放への欲望の狭間から生起するそうした闘争から絶え間なく浮上してくる肯定的で生産的な諸形象を、この空隙の境界上において、解明することである。

労働

労働という概念は、近年、哲学的議論においてだけではなく、法理論、政治学、そして経済学においてすら、用いられなくなってしまった。労働は、快楽と欲望を否定する資本家のための職業倫理という狭い領野でのみ規定されることがしばしばであるが、マルクスが非仕事の地平と呼んだ生産的領域までをも包含するために、私たちの分析は社会的生産のさまざまな様相《スペクトラム》をつらぬいた労働概念の可能性を開かねばならない。(2) こうした概念の開拓は、マルクス主義的な伝統におけるその使用法に依拠するだけで成し遂げられるものではなく、社会的諸主体、社会性、そして社会それ自体を産出する現代的な諸過程を摑み取るための努力といった、他の源泉にも考慮が配られねばならない。

労働概念は、まず一次的には、価値という立論構制に関わっている。私たちは、労働と価値の概念を、一方が他方を事実において相互に意味づけあうといった関係にあるものとして使用する。私たちは労働を価値‐創出の実践と理解している。この意味で労働は、経済的かつ文化的な表現においてこの語が使用されるときと同様、あらゆる社会的様相《スペクトラム》をつらぬく価値の産出を解釈するための社会的な分析単位として機能している。こうした労働概念は、何よりもまず、社会分析と社会的実践のために「行為遂行」あるいは「行為遂行性」をそのパラダイムとして選び採る他の多くの現代的な試みから区別されなければならない。行為遂行は、意味作用的または言説的な諸実践の社会的重要性を照射しはするが、価値‐創出的な諸実践に焦点を当てるために、私たちはそうした語に代えて労働を用いることにする。(3) このように価値増殖過程に焦点を当てることは、もろもろの知とアイデンティティの産出だけでなく、それを駆動する社会と諸主体性の産出を理解するための、要するに生産それ自体の生産を理解するための、もっとも明晰なレンズであるように私たちには思われる。

だが労働と価値との関係はいくつかの異なった方法で定義されうるだろう。資本主義社会における労働はある一つの基本的で根源的な新たなオルタナティヴを指向している。このオルタナティヴによって、資本主義社会に対する破壊力としてだけではなく、他なる社会へ向けた提案あるいは肯定としても措定される労働の分析が可能となる。こうした意味でマルクスは、価値についての労働理論(労働価値説 labor theory of value)を、二つの形式において、すなわち二つの視点から、理解した。その一つは否定において捉える形式‐視点であり、他の一つは肯定において理解するという形式‐視点である。第一の形式‐視点は抽象的労働の理論から始まる。マルクスは、同時代の経済学の主要な諸潮流にならって、労働はあらゆる商品の内部にあり、あらゆる生産活動に共通する実質であると理解した。こうした視点に拠れば、一定の諸状況において労働が採るあらゆる固有な形態の背後に、社会的欲求にそくしてある使用法から他の使用法への変化を可能にするグローバルな社会的労働力を摑みだすことができる抽象的労働が存在し、あらゆる労働はそうした抽象的労働への溯及によって痕づけることができるという見解が出てくる。こうした質的な見方からマルクスは、労働価値尺度という問題を中心に据えた量的概念へと移行した。価値量は、ある財とその生産に必要な社会的労働時間の比率との現行の関係を表している。こうした理論によって提示される基本的課題は、社会的生産における異なったセクター間への労働力の配分を支配する社会的かつ経済的な諸法則を探求することであり、そうした探求による価値増殖の資本主義的過程に光を当てることであるとされた。かかる価値法則の基本的機能の一つは、商品生産者の社会では、中心化や調整を担ういかなるものも存在しないにもかかわらず、社会的選択のための手段が存在する——すなわち秩序が存在する——ということを明らかにすることにあるとされる。価値法則は資本家が市場において盲目的におこなう操作の根底に潜んでいる合理性を明らかにする。こうしてそれは、偶発的変動が激発的に起きながらも、総じて社会的均衡が維持されることを説明しようと試みる。この第一の労働価値説によってマルクスは、同時代の資本主義的な経済学者たちの分析を推し進め、洗練したのである。

しかしマルクスの著作では労働価値説が別の形式でも提起されている。それは、根源的には資本主義的な諸理論から出発しながらも、価値増殖の資本主義的過程ではなくむしろその自己価値創出 *Selbstverwertung* の過程に焦点を当てるという方法である。[4] この分析形式でマルクスは、労働価値を均衡ではなく敵対という形象、システム破壊の動態的主体として考察した。ここでの労働力概念は、価値の資本主義的法則の作用から相対的に独立した、生産の価値創出的な要素として考察されている。このことは価値の単位がまず第一に「必要労働」との関係において同定されていることをも意味している。それはまた、そこでの価値が固定量ではなくシステムの動態的要素であることをも意味している。必要労働は労働それ自体の変革をめざした賃金労働に抵抗する労働者階級の諸闘争によって歴史的に決定されるとされているのである。第一の理論では価値が資本の諸構造の内部に固定されていた。だが第二の理論では労働と価値はともに可変的な諸要素なのである。

それゆえ労働と価値との関係は一方向的ではない。過去三〇年以上にもわたる多くの研究が認めてきたように、労働の経済的構造を価値の文化的な上部構造の源泉として措定するだけでは不充分である。下部構造と上部構造という概念は覆されねばならない。労働が価値の基礎であるとすれば、価値もまた同様に労働の基礎なのである[5]。労働あるいは価値創造的な実践と見なされているものは、社会的で歴史的な所与の文脈に存在する諸価値につねに依拠している。言い換えれば、労働は、たんなる活動、一般的活動と定義されてはならない。具体的に言えば、それは価値産出的、*productive of value* と社会的に認識される活動と規定されるべきである。労働を構成する諸実践の規定は所与でもなければ固定したものでもなく、むしろ歴史的かつ社会的に決定され、またこの意味でこうした規定それ自体が社会的異議申し立てが闘われる移動的な現場を構成する。たとえばフェミニストによる研究や実践におけるある潮流は、労働の性的分割についての分析から出発して、これまで女性の仕事と規定されてきた情動的労働 affective labor、介護労働、そして家族（親族）仕事などの異なった労働諸形態に焦点を当てるにいたっているが[6]、これらの諸研究では、そうした活動の諸形態が社会的ネットワーク、さらには社会それ自体をも産出する方法が、明確に論証されている。こうした努力の結果、今日では、こうした価値を創造するさまざまな実践が労働として理解されることが可能となったのであり、またそうされるべきなのである。繰り返すが、労働概念それ自体が移動的であり、それはまた異議申し立てを介して歴史的に規定されるのである。この意味で、価値についての労働理論は、同様に、労働についての価値理論でもある。

この第二の視点に立って、労働という範疇を用いた批判を遂行するには、そうした労働が担う現代の社会歴史的な諸審級に絶えず対応してゆかねばならない。私たちが近年目撃してきた労働の変容のなかでもっとも重要な一般的現象は、私たちが工場 - 社会 factory-society と呼ぶものへの移行である。工場をパラダイムとしての場あるいは労働と生産の集中の場として捉えることは、もはや不可能である。労働諸過程は工場の壁の外へと移動して社会全体を包み込むにいたった。言い換えれば、生産の場としての工場の後退は明らかなのだ。だがそれは工場生産の体制および規律の後退を意味しない。むしろそれは工場が社会におけるある特定の場だけにはもはや局限されないということを意味しているのである。あたかもウィルスが蔓延するように、工場は社会的生産のあらゆる形態へ浸透していったのだ。いまや社会のすべてに、工場体制が、すなわち固有な意味での資本主義的な生産諸関係の支配がくまなく浸透している。このことから見ても、一連のマルクス的な区分は見直され再考される必要がある。たとえば、工場‐社会における生産的労働と不生産的労働、生産と再生産といったような他の時代においてですら曖昧な妥当性しかもちえなかった従来の概念上の区別は、今日では消滅したと見なされるべきなのである(7)。

工場体制の一般化は労働過程の本質や質における変化をともっていた。私たちの諸社会における労働は、歴史的に見てもっとも広い範囲で非物質的労働——知的、情動的、そして技術‐科学的な労働、サイボーグの労働——へと向かっている。ますます複雑化する協働のネットワーク、生産の諸様相《スペクトラム》をつらぬいた介護労働の統合、また労働諸過程の広範囲なコンピュータ化、これらは労働の性質における現代的な移行を特徴づけている。マルクスは「一般知性」という観点からこうした変容を捉えようとしたが、労働が非物質化の方向性を呈しているとはいえ、しかしこの労働が知的であるのと同様程度に身体的でもあることもまた明らかにされるべきであった。サイバネティクスの外肢が技術化された身体へ組み込まれ、労働の性質の一部となっているのだ。労働のこれら新たな諸形態は、社会を繰り返し創造する生産的協働のネットワークを直接的に決定するという意味で、ただちに社会的なのである。

というわけで、労働概念が支配的言説のなかで周縁化されつつあるまさにそのとき、この労働概念が議論の中心でふたたびみずからを主張しているように見える、と言うこともできるだろう。産業労働者階級が社会におけるその中心的な位置を喪失したということ、労働の性質や条件が大幅に変更されたということ、そして労働と見なされてきたものが大きく変化したということでさえ——まったく明白な事実のように思われる。けれども正確には、これらの変容は労働概念を周縁化するどころか、その中心性をよりいっそう強化されたかたちで再提示している。さきの第一の労働価値説（価値についての労働理論）は、プロレタリアの労働の中心性と資本主義の発展にともなったその量的な縮小を根拠に、私たちの歴史に意味を与えようとしながらも、しかし完全に破産してしまった。とはいえこのことは、一連の諸事実、諸規定、そして歴史的一貫性の否定を意味しはしない。たとえば国家組織やその法が、大方の場合、労働にもとづく社会的再生産の秩序を構成する必要性に縛りつけられたままであることは否定できない事実であり、また国家形態やその法は労働の性質の変更に応じて改変されるといった事実がそうしたことを如実に物語っている。

ときには社会的紐帯の構成的な諸要素である価値法則になり代わって提示される貨幣的、象徴的、政治的な諸地平は、理論的領野の外部に労働の役割をなんとか放り出そうとする。だがしかしその役割を現実の外部に投げ出すことができないことは確かだ。脱工業化時代、資本主義的システムと工場 - 社会のグローバル化、そしてコンピュータ化された生産が凱歌をあげている局面であっても、生活世界の中心を占めている労働の存在と社会を覆い尽くしている社会的協働の拡延が全体的なものとなっていることは否定しえない事実なのである。このことは私たちを次のようなパラドクスに導くことになる。すなわち、理論がもはや労働に着目しなくなるまさにそのとき、労働があらゆるところでまさに共通の実質となるというパラドクスがそれである。労働という問題の理論的な空無化が世界中の人間行為の実質である労働に秘められた最大の意義の増大に相即する。こうした準拠枠の全体では——労働を現実に（あるいはたんに概念的にでさえ）超越論的なものと見なすことが不可能になったという状態のもとでは——価値法則がばらばらに粉砕されることが明白だとしても、しかし同様に明らかなことは、世界が労働にどっぷりつかっているこの在り様が、経済学および政治学だけでなく、哲学においてもまた根本問題を構成する当のものだということである。つまり世界は労働なのである。マルクスが労働を人類史における実質と措定したとき、おそらくやりすぎたからではなく、むしろ充分にそれをやり尽くさなかったことによって、マルクスは誤りを犯したのだ。

主体

現代社会における近年の巨大な変容に呼応して、多くの書き手たちが——彼（女）たちは、多くの場合、ポストモダニズムという旗のもとに緩やかなグループを形成しているが——、主体性を考えるにせよ、それをせいぜい純粋に個人主義的な語として理解したうえで、社会的主体の理論を放棄すべきであると主張した。そうした議論は現実の変容を理解しただろうが、しかしそこから導き出された結論は誤っていた、と私たちは考えている。言い換えれば、資本主義のもくろみが勝利を収め、社会を資本のもとに実質的に包摂することによって、資本の支配とその搾取の諸形態が一般化するといった事態が現出したのである。そうした過程で現実という可能性の諸境界が抑圧的に画定され、規律と制御の世界へと閉ざされ、またフーコーであれば「外のない」システムとして社会を仕立て上げるとでも言うであろう事態が出現したのである。しかしまさにこれと同じ事態がもろもろの主体性と批判的思考を新たな任務へと赴かせるのである。何らの表現手段も有してはいないが、しかし新たな構成を備えた存在を肯定的に産出する新たな機械としてみずからを構築すること、すなわち根源‐急進的な革命という方向性がそれである。社会主義の危機、近代《モダニティ》の危機、そして価値法則の危機は、社会的な価値創出の諸過程や主体性の構築を否定するものでもなければ、またこれらの（許しがたい偽善をともなう）諸過程を搾取という唯一の運命のもとに放置するわけでもない。むしろこれらの変容は、主体の構築の新たな諸過程を――私たちが経験している危機の外側ではなく内側で、すなわち古い諸主体性の組織が経験している危機の内部で――押しつけているのである。とすれば、この新たな批判的で反省的な空間においてこそ、主体性についての新たな理論が表出されるべき余地が存在すると言ってよいのではないか。そして主体性についてのこの新たな規定が、コミュニズムをデザインすることにおける偉大なる理論的刷新でもあるのではないか。

主体性の問題がマルクスの著作に記されていることは確かな事実である。マルクスは歴史的にはすでに固定されていた階級編成過程についての理論化を提示していた。『資本論』や『経済学批判要綱』などの主要な著作における彼の主体的実践への関心は、主要には、次の二つの必要性によって規定されていた。第一のそれは、主体性（形成）の諸過程が示す客観的な必然性を照射することであり、第二のそれは、したがって、ユートピアへのいかなる言及もプロレタリアの運動の地平から排除することであった。しかし実際問題として、これら二つの必要性は、ともにマルクスの思考の全体をつらぬくパラドクス――革命的主体性の解放を「主体なき過程」に託すというパラドクス――を曝けだしてしまう。こうしてマルクスは革命主体の誕生と発展そしてコミュニズムの出現をある種の「資本の自然史」として示すことに終始してしまったように思われる。こうしたマルクス的分析の展開に何らかの誤りがあることは明らかであろう。現実には、みずからの哲学の起源を超越性と疎外に抗する闘争として措定し、人類がその歴史として経験してきた運動にあらゆる搾取に対する闘争という形象を与えたマルクスが同様に存在し、このマルクスが、さきの「自然史」に依拠するマルクスとは対蹠的に、科学的実証主義のもとで歴史を経済 - 自然主義的な必然性という秩序にそくして提示したのだ。こうして唯物論は近代哲学におけるその権威と根拠としてのかの絶対的な内在論との関係を否認するのである。

主体性は主体性の産出を励起する社会的諸過程という視点から把握されなければならない。主体とは、フーコーが明快に理解していたように、社会的労働の巨大なネットワークの所産であると同時にその生産的要素でもあり、かつそうしたネットワークにおいて構成されると同時にその構成的要素でもある。労働とは服属であると同時に主体化なのだ。労働は、自由意思かあるいは主体についての決定論か、などといった二者択一をもたらすあらゆる概念が放棄されなければならないあり様において、服属であると同時に主体化なのだ――〈自己にもとづく自己の労働〉――。主体性は、その生産性 productivity と生産力能 producibility、その生産性向および被生産性向によって、等しく同時に規定されるのである。

社会における労働諸過程の新たな質に注目し、異なった諸形態における非物質的労働と社会的協働の新たな審級を吟味すれば、社会的な価値増殖（実現）の代替的な循環とこれらの諸過程から生じる様々な新しい主体性とを理解できるようになる。いくつかの事例がこの点を明らかにするための手助けとなるだろう。いく人かの著者は、病院や他の保健機関において女性労働者が担った最近の政治的闘争を事例としてフランスで深化された一連の諸研究で、「女性労働の具体的な使用価値」について語っている[8]。これらの分析は、その大方が女性たちによって担われている病院および生活保護機関における労働がそうした具体的な価値を前提とし、創造し、再生産するあり様を明らかにしてくれている。あるいはむしろこうした型の労働に焦点を当てることこそ、彼女たちの仕事がはらみもつ高度に技術的な要素と情動的な要素が相俟って、社会の生産と再生産にとって本質的で掛け替えのないものとなってきていると思われる価値の産出という領野を照射することになる。看護師たちの一連の闘争の過程では、彼女らの労働条件という問題が提起されただけではない。それと同時に彼女たちは、（病と死に直面している人間の欲求に向き合うといった）患者との関係と（現代医学の技術的な諸実践を担うといった）社会との関係との双方において、みずからの労働の質についても議論の俎上にのせたのである。非常にすばらしいことは、看護師たちのこうした闘争の過程で、これらの労働の具体的な諸形態や価値増殖（実現）の領野が、「配置調整 coordinations」とでも言うべき新たな自己組織化の諸形態とまったく独創的な主体の形象化を生みだしたことである。情動的でありながら技術‐科学的でもあるが、しかし決してそれ自身へは閉ざされない、看護師たちの労働の形態の具体性は、労働諸過程が主体性の産出を構成する方法の具体例となっている。

エイズ・アクティヴィズム AIDS activism が関わっている諸闘争も同様の領野に取り組んでいる。アクト・アップ ACT-UP の運動を担う一分肢やアメリカ合衆国におけるエイズ・ムーヴメントの他の諸要素は、たんにエイズ研究や治療に関する科学的で医学的な体制を批判してきただけでなく、技術的領域に直接的に介入し、さまざまな科学的な試みに参加してきた。スティーヴン・エプシュタインは次のように記している。すなわち「彼（女）らは、外部から圧力をかけることによって科学を改革しようとしてきただけでなく、その内部にみずからもまた身を置くことによって科学を実践しようとしてきた。彼（女）らは、たんに科学の利用やその制御だけではなく、ときには科学の内容やそうした科学によってもたらされる諸過程さえ問題」にする、と（Epstein 1991：37）。エイズ・ムーヴメントの多くの分肢は、疾病に関連した科学的かつ医学的な諸論点や処置の専門家となり、ついには彼（女）たちが自分自身の身体を適切にモニターできるようになったばかりでなく、病気を防ぎ、治療し、対処するための複合的な努力において具体的な治療が試され、具体的な治療薬が入手可能となり、具体的な処置が採られることを主張することができるまでにいたった。こうした運動を特徴づける技術‐科学的な労働のきわめて高い水準は、新たな主体の形象の領野を、すなわち病気とともに生き、他者を育むために必要な情動的能力を発達させただけでなく、そうしたあり様に先進的な科学的可能性をも統合する主体性を切り拓いている。労働が、非物質的で、高度に科学的で、情動的で、協働的なものと理解されるとき（換言すれば、労働と存在および生活の諸形態とを切り結ぶ関連が明らかにされ、そうした関連がコミュニティの社会的機能と規定されるとき）、労働諸過程から社会的な価値増殖（実現）のネットワークが練り上げられ、代替的な主体性が登場してくるということを私たちは理解することができるのだ。

主体性の産出は、混淆化、越境のつねなる過程であり、現代史ではこの主体の混淆が、人間と機械との境界面で、ますます多く産出されるようになっている。いまや主体性は、表面的に有機的なそのあらゆる特性を剝奪されて、輝かしい技術的連結としての工場から生まれでてくる。何十年も前にローベルト・ムージルは「人びとがその到来を待っていた諸条件へ自然に成長してゆく時代があった」と記している。それは「自分自身になるためのきわめて堅実な途であった。だが今日では、物事が混乱するにつれて、あらゆるものがそれが成長した大地から引き剝がされ、魂の生産に関わる場所でさえ、人びとは、伝統的な手仕事を機械と工場とともに歩むある種の知性で置き換えなければならない」とも（Musil 1988 : vol. 2, 367）。機械は、付属物としてではなく、ある種の人工補綴として――あたかももう一つの特性であるかのように――、主体へ纏《まと》め上げられる。むしろ主体とは、その核心、その本質をつらぬいて、人間であり機械でもあるのだ。エイズ・ムーヴメントの科学技術的な特徴と、一般的意味でますます非物質的となる社会的労働は、私たちの身体を流れめぐる新たな人間の本質を指向している。いまやサイボーグは主体性を理論化するために利用できる唯一のモデルである。[9] それは、器官なき身体、特性なき人類、サイボーグである。これらは現代的地平において産出されかつ産出する主体の形態（形象）であり、コミュニズムを可能とする今日における主体的な形態（形象）なのだ。

実際私たちは、こうした現実の歴史過程を把握することによって、「主体の消滅」についてのあらゆる幻想から解放される。資本が社会をみずからの内部に完全に呑み込んでしまうとき、資本の近代史が終焉するとき、労働による世界の変革的行為の原動力、存在の力の形而上学的な指標として歴史はいまだ終焉していないと声高に告げるもの、それが主体性なのだ。あるいはむしろ次のように言ったほうがよいだろう。すなわち主体性の理論が、（労働の）実質的包摂によってもたらされたこの荒涼とした荒野をつらぬいて、陽気なそれであれ苦悩に満ちたそれであれ、いずれにせよポストモダニズムの呪縛をくぐり抜けるとき、それでもなお、それらを克服しえない限界としてではなく主体性による存在の力の再励起にとっての必然的な通路として理解し、そうした革命に密接にそして必然的に連結するもの、それがこの境界なのだ。

ポストモダン

そこへ飛び込むかどうかを選択する新時代のとば口に立っているかのように、ポストモダニズムに「賛成して」とか、あるいは「反対して」論争を続けることの無意味さを、いまではほとんど誰もが理解している。私たちは、抜き差しならないほどこの新時代の一部となっているのであり、私たちが現状に対する批判もしくは現状へのオルタナティヴを提示しようとするなら、内部からそうしなければならない。ポストモダニズム——あるいは私たちがいま生きている時代をどのように呼ぼうとも——それは確かに存在する。もちろんそれは以前のさまざまな時代と多くの共通要素を分けもってはいるが、ちょっと前の時代に較べれば大きな変化を遂げていることは疑いを容れない。ポストモダニズムについての論争は多くの混乱をはらんでいる、と私たちは考えている。その混乱は、部分的には、あまりにも多くの理論家たちが（資本主義の形態変化を分析した者たちでさえ）、敵対という観点とそれを決定づける一連の階級抗争にそくして分析を投げかけようとしなかったことに原因をもっている。言い換えれば、ポストモダニズムを現状として理解するにあたって、支配と搾取の新たな諸形態に焦点を当てるだけでなく、この搾取を拒否する敵対の新たな諸形態にも光を当て、そうすることで社会組織のさまざまなオルタナティヴを実証‐肯定的に提案しなければならない。このことは、今日の支配的な労働諸過程を構成する事柄において生起する敵対を理解し、そうした認識をオルタナティヴを目指すプロジェクトへ向けて発展させていくことを意味している。あまりにしばしば次のような思い込みが語られている。すなわち近代では、社会的で経済的な分析が、文化を経済に（上部構造を下部構造に）従属させ、その何らかの反動としてポストモダン時代ではこの関係を転倒し、経済を文化に従属させることが私たちに求められている、と。これは、ポストモダニズムについての誤った観念をモダニズムについての虚偽のイメージに重ね合わせた考え方にすぎない。しかし、価値‐創造的な活動および価値増殖の諸過程に関わって私たちが設定した焦点は、これらの社会的なもの、経済的なもの、法的なもの、そして政治的なものの境界を破砕し、そもそものはじめからまさに貧しい切口でしか提出されなかった問題の登場を防ぐことである。

ポストモダン時代における資本主義は、第一に、あるいは最初のアプローチとしては、社会の資本のもとへのマルクスのいわゆる実質的包摂という段階規定から理解されるべきである。前段階（社会の資本のもとへの形式的包摂段階）では、資本は社会的生産に対してヘゲモニーを行使していたにせよ、しかしそれはなお前資本主義時代の痕跡であり資本の外部に起源をもつ多くの生産過程を残存させていた。資本はこれら異質な生産過程を資本主義的関係の支配のもとへ取り込みながらも、その包摂は形式的にすぎなかった。しかし実質的包摂段階では、これら異質な生産過程が消滅してしまったという意味で、資本はもはや外部をもたない。あらゆる生産過程は、資本自身の内部で発生し、その結果あらゆる社会という世界の生産および再生産が資本の内部で生起することになった。工場内部で展開されてきた生産諸関係の固有に資本主義的な支配と資本主義的な搾取は、いまや工場の壁から染みだし、あらゆる社会関係へと滲潤し、それを規定する——私たちが、いまや現代社会を工場‐社会と理解すべきであると主張するのは、このような意味においてである（私たちは第六章で、そうした理論が取りもつ実質的包摂と法と国家に関連性に立ち返るだろう）。

ポストモダン時代における資本主義的生産関係は、ある種の社会的超越性であるかのように現れる。資本は他者をもっていないかに見える。社会的資本はもはやたんなる指揮者ではなく社会的生産の領野における現実の生産者として現れる。自律性を獲得し、労働からみずからを完全に分離することが資本にとっての常なる夢であった。六〇年代初期にマリオ・トロンティは、「資本の政治史」とは「資本の階級関係からの退隠の試みの因果的連鎖」である、と書いていた。あるいはより適切に言い換えれば、それは「労働者階級に対する資本の政治的支配のさまざまな形態を媒介とした資本家階級の労働者階級からの解放という試み」である（Tronti 1966 : 32）。ポストモダニズムという資本のもとへの労働の実質的包摂段階では、資本がその夢を実現し、その独立を達成したかに見える。資本の生産的基礎の第三世界への拡延、生産のある種の形態の北から南へのシフト、市場がもつにいたったより大きな互換性と滲透性、貨幣流通のネットワークの助長、そうしたことと相俟って資本は真に世界的《グローバル》な地位を勝ち取った。だが資本主義的諸関係のポストモダン的な一般化は、別の側面をもまた帯びている。資本主義といった固有な方法にもとづく搾取形態が工場の外部へ移動し、社会的生産の全形態を包囲‐備給するにつれて、こうした搾取に対する拒絶もまた同様に社会的領野をつらぬいて一般化したのだ。ポストモダン時代は資本主義社会によるグローバルな規模での制御を露にする一方で、これらの生産諸関係に対する生きた労働の敵対と、かつて経験されたことのなかった水準でのコミュニズムの潜勢力をも表すにいたった。これらの敵対の新たな諸形態と、それらが提起するさまざまなオルタナティヴを理解することが、本研究における私たちの主要な関心となるだろう。

しかし私たちは、ポストモダニズムについての一般的分析を試みようとは決してしないだろう。むしろ私たちはおもに現代における国家‐形態の法（制）的構造に研究の焦点を絞ることになるだろう（第六章および第七章を見よ）。ポストモダン時代における法制的実践は自由主義国家のマルクス主義的規定を「人権」の「全体主義的な制度」として戯画化した。ポストモダニズムの法理論は、大方の場合、こうした主題についてのさまざまな変種である。他方私たちの課題といえば、労働諸過程および主体性の産出を絶え間なく変容させ支配する権力諸構造の変容を表す関係において、それらを厳密に理解することに措かれるだろう。すでに述べたように、この課題は総体的批判という形式において理解されるべきである。換言すれば、法と国家の諸構造によって承認され重層決定された世界における現代的な悲惨を批判することによって、またそうした批判の過程で、根源‐急進的に民主制的な政治体制、スピノザのいわゆる民主制の絶対的構成の一形態としてのコミュニズムを目指して拓くことができる知的かつ倫理的エネルギーを解放することが可能となるだろう。批判は多様な新たな主体性を構成する過程を切り拓くのだ。批判とは、資本主義の成熟と危機によって、資本の支配を最終的に終わらせるための問題設定を提起することが可能になった、様々な新たな主体がその身をおく自由な空間の構築なのである。

もちろんポストモダニズムを事柄の現状として理解することは、あらゆる近代的な実践および思考がいまや枯渇してしまい、無効となってしまったというなど意味しない。衰退してしまったのは近代社会でなく市民社会であることを主張するほうがより適切であり、より有効であることを私たちは論じようと思う。そうすることで私たちは、私たちの世界をポストモダンではなく、ポスト市民的 postcivil と特徴づけることができるのかもしれない（第六章を見よ）。いずれにせよ、私たちの時代にいたるまでの数世紀もの間、勝ち誇った資本主義に抗して根源‐急進的な民主制概念を提示しつづけてきた西洋的思考の潮流によってこの近代性が特徴づけられるかぎり、今日においてもなお近代《モダニティ》は切り拓かれ、生きつづけている。これは、近代でいえばマキアヴェッリとスピノザからマルクスへの流れ、そして現代でいえばニーチェとハイデッガーからフーコーとドゥルーズへの流れである。これは文献学的な参照の指示ではない。これは批判と構成的思考の代替的な領野――ラディカルな民主制に適合的な、また労働をとおしてコミュニズムを可能とする、さまざまな主体性が形成される領野――の肯定なのである。

さまざまなマルクス主義

私たちは、たんなる文献学的詮索の優雅さのためだけに、コミュニズムという視点から近代および現代の思考における新《オルタナティヴ》たな潮流に言及することなどはしない。私たちがそうするのは、コミュニズムがマルクス主義的な用語においてのみ規定可能だとは考えていないからだ。私たちがそうするのは、マルクス主義が、たとえそれが個別的には有効だとしても、人類史をつらぬいて流れる深遠で不可避の欲望を規定するさまざまな変奏のうちの一つにすぎないからである。ここで私たちがコミュニズムと言うとき、それはまず唯物論的方法を指している。もちろん唯物論もまたマルクス的なそれだけではない。私たちは、その反対に、エンゲルスに始まるマルクス主義的な伝統あるいはマルクス主義的なもろもろの伝統において、私たちの思考を支える内在的な唯物論およびコミュニズムとはほとんど無縁な思考の諸形態と探究方法を発見することができる。そうしたことは決して偶然とは言えない（後に第四章で私たちは、「弁証法的唯物論《ダイアマット》」――ソヴィエトのスターリン主義者によって公式に生みだされ強要された唯物論の弁証法的理解――によって提起された、唯物論についての恐るべき誤解もしくは歪曲について見るだろう）。それゆえ私たちは、むしろ私たちのマルクス主義と私たちのコミュニズムを唯物論的批判という壮大な近代的潮流に位置づけたいと思うのである。

私たちは、みずからをマルクス主義者と呼ぶという単純な理由から、他のマルクス主義者たちの諸著作に言及する必要があるとはほとんど考えない。むしろ私たちは、現実していることへの批判、私たちにとって具体的な問題である国家‐形態の批判に専念した著者たちにのみ関心を向けるだろう。マルクス主義理論の伝統の展開や、あれやこれやの問題に取り組んだ他のマルクス主義者の書き手たちと比較してみずからの位置を獲得することに汲々として義務的な手続に絶えず頼っている、そうしたうんざりするような作業には興味がない。スコラ哲学そしてあらゆる教条的な講壇的伝統では、諸問題 *Quaestiones* は、退屈なものであろうと未知のものであろうと、次から次へと生じてくる。その結果、それぞれの書き手は、そうした問題に答える準備をしていなければならず、彼女あるいは彼の思考の価値は、先行した回答との連関のなかで確立された論理的関連に切り縮められてしまうことになる。マルクス主義的国家論の伝統は、おそらく非常に容易に、この種の不毛な手続にはまり込んでしまうだろう。私たちはこうした正統性という諸問題から抜けでようとするが、それは、しかし、私たちが一九世紀から二〇世紀に展開された国家に関するマルクス主義的考察の全伝統を放り出してしまうことを意味しているわけではない。私たち、そしてまた私たちの読者にとっても、次のことは明らかであろう。すなわち私たちが、たとえ直接的に言及せずとも、マルクス主義的伝統における多くの思想家たちに多くのことを負っているという事実である。たとえば私たちは、エフゲニー・B・パシュカーニスの思想と彼の明快な「法は市場と同一である」という定式を採用し、発展させる。私たちは、(下部) 構造と上部構造との関係についてのグラムシ的概念、ヘゲモニー概念におけるその転倒、そして「受動的革命」についての彼の考察を取り込んだ。私たちは、その詳細についてはルイ・アルチュセールの「国家のイデオロギー装置」の理論に反駁を加えるが、それでもなお彼の議論を規定のうちに取り戻し、ポストモダン時代におけるイデオロギーの国家による利用を批判しようとする(アルチュセール自身、彼の最後の研究で、こうしたアプローチを採用した)。私たちが市民社会という概念の危機について語る際、「政治的なことの自律性」に関するニコス・プーランザスとマリオ・トロンティの明確な分類を受容しかつ批判する、などがそうした姿勢である。

しかしこうしたすべてが私たちを配慮の行き届いた(マルクス主義理論の)伝統の説明者とするわけでは必ずしもな

い。みずからを伝統に据えつけ、そのパレードに加わるような要請への不快感を隠す必要などないのだ。私たちは、唯物論的な批判、絶対的な内在哲学、そしてコミュニズムの伝統のなかに、より快適なみずからの場を見いだす。私たちにとっては「事物の現状」を批判することのほうが興味深いのだ。私たちの方法は、事物の実体に攻撃を加えるための——国家‐形態について他のマルクス主義者の著者によって言われてきたことに対してではなく、むしろ国家‐形態に攻撃を加えるための——全体的で専一的な方法である。また第四章と第五章において詳述するように、たとえ私たちがマルクス主義の理論的潮流について明示的に語るときでさえ、私たちを惹きつけているのは、さまざまな著者との関係における私たちの位置などではまったくなく、むしろ集合的批判を介した事柄の現状とりわけ国家‐形態の新たな形象の出現についてなのである。つまり私たちが生産的と見なすのは、ある理論と他の理論との関係ではなく、私たちの研究対象を把握し批判する努力における相乗効果《シナジー》なのである。

こうした文脈からすれば、私たちがしばしばブルジョワ的な国家論の理論家たちの読解を好むということは、逆説的には見えないだろう。ケインズ、ロールズ、そして本書で批判に供される他の著者たちは、ブルジョワ国家の命運の批判的諸契機をその内部から照射している。ときとしてマルクス主義的伝統は検証中の現象を単純化したり、範疇に纏め上げてしまうが（こうした伝統は、この空無な止揚の作用においては、じつに強力なのだ）、ブルジョワ理論家たちが示す彼らの最愛の対象への献身とヘゲモニックな文化への没入は、私たちが現象をその内部から理解することを可能にしてくれる。かつてマルクスは、反動家たちは革命家以上に革命について多くを教えてくれる、と語ったことがある。反動家たちは自分が愛する対象についての真実を語る。それがケインズにとってはインド省とイングランド銀行であり、ロールズにとっては基本法の法理学であるといったように。彼らの批判は、批判的理性が転覆という目的のために理解したいと考えている現実を覆うヴェールを引き上げるのである。ケインズやロールズのような書き手たちは革命的批判の必須で不可分離な一部である。マルクスはこれと同様の手続を採った。スミスと市場、リカードと穀物産業、トゥークとフラートンと銀行、ケアリとヤンキー・インダストリー、これらはマルクスにとっては同一の対象だったのだ。こうした書き手たちに関するマルクスの研究は、彼らの思考における諸矛盾の規定へ、その矛盾がまた物質の諸矛盾でもあるというかぎりにおいてのみ、到達する。唯物論者はつねに物質への愛によって支配されており、本当の思考とは、名目的思考、物質の部分、物質のように具体的であること、そうした思考にすぎない。この意味で、批判は概念を分割するのではなく、物質へと切り込むのである。

本書がメッセージあるいは呼びかけを携えているとすれば、それは次のようなものとなろう。物質について、そして物質の部分である理論について語ることに、私たちを回帰せしめよ！　それをゲームとするためでなく、それがいかに多くの現実を把握しているかを知るために、この言語的領域に私たちを参入せしめよ！

道程－経路

本書『ディオニュソスの労働』は三〇年以上の歳月にわたって書き貯められてきた論文を含んでいる。しかしその統一的な構想は明らかであろう。それは国家と権利－法が搾取を可能にするために構築した監獄から生きた労働の力を解放することだ。この一連の論文を導いている唯一の概念的鍵は、創造的かつ巨大な、動態的かつ抑圧的な、労働と政治とを連結すると同時にそれらを分かつ、そうした連関《ネクサス》への批判である。私たちがたどった基本的な道程は、つねに明示的ではないにしても、いずれにせよ明確でなければならないそうした道程、『経済学批判要綱』で企図されながらも決して書かれはしなかった『資本論』の二つの章を私たちが最終的に書き上げることを可能とするような、そうした批判的で実質的な要素を産出することに関わっている。それは、第一に賃金の主体的な動態（労働者階級の存在様式としての）に関する章であり、第二に国家（階級闘争の場としての）に関する章である。

本書の構想の統一性が読者にとって明確であるとしても、しかしこの言説が描く弧は歴史的展開と存在論的革命によって徴づけられると同時に挫かれることもまた等しく明確でなければならない。三〇年以上にわたる本研究の構成作業で、私たちは二〇世紀におけるもっとも重要な変遷を目撃することができた。一九六〇年代の革命、一九八九年のソヴィエト帝国の崩壊にまで及んだその影響の展開がそれである。言い換えよう。本書において私たちは、「大衆的労働者 mass worker」から「社会的労働者 social worker」への、フォード主義の社会からコンピュータ化されオートメーション化された社会への、統制された労働から自律的で協働的な労働への、そして非物質的で創造的な労働への変遷を目撃している。それは新たな主体性を産出し、新たな文化的で政治的な諸関係を規定し、その結果歴史の流れにおけるシフトを規定した、まさにそうした諸システムの一般的生産性の構成におけるシフトと同様の社会的道程である。近代《モダニティ》の歴史におけるこの根源的断絶とポストモダニズムという新たなパラダイムの出現が本書の核心をなし、それが直面する諸主題のリズムを物語っている。それは、唯物論の革命的な方法論が差し向けられる諸対象の変容と主体的な諸規定を介して、みずからを明らかにするのである。

本書第Ⅰ部の第二章および第三章は、一九六〇年代にアントニオ・ネグリによって書かれた。ネグリは、著名な資本主義的な経済学や法理論の理論家たちの読解をとおして、近代的な国家 - 形態の主たる諸要素と、そのうえに国家がそびえたつ資本と労働の弁証法的な関係性を規定しようとする。第Ⅱ部の諸章は、一九七〇年代にアントニオ・ネグリによって書かれたものである。そこで彼は、とくに公的支出という立論構制に関わる正統性と蓄積を担う国家のメカニズムという視点から、近代国家の危機の本質に接近している。これらの論文は、さまざまなマルクス主義者やコミュニストにおける国家解釈と、国家に対する実践的批判を提出する社会運動に焦点を当てている。第Ⅲ部は、過去三年にわたって二人の著者によって協働的に書かれた。これら最後の諸章はそれらが描く道筋総体によって本書に概観を与えるという作業に当てられる。その内容は、第一にポストモダンな資本主義国家を規定する論理と構造について詳述し、第二にこの新たな領野に立ち現れる国家の枠組の外部における社会的表現を担う潜勢力のオルタナティヴな諸形態について分析を加えるという、二つの作業から成り立っている。

これらの論文をとおして私たちは、近代初頭に唯物論的方法が提示され発展させられた方法に対応するようなやり方で、唯物論的方法を近代《モダニティ》の変容に適用しようと努めた。唯物論は決して近代《モダニティ》の発展と混同されてはならない。唯物論は、一つのオルタナティヴ——抑圧されつづけながらもつねに繰り返し芽吹いてきたオルタナティヴとして、近代《モダニティ》の発展をつらぬいて生き残ってきたのである。ルネサンスは労働の自由、活勢 *vis viva* を発見した。唯物論はそれを解釈し、資本主義的な近代《モダニティ》はそれを圧服した。今日における賃労働の否定と知的に生産的な諸力の発展は、近代の幕開けに圧服され駆逐されたオルタナティヴを無傷のままに、ふたたび提起している。資本主義的な観念論と精神主義の支配に対するオルタナティヴ。そうしたものとしての唯物論の活勢は決して完全には消滅させられはしなかったのだ。支配的ブルジョワジーが担ぎだすポストモダンのイデオロギー――見るからに使い古されたイデオロギー――が、敵対する新たな諸主体性の出現、生産的労働についての大衆的知性の獲得の周辺に新たな支配のネットワークを張りめぐらせようとすれば、唯物論が消滅させられる機会はなおいっそう小さくなるだろう。生きた労働、自由とコミュニズムの不屈のディオニュソスは、ゲームに参加しない。労働形態が、完全に非物質的となる方向へと向かい、いまや生産世界がマルクスのいわゆる「一般知性」によって説明されうるとすれば、生きた労働は、敵対の政治を再構成するために、こうした領野における空間構築をめざすだろう。

なぜ生きた労働の非物質的な性質をふたたび領有しようとしないのか？　なぜ生産手段の私的所有を窃盗――私たちの非物質的労働に対して、もっとも深遠で不屈な人間性の本質に対して、幾度となく行使された窃盗であるこの窃盗――と呼ぼうとしないのか？　いずれにせよ、なぜもうすでに死んでしまったもの（死んだ過去の労働〔資本〕）の不条理で悲惨な策謀の諸機能である支配の動態、すなわち国家と法の機能の再構築というこの平面を科学的に論じ・治療しようとしないのか？　ヴァンパイアやゾンビは、資本の支配を描写するにあたって、適切な隠喩以上の何ものかであるように思われるのだ。

こうした方法の絶え間ない適用によって、資本世界が歴史的に潜り抜けてきた道程にそくして私たちは対象に接近するだろう。それは、ポストモダン時代に、資本世界が近代に行使した支配を更新しようとすることを批判することである。ポストモダン、脱工業化、そしてポスト・フォード主義的な国家に対する私たちの批判は、依然としてそしてつねに、コミュニズムという立場からの批判である――それは、総体的、肯定的、ディオニュソス的な批判である。コミュニズム、それが唯一のディオニュソス的創造主なのだ。

第二章　ケインズと国家の資本主義的理論

この論文は、一九六七年にアントニオ・ネグリによって書かれ、その後何年もの間、革命運動の理論として「労働者主義Operaismo/Workerism」を選択したイタリアやその他のヨーロッパ諸国のさまざまな政治集団にとっての基本的準拠点として利用された（その歴史的背景については、Moulier 1989）。これらの集団によって提起された経済、制度、そして政治に関わるあらゆる分析は、一つの中心的主張から出立していた。資本の発展は労働者階級の闘争によって規定され、またそうした闘争に追随するものでもあるという主張が、それである。この分析的主張は、歴史の展開だけでなく、また――そしてこれがもっとも重要な要素なのだが――諸制度の決定的機能にとっても基調をなす、集合的な主体性の力の存在論的肯定をともなっていた。政治は、社会的行為、より正しく言えば社会闘争の所産と見なされていた。こうして諸制度および社会的諸構造は、下から、革命という視点から、理解されることになるだろう。こうした位置づけは、「公的に認知された」労働者の運動に観られる主張、とくに議会的手段を介した行動による改良の達成が必要であるといった主張に現れている制度への著しい執着とは、明らかに一線を画していた。ケインズの思想そしてニュー・ディールの政治学の分析は次のことを教えてくれた。すなわち、ブルジョワ代議制の馬鹿げた主張をゆうに乗り越えて改良が達成されるのは確かだろうが、しかしそうしたことを成し遂げるためには革命に向けた闘争が必要である、と。

近代国家の時期区分――基本的契機としての一九二九年

一九一七年のあの赤い十月という出来事からすでに五〇年が過ぎ去った。この出来事は、近代の産業プロレタリアートがみずからの階級的な自律と資本主義的システムに対抗する独自の敵対をはじめて発見した、あの一八四八年六月のパリ街頭での暴動によって開始された歴史的運動の頂点に位置している。より決定的な転換点はふたたびパリで、一八七一年のコミューンとともに訪れた。またその敗北はみずからを党のスローガンとして一般化し、階級的自律を政治的に組織する必要性をプロレタリアートに自覚させることになった。

一八四八年から一八七一年。また一八七一年から一九一七年。この時期区分は、現代国家の理論化にとって唯一適切な枠組をもたらしてくれるように思われる。そうした規定のためには、一九世紀の後半期を覆い尽くした革命的危機、またそこで顕となった階級権力をめぐる諸関係における総体的変化を考慮しなければならない。一八四八年における階級的な異議申し立てが政治的思想や行動に課した問題は、資本主義的システムにおける労働者階級がいまやそうしたシステムの中心的役割を担うにいたったという、新たな――多かれ少なかれ、神秘化された――批判意識を獲得することであった。私たちが、資本と国家の変容の背後にこうした階級的な決定要因が存在していることを把握しないかぎり、ブルジョワ理論の罠に囚われたままとなるだろう。またその結果私たちは、動態的な階級関係にほかならない資本から切り離され、形骸化された「政治学」という領域を提起することに終始するほかないだろう。私たちは「産業化過程」を凡庸に描きだすといったような作業を超えでなければならないのだ。搾取の弁証法（賃労働関係に内在する従属と敵対）が近代国家の政治的で制度的な諸関係の全組織にゆき渡るまでに社会化された資本主義の発展の現実的局面を極めること、それが私たちの出発点である。こうした理解を提起できない現代国家についてのいかなる規定も、ヘーゲルのいわば「闇夜ではどの牛も灰色に見える」というような状態に陥ることになるだろう。

一九一七年という年は、かかる革命的過程における決定的な断点である。この時点で歴史は現代となった。すでに一八四八年において立証されていた真実——資本主義の展開過程において、労働者階級がみずからの政治的自律を他の階級へ押しつけることができるほどに独立した変数として出現することができるという可能性——は、いまやその完全なる完成を見るにいたった。それは自由への突破口 *Durchbruch ins Freie* と言ってよい。革命評議会《ソヴィエト》が成立したかの地では、労働者階級の敵対がいまや国家の自立的な形態として構造化されるという地点に到達した。またこうした事態それ自体が、労働者階級がインターナショナルに自己規定するための（国）内的な政治的焦点となった。というのも革命評議会《ソヴィエト》は現在であり、直接に現実であり、客観的な階級的可能性だったからである。この時点で社会主義はユートピアから現実へ向けての第一歩を、確かに、踏みだしたのだ。それ以降、国家論はたんなる搾取の社会化の拡大に関わる諸問題を考えるだけでは済まなくなった。国家論は、政治的な自己規定《アイデンティティ》を獲得し、みずからの権利の名のもとに歴史的主役となった労働者階級と折合いをつけなければならなくなった。国家はいまや階級的諸運動全過程に漲る転覆的な潜勢力に直面しなければならない。だがそうしたことが、その物質的な内容においてすでに革命的な内実を帯びていた。言い換えよう。労働者階級が担う世界革命におけるこの最初の跳躍が示す巨大な政治的潜勢力は既存の階級構成に内面化されたのだ。いまや資本主義的組織のどのレヴェルにおいても、より深く、より威嚇的で、矛盾をはらみもつ労働者階級が存在することになった。こうして階級は、いまや自律的で政治的に一貫した存在となった。この意味で、一九一七年の独創性が問いかけた挑戦の唯一無二の性質は、それ以前の労働者階級の闘争の循環と比較しても、圧倒的であった。それ以降のあらゆる問題は、新たなパースペクティヴ、まったく新しい次元を帯びるようになった。労働者階級のものの見方・考え方はいまや完全に独自なみずからの表現方法を発見しえたのだ。

十月革命の実際の衝撃は、緩慢とはいえ、もちろん資本家階級の意識へと滲潤した。当初それは本質的に外部的な事実と考えられていた。当初の反応——それは事態の進展に対応しながらある程度成功したのだが——は、危機を外部化し、軍事的にも外交的にもソヴィエト共和国を孤立させ、革命をみずからの問題とは無関係なそれへ転化する試みとして現れた。次いで内部的な脅威が登場した。十月革命に踵を接してたちまち拡がった労働者階級の闘争のインターナショナルな昂揚——すなわち強力で新たな大衆的労働組合の創生と生産管理を要求する工場評議会運動の爆発——に対する資本の一般的反応はどうだっただろうか？[1] この時期、未熟な支配階級は、ただたんに後ろ向きな、すなわちファシズム的な抑圧で応えた。しかしより一般的な反応は、新たな政治的現実の表面を引っ搔く程度であったにせよ、労働者階級を改良主義に封じ込めておくというモデルを再生産することであった。これに引き続く時期における資本の全体的目標は、労働者階級の前衛を打破することにおかれた。より具体的には、当該局面で労働者階級の指導者的役割を担っていた部分の物質的基盤を弱体化させることが目標となった。自己管理というイデオロギーをその必然的特質として備えていた比較的高度に「専門化された」セクターを含む階級構成を弱体化することがめざされたのである。彼らの当初の目的を言い換えれば、労働者の前衛とプロレタリア大衆との同盟、ボリシェヴィキの組織が前提とした同盟の基盤を破壊することであった。工場から前衛を、階級から工場を切り離すこと——階級内部から生みだされる党の殲滅——、これが資本主義的な再組織化の狙いであり、一九一七年に対する西側における逆襲の具体的な形態であった。

　テーラー主義とフォード主義はまさしくこうした機能をもっていた。生産過程の大衆化と労働の力 labor force を支える熟練技能の稀釈化といった手段によって、階級からボリシェヴィキ的前衛を孤立させ、生産者のヘゲモニックな役割から前衛を放逐すること、それがその機能であった。こうしたことは、翻って、古い労働貴族が誇ってきた大きな力を打ち砕き、その政治的潜勢力を中立化し、その再結集を防ぎながら、他方で生産への新たなプロレタリア的諸力の注入を加速することになった。一九世紀中葉に資本が労働貴族の創出を育む新たな産業構造によって生成期のプロレタリアの前線を打破したように、一九一七年以降、こうした階級内的な分化の政治的融合が深化するにつれて、さらには循環的恐慌のたびに労働者階級が勝ち取った政治的再編の後に、資本は抑圧のための技術的な方策確立にふたたびその方向を転じたのだ。新たな産業部門の有機的構成における飛躍、大量生産工程《アセンブリー・ライン》にもとづいた組織、流れ作業、仕事の科学的組織化、作業の分割と断片化などの技術的方策によるこうした攻撃は、例によって、現実の階級構成の硬直性とそれが資本主義的統制へもたらす威嚇に対応する資本からの最初で、ほとんど本能的な、反応であった。

しかしまさしくこうした点でこそ、一九一七年以降における質的に新たな状況がみずからの限界を思い知らされることになる。たしかに短期的には、戦後復興期における労働力再編の可能性は存在していた。しかし資本家階級は、この再組織化が長期的にはより威嚇的な状況さえも生みだしかねないことに、すぐに気づいたのである。資本は、これらの変化が不可避にもたらすであろう階級の拡大再生産と対峙せねばならなくなるばかりではなく、より高次の水準における労働力の大衆化と社会化がもたらす直接的な政治的再編にも直面しなければならなくなった。十月革命は物質的欲求と労働者階級の闘争へ転覆という質において異なる政治性を決定的に持ち込んだのだ。それは拭い祓うことができない亡霊であった。こうした新たな状況のもとで、さきの技術的解決は、結局は、裏目に出てしまうことになった。それは階級の政治的再構成をふたたびより高次の水準で惹き起こしたにすぎなかった。と同時にこの反撃は、資本が直面している現実問題に立ち向かうにはいまだ不充分だった。資本は、資本主義的なシステム作動の枠内でこの新たな階級を政治的に統制するための（相対的剰余価値の搾出のために社会的メカニズムを完全に再編成することをとおした）新たな手段を模索しながら、政治的に登場してきたこうした労働者階級をどのように理解 - 受諾しようとするのか？　これが現実的な困難であった。資本が労働者階級の自律を容認するためには、資本はこの自律を政治的に統制する能力をもっていなければならない。一九一七年の独創性を理解すること、稼働している資本が有している既存の物質的な全構造が不調をきたしているという事実、またそうした状況からの後退はもはや許されていないという事実、そうした事実を理解することが、遅かれ早かれ、資本にとっての政治的に必須の課題となったのだ。

実際、決済の日が訪れるのにはそれほど時間がかからなかった。例によって資本にとっての課題は、（労働から）みずからを解放するために政治的イニシアティヴを取らねばならないという点であった。英国での一九二六年ゼネストの敗北——戦後期に増大した革命過程の限界点を徴づけたと思われるこの出来事——の直後、一九一七年の亡霊が新たなそしてより威嚇的な装いで舞い戻ってきた。一九二九年の世界恐慌とそれに引き続く崩壊は、この潜在的な脅威のために、いよいよもって決定的となった。いまや資本主義が対峙している労働者階級とは、資本主義によって仕掛けられた抑圧によって社会的に標準化された労働者階級であり、その自律性が認知されねばならないほどに大衆化し、同時にまたシステムの転覆をもたらすほどの潜勢力を有する労働者階級として認識されねばならない。それはまた、あらゆる将来の発展モデルの背後における決定的要素であり、かつその起動力としてもまた把握されなければならない。一九二九年後の大恐慌とは、労働者階級に対して以前試みられた技術的方策による資本の攻撃が資本の構造にふたたび跳ね返ってくる真実の瞬間であり、資本による攻撃の限界を証し立てるものであった。一九一七年の教訓は、システム全体に対するこの「遅延反応」として、資本に押しつけられたのだ。ありとあらゆる的確で狂暴な破壊性を携えた一九一七年の労働者階級の政治的イニシアティヴは短期的にのみ統制可能であった。だがそれは、いまや、みずからを全システムの危機として露出し、無視することも免れることもできないその力を顕にしたのである。この問題を回避し、労働者階級がシステムと固有な仕方で政治的に衝突している実際の現実を無視しようとする当初の試みは、いまや厄介な問題として、システムそれ自体に舞い戻ってくる。この危機は、まさに資本の最深部を、まさに資本の最強部分を、打撃したのである。

この意味で一九二九年以降の危機は現代国家の出現における決定的に重要な瞬間の典型を示している。この危機は、基本的には、自由主義的な立憲国家の物質的基盤を打撃したのだ。一九二九年は一九一七年によって破壊された諸価値への郷愁の残滓さえも一掃した。一九二九年のウォール街の株式崩落《がら》、いわゆる「暗黒の木曜日」は、ブルジョワ支配の世紀における政治的なことと国家神話を破壊した。大恐慌は法治国家の時代画期的な終焉を徴づけたのだ。「正当な法的手続き」というブルジョワ的な安全装置による個人的権利の形式的擁護を目的とする国家権力装置、ブルジョワジーの社会的ヘゲモニーを保証するために確立された国家権力、そのように理解されてきた法治国家の歴史的な終焉は、国家と市場の分離という古典的で自由主義的な神話の最終的な埋葬であり、自由放任《レッセ・フェール》の終焉でもあった。

しかしここでの問題は、たんなる国家と市民社会との古典的関係の転覆と「介入主義」国家の到来という問題にとどまらない点にあった。一八七一年以降の時期においても、国家介入の増大と生産様式の社会化が見られたという意味では、いずれにせよ事態は同じだったからである。新たなる点、当該期において徴づけられたことで決定的なこと、それは労働者階級の出現についての認識、国家権力が順応せねばならないシステムの必然的特徴として労働者階級がシステム内部で示した不可避的な敵対についての認識なのだ。大恐慌から出現した新たな国家の目新しさを国家権力の「自由主義《リベラル》」から「全体主義」への形態移行という点に関わらせて規定するといったやり方が非常にしばしば行われてきたが（イタリアのファシズムによって可能となった限定的なパースペクティヴからだけではなく）[2]、こうした見解は歪んでいるといわねばならない。それは、ファシズムやコーポラティズムによる解決策への直接的で地域的な依存、すなわち体制の形態を、資本主義国家の新たな歴史的形態を特徴づける中心的で主要な特徴と見誤っている。問題は労働者階級に内在する敵対の発見にもとづいた国家の再編にある。確かにこの再編はそのうちに全体主義的傾向をはらんではいただろう。だがそれは、この再編が国家のあらゆるレヴェルにおける本質的な敵対と闘争の認知を必要としていたという意味に関わってのみ、そのように言うことができるにすぎない。

逆説的にも、資本はマルクスに回帰したのだ。あるいは少なくとも資本は『資本論』を（もとより神秘化されていたとはいえ、しかし実効的に機能する資本自身の観点から）読むことを学んだのだ。いったんその敵対が認識されれば、次の状態を作りだすことが残された課題となった。すなわち、敵対の一極（労働）が、他の一極（資本）と無関係に、勝手気儘に、破壊行為にまでいたるという事態を招かないような方法で、その敵対を機能させなければならないということがそれである。労働者階級の政治革命がめざす権力奪取のための継続的な闘争を（資本主義的）システム内部の動態的要素へと「止揚」するような、包括的なメカニズムの内部で労働者階級を機能させ、他方でそうした階級的諸力の新たな関係を認識し受諾することによってのみ革命が回避されうるということである。労働者階級は、調節された段階的な「所得革命」の導入によって、その都度その都度、動態的に再調整される一連の均衡メカニズムの内部における敵対として、機能的に統制されるものでなければならない。いまや国家は、市民社会へいわば下降し、均衡諸条件の永続的な再調整過程でその正統性の源泉を連続的に再‐創出してゆくことを厭わず引き受ける覚悟をしたのだ。対峙する諸勢力間における所得の再均衡化のためのこのメカニズムは、やがて計画という形態に結びつけられることになった。憲法の新たな物質的土台が、計画者としての国家、あるいはより適切に言えば、計画としての国家となった。期間限定的な計画に想定された均衡モデルは、あらゆるイニシアティヴ、あらゆる新しい水準への均衡のための調整が立憲国家それ自体における改定過程によって実施されうるといった可能性を意味することになった。言い換えれば、安定への道は、いまや国家権力の新たな、とはいえ脆弱な、基盤についてのこうした認識にかかっているかに見えた。国家による計画化という動態は、その対象として、ある種の「永続革命」の受諾を意味することになったのだ。それは資本の側における〔労働者階級の〕スローガンの逆説的な止揚とでも言うべき事態であろう。

しかし資本の科学が、解明と同様、神秘化をもたらすことは避けられない。資本の科学は、階級的諸力の新たな関係を明らかにし、労働者階級が国家の命運に内面化され、またそこで資本主義の発展の主因として動態的役割を中心的に担うという苦痛に満ちた過程をはっきりと示した。しかし同時に、資本の科学は、こうした労働者階級の出現の敵対的な性質ではなく、むしろシステムに対するその一般的影響を神秘化し隠蔽した。資本の科学は、不安定に統制されたこの均衡を維持するために要請される国家の新たな形態という暴力を隠蔽したのだ。事実それは、新たな社会そしてその働きの暴力的側面を、共通善、機能している一般意志の実現として、力強く称揚しさえした。資本の科学は、階級的諸力の新たな関係の神秘化と批判的な意識化とのこうした相互作用の狭間に、矛盾する諸要素の同時存在の必然性をふたたび曝けだしてしまう。例によって資本の科学は、分析と擁護という〔矛盾した〕骨の折れる課題を〔同時に〕遂行することを強いられた。現存する枠組の脆さに対する批判的意識化と安定性を達成するための〔意思〕決定との狭間に存在する細い道を分け進むことを、資本の科学は強いられたのだ。結局、この矛盾にとって唯一可能な解決策は、独立した政治的意思に信認をおくことであった。それは、必然的だがしかし相対立する資本主義的システムの多様な諸要素を再結合することができる、ある種の「政治的奇跡」――すなわち生産様式の社会化と搾取の社会化、組織化と暴力、労働者階級の搾取のための社会の組織化にほかならない。

資本主義的諸過程の基本的性質が変化したのではない。むしろその枠組が、その内部でそのときすでに搾取が作動していなければならないさまざまな次元が、そして資本がみずからの要求を押しつけることを強いられている階級的主役が、変化したのだ。政治的奇蹟がいよいよもって必要であるかに思われた。というのも敵対的階級の存在が、あらゆる対立の兆候が、非常事態の原因をなし、あらゆる過失が崩壊へと結びついてゆく高い可能性をもち、そしてあらゆる運動が闘争状態に縛りつけられている二つの階級の権力均衡の劇的変化を表示するといった事態を意味していたからである。労働者階級が潜り抜けてきた革命的経験によって裏打ちされた途方もないその力こそが、みずからを徴づけ、システムのあらゆるレヴェルでの介入を継続的に要請するこれらの不均衡を押しつけたのである。

資本家の科学はこの事実を登録せねばならなかった。彼らの科学がどの程度そうせねばならなかったかは、新たな状況についての彼らのいわば把握と理解によって測定される。科学的要素とイデオロギー的要素を識別しながらこの複雑な過程をたどることが、労働者階級から提起される批判の課題である。本章で私は、十月革命から大恐慌にいたる期間における資本主義的なシステムの全面的危機についてのケインズの思想と考察の展開を痕づけるだろう。資本がこの決定的転換点で直面した新たな状況に対峙することにおいてもっとも偉大な認識ともっとも洗練された政治的直観を示した人物、それがケインズであった。ケインズが下した冷徹な診断、それこそが世界中の資本家階級が採用すべき治療法を指し示した。資本主義の再編、革命的労働者階級が与えた一九一七年の衝撃に対する反応から出現したこの資本主義国家の新たな形態、こうした事態についてもっとも鋭い解釈を与えた理論家が、おそらくケインズだったのだ。

ケインズと一九一七―二九年という時代――十月革命と資本主義の構造への衝撃についての理解

それでは、どうしたら当該期における資本家の意識の展開を痕づけることができるのだろうか？　どのような形態で、そしてどの程度まで、資本は一九二九年の危機の根底的な意味を把握したのか？　またとくに資本は、どの程度まで一九一七年と一九二九年との連関に自覚的となったのか？　こうしたことが私たちの問題となる。

さきに述べたように、次の二つの視点から十月革命は理解されていた。すなわち第一に、国際的には、反革命の問題（あるいは、少なくともソヴィエト・ロシアの孤立化の問題）であり、第二に、国内的には、強力な労働組合と労働者階級の政治運動の鎮圧の問題であったが、そうした問題がこの十月革命の経験をあらゆる資本主義世界に押し拡げた。この経験は同質的なものとして現れた。運動が、労働者評議会の形態をとったところであれ（一九一八―二六年）、労働組合というより直接的な形態を採ったところであれ、いずれにせよ共通する準拠点はあるタイプの階級的前衛の存在と生産の自己管理の要求であった。(3) 驚くべきことに、当時、世界中の資本主義の指導者たちは、問題のこれら二側面を非常に厳密に分離していた。これら二つの革命的挑戦に応えるために異なった技術が採用された。資本家たちは労働者階級が内的に統一された存在であることをいまだ納得していなかったのだ。これら二側面の分離は、少なくとも部分的には、現状へのこの崩壊的なまでの無理解を説明してくれるだろう。

少なくともこれがケインズの見解であった。国際秩序の資本主義的再構築にとって鍵となる契機がヴェルサイユ条約だったが、この好機は逸されたのである。数世紀にわたった国民国家間の権力諸関係という伝統〔的枠組〕を前提としたこの最後の試みには、階級闘争の新たな諸次元を理解するにあたっての完全なる失敗が存在している、とケインズは論じているが、この失敗は問題の二側面を分離することで顕になった。でなければ、どうしてヴェルサイユの愚行が説明できるだろう？　ヨーロッパを崩壊の危機から救う計画を立てる代わりに、ヴェルサイユ条約は数世紀にもわたる権力政治の挫折と反目《ヴェンデッタ》を曝けだしたにすぎなかったのだ。革命の足音が近づくのを感じながら、戦勝権力の指導者たちは、ヨーロッパ体制の再建を不可能にする懲罰システムを打ち立てたにすぎなかった。外交的な偽善は停戦協定で形成された言質をひっくり返しさえしたのだ。

それは資本主義システムを守護し、新たな構造をシステムに与える方法では決してなかった。それどころか危機を深化させただけだった。とくにドイツに課された賠償という経済的な愚行は、ただたんにドイツにおいてだけでなく、漸増的に統合された世界市場のネットワークのいたる所で、平和条約の効果を破滅的なまでに遅延させることを確実にした。

われわれが中央ヨーロッパの窮乏化を意識的に追求するとすれば、私はあえて予言するが、容赦なく復讐がやってくるだろう。そうなれば、反動勢力と絶望的な革命の痙攣とのあいだでの最終的な内乱を非常に長期にわたって引き延ばしておくことは、何者にも不可能であるし、この内乱の前ではさきのドイツ戦争の恐怖も影薄れて無となり、また誰が勝利者になろうとも、この内乱は文明とわれわれの世代の進歩とを打ち砕いてしまうにちがいない。

(Keynes 1919：170)

では何が正しい道だったのか？　それは一つ存在し、またそれが唯一のものだった。それは、中央ヨーロッパの経済をソヴィエトによる東側からの脅威に対抗する防波堤であり国内の革命運動に対抗する抑制として、強化すること——つまり資本主義の防衛システムにおける二つの前線を再統合することであった。

レーニンは、資本主義体制を打倒する最善の道は通貨を台無しにすることだ、と宣言したといわれている。……レーニンは、たしかに正しかった。通貨を台無しにしてしまうこと以上に、現存の社会の基盤を覆す、精妙で確実な手段は存在しない。この過程は、経済法則に潜んでいる一切の力を破壊の方向へ働かせ、しかもそれを誰一人として予期できないような仕方でやってのけるのである。……企業家階級に対する大衆の憎悪を、インフレーションの不可避の結果である、契約と既存の富の均衡の暴力的で恣意的な破壊を原因とする、すでに社会の安全性に加えられている打撃と結合させることによって、これらの政府は、一九世紀の社会経済秩序の継続を急速に不可能にしつつある。しかも彼らには、それに代わる何の代案もないのだ。(Keynes 1919：148-50)(4)

これが一九一九年におけるケインズの立場であった。この論争から『一般理論』までの彼の思考をたどることによって、私たちは戦間期という危機の時期における資本主義の世界戦略がたどった苦難の変遷を把握することができるだろう。初期ケインズは、条約の悲惨な結末と労働者階級が戦前期の権力システムと断絶することによっては階級関係が変化しなかったという暗黙の幻想に対して、警告を発していた。依然として私たちは、現代国家の新たな政治的循環についての厳密な理論的把握からは、はるかに遠い地点に立っている。システムからの労働者階級の決裂についてのケインズの認識を資本主義的な経済成長の真の存在理由へ変換させるという後期ケインズの立場を暗示するものは、ここにはほとんど存在しない。だが、この新たな階級状況についての直観は素朴であるにせよしかし根本的であり、来るべき数年間の中心的問題をすでに照射している。その中心的問題とは、資本主義的秩序に対する十月革命の衝撃をいかに遮断し、いかに統制するかという問題である。ケインズの思考の連続性という問題とその理論的一貫性を論じるためには、彼の諸著作の意味を字義的に解釈するだけにとどまらず、その根底にある一般的な立論構制を発見しなければならない[5]。

この段階で私たちが論じているのは政治的直観である。依然としてそれは科学的体系とはなっていない。実際、一九二五年にベルティル・オリーンが、成熟したシステムという視点から、国際的な経済的均衡の新たな水準にとって賠償支払が動態的な貢献をもたらすであろうと指摘し、賠償効果についてのケインズの見解を批判したとき、彼はおそらくケインズ以上にケインジアンであっただろう[6]。いずれにせよ一九二二年までには、ケインズ自身の立場は変化した。彼をパリでの条約交渉の席上から退席させた「耐えられない苦痛と憤激」は、いまや収まっていた[7]。いまや彼の展望は、表面的には、より楽観的であった。

私が二年前に逆戻りし、当時私が書いたものをふたたび読んでみれば、当時将来に見えていた危険が、いまや安全に過ぎ去っていることに気づくのである。ヨーロッパの一般大衆の忍耐強さと、ヨーロッパの組織の安定性とが、それらが経験するであろう最悪の衝撃をも堪え忍んだのだ。正義、慈悲、および理知を蹂躙した条約は、二年前には、戦勝国の一時的な意志を代表するものであった。犠牲者たちは忍耐しうるであろうか。それとも、失望と窮乏のあまりに、社会の基礎を揺り動かそうとするにいたるだろうか。これらに対する解答を、われわれはいまもっている。彼らは忍耐強かったのだ。(Keynes 1922: 115-6)

しかしケインズの基本的な政治的直観は、資本主義的発展の主要な諸次元についての根本的で新たな理解をすでに暗示していた。このことをデニス・ホルム・ロバートソンはきわめて明晰に理解していた。彼は、この「ヨーロッパ経済の構造についての分析で驚くべきことは、戦前期の楽観主義、自由貿易、平和哲学とある意味で非常に異なっており、実質的には対蹠的ですらあって、自覚的であれ無自覚的であれ、むしろそれにもとづいて保護主義、軍国主義、そして帝国主義についての知的理解の大方が構築されるような分析が提示されている」と書いている（Robertson 1920）。ロバートソンはさらに続けて、ケインズは暗黙のうちに自由放任《レッセ・フェール》の考え方に対立し、ここでは国際政治の諸問題が国内における諸力の関係の組織化という観点から理解されている、とも指摘している。

世評を措くとすれば、ケインズの一九一九年の警告はほとんど影響力をもたなかったように思われる。それは新聞に拒絶されたのだ。ロンドン『タイムズ』紙は、「ケインズ氏の著作のもっとも驚くべき特徴の一つは、無邪気とまでは言わないにせよ、じつに政治的な経験不足がそこでは曝けだされている」ことである、と書いた（Robinson 1964：35に引用されたロンドン『タイムズ』紙一九一九年一二月四日付記事）。年老いた政治家であれ、若い政治家であれ、彼らは一つの嘲笑でケインズの警鐘に応えた。それは、基本的には、ただ一つのことだけを言っていた。クレマンソーは、「経済学者の教義にもとづいて、ケインズ氏（会議においてそのような意見を述べたのは彼だけではなかったが）は、「連合国の（「フランスの」と読むべきである）要求の誤り」および交渉当事者たちの要求の誤りを相手に、仮借なく戦った。……このような批難と、かくも多くの野蛮な激烈さは――本人が、それらの批難を公表するという大きなリスクを冒すことによって、自分の立場に役立つと信じなかったならば、私はそれに言及するつもりはなかったのだが――、いかに感情が激していたかを明白に示すものである」と語った（Keynes 1922：69-70）、と伝えられている。またウィンストン・チャーチルも次のように書いている。

> 反論しようのない常識によって、ケインズは財政条項と経済条項の恐ろしさを描きだした。これらすべての点で、彼の見解は正しい。しかし厳かに要求された経済条項に対する彼のもっともな嫌悪に引きずられて、彼は平和条約

の全構成に対する全面的な批難を提示することになった。彼が経済的側面について語る資格をもっていることについては、何人といえども疑うことはできないだろう。だがこの問題のもう一つの側面、より重要な側面については、彼は他の誰よりも正しい判断を示すことができなかった。(Churchill 1923-31 : vol. 5, 155)[8]

資本からの応答といえば、より徹底的に追求されたという違いがあるにせよ、一八四八年あるいは一八七〇年と同じくらいに古めかしいものであった。それは労働者階級のさまざまな政治的運動を打破するために抑圧的な力を行使することであり、引き続く局面で、技術的飛躍と相対的剰余価値の搾出メカニズムの洗練を介して労働力をふたたび〔資本へ〕吸収する新たな前進を確保することであった。労働者評議会と一九二〇年代初頭の革命的サンディカリズムの強力な潮流は敗北した――というよりはむしろ、彼らの組織的基盤であった階級的前衛とプロレタリア大衆の間のいかなる革命的弁証法の可能性も否定されたのだ。彼(女)たちは、基軸産業部門における労働力の再編、労働の合理化のための新技術、熟練の稀釈、そしてアセンブリー・ラインの普及によって、その基盤を簡単に掘り崩されてしまったのだ。例によって労働者階級の闘争の波が資本に課した最初の反応は改良主義であった。一九二〇年代初頭におけるこうした改良主義は、技術革新の一般的過程として現れた。資本は、新たな産業部門の拡張、生産要素の根底的な再組織化をとおして、労働者階級からの厳しい批判を吸収することを強要されたのだ。

けれどもこうした古いやり方をどこまで追求することができるだろうか? 状況はまったく変化しなかったのだろうか? 政治の分離という古典的自由主義に対抗するケインズの立場は、経済への政治的要素の内面化という包括的な主張であった。しかし資本家階級はこの包括的真理さえ忘れてしまっていた。それはいまやソヴィエト・ロシアが労働者階級に避けることのできない政治的準拠点を提起しているという事実と直面することの拒絶であった――そしてこれは、結果において、致命的であった。そうした封じ込め政策が成功するには、資本主義システム自体が労働者階級を政治的存在として再興することができることを証し立てなければならない。相対的剰余価値のメカニズムはいまだ不充分であった。その唯一の実際的帰結は、階級のよりいっそうの大衆化を創りだし、それはまた循環的危機への性向を強めながら資本主義の発展にともなう矛盾を拡大しただけであった。供給の拡大（生産能力および量産産業の成長）は、それに相即する需要圧力を効果的には誘発しなかった。「需要」は有効な主題としていまだ認識されていなかったのだ。

ケインズの立場もまた依然として政治的直観にとどまっていたが、また異なる観点から見るとさらに充分とは言えなかった。それは科学的に解明される必要があった。彼の議論の力強さは彼が解決のための方法論的な諸条件を作り上げたという事実にある。彼は問題を正しく見抜いたのである。一九二〇年代における彼の科学的営為と政治活動をたどることは、非武装で荒野に立つ預言者の悲痛な叫びをたどることでもある。しかし、それと同時に私たちは、政治的直観の科学的言説への段階的変容をも目の当たりにする。この変容は、政治的出来事の連続的な衝撃そして労働者階級と資本に要求された政治的必要の圧力のもとで、起き続けた。私たちは、ロバートソンに拠って、『平和の経済的帰結』執筆と同時期には自由放任がすでに断念されていたことを指摘しておいた。だがこれは、世界戦争の破壊性とそれに継起して起きた革命の昂揚の後における、ケインズ的な意味における、国際秩序の脆弱性を暗示する事例であったにすぎない。それ以降における旧秩序の危機という問題については、まずは英国の政治状況が焦点となる。

セー法則はもはや有効ではなかった。なぜならそれは、資本主義システムの維持が問題となっていることを理解しなかったからである。セー法則は資本主義的なシステムを完全に自己調整的で自動的なものと仮定していた。言い換えればそれは、システムの潜在的否定としての労働者階級の存在を否定していたのだ。ケインズの諸著作では、労働者階級の問題は科学的定式として段階的に構想されたが、経済科学の神秘化された専門的伝統では古典派経済学の粗雑な客観主義的伝統における雇用問題として定義される傾向にあったことは事実であろう。(10) だがこの問題についてのケインズの政治的アプローチの初期局面では、階級闘争にこそ優位性が与えられ、階級闘争こそが経済科学の諸範疇の歴史化を要請するとされていた。科学は歴史的現実へと差し戻される。これらの著作では、英国の労働者階級はその完全なる革命的自律性という姿において登場している。(11) 大学の同僚たちや、リベラルな友人たち、そして一九二六年のゼネストは違法であり憲法に約束された活動の制限を超えでてしまったと騒ぎ立てた人びとに対して、ケインズは次のような短い返答を与えている。そうかもしれない。だがそれがどうしたというのだ、と。階級運動は違法に見えるかもしれない。しかしそれは、従来のシステムを条件づけ、従来の適法性を決定していた力のバランスが消滅したからにすぎないのだ。力関係は変化し、適法性は新たな状況に適合するように調整されなければならない[12]。セー法則はもはや有効でない。なぜなら、政治的そして経済的な均衡の変数が変化したからだ。こうした状況における新たな要素とは労働者階級の自律であった。ケインズは、「労働組合は、供給と需要の力の自由な発揮を妨げることができるほど、充分に強力になっている。世論は、労働組合の危険性が増大しつつあるという不平不満や、疑念以上の何ものかを抱いてはいるが、炭鉱労働者は、自分の手によっては決して動かすことのできない苛酷な経済力の犠牲となるべきではないという労働組合側の主要な主張については、労働組合を支持している」と述べている（Keynes 1931a：305）。こうして新たな政治的均衡の創出は、この新たな状況、これらの新たな諸力の諸関係を考慮に入れることを意味した。セーの需給方程式がもはや機能しないとすれば、それは新たな未知数が導入されたからである。いまやこれらの未知数を経済科学に統合することが必要となった。

たとえば、諸君は貨幣価値を変更することができるし、それにともなう調整は、供給と需要の力に委ねておけばよいといった古風な政党の考え方は、五〇年ないし一〇〇年以前のものである。当時は、労働組合は弱体であったし、経済のジャガーノートは別に妨害も受けず、むしろ喝采を浴びながら、進歩の大道を突き進むことを許されていたのだ。（Keynes 1931a：305）

一九二〇年代に提示されたこの批判の深さと重要性を過小評価すべきではない。それは科学的視点から見ても同様に深刻かつ重要である。セー法則に対するこの攻撃は、一世紀もの長きにわたるイデオロギー、堅固になればなるほど実情に合わなくなった根深い心理的態度、そうしたものの破壊を示唆している。それはブルジョワジーの政治科学を一九世紀において導いてきた一連の基本的な諸価値および諸規範から神秘性が取り除かれたことを暗示している。

マルクスは次のように書いている。

だからこそマニュファクチュア的分業、生涯にわたる労働者の細部作業への拘束、部分労働者の資本のもとへの無条件の従属を労働の生産力を高める労働組織として賛美するブルジョワ的意識が、一切の社会的生産過程の意識的社会的な統制や規制を、個別資本家の不可侵の所有権や自由や自律的「独創性」への侵害として、同様に声高に非難するのである。工場制度の熱狂的な擁護者たちが、あらゆる社会的労働の一般的組織化に対しても、それは社会を一つの工場にしてしまうだろう、という以上にひどい呪いの言葉を知らないということは、まことに特徴的である。(Marx 1977 : 477)

政治経済学が、経済的均衡理論、富の世界への無限で自由なアクセスを許す諸要素の統合的で機能的な共棲《シンビオーシス》を──構造的に──前提するかぎり、セー法則に対するケインズ的批判は、そうした経済科学の対象への根底的な破壊であった。経済科学は、これらの前提がともかく「自然」であるという観念に立脚して、構築されてきた。いったんそれらが根本的な批判のもとに措かれてしまえば、マルクスが言及したリスク、すなわち社会全体が一つの巨大な工場へと変容させられるだろうというリスクは、暗黙の裡に受容されたことになるだろう。

しかしこれは、ケインズの批判が及ぶ範囲においてのみ、という条件のもとで、そう言えるにすぎなかった。対象の破壊はその再構築に資するだけである。後年ケインズは、経済均衡についての新古典派の諸法則は、ひとたび完全雇用の状態が達成されれば、ふたたびその本領を発揮するだろう、とさえ言明するだろう(13)。ブルジョワジーの弁証法は止揚をまったく知らない。それはみずからの対象を転倒できない。ケインズは、彼の批判が極限に達するときはいつでも、その批判を中途半端に押し止める哲学によって麻痺させられるのである。より低俗な神秘性を放棄するときでさえも、商品の物神崇拝という不可解な世界に囚われたままなのだ。彼は、従来の形式的な諸図式に寄りかかったまま、バランスのとれた経済のために必要な諸条件の再構築に取りかかる。均衡すなわち一般的等価の神秘化された形態をふたたび肯定すること以外にめざすべき目的が存在しないのだ。残されているものは「破壊党」にほかならない（Keynes 1931b：299ff.）。それは歴史――すなわち均衡を超越するあらゆる事柄――は愚の骨頂にほかならないという絶望的な確信である。それは「深遠な大儀、避けがたい宿命、壮大な邪悪、そのいずれでもない」のであり（Keynes 1933：429）、「経済問題――簡単にそう呼んでいるが――」は「欠乏と貧困、そして、階級と階級との、国民国家と国民国家との、経済闘争の問題――が、醜悪な混乱、しかし経過的で不必要な混乱」に陥っている、という強い確信である（Keynes 1931c：xviii）。こうして科学者がブルジョワ的な知識の可能性のまさに極限で奪還しようと企てたもの、それが形式的均衡なのである。そこには充分で確固たる信念すらない。ケインズは、あらゆる合理性の内実にとって何が基本的に――そして必然的に――非合理な義務なのか、何が曖昧な代替なのかを、意識的に誤魔化しているのである。[14]

したがって自由放任《レッセ・フェール》という一九世紀的イデオロギーへの最初の攻撃から導きだされたケインズの対象、すなわち労働者階級の自律による（経済過程への）侵入によって創り出された新たな状況についてのこの直観的理解は、新たな均衡モデルの再構築についての直観的理解だったことは明らかである。しかしこれが確固たる形態を獲得するには一九三六年に出版される『一般理論』を俟たなければならない。一九二〇年代の彼の著作は、主要には、批判という次元にとどまっていた。彼は金本位制の復活に攻撃を加え、[15]資本主義が突入した生産の社会化という新たな局面を明らかにした。[16]とりわけ彼は、階級間の衝突を仲裁し、経済均衡を保証するための国家介入の必要性を主張した（Robinson 1964）。『一般理論』は、本質的には、体系的というよりもむしろ批判という性格を帯びていた。新たな階級関係という用語は、いかなる体系的方法においても、いまだケインズの著作へは統合されておらず、有効需要、増大するリスク、金利についての新理論という概念もまた、構成的な部分とはなっていない。それらはまだ体系化されていないのである。

準備段階のケインズのこの著作におけるもっとも重要な要素、すなわち国家の介入主義へ向けた彼の議論を吟味すれば、それが自由放任《レッセ・フェール》に対する彼の批判のコロラリーにすぎないことが明らかになるだろう。この批判は労働者階級の大衆化とその帰結である均衡確保の困難性についての認識を含んではいた。だがこの批判にいまだなお欠けているものは、資本主義的発展総体にとって労働者階級の乱入がもつ新たな質的意味の規定である。提起された国家の介入はいまだ政治学的用語によって理論化されているにすぎない。それは開明的ブルジョワジーと社会主義者との同盟関係にもとづく発展のためにより広範な基礎を確実にする必要から導きだされているにすぎない。それはいまだ階級関係の新たな動態およびその内部での労働者階級の役割についての明確な科学的認識にもとづいた議論の段階にはいたっていないのである。(17)

こうした特徴を指摘するにあたって、もう一つのより理論的な要素が強調される必要があるだろう。資本主義的生産の社会化および大衆化という事実を記すことに終始し、そうした事実から増大する国家介入を論じることは、独創的でもなければ充分でもなかった。これは危機を経て出現した国家の新たな形態の性格を部分的に把握しえたにすぎない。歴史的に言えば、それは労働者階級に対抗して組織された国家の初期的で具体的な実体化にすぎないのである。ボナパルティズム的な体制という類型、イタリア的後進性に根ざしたファシズム体制、あるいは一八七〇年以降の闘争局面においてプロシアに現れた国家社会主義の一変種、これらがこの類型の事例である。一九二九年以降に出現した国家の新たな形態に固有の性格は、むしろ介入主義が〔一般的に〕前提とした国家の介入主義という枠組の内部で作動している階級的な動態の類型であった。一九二九年の大恐慌の経験を経過することによってのみ、資本家の科学は国家の新たな規定にもう一歩近づくことが可能となったのだ。言い換えれば、これが可能となるためには、一九一七年の革命は上記の諸体制が革命を封じ込めようとした孤立を歴史的に打破しなければならなかったのだ。

ケインズにおける政治から科学へのシフト――世界大恐慌と資本内部の労働者階級

一九一七年の出来事は一九二九年のそれとは無縁であるといった考えは、当然のことのように思われている。しかしこの言明の明白さの背後には、たとえそれによっては完全な説明が与えられないとしても、私たちが問題の所在を確認できさえすれば、一九二九年の危機によってより広範な全般的意味が与えられるであろう歴史的諸関係の構造が横たわっていることがわかるだろう。一九二九年の危機は、一方でアメリカ合衆国の経済システムの特質の直接的所産ではあったが、他方で同時に、二〇世紀の幕開けとともに始まったシステム内部の諸矛盾の蓄積、とくにその悪化によって、すなわち一九二〇年代における生産の大衆化が個別資本主義国家の内部での政治および労働組合のレヴェルにおける労働者階級の衝撃によって必然とされたという事実によってもまた、創りだされたのである。そうした危機が直接的に国際的な次元における問題となったことのさらなる理由は、戦争、平和、革命、そして仕掛けられた反革命が惹き起こした貿易関係における一連の不安定性にあった[18]。資本家といえども、少なくとも政治的レヴェルでは、この危機の原因の連鎖を理解していた。だがそうしたレヴェルにあっても、一九一七年はそれが代表的に表示する迫りくる潜在的なオルタナティヴによって説明しうるさまざまな危機の原因の一つと見なされていたにすぎない[19]。それが事態にうまい説明を与えているかぎり、こうした外在的説明で事は済まされていた。ケインズが担った役割は、危機分析におけるこうした説明に分析決定力をもたせること、すなわち説明を科学的にすることであった。こうして進行中の問題が、危機の深刻さに促迫されて、ありうべき解決法をついに見いだすことになる。

ケインズが大恐慌に対して多くのことをなしたにせよ、大恐慌もケインズのために多くのことをなしたことも同様に事実である。大恐慌は、挑戦、ドラマ、実験的な確証を与えた。ケインズが大恐慌を説明すること、それがただちに『一般理論』の出現を意味している。それ以前の記録からはこれ以上のことは何も言えない。大恐慌の終息以前に、栄光を携え、記憶に残るであろう思想体系とともに、ケインズは登場した。(Samuelson 1964：329)

事実この危機は、彼の分析が突き止めた個々の諸要素の弁証法的機能を明るみにだした。ケインズの見解における一九二九年危機の根底的諸要素とは何だったのか？　それは純投資の水準に直接的影響をもたらす供給過剰の蓄積である。それは純投資に下方圧力を与え、したがってまた資本の限界効率表における価値下落に逢着する。言い換えれば、供給ベースの拡張——技術革新と労働生産性の驚くべき増大、またその結果生じた耐久消費財生産の成長を媒介とした軍需産業の復興過程——が、需要に対する供給の関係の変化をともなわなかった一九二〇年代の経済発展の諸条件を理解することによってのみ、一九二九年の危機の特殊性を理解することができるのである。高潔にも、当該期の政治支配層は「財政的な思慮分別」という考えに固執したが、それは根っからの保守主義を隠蔽するための出来の悪い仮面にすぎなかった。彼らは、供給側における量産化がそれと相同の需要の大衆化に適応すべきであることを受け容れようとはしなかった——実際彼らは、供給の独立性に対する政治的保証を求め、それを擁護することに躍起となった。増大する資本の社会化は、資本の側における政治的自律という誤り導かれた要求に適応させられたのである。そこでケインズは次のような結論を下した。私たちは理解の欠如という代償を支払っているのだ、と。[20]

　これがケインズの政治的宣言である『一般理論』の起源である。それは保守的な政治的思考の宣言であり、この宣言では現実の恐慌についての理解と不確かな将来への不安が逆説的なまでに綯い交ぜとなって、資本主義経済（学）全体の体系的な革命化を強いているのである。「停滞状態《スタグネーション》に陥ってしまうという差し迫った危険につねにあるシステムとしての資本主義についての見解が……『一般理論』に滲透し、ある意味で支配してもいる」とされてきた（Sweezy 1964a：307）。私たちが、ケインズがそのように指摘しまたそうした危機を逆転するために取り組んだ政治的事実としてこの差し迫った危機を理解するかぎり、それは事実であろう。『一般理論』における停滞についての諸理論への言及は論争的であり、資本主義システムがみずからを救出する何らかの希望を備えているとすれば、昨日まで不可避だったであろう資本主義の命運は今日では明らかに受け容れがたい、ということをそれは含意していた。「需要」への言及、それは労働者階級、政治的な自己規定《アイデンティティ》を見いだした大衆運動、蜂起とシステム転倒の可能性への言及を意味している。ケインズは到来するとわかっていることと闘う覚悟を決めている明晰で知的な保守主義者である。こうした必死さから生まれた緊張があったからこそ、政治的意思が完全に体系的なイデオロギー的主張としてみずからを提示する強さを獲得するのである。ここにこそケインズ的なイデオロギーの必然性がある。

　『一般理論』のはじめの数節を読めば、資本の内的機能についてのケインズの分析にとって、将来との関係がいかに重要な部分であったかが、ただちに理解できるだろう。期待という概念が現在と将来を結びつけている。期待は、それが資本の限界効率の水準の決定に直接的な影響を与えるかぎりで、雇用のさまざまな水準に直接的な影響を与える（Keynes 1936：chap.5, chap.11）。この点まではケインズと古典派経済学者に相違はない。だが今日では状況が異なっている。期待は積極的な価値を産出するだろうという企業家的な信頼に根拠をもっていなければならない。このように考えられている期待は、いまやありとあらゆる制御不能なリスクによって混乱に陥ってしまった。そしてこのリスクは、資本の高度な有機的構成が広範な領域にまで及ぶ不確実性を耐えるほどの余力をもちえない時点でのそれであった。危機は将来への信頼と確実性を破壊し、諸成果と諸帰結が期待に叶わねばならないという資本の基本的慣行を破壊した。したがってケインズに課された最初の課題は将来における恐怖を払拭することである。将来は現在として固定されねばならない。慣行は保証されなければならないのだ（Keynes 1936：chap.12）。

こうしてここにおいてはじめて、介入主義に厳密な規定を与えることができるようになる。それはもはや政治的便宜といった問題ではなく、技術的な必要性の問題である。それはたんなる経済発展の社会化についての見解表明という問題ではなく、発展のさまざまな形態とさまざまなリズムにとっての実質的な準拠点を確立することである[21]。投資にともなうリスクは除去されねばならない。あるいはそれは慣行的水準にまで引き下げられなければならない。そして国家は、この経済（学）の基礎的慣例を保証する機能を担わなければならない。国家は将来から現在を護らなければならない。このための唯一の方法が現在の内部から将来を設計《プロジェクト》し、現在における期待にそくして将来を設計することだとすれば、国家は計画立案者としての役割を引き受けるまでにその介入程度を拡張せねばならない。こうして経済は法制度に組み込まれることになる[22]。こうした介入では、国家は一連の諸規範にそくして行動することになるだろう。一連の諸規範はなされるべきことを指示する。それは将来における出来事の確実性を保証しはしないが、慣行の確実性は保証するだろう。それは将来に向けて設計《プロジェクト》された現在の確実性を求めるだろう。これが、資本が生産的であることと政治的な支配階級を統合するための第一歩であり、その最初の一形態である。この形態はいまだ間接的だが、きわめて必要である。要するに資本主義システムの命運は、もはや企業家精神には依存せず、将来における恐怖からの解放にかかっている。すべての帰趨は国家の法制度的な基礎にかかっているのである。

将来に対する防御、将来の不確定性にもかかわらず資本主義の権力を安定させるといった差し迫った欲望。これがケインズの準拠枠であり、その階級的性質は自明であろう。これはセー法則の批判ですでに述べられていたことの別様の表現でもある。しかしここでは、状況――科学が探究し理解せねばならない新たな諸変数との関係――が、危機を原因とする新たで劇的な切迫性を帯びているのである。だがケインズが説明を与えることにかくもこだわったこの「将来」とは何か？ それは、ふたたび、崩壊である。ケインズと彼の同類にとり憑く崩壊への恐怖、彼が見てとった「破壊党」が彼の眼前で労働者階級という生ける姿態をとって指し示す崩壊が、ふたたび表れるのである。これがケインズの言明、皮相となるにいたるほどあまりにもしばしば繰り返された名言、すなわち「長い目で見れば、私たちはみな死んでいるだろう」という名言に、新たな光を当てるのである。ここに私たちは、彼自身が属する階級の命運についての予告以上の何ものかを感じ取ることができるだろう。私たちは、しばしば持ちだされるケインズ批判、すなわち彼の全分析を静態的な諸媒介変数の内部へと退行させたケインズの判断、崩壊の可能性の範囲を妨げ、現在を繰り延べることによって将来を相殺するもう一つの試みでもある、そうした判断について調べてみなくてはならない。

ここでもまた資本主義の再編をめざすケインズのプロジェクトは労働者階級の闘争を考慮しないわけにはゆかない。こうした事実によって彼の分析は深化する。第二の要素が介入主義の規定に加えられる。ここでは、国家が生産的資本の集合的で唯一排他的な代表と捉えられる。[23] 具体的な政治的必要性が、この結論にケインズを導いた。すでに期待についての分析でケインズは、(投機のような病理的要素とともに) 競争のパターン、期待予測における過誤などのようなシステムを崩壊に導く恐れのあるいくつかの構造的要素を発見していた。法の支配によってこうした病理的な諸要素を除去することができるだけでは不充分である。病理的な諸要素と構造的な諸要素の両者は事実において除去されなければならない。いずれにせよ、それらがシステムの将来の安全性を危殆に陥れることは許されない。「私自身としては、現在、利子率に影響を及ぼそうとする、単純な貨幣政策が成功するかどうかについて、多少の疑念をもっている。私は、資本財の限界効率を、長期的な観点から、一般的、社会的利益を基礎として、計算することのできる国家が、投資を直接に組織するために今後ますます大きな責任を負うようになることを期待」している（Keynes 1936 : 164）。より確固とした根拠をもった将来に対する全面的な保証が要求される。法的で間接的な形態による国家介入では不充分となるだろう。国家にとっては、現在と将来を結びつける基本的な経済的慣行を保証することだけでは不充分なのだ。さらなる何かが要求される。国家それ自体が一箇の経済構造にならなければならず、また経済構造であることによって、国家は生産的な主体とならなければならない。国家はあらゆる経済活動を一身に背負わなければならない。これが重要な前進なのだ！　マルクスは、「〔産業資本の存在は、資本家と賃金労働との階級対立の存在を含んでいる。〕産業資本が社会的生産を支配するにつれて、労働過程の技術と社会的組織とが変革されてゆき、したがってまた社会の経済的・歴史的な型が変革されてゆく」と述べた（Marx 1967 : 57）。いうまでもなくこれが、国家だ！　現在を将来へ連結する慣行を保証することにおいて、いまだ国家は資本家に仕える一つの構造である。国家がみずからを生産的資本として直接的に提示する。しかしそれは、国家が市場経済とその個別資本家との間接的関係が惹き起こす構造的摩擦をも克服しようと努めることでもある。こうしてそれが、国家の新たな形態となる。社会的資本の国家、それが国家の新たな形態である。[24]

介入主義についてのこの新たな規定の、あるいはむしろこの種の新たな国家の、より明確な事例については、とりあえず省略することにしよう。この点については後に戻ることにする。ここではその代わりに、ケインズの思想におけるさらなる前進——貯蓄と投資との均等化という定式——を例証しかつ詳述する独自で基本的な理論的機制《モーメント》について見ておきたい。『貨幣論』ではこの均等化が仮定されていなかったことは知られている。『貨幣論』では貯蓄と投資の関係は物価水準の維持安定をめざす経済政策の対象と見られていた。しかしケインズは、『貨幣論』（Keynes 1930）から『一般理論』（Keynes 1936）へいたる過程で考えを変更している。彼はシステム内部での貯蓄と投資との間に存在する測定可能な等価性という概念を仮説として導入したのである（Keynes 1936 : chaps. 6-7）。この変心の理由は変更がなされた時期から理解することができる。一九三〇年から一九三六年というこの時期は危機の絶頂期であった。当該期は政治的な緊急事態に直面しており、ケインズはより根底的な立場の選択を迫られていた。つまり経済システムについての新たなモデルでは、消費されない所得、投資されない所得、あらゆる資本の過剰生産、すなわち循環のあらゆる機能不全の痕跡と可能性が除去されねばならなかったのである。とはいえ、このモデルが行動形態をもはや説明していないことに注意せねばならない。それは指令的であり、必要な前提条件を定めているのである。それが指令的であるというのは、これらの前提条件が、国家の政策担当者によって、またそうした担当者の間で保証されるという条件のもとでのみ、景気循環における不況期と対峙し（むしろ阻止し、統制し）、さらに一般的には、経済秩序の全面的な政治的操作性を可能とする何らかの展望が存在するからである。でなければ、それは不可能性として残存してしまうことになるだろう。こうして計算単位が予算装置として現れ、国家活動の基本的要素となる。国家はこうした装置で武装し、社会的生産の困難の一切を中心的に引き受ける役割として、肯定されるのである。[25]

　社会的に生産能力を発揮する資本の困難を肩代わりする形態としての国家。こうした規定は、それが解決する以上に多くの問題を容き起こすことは明らかであろう。まず第一に、ケインズは国家社会主義をその諸前提の必然的結果とは考えていなかった。したがって彼は、経済的支配階層としての資本と国家／政治的階層との関係という問題、これら二つの階層《ストラータ》間のコミュニケーションおよび接合の問題、そしてこの関係を保証し発展させるものである諸制度の問題との直面を避けることができない。そこでケインズは、投機家および個人資本家への彼の非難を個別資本への忠誠宣言によって辻褄を合わせようとした。だがそれは問題を未決のままに残すことになる。第二に、貯蓄と投資を一致させるというケインズのもくろみは、銀行が投資を支配する傾向をもつ局面から、生産場面それ自体が直接的に投資を決定するような局面への移行を徴づけている。より一般的に言えば、ケインズは「貨幣理論を全体としての産出高の理論となるところまで押し戻そうとする方向」へ進んでいたのだ（Keynes 1936 : vi）。しかしこれは仄めかされただけである。[26]続いて、提起はされたが解決されてはいない一連の問題を解明することもできるだろう。にもかかわらず、ケインズが定式化した貯蓄と投資との等置は、試論的な仄めかしにすぎないという事実にもかかわらず、国家にまったく新たな配置を与えることになる。それはもはや、たんなる経済過程の支持とインセンティヴすなわち安定と革新の源泉ではない。国家は経済活動のもっとも根要な推進者となったのだ。こうして自由放任批判は極限にまで推し進められる。社会それ自体が工場として鋳固められるのである――そして個人的な資本主義という資本主義のイメージの最後の名残は、いよいよもって圧迫されることになる。

ここまでは将来との関係が――それが労働者階級との闘争関係を表しているかぎりで――資本の構造にとって内的な関連から確立され、厳密に規定されていた。ここまでは、国家の資本主義的な改良の必要性を将来のしかかってくるであろう恐怖を削減（できれば排除）するという見解によって説明しよう、とケインズは試みてきた。ここまでは、労働者階級の闘争が資本に資本自身の改良運動を強制してきた。だが労働者階級の闘争はどのようにみずからを資本の内部に位置づけたのだろうか？　私たちは、こうしたより進んだ再構造化の段階においてみずからをふたたび表現している労働者階級という矛盾をはらんだ存在をどのように捉えればよいのか？　介入主義の進展は、一九二〇年代初頭以降、労働組合によって担われた政治的運動へ対応するために、資本主義国家に強いられてきた。いまや介入主義は危機と再構造化を経て決定的となった。では資本の内部に措定された労働者階級との関係の性質と特性とは、いったい何だろう？

ケインズによって資本家の科学は飛躍的に前進する。それは労働者階級を資本の内部における自律的機制と理解する。ケインズは、有効需要の理論を携えて、闘争状態にある諸階級間の権力均衡という政治的概念を政治経済学に導入する。[27] ケインズの議論のイデオロギー的な（しかし必然的でもある）目的がシステムを支えることへと向けられていることは明らかである。ケインズにとっての問題は、有効需要を形成している多様な権力均衡が不変と理解される文脈で、有効需要の均衡をどのように確立するかにあった。しかし労働者階級の自律を永遠に所与とされる現存している権力構造の内部に封じ込めておくという要請に込められた政治目的は、まさにケインズ主義のパラドクスである。それは労働者階級が（資本の）発展の原動力であるということを認識せざるをえず、したがってケインズの均衡概念についての静態的な規定は、事実上、静態的に達成されることが不可能なのである。静態的均衡の方程式を規定しようとするいかなる試みも発展の継続が命題となっている状況のもとで均衡を捜し求めるという困難にほかならず、またそうした困難として残存しつづけるだろう。要するに、おそらくケインズは理解してはいただろうが、労働者階級がつねに資本の内部にいるからではなく、彼（女）らがその外部へと踏みだすことも可能であり、彼（女）らが実際そうするかもしれないという継続的な脅威が存在するからこそ、このシステムは機能しているのである。科学にとっての問題、そして政治学の目的は、この脅威、この拒絶をこれまでにはなかった新たな水準で取り込み、同化するものとして、存在しなければならない。資本は、パワー・バランスに変更を加えないまま権力を維持するような仕方で、成長の動態的な諸要因の統制を保証しなければならない。言い換えれば、問題は決して解決されたわけではなく、ただ繰り延べられているだけなのである。より仔細に見れば、ここでは資本のダイナミズムは継続的闘争の結果にすぎないことがわかる。労働者階級からの攻撃を折り込み、彼（女）らが資本の外部で活動するのを阻止し、絶え間なく描きなおされるその枠組みの内部で彼（女）らを行動させるために新しい武器が鍛え直される、そうした継続的闘争の結果なのである。

はたしてどの程度までこうしたことが可能なのだろうか？　有効需要の概念はそのうちに数十年にわたる経験を含んでいる。それは労働者階級が資本に与えた衝撃、まったく減少の気配すら見せないそうした衝撃という経験である。だがケインズには、政治的状況は劇的であり、したがってそうした状況は危機や闘争を回転させる試み、つまり（資本の）発展の原動力へと転化されるという認識しか存在しない。はたしてどの程度までこうした認識が取り込まれたのだろうか？「長い目で見れば、われわれはみな死んでいる」というわけである。

より詳細にその状況を見てみよう。大恐慌の根底にある諸原因は、需要つまり消費性向に下方圧力がかかっているという政治的状況で、供給過剰が明らかになったということにある。消費に圧力がかかっているというこうした状況のもとでの供給過剰が、広範な経済活動の前線での主要な不均衡を惹き起こし、純投資に悪影響を及ぼしたのである。診断それ自体がその治療法を与えてくれる――それは需要量を増加させ、消費性向を上昇させることである。しかし消費性向の変動は、本質的には所得の変動に因っており、賃金単位によって測定される（Keynes 1936 : 91-2, 110）。これは、実効的に実現される有効需要の所定の段階に対応する均衡が、労働者階級の雇用水準が産出の総供給価額と収益についての企業家の期待を決定する価値水準で定まる、ということを意味している。ケインズが解明し結着をつけようと試みた事実、すなわちシステム内のさまざまな部分がほとんど循環的な相互依存のもとにあることを明らかにするために用いた方法にもとづいてケインズを読むかぎり、彼の思考の政治的な質を位置づけることは困難だと言わねばならない[28]。しかしより仔細に読み込めば、相互関係について彼が考えた全システムがただ一つの定式、すなわち賃金の下方硬直性という定式に依拠していることが判明する[29]。彼の思考の根底には「究極的な独立変数」は「雇用者と被雇用者とのあいだでの交渉によって決定される賃金単位」であるという考えがある（Keynes 1936：375-6）。ここでこそ、すなわちこうしたモチーフをめぐってこそ、ケインズの理論の本質が曝露される。それは、労働者階級の力を、そのあらゆる自律において、理解し、利用している。階級は黙らせることも排除することもできない。唯一の選択肢は、その運動を理解し、革命を統制することだけである。

この点において、ケインズ的意味での介入――それは有効需要の原則によって弁証法的となっているのだが――は、それが階級の諸運動、所与でありその過程にとって必然的でもある実効的な要素として組み入れられるべき運動、そうした運動の意識的統制をめざす試みとなるかぎり、完全に政治的になる。ケインズの思考の概念的な内実は、一にかかって、この力の均衡の概念に彩られている[30]。こうして経済政策の課題は所得と消費性向の連続的な革命を要求することにある。それは生産と投資を包括的《グローバル》に維持し、そうすることで政治的均衡の唯一可能な形態を与えるであろう。それはまた、決まった解答が与えられないままに残された権力均衡のあらゆるリスクと脆弱性を担う覚悟をもつときにのみ、有効であろう。これこそが有効需要の理論の意図を要約する方法である。有効需要の理論は、階級闘争を引き受け、それを資本主義の発展にとって有利な方法で、日々解決していくことについて述べているのである。

資本主義的再編と社会国家

いま考えているこの問題により仔細な検討を加えれば、つまり一九二九年の経験がいかに国家構造に重大な変化をもたらしかについて見ると、ケインズの貢献がいかに根底的であったかがわかる。資本主義国家の変容は、国家の介入能力が社会全体に拡大されるといった方法だけでなく、そうした国家の諸構造が労働者階級という存在の衝撃を反映せねばならなかった方法にも、存在している。一九二九年以降の国家は一般的には組織化という構造を採ったが、それはたんなる介入主義というよりは、むしろこの介入主義が具現する階級的動態の固有の類型によって特徴づけられる。したがって現代の国家 - 形態の特殊性を理解するための唯一の方法は、労働者階級が資本主義的諸構造に与えた劇的な衝撃に光を当てることである。

国家 - 形態は労働者階級の衝撃を社会に登録せねばならない。こうした事態を前提するとき、まさに社会的レヴェルにおいて、国家は――国家組織それ自体の内部で――労働者階級の運動を制御する具体的な形態を構築することになる。工場における専制と社会における無政府状態の矛盾という当初のアンチ・テーゼから（そしてこの矛盾をはらんだ関係を法治国家という形態において組織化するという当初の試みから）出立して、いまや資本はこの専制の社会的組織化へと移行することを強いられている。だがそれは、工場という形態を――社会全体にわたる組織化と抑圧を結びつける固有な方法で――直接的に再生産する計画にもとづいた国家という新たな形態において、社会のあらゆる場面に搾取の組織を拡げるためである。

こうしてケインズは国家の新たな規定に決定的な貢献をする。これまで私たちは、最終的な全体的構図を構成するにいたる彼の思考における多くの分離した諸要素について検討を加えてきた。しかしこのことは、ケインズが分析における個別の部分的諸要素のたんなる総和を超える全体的視点を欠いていたことを意味しない。彼の全体的視点は、利子率に関する理論ですでに与えられているのである。

ケインズ理論のこの側面は、新古典派経済学の考え方との関連から言えば、論争的である。というのも新古典派経済学が、（禁欲の対価や資本財の需給関係における自然均衡の要素としてというよりは、むしろ）資本主義が社会化されていない段階における利子率を生産領域の外部で作動している無政府的な要因によって決定される、と見なしているからである。ケインズにとって利子率は、流動性選好と市場における貨幣量から導かれるものである。しかし、こうした理解が正しいとすれば、資本主義社会はふたたび耐えられないほどのリスクに脅えることになるだろう。個別資本家や金利生活者は、本来は彼らに委ねられるべきではない機能を賦与されることになるからである。これでは破滅に至るだけである。どうして私たちがそのような破滅を受け容れなければならないのだろうか？　本当に私たちは、無政府的な秩序が生産過程の客観的諸力へ不可避的に融解してゆくことを放置せねばならないのか？　そうした道は、金利生活者を破壊するのと同様、全システムの転覆へとつながる危険性をはらんでいた――そしてそれを清算すべきときもまた、近づいていた。そこでケインズは次のように結論づけた。すなわち、私たちがシステム救済のために行動を起こしたいのであれば、「金利生活者の安楽死」をめざさねばならない（その政治的急務は別として、道徳的には正統であろう）、と結論したのである。この結論は、総資本が「資本の限界効率表との関係において、完全雇用が存在する点」まで利子率を引き下げる政策に着手することを可能とする（Keynes 1936：375-6）。ケインズの規範的対策の全容は次のような一つの命題に要約される。それは、不均衡が制御可能となる最終的な保証を、貨幣流通の決定的領域において、授けることを狙ったものである[31]。

一見するとこれは、資本が社会的資本となるレヴェルにおける貨幣理論と生産理論との統合といった、ケインズの議論のさらなる洗練を示しているにすぎないようにも見える。だが仔細に見れば、完全雇用との関係で利子率を資本の限界効率表へ従属させることはさらなる影響を及ぼすことが判明する。それは、固有には、ケインズ理論を古典派的な労働価値の教義へと回帰させ、両者を結びつけることが及ぼす逆説的な影響である[32]。ここでの価値法則の再作動がケインズ的なパースペクティヴの原動力と実質をもたらすかぎりで、それは必然である。価値法則の全般的機能とその直接的制御にとって異質な全要素が除去されねばならない。とりわけシステム――すなわち新たなシステム、新たな国家――は、労働価値法則の実現の産物をより充全にするという意味で、強化されるのである。ここでは、じつに「社会国家が労働にもとづいた国家に等しい」という等式が妥当しはじめるということができるのである。これが、ケインズにおけるブルジョワ的なユートピア主義と資本の擁護の、最終的かつ必然的な、帰結なのだ！[33]

この理論的傾向を批判的に吟味すれば、それがどのように分節されているかがわかるだろう。ケインズは、社会的資本の文脈で、いくつかの古典派的（もしくは彼のいわゆる前古典派的）な直観を試そうとしている、とも言えるだろう。実際、社会的資本が有する貨幣的側面と生産的側面との関係に立ち返ることで、彼は二つの傾向的法則を導入している。それは平均利潤の法則と貨幣賃金が実質賃金に収斂する傾向をもつという法則である。[34] ここでの彼は古典派経済学者たちの精髄である価値法則の叙述へと近接している。資本は社会的資本となるまでに発展し、マルクス主義者となる。ほとんどそのように言って差し支えない。だが明らかにこれは、視覚的な幻想である。と同時にそこには、歴史的類似性が存在する。個人企業の理論が、事実上、価値法則の問題を無視してきたにもかかわらず、資本の集合的な自己規定を考察する必要性がいまや価値法則を復権させることになる。それはマルクス主義的な表現ではなく、むしろ改良主義そしてマルクス主義の社会民主主義的な理解という姿を採ってふたたび登場する。それは（暗示的かつ傾向的な法則における価値法則の機能の仕方という）過程を叙述する手段としてだけでなく、とりわけ政治的規範そして経済的戦略の中心的対象の一つとして、再登場するのである。

これが、更新されたこの価値法則の利用によってケインズが社会的利子、共通善という神秘化された考え方を彼の思考へと導き入れる所以である。ケインズは、貨幣論の生産論への還元、この還元の政治的必要性およびこの還元が実現されるべき制御形態の分析によって、「革命なくして」達成されうる最終的状況を提示しようと試みる。こうした状況にあっては、利潤および利子がゼロにまで切り下げられ、貨幣関係が（資本主義的権力の内部での自律領域でありながら）消滅する。というのも貨幣が、たんなる計算単位、生産された諸商品間のたんなる等価性を表示する一般的象徴へ還元され、したがって貨幣を選好するあらゆる理由が消滅するからである。[35] 媒介的かつ補助的な要素を剝奪された社会的利子と価値法則が発展総体を統制することになるだろう。資本がコミュニストになるのだ。これはまさにマルクスが資本のコミュニズムと名づけたものにほかならない（Marx 1968c：436ff.）。

しかしこれは、ケインズが前進するための、すなわち行論において彼の分析がそれまで依拠してきた諸前提を忘れるための、興味深い方法である。価値法則の完全なる実現に信認をおくことは、剰余価値の搾出という資本主義的法則の完全なる実現に信認をおくことでもある。ゼロに単一化され還元された利潤と利子とは、事実上、資本の社会的生産における平均剰余価値率を表現したものほかならない(Marx 1968c: 154ff. 358ff.)。だが搾取は除去されてはいない。その無政府的で競争的な側面が除去されただけである。利潤と利子もまた排除されていない。それらはただ平均値を超えないように抑えられているだけである。マルクスのアンチ・テーゼも——たとえケインズにとってこの事実がほとんど興味を惹くものではなかったにせよ——、手つかずのままに残されている[36]。より興味深いことは、ここでのケインズの結論が彼の理論体系における他の重要な諸部分——とくに有効需要の理論に関する部分——と矛盾したまま放置されているという事実である。階級矛盾、闘争、対峙する二階級間の権力関係から影響を受けない社会的利子という彼の主張は、有効需要の理論を否定することになっている。かつて描かれた社会的現実がいまや神秘化されている。それればかりではない。彼の科学には一つの矛盾が存在してもいる。というのもケインズが、彼がそのときすでに否定していた現実の存在にもとづいて、発展の法則を構築したからである。そのうえここでのケインズ——彼にとっては珍しいことだが、だがおそらくはケンブリッジ学派の道徳哲学の影響を受けてであろう[37]——は、あえてユートピア主義の領野へ踏みだすという冒険まで冒しているのである。

この資本概念はじつにユートピア的である。この資本は、総体としてあまりに社会的なために、貨幣メカニズムを介してみずからを接合することを拒絶するというよりは[38]、みずからを分離的な本質かつヘゲモニックな権力として措定するために、みずからを搾取のための社会的な力として措定し、そうすることでみずからを自律的なものとして作り上げていることを拒絶するのである。それは、市場をとおした利潤の実現過程におけるもっとも明白な歪みを廃絶するために、闘争と危機とによって課された質的飛躍を資本主義が利用するにまでいたる、短期的なユートピア社会である。とすれば、ひとたびこれが実現すれば、以下の過程が続くことになる。すなわち、社会的レヴェルで存在する支配と搾取との関係の直接的な神秘化が起こるのである[39]。この神秘化の必然性は、一九一七年以降、労働者階級にとって有利に変化した権力均衡の範囲内での、資本主義の再編である。

こうしたもくろみは、しかし、資本の歴史の枠組へ完全に閉じ込められている。それは理論的——政治的に緊急かつ有効であるというかぎりで、理論的——である必然性はもとより、直接的には政治的な必然性をも反映している。

危機についての類似した考察によって惹き起こされた同一の必然性はニュー・ディール政策の基礎となり、また成熟した資本主義におけるいかなる再構築の経験にも存在している。いかにニュー・ディール政策がケインズ派に忠実であったかを知るためにニュー・ディール政策を吟味すれば、私たちの謎はただちに解かれるだろう――実際、シャハトの活動は、はるかによりケンブリッジ学派にそくしたものであった。こうした影響に関してケインズ自身、次のように記している。すなわち「資本主義的な民主制が、私の理論を証明するにいたるほどの雄大な実験に必要とされる規模で、支出を組織化することは――戦時を別とすれば――政治的に不可能であるように思われる」(Hofstadter 1962: 307 に引用されたケインズ「アメリカ合衆国とケインズ計画」)、と。同様に重要なことは、アメリカの政治シーンとケインズとの個人的関係、とくにローズヴェルトとの関係についての分析である。[40]

さらにまた私たちがケインズ的体系を構成するものとして確認したあらゆる理論的要素も、ニュー・ディールの実験において、その役割を果たし――同一ではないにしろ、類似した方法で――実行された。それは資本主義の構造に対する労働者階級の衝撃の認知に始まり、公的に新たに調達された資金による投資によって有効需要を刺激することを目的とする政治的そして経済的な技法にいたり、さらには社会の根底的な資本主義的再編の緊急性の強調に始まって、それに引き続く固有な類型の国家の再編にいたる、そうした実験である。[41] 事実、変化する国家‐形態との関係に関わって言えば、ニュー・ディールの経験だけが、私たちがケインズ主義の基本的性格と理解したものを明らかにしていると言うことができる。それは作動している経済的な諸力間の関係の変容に関する認識、そしてこの新たな文脈に適合的な資本のヘゲモニーの再構築である。「ゲームの規則」の根底的な改変、つまり支配的エリートの側における資本の再構築への執着と、いまや更新された長きにわたる「正当な法的手続」の制度的実践との衝撃的な統合によって、それは明示的とされたのである。私たちは、ここにいたってついに、自己保存のために「永続革命」という概念を大胆不敵に採用することで復興する資本主義国家という理解を手に入れる。それは、みずからの資本主義国家としての階級的本質を前面に押しだし、またポピュリスト的もしくは伝統的な革新主義的イデオロギーの汚点を回避しながら、無条件にそうするのである。なされねばならないこと、それは資本主義的改良である。それはシステム内の不均衡についての社会民主主義的な愚痴とはまったく異なる資本主義的改良主義であり、みずからの再生産を介してみずからが抱える困難を解決することができる至上の確信なのである[42]。

どうしてケインズは、この根底的な歴史的実験が彼自身の理論的そして政治的な思考の本質に著しく接近していることが理解できなかったのだろう？　どうして彼は、自分のユートピア社会の可能性とその必然的な付随物である神秘化を見落としてしまうことになったのだろう？　結局彼は、これら二つの点で失敗する。この神秘化それ自体は、成熟した資本主義国家の特徴である最終局面で増大する暴力の利用によって、暴かれる。この暴力は、直接的であれ間接的であれ、いずれにせよ近代国家が遂行する全面的に促進的で調節的な活動の進展につねに登場する。こうした基本的な事実がふたたびケインズの内部で立ち上る。しかし副次的で経過的な形態でのみ。彼の科学的営為にとり憑いている絶望的な歴史哲学においてだけではなく[43]、彼の理論体系それ自体においても。ユートピアに近接する資本主義的な再構築に概観を与えるまさにその点で、みずからに背反し、基本的問題をそれを規定する階級関係の内部における資本の弱点として規定する（そうすることで、彼の出発点となった諸事実を忘れないばかりか、彼が資本主義的な再構築のために提起したモデルに全一的な信頼をおかないようにする）ケインズを、私たちは見て取ることができる。こうした実例は、『一般理論』における決定的論点——利子率の傾向的低下の法則の再発見——に表れるだろう。

ケインズのこの命題の科学的有効性あるいは無効性に判断を下すことが、ここでの問題ではない。ここでは、現在の定式が古典的なマルクス的定式よりも説得力があるかに見える、とだけ言っておこう。なぜならその定式は、資本の過剰生産の予測ではなく、「追加的資本に対する予測収益の下落と新たな資本財の供給価格の上昇」を予測することにもとづいているからである[44]。この定式を用いてケインズは、彼のユートピア的図式よりもはるかに地に足がついた結論、彼の出発点であった基本的な状況から得られた結論を導きだす。彼は有効需要の理論によって与えられたスキームを利用しはするが、それはもはやたんなる安定性の達成をめざす諸政策の指標としてではなく、予測と予知の道具である。有効需要政策の適用から導出された予知とは、需要が供給を上回り、従来のデフレ傾向は絶え間ないインフレの危険に途を譲るだろう、というものである。要するにこの予知は、労働者階級の巨大な圧力が資本の新たな組織において客観的に――修正された階級関係の内部で――産出したすべての影響が決定的かつ不可逆的に出現することにもとづいている。実際これは、一九二九年の出来事が押しつけた資本主義的改良の後に、生産的活動の直接的領域における階級諸関係の展開で生じたことなのである。このことはすでに、ニュー・ディール政策下においてさえ、一九三七年の景気後退というかたちで、理解することができる事態である(45)。

しかし恐怖を退けるために企図されたこれらすべての科学的努力の結末には、依然として将来についての恐怖が残存している。それは崩壊の恐怖、すなわち「破壊党」である。ケインズにとっての恐怖は、まさしく、資本を再編することの必要性と労働者階級に有利な整理統合をもたらす権力均衡への傾向性についての認識の組合せから生じている。階級関係が動態的となっている状況では、新たな均衡を創出するためのいかなる試みも不安定を招くほかなく、一つの固定点の周辺に運動を安定させることは不可能となる。そのような状況における唯一の選択肢は分離された別個の現実としての権力に信認をおくことである。これは、ケインズが一般的利害を絶対へと上昇させたことを私たちがいかに理解すべきか、という問題だろうか？　そしてそれはまた同様に、彼自身を有効需要の理論的図式から解放することなのだろうか？　ケインズの思考において二面性を有する運動（一方では国家構造と社会経済的過程との同一化へと開かれ、他方では社会運動の特殊性から分離され区別されている国家の一般的利害を認知するという傾向）の内部に、システムの新たな命運にとって必然的な矛盾を把握することが可能だろうか？　たしかなこと、それはこの意味での脆弱性が減少する傾向にはないということである。おそらく制度的な表現による唯一適切な理解とは、近代国家にきわめて特徴的な暴力である――国家、それは、ふたたび言えば、恐怖、抑圧への欲求、暴力を意味するだろう。おそらくこれがケインズのユートピア思想と神秘化が解消される途であろう。「破壊党」を清算することが日常的な出来事となる。資本のコミュニズムはその運動の内部にあらゆる価値を吸収し、発展の一般的な社会的目的を完全に代位することができる。それは、しかし、搾取に対する憎悪それ自体である労働者階級の特殊性、均衡のいかなる所与の水準においても抑制不可能な労働者階級の特殊性を収奪できない。なぜなら労働者階級は資本主義的生産様式の破壊のためのプロジェクトでもあるからである。

第三章　憲法における労働

本章のもとになった論文は風変わりな来歴をもっている。この論文は、一九六四年にアントニオ・ネグリによって執筆されたが、その後一三年以上の長きにわたって出版されることがなかった。著者は出版を試みはしたが、一九六〇年代のイタリアでは、左派、労働者主義者 workerist、革命という視点からあえて社会主義批判を進めようとする出版社はもとより、雑誌編集者すら存在しなかった。だが論文は草稿というかたちで回覧された。本章は、包括的なイデオロギー的対決ではなく法に関わるテクストと諸制度についての厳密な解釈をとおして、ヨーロッパにおける公法的伝統の内部からマルクス主義的な議論を展開している。本章は一つのマルクス的逆説を提起する。すなわち本章における議論は、労働を価値増殖の社会的諸過程の基礎としてばかりでなく、制度的そして憲法的な諸構造の具体的源泉としても理解すると同時に、他方でまた労働規律と搾取に対する批判をも遂行している。この逆説の奥深さの理解とその展開は、同時期にフランスおよびイギリスの構造主義的マルクス主義者たちが何とか成し遂げようと努力した際に用いられた方法に較べても、おそらくより効果的、あるいは少なくとも異なっており、とくに資本のいわゆる「人間主義」から神秘性を剝ぎ取る試みといった一九六〇年代のイタリアとドイツにおける努力に貢献したのである。本章での議論は、一方でベルリン自由大学教授ヨハネス・アニョーリによって主張されたいわゆる民主制の変容についての研究と多くの点で共通しており、また他方で資本が作動させている捕縛のための制度的諸装置に闘いを挑み破壊する戦争機械という地平に労働者階級の闘争を位置づける、ジル・ドゥルーズとフェリックス・ガタリの『千のプラトー』とも多くの共通点をもっている。

1 問題設定への序論

すべての変革が、この機構を打ち砕く代わりに、それを完璧なものに近づけた。(Marx 1963 : 122)

労働者の未来から。――労働者は兵士のごとく感覚することを学ぶべきであろう。謝礼を、俸給を受けるべきであって、賃金 *Bezahlungs* が支払われるべきではない! (Nietzsche 1967 : #763)

本節では、憲法と権利 - 法 right の一般理論が抱え込んでいるいくつかの問題が論じられるが、これらの問題は現代国家を「社会国家 social State」「計画(された)国家 planned State」そして「労働の国家 State of labor」として規定しなおすという問題に関連している。本節は、諸源泉の法的システム juridical system of sources〔法源のシステム〕、国家構造、またそれらに関連する法的な規範と権威の諸概念において起きたいくつかの変容に説明を与えることをめざしている。ここでの基本的命題は以下である。すなわち、基底における政治的変化によってもたらされたこれらの制度的変化は、ブルジョワ国家の階級的性質を変化させたのではなく、ブルジョワ国家を資本の展開によって生じたさまざまな新たな必要性にとって適合的なものへ造り変えることによって、むしろブルジョワ国家を完成させた、というものである。本章をつらぬき、その分析を妥当なものとして維持する説明力は、マルクスが資本の展開に読み込んだ考えの大部分が検証されているという点にある。この事実は、彼の方法の理論的妥当性を確証し、本節におけるその利用をも正当化する。

労働の憲法的な社会的妥当性

「社会主義」的闘争から「社会」国家へ
あるいはむしろ社会主義の止揚 *Aufhebung*

一般的な立論構制への序論として役立つと思われる具体的事例に簡単な分析を加えることから始めよう。それは一九四八年制定のイタリア憲法を基礎づける諸原則の解釈とその憲法的位置づけの歴史を考察することである。憲法第一条は「イタリアは労働にもとづく民主的共和国である」と宣言している。新秩序を基礎づけるにあたって明確にされたこの厳かな宣言を目の当たりにするまさにそのとき、すでに充分に脅かされていたブルジョワ的な政治経済的権力の堡塁のもっとも強化された拠り所へ強烈な転覆的作用が巧みに忍び込んでいる、という事実を何人といえども否定できないだろう。だがこの言明が、現実的にはあまりに一般的であったため、実践的には無害なことは明らかだった。憲法の他の諸要素に結びつけられることがなければ、お定まりの憲法の修辞学者たち、すなわちそうした時代に必ずといっていいほど現れるヴィクトル・ユゴーたちによって、この言明は絶えず壊滅され続けてきただろうし、またその結果、この言明から生まれる転覆的な政治的潜勢力はいち早く孤立化させられてしまっただろう。けれども実際にはそうではなく、この言明は第三条および第四条そして他の多くの条項における類似の言明によって補完されていた[1]。これは〔憲法への〕偏見や恐怖を再燃させるに充分な根拠となった。憲法起草時に支配的だった解釈は次のようなものだった。すなわち、そうした包括的な諸言明は、たとえ憲法冒頭に規定されているとはいえ、いかなる規範的価値をももちえない、というものだった。この条文は近代社会における労働の重要性を認知したにすぎない——すなわち価値評価というよりは事実の認知であり、綱領《プログラム》というよりも社会学的強調という体《てい》のものにすぎない、と。したがって綱領について語ろうとしても、厳密には、憲法の包括的な社会的全体性を超えでることなどできない、と。当時そうした憲法の言明に〔資本蓄積の発展にもとづいた〕具体的な実効性を与える適用規範など存在しなかったし、それは政治的諸力の作用へと開かれた未決の法論争 *de jure condendo* の領野、論争の一領域だったにすぎない[2]。

それから一五年もの歳月をへた今日、解釈をめぐる「雰囲気」は、実質的にシフトしてしまっている。したがって、憲法前文に誤り導かれた「北からの風」を依然として嗅ぎだそうとするいかなる人びとも敏感にすぎるだろうし、それとは対照的に、手垢のついた宣言を繰り返す陳腐な修辞解釈家たちの議論にいまだに怒りを覚えるいかなる人びとも、あまりにも短兵急というものだろう。憲法にまつわる（あるいは政治的であることが避けられない）諸闘争は異なった方向へとその向きを変えてしまい、勝者たちは、憲法的な配置《アレンジメント》を厳密に捉えることによってそこに含まれているすべての規範の規範性を強調する人びととして、登場したのである——またこうした点に疑問を呈する人びともまた、ほとんどいなかったのである。こうした諸規範が綱領的とされるのは、これらの諸規範が憲法の完全なる履行を準備する一連の諸条件を前提しているからにすぎない。だからといってこの規範性の効果が薄められたわけではない。むしろ逆に、これらの諸規範によって措定される勧告は、政治的言説の全方向性を賦与する法制定機能を超えて、その実効性を獲得するだろう（Crisafulli 1951：esp., 66-8）。翻ってこうした憲法解釈にまつわる状況変化は、すでに重大な変化を遂げてしまっている政治的状況、たとえ非常に緩慢ではあってもみずからのヘゲモニーをなんとか維持しようとする憲法的慣習、そうしたものの所産でもある。というのも憲法の全面的履行は、目的自体が異なった手段を要請しないかぎり（この仮定はありえないことではないが）、各人の投票に拠っているからである。要するに、私たちは、この時点でやや慎重に、目的に対する手段の適切性に疑義を呈してみようと思うのである。逆説的に言えば、この一五年を経過することによって、憲法が、法律家や政治家にとってと同様、イタリア人の意識にとってもまた、あまりに堅固に定着したために、以前もっとも疑わしかったものがいまや強固な基盤と見なされるようになっているのではないか、という疑義がそれである。すなわち、憲法のイデオロギー的そして政治的な諸基盤への疑義である。人びとが憲法を超えでる必要性があると考えたとしても、結局は人びとが憲法の諸基盤〔の強化〕に役立つようにそうするまでにいたる状況が実現してしまったのではないか！と[3]。

条項の第一、第三、そして第四は、暗示あるいは明示の別を問わず、憲法をめぐる長い間の闘争の中心を形づくってきた。これらの条項は、イデオロギー的内容に密接に関わると同時に、直接的には、政治的な内容を表出する問題のまさに中心点に関わっている。今日これらの条項の規範的特質は、一般的に理解されているにすぎない。もっとも学識ある憲法主義者からもっとも素朴な憲法主義者にいたるまで、その教えは同じである。その教えとは、労働は国家 - 形態の構成的原則でなければならない、というものである。[4] 条項の第一、第三、そして第四は、「憲法にとっての労働の妥当性という属性」を含むだけにとどまらず（Giannini 1949-50 : 3）、まさに労働こそが「国家共同体という体制《レジーム》、したがって国家の格《ペルソーナ》の制度的な諸目的と諸任務の体制《レジーム》」を特徴づけている、としている（Crisafulli 1951 : 163）。要するに、労働 - 価値は「国家の全般的な配置《アレンジメント》を具体的に表示する政治的イデオロギーの基本的要素」を含んでおり、また「その意味で、体制の構成的な要素」なのである（Mortati 1954 : 153）。実際、こうした物質的根拠を扱っている全条項を論ずるために、各条項の憲法における厳密な位置づけを体系的に再構築するといった方法によって、条項の第一、第三、そして第四が拡張的に分析されさえすれば、それらがある一つの一貫性ある規範群を構成していることがわかるだろう。すなわちそれは、ある社会的関係性とその結果生ずる政治的均衡の具体的システムを予示する形象的配備なのである。

だがこれは、社会主義のいくつかの基本的なイデオロギー的諸原則が憲法の核心部へ入り込み、今日そこですでに開花していることを意味するだろうか？　私たちの見解に拠れば、この問いかけに対する回答は実証的になされるほかない。というのも、じつのところ、現在の定式を、長きにわたってイタリア憲法の美点とされてきた「労働者の共和国、イタリア」といったよりイデオロギー的な定式あるいは「肉体労働者と頭脳労働者の共和国」といった伝統的でさえあるスローガンに取って代えても、憲法の実体には何らの変化もないからである（せいぜいそれは、ちょっとした彩りを付け加えることに等しい）。そうした曖昧さにもかかわらず（後に私たちは「労働の憲法化からそのモデルへ」と題された一節で、かかる曖昧さをどのように取り除くことができるのかについて検討を加えるが）、憲法において原則的に認知されている概念が社会構造の基本的な構成要素、したがって社会的生産の基礎としての生産的労働という概念であることには疑問の余地がない。とすれば、特権的な社会的位置と私的蓄積という目的を有する資本主義的搾取に対峙するにあたって、それは論争的な概念ということになるだろう。これらは、その当否は別としても、社会主義者のイデオロギーに固有な諸概念と見なされている。とすれば、私たちがここに「搾取からの労働諸力の解放運動」を見ていることは疑いを容れない(5)。

けれどもここで、私たちの興味を惹く問題が生ずることになる。それは次の論点である。すなわち、典型的にイデオロギー的であり、固有に社会主義的な労働概念の現前とその妥当性が一般的に承認され、また憲法の全体的配置《アレンジメント》の内部におけるこの概念の中心性と作用が与件的に与えられているとすれば、イタリア憲法は社会主義的と言えるのか、という問題がそれである。そうした問題に応答するには、憲法的配置《アレンジメント》の二元論的な創設を意図したであろう憲法制定の権能を有する政治的諸力の多元主義に依拠した説明だけでは不充分である。こうした主張の有効性は、法的配備の誕生においてそれ自体として実効的となる諸政党（当事者）間あるいは諸イデオロギー間の抗争の因果的な決定性が、歴史記述的に論じられる場合に限られている。したがってこの主張は、そうした抗争がこの定式に埋め込まれている諸敵対を超越して機能する単一の法的規範を生じさせてしまうことを否定する傾向をもっているかぎり、形式的には誤っているのである。学知や憲法解釈は、こうして、こうした単一的な一体性〔傾向性〕を捉え、それを体系的に分節せねばならないことになる。もちろんそうした問題提起には、次のような応答が存在するかもしれない。すなわち、憲法がまさに二元論的だったからこそ、出現した政治的諸力に憲法が絡めとられ、その実践的な適用がこれらのイデオロギー的な諸原則によって導かれることになったのだ、と。だがこの場合、社会主義者が自分たちの解釈を圧しつけるほど強力ではないからこそ、この矛盾は解決された、ということになる。しかし、たとえこの根深い懐疑主義が過去について適切な説明を与えたとしても、それはまた疑わしいのだが、いずれにせよそれが現在を説明したことにはならないだろう。あるいは、私たちは、むしろこの懐疑主義によって、他の事実に留意するように仕向けられるにすぎないだろう。すなわち、今日この二元論には事実上の結着が与えられており、憲法は充分に単一的で一貫性ある秩序化として提示されているし、またそのように提示されなければならない、という事実がそれである。まさにこれこそが、私たちの興味を惹く問題が現れる文脈なのである。

明らかなことは、ここで私たちが論じているのはたんなる用語法ではない、ということである。もし用語法が問題であれば、社会主義者のイデオロギーを保存された *aufgehoben*、すなわちより広範で包括的な範疇ではなく「新たな」範疇、新たなイデオロギー（厳密には「社会的」イデオロギー）において恢復されると同時に止揚されたものと見なし、第二次世界大戦後に現れた憲法と国家を「社会的」なそれと規定する理論の提案として受け入れるだけで充分であろう。この新たなイデオロギーにおける「社会的」とは、他の時代であれば対立していたであろう自由の形式的保証や生産的諸利害のヘゲモニーといった諸原則との有機的な共棲を意味している。さらに言えば、〔しかし〕そうした示唆は、矛盾の概念的再構成が現実レヴェルにその正当性を見いだすといった、現実レヴェルへの考察の差し戻しに役立つときにのみ、受け容れられうるにすぎない。

というわけで、オルタナティヴな理論への最初の接近を次のように提起することを許していただきたい。すなわち、生産的労働とその結果としてのプロレタリアートの諸利害の憲法による称揚、次いで形式的な自由と平等の確立、さらには資本の生産的諸利害のヘゲモニーのもとでの明らかにブルジョワ的な秩序化の憲法における再形象化、すなわちいくつかの社会主義的な基本的諸原則とそれに対する社会的憲法に、私たちは直面しているのである。これらの諸要素が構成する二つの傾向が形づくる固有な関係性とは何か？　第一の傾向が第二の傾向に保存された *aufgehoben* などと言いなすことは哲学的な手品にすぎない。実際には、二つの可能性が存在しているのである。おそらく第一の傾向の第二の傾向への吸収同化という可能性が、それである――であればしかし、第一の傾向の効果の根源性とその全体化する力能を与件とすれば、イタリア憲法が社会主義的憲法であることは疑いを容れないことになってしまうだろう。だがこの解釈は原則において拒絶されねばならない。また他方で、おそらくこれらの社会主義的伝統に共通する諸原則が新たな現実によってその形象を変えたのであり、この新たな現実におけるこれらの諸原則が転的な諸力を代位するどころか、ブルジョワジーの経済的で社会的な展開の第一次的な必要性のある部分を基礎づけまた保証するために役立つように位置づけられている、と理解する可能性もまた存在するだろう。だがいずれにせよ、真の止揚 *Aufhebung* は、この場合、用語法上での止揚 *Aufhebung* にすぎないのである。

社会的資本と社会的労働

上記のように規定された問題設定は、現実的諸関係についての分析によって、説明されなければならない。だがこの現実的諸関係は、そうした問題設定それ自体を条件づけると同時にこの問題設定によって前提づけられてもいるという、相互関係のもとにある。こうした分析の目的には簡単な歴史的余談が必要かもしれない。長期にわたるブルジョワ革命の過程をそのそれぞれの規定において支えてきた労働概念が概念として分裂しはじめたのは一九世紀中葉であった。資本主義的秩序化が装うその起源的な自然性が深刻な批判対象となり、際限のない蓄積といったそのプロジェクトの合理性に対して異議が申し立てられた。古典派経済学者が自由の創出ともっとも普遍的な人間的欲求の直接的充足として描いた欲求の普遍的体系は、ヘーゲルが述べたように、もっとも根源的な貧困の体系として、次第にその姿を顕にしはじめたのである。

生産の社会的複合体において労働が富を産出すればするほど、この体系は富の分配と労働という労苦への補償といった点で、いよいよもって不条理となる。ヘーゲルは「労働は、絶え間なく、より絶対的に、死んでゆく」と書いている。

諸個人の能力は絶えずより無際限に制限されるようになり、労働者の意識は愚鈍の極点にまで貶められてしまう。労働のさまざまな型と欲求の無限の塊全体との結びつきはまったく摑みがたくなり、隔たった点における作用が突如として全階級の労働を遮り、したがってその欲求を満たすことができず、この労働を役立たずで無用なものとしてしまうといった、盲目的な依存関係が深まってゆく。自然の同化が中間的な媒介環の介入によってより容易に達成されるとしても、これらの同化のレヴェルは、無限に分割的であり、その操作に容易さをもたらす諸要素の大部

分が、同様に絶対的な困難をもたらすことになる。(Hegel 1932 : vol. 1, 239)

ヘーゲルはある時代総体の意識を明らかにしている。これ以降、この社会、資本におけるブルジョワジーの有機的成長は分裂することになった。蓄積の資本主義的推進が社会の新たな領域を絶えず包み込んでゆくにつれて、労働の悦びとその成果の享受は切り離され、よりいっそう抽象化された。生産様式が生産諸関係を決定し、社会的レヴェルにおいて拡大し、統合する。労働の一般的社会化には、その価値の抽象化、もっとも一般的な疎外が照応したのだ。

ブルジョワ意識が哲学的形式のもとで露にするものは、しかしながら、新たな現実的関係すなわち新たな政治的関係についての知識の派生物にすぎない。事実、さきのヘーゲルは、「欲求と労働は、普遍性のレヴェルにまで高められ、みずからのために……共同性 commonality と相互依存の途方もなく巨大な体系、蠢きまわり、ああでもないこうでもないと盲目的に蹌踉めき、野生動物のようにつねに支配され、手懐けられねばならない(*Beherrschung und Bezähmung*)死者の生を構築」する、と書き継いでいる(Hegel 1932 : vol. 1, 239-40)[7]。たとえ資本による本質的な自己否定が資本主義的過程それ自体から現れるとしても、資本はこの否定的力を破壊することができない。それは飼い慣らされなくてはならないのである。否定は一つの必然的所産として資本に内在している。それは、資本が社会全体に拡延するにつれて、絶え間なく巨大化し、資本の社会的蓄積が労働の価値を抽象化し、それをみずから自身の権力の死んだ実体へと統合するにつれて、絶え間なくよりいっそう敵対的となる。間断なき闘争過程が、こうして始まる。一方では、資本家階級、抽象的労働の管理者たちは、延命のために自分たちの管理の諸形態を合理化しなければならない。またそれは、みずからをよりいっそう統合し、プロレタリア階級をよりいっそう支配するためでもあった。だがその結果、資本の集中過程それ自体が再生産され、拡大することになる。また他方で労働者階級は、みずからに降りかかる社会的搾取の全重量を引き受けることになる。労働者階級という存在そのものが分離の潜在的な徴候であり、この運動のそれぞれが潜勢的な転覆力をはらみもち、また労働者階級の内的な統一が資本主義的な発展過程にとって否定的機能であると同時に闘争経験の肯定的機能としても現れる。この時点から資本主義的な改良主義と労働者の諸闘争との関係が永続的に展開しはじめることを強調することが、ここでは重要である。この関係性は二重の運動である。すなわち、一方で資本は、労働者階級との政治的闘争という究極的目的を携えながらも、社会的生産過程に対して〔労働力としての〕労働者階級を内的かつ同質のものとして組織するといった譲歩へ、みずからを開かなくてはならなくなる。また他方で労働者階級は、経済的肯定の部分的で移行的な契機という譲歩を資本へ与えながらも、そうした契機を媒介として発展のそれぞれの諸決定の内部につねにありながらもしかしつねにそれを超えでて、政治的再結集の連続性と次なる機会における革命的権力としてのみずからをつねに再構成することになる。資本主義的な改良主義と労働者の闘争とのこの二重の関係は、まさに資本の内部で誕生するのである。それは自己否定を内包するように設えられた絶え間ない再構造化の過程を資本に課しているのである。

さらに私たちは、このダイナミズムの具体的特徴に光を当てなくてはならない。資本は労働者が疎外を拒絶する決定〔的〕レヴェルを絶えず再同化することを余儀なくされている。資本の内的な再構造化は、発展の継続という要請であると同時にそうした要請への労働者たちからの応答の神秘化でもある。事例を一つ挙げよう。一八四八年、フランスでは、〔旧い〕社会制度によって包囲されていたブルジョワジーが抱え込む内的問題の解決策として、ブルジョワ共和国が誕生した。それは残存する特権貴族によってそれまで阻害されてきた発展の必然性に衝迫されたものだった。しかしそれは、プロレタリア的な自己統治の諸審級をブルジョワ的に統合する形態、すなわち歴史的場面に登場した革命的怪物をそうした統合へと内包する力としても、誕生したのである（Marx 1940）。それ以来、あらゆるブルジョワ革命はプロレタリアの相貌をその裡に宿すことになり、またブルジョワ的諸力〔間〕のあらゆる政治的調停は、当該期の労働者による拒絶と闘争のレヴェルによって規定されるといってよいほどに内的に課された課題となったのであった。それは資本家たちの集合的権力の集中と合理化を推し進めるために必要な解決という方向性をもっていた。こうして、それぞれの危機とその資本主義的な再構造化は、内包されねばならないと同時に、また危機を不可避に助長しもする転覆的な潜勢力の存在をも曝きだしたのである。労働者階級の組織的運動が――その歴史的諸形態である労働組合や政党という形で――誕生するときでさえ、そうした運動は資本の発展とその政治的で経済的な諸制度の内部で、その形を整えてきたのである。そして労働者階級の運動は、まさにそうした場においてのみ、誕生しうるのである。

こうして、組織的運動としての労働者階級は資本の組織（化）に完全に内在しており、それはまた社会の組織化でもある。そうしたスローガンとそのイデオロギー的で官僚的な諸装置は、ブルジョワ的発展の弁証法の内部に位置づけられている全構成要素である。したがって、労働者階級とその組織的運動との関係性は二重化されており、曖昧でもあって、それはちょうど労働者階級と資本との関係性に似ているのである。それは、両者の完全なる一致の諸契機と、当面の組織形態、そのスローガン、またそのイデオロギーが、資本の改良主義的展開のそれぞれのレヴェル――それは労働者階級が押しつけているのだが――にそくしてすべて一掃されるような諸契機という、二つの極の狭間で揺れ動いている。階級がみずからの革命的闘争を絶えず提起するからこそ、階級は資本主義的発展のそれぞれの諸段階を踏み超えて進み、またそうした運動の過程で、これらの諸段階に適合的で歴史的に決定されたみずからの組織の諸形態を――新たな、より前進的な、より包括的な諸形態を創り出すために――乗り越え、労働者階級の闘争の新たな対象を決定するのである。資本家による止揚は、プロレタリアートのモットーと歴史的組織（化）を資本の発展のそれぞれのレヴェルへ拘束しながらも、しかしそれゆえにこそプロレタリアートの闘争を掻き立てるのである。他方、労働者階級による止揚は、資本との断絶と継受を繰り返し提起しながら、それゆえにこそ資本の発展のレヴェルを継起的に掻き立てるのである。

こうして労働者による資本主義的搾取の拒否は社会的生産の全領域を覆い尽くすようになる。この拒絶は、現代の工場をみずからの蓄積にとってもっとも典型的な手段とする資本が全社会を覆い尽くすためにその物質的次元を拡大するのに完全に見合ったかたちで、全社会的領野へと拡延する。このような状況の具体的帰結は容易に察せられるだろう。だがここでは、私たちの研究目的にとってとくに妥当な関連を有する諸効果にのみ、焦点を合わせねばならない。工場‐社会では、経済的構成と政治的構成との区別が抜け落ちてしまっているという問題がそれである。集合的資本〔総資本〕あるいは社会的資本のもとにおける社会の統合は、もはやいかなる種類の媒介も要求しなくなり、したがって蓄積の論理――その内的位階〔客観的意味での〕、その規律、要するに労働過程と資本の価値実現過程としての労働――は、権力の全社会的組織化を担保する支持物という役割を引き受けることになった。個別資本家たちが表現したであろう個別で私的なあらゆる代替案は、発展の諸法則によってではなく、直接的に表現され直接的に効果的な集合的資本〔総資本〕の政治的法則によって、無効とされる。国家は、集合的資本〔総資本〕の執行機関、社会的生産の直接的管理者として、固有に配備されることになるのである。

だがより詳細に言えば、集合的資本〔総資本〕と集合的労働者〔総労働〕との敵対が直接的対峙として現れ、それがもはやブルジョワジーの政治的媒介によっては回収されえない場合、資本は労働者階級を社会的レヴェルにおいて包み込み、直接的に制御し、そうすることで労働者階級をたんなる社会的労働力へと還元するために、労働者階級をそれ自体として組織せねばならない――そしてそれは、資本が労働者階級の内部でみずからを組織せねばならないという逆説をもまた意味しているのである。「労働の民主制」と「社会民主主義」の両者は、こうした点にその根拠をもっている。それらは、労働者階級としての自己を否認し、資本主義的生産構造の内部で労働力として自己を自律的に管理する労働力の形態という仮説を根拠としている。個別資本家たちの私的で利己的な表現をすでに廃棄している資本主義的な社会的利害が、包括的で客観的な社会的利害という配置《アレンジメント》をみずからに与えようと試みるのは、まさにこうした点においてである。社会性と共通善の称揚、平等と社会化という自然権の蒸し返しは、階級敵対に対する資本主義的抑圧についてのイデオロギー的な仮説である。人間の貌《かお》をもった社会主義などといったさまざまなモデルは、そうした再統合の象徴という役割を引き受けている。社会的生産における公共福祉への偏愛は、資本主義が〔社会という〕連帯を保つための努力の究極的なスローガンである。あたかも兵士のように、あらゆる生産者は、蓄積闘争に勝利するための生産にとっての共通の生贄となるという点において、平等に雇用されるのである[8]。

こうして私たちは、いまや冒頭で提起された問題へと立ち戻り、これまで見てきた歴史過程への寄り道を結論へと導く位置に立っている。その結論とは、社会主義の社会的秩序化への逆説的な止揚 *Aufhebung* にほかならない。資本の発展のダイナミズムを労働者階級の諸闘争との関係において規定することによって〔この分析は「資本主義的発展における労働力の憲法化の歴史過程」と題された節で継続されるが)、私たちは次のように言うことができる。すなわち、資本発展のダイナミズムのメカニズムによって、社会主義的原則はイタリア憲法に受け継がれた、と。しかしこのことは、秩序化という効果を確実にともなうものであった。さらに言えば、資本主義的改良主義の現在におけるレヴェルを社会的資本のレヴェルにおける対峙関係に関わらせて規定すること、したがって社会的労働力の民主的管理といった提起との関連において規定することによって、私たちはこれらの社会主義的諸原則の革命的な重要性が憲法において無効とされたこと〔の意味〕を理解することができる。これがイタリアにおける階級闘争が過去一五年間にわたって形成してきた政治的関係性の現実であるように思われる。したがって他方でその結果、諸制度は闘争過程を通じて再構造化され、イデオロギーは変化してきたのである。またこの過程で、労働者階級とその歴史的諸組織の関係性も変化させられてきたのである。

以下の諸節で私たちは、国家の一般理論の分析枠組の内部につねに存在するこうした現象のそれぞれの決定諸審級について検討を加えるだろう。ここでは、どのように労働の民主制における社会主義的諸原則が社会的資本の蓄積といった目的にとって適切な――またときには時代遅れにさえ見える――ものとされえたかを見るだけで充分である。

第一の帰結――ブルジョワ的範疇としての労働
あるいはむしろ憲法の物質的側面についての形式的概念から、その実体的で「労働者主義 laborist」的な概念へ

私たちの問題設定を以下の議論へより充全に導入するために、これまで簡単にしか言及してこなかった他の諸前提をその説明や帰結とともに論じなければならない。一般的に言えば、私たちは、この新たな社会的で政治的な現実における科学固有の役割を明らかにしたいと考えているが、それを私たち固有の目的にそくして言い換えれば、法科学の役割についての検討にほかならない。私たちは、法科学が資本主義的発展を正しく反映することに成功している、

と論ずるだろう。だがこの成功は、工場‐社会という構成における社会と国家との再統合が、国家レヴェルにおいて直接的な力を及ぼす生産諸関係の現実にとって適切な秩序化の形式的モデルの作成を追求する、ときには決定的であってもそれほど重大ではない、過程を課すかぎりにおいて、という限定的なものである。

ここでは「労働」の役割とその憲法的な再構造化という事例をふたたび取り上げることで、私たちがこれまで述べてきたことについての解明をより役立つものにすることができるはずである。憲法の様態変容は、発展の物質的諸条件が現代的な成熟を達成するにつれて、必然的にもたらされる。憲法の労働者主義的な構成要素は、この物質的関係という文脈においてはじめて取り上げられ、称揚のうちに遂行されうる。憲法に内包されたこれらの諸要素は、たとえそれらがさきに示した包括的規定によって止揚されるにすぎないとしても、国家体制の現在的特質を表示していることは明らかである。この問題系の新たな特徴は、その物質的な条件づけに関わる形式的諸要素の正規の再配置ではなく、むしろ憲法科学にとって中心的な一つの問題を私たちに提供することにある。その問題とは、秩序の物質的基礎と形式的構成との関係にほかならない。ずいぶん以前から、憲法科学はこの問題の中心性に気づいてはいた。したがって実際問題としてのそれは、結果的には、秩序化の社会的かつ政治的な文脈の様態変容に密接に関わっていた。こうして憲法科学が、権利‐法と事実との、また権力の法的組織（化）とその社会的構造化との、歴史的に決定されまた歴史にその原因を有する接点として、厳密に理解され、憲法の物質的側面の諸規定へ到達することに成功したとき――あるいはむしろ憲法科学が、秩序化の構造と労働を組織する権力がある社会的レヴェルにおける労働の表現にその痕跡を確定されるといった国家の構成的な形態を労働において正確に摑み取ったとき、憲法科学はその発見の重要性を隠しはしなかったのである。

イタリアの憲法理論家たちは、こうしたプロジェクトを展開するための最適の位置を占めていた、と言えるかもしれない。有機体論的な国家主義の固有なタイプが長きにわたって紛糾の種となってきたということから、イタリアの憲法科学は、形式と実体との関係規定といった二元論的見解をつねに疑わしいものと見てきたのだが、こうした懐疑は、それとは裏腹に、そうした二元論的見解が、観念論批判という立場であれ、あるいは現実主義的な起源をもつ批判であれ、いずれにせよ出発点の絶対視による自己否定といった逆説的な結果に終わることに着目することにもとづいて、提出されてきたのである。[9] これらの理論家たちが労働者主義的な表現を用いて憲法の物質的側面を再規定するためプロジェクトに取り組んだとき、そのときすでに彼らは、ひどく形式化されていたとしても、堅固な一元論が有益な出発点を与えるという展望については、確固たる信念をもっていたのである。展開は次の諸前提から導きだされていた。すなわちこの理論は、一方で規範と事実という二元論を峻拒するといった一貫した立場を維持しながら、「支配的政治力によって維持され実効化されるかぎりで規範的価値が与えられる、基本的な政治目的における憲法の物質的側面」を個別に明確化するために展開されたが、他方でそれは同時に、〔相対主義の〕排除という方法を用いて展開されたのである。[10] この憲法の物質的側面は、したがって、たんなる実在的な実体に根拠をもつのでなく、むしろある目的へとすでに秩序化されている現実に根拠をもっているのである。このことは、はじめから憲法の非二元論的な概念化の可能性が認められていることを示している。とすれば、これらの理論家たちは、一方における秩序化の実在的な条件づけの諸契機と他方におけるこの条件づけに根拠をもつ規範的妥当性をともなった諸要素という二つの側面を、起源における統一において、包括することを望んでいたことになる。「支配的政治力」という概念はこれらの諸条件に照応しているように思われるが、しかしこの照応は、この政治力が特別な秩序を課し、権力行使の定常性と実効性の保証にもとづいて、「ある者が他のある者の従属を確保するために、そうした他者に対して権力を行使することに成功する……社会の所属構成員という位置の固有性」といった、いわば実在レヴェルから (Mortati 1940 : 75)、規範的な具体性を解明し止揚するという制約のもとでの照応にすぎない。[11] だがこの観念は従来から措かれてきた諸条件を満足させるに充分だろうか？　用いられている方法が正しいことは疑いを容れない。それはいかなる奇妙な媒介も課していないし、この観念はイデオロギー的な形式においては提示されてはいない。むしろそれは、その適切な基準にそくして、現実において、痕づけられると言ってよい。だがそうではあっても、そうした理解で充分とは思われないのだ。というのも、政治的範疇はそれ自身で基準を生みださず、むしろ権力の起源とその正統性についての理論によって維持されているからである。さらに言えば、形式的秩序化の正統性という問題は規範的に規定された現実への単純な依拠によっては解決されえないからである。こうした解決の試みは、それが基本的な規範的事実についての歴史的具体性を欠くかぎり、問題を繰り延べしているだけである。それは依然として不確定な遅延に囚われており、形式主義的方法に典型的な解決にすぎない。私たちは、ここでは、悪循環に陥っている。私たちは、法的規範がそれをもたらした秩序化を構成するには不充分であることを認識することから議論を始めたにもかかわらず、政治的な事実、この場合で言えば、充全な基礎として採用されてきた支配的政治力を規定するためにこの規範を利用するといった〔循環論法的な〕結果に、陥っている。(12) こうして、依然として形式主義の力強い残滓がこの見解を支配していることになる。

他方で、支配的政治力という概念（という視点から）の深化、ありうべきあらゆる相対主義的解釈の排除と理解されているこの深化が、結局のところ、秩序をもたらすために現に作動している政治的諸力の統合性についての概念として支配的政治力という概念を展開することに終始するのは、決して偶然とは言えない。したがってそれは、作用しつづけている実在するいかなる関係性の決定力をも――それが作動している政治的諸力の非決定的な全体性としていまや措定されるかぎり――意識的に無効化し、その結果、権力の形式的正統化にとっての単純な基礎および限界としての憲法の物質的側面に見合った形象を与えることに終始することになるのである。さらには、反復あるいは二重化の危険性が、もはや外延的ではなく内包的となっている支配的政治力の規定（政治力の支配の具体性に強調がおかれるような適用）によって、依然として存在している。したがって憲法の基礎についての社会学的モデルは、支配的政治力の概念のまる写し、極端な相対主義といった危険を冒していることになるのである。

したがって、こうしたアプローチを乗り越え、その内実を具体的に明らかにできるような実質的方法で社会政治的な次元との関連を規定する必要がある。この新たなアプローチは、みずからの問題を解決するためにといった、科学が有する内的傾向の追究をその本然的なあり方とするだろう。だがそれは、形式主義と相対主義という二つの逸脱を回避しながら、権力による法的組織化とその社会的な構造化を物質的に結びつけることで規範と事実との接点を正しく規定する方法でもある。また私たちは、その不充分性に対してなされた批判を諒解している以上、憲法の物質的側面の理論についての分析に差し向けられた必然的でありまた正しくもある諸前提をつねに肝に命じておかねばならないのである。

イタリア憲法が労働概念を導入し、またその中心性を社会的現実の内部に痕づけるとき、それは憲法主義者の科学にみずからの難点を乗り越える可能性を提供することを意味している。その実在的で規範的な分節を繰り返し遂行することによって、このような分析は労働概念が社会的現実を覆い尽くすことの意味を解明することになる。こうして私たちは、さきに提起された問題に対して適切に応答することができる。というのも労働が、形式的構成において法的に組織化されうる権力秩序の実在的基礎を提供し、こうした構成をその履行における原動力として〔またその改訂に対する制限として〕賦活し、秩序化に意味と統一を与えるからである。労働が社会的レヴェルにおける生産力と見なされるようになり、その組織化が社会‐工場の全体性を覆い尽くすように駆動するとき、そのための必要条件が満たされることが可能になる。もはやそれらは、いかなる意味でも、二元論としては現れえない。というのも、労働過程が社会の全体性を備給‐包囲するとすれば、権利‐法が完全に労働に宿っていることになるからである。こうして私たちが議論を開始するにあたって出発点とした概念の包括性と〔それに照らした〕相対主義といった諸限界は、いまや最終的に除去することが可能となった。というのも、労働諸過程が——この諸過程が労働の資本主義的な価値増殖過程と組み合わされるかぎり——、社会における物質的不平等についての相対〔主義的な〕理論と権力の接合図式そしてその行使の内在的な正統化をともに提出するからである。この基礎がなければ、これらの諸現象は神秘化されるか、あるいはたんに無批判に仮定されるほかなかっただろう。

憲法科学は、こうした方法によって資本の発展を痕づけ追究し、またその正体を見破る努力を継続することで、私たちが冒頭で描きだした労働の社会主義的観念の逆説的な止揚 *Aufhebung* をも理解‐実現したことになる。〔とすれば〕そうした観念が、社会的蓄積へ方向づけられた資本主義の法的体系において選択され、変換され、そして道具化されたことは驚くには当たらない。それは支配的な筋道であった。というのも、資本主義的な社会的生産では労働が社会的レヴェルにおける抽象的労働として表示され、したがって、そうした支配的な筋道がその性質に潜在している従属的諸関係性の全系列を決定したからである。実質的には資本主義的な権力の構造の永続性が民主的かつ平等主義的と再規定される一方で、それに代えて社会的価値としての労働の唯一排他的な優越性（そこに私たちは旧い社会主義者のモットーとその理解を見いだす。そのモットーとは「働かざるもの、食うべからず」である）が、労働の抽象的特徴を強調し、この抽象的労働に民主制と平等主義という概念の根拠が与えられるのである。

私たちは、労働に社会的レヴェルにおける資本自身の構成的な範疇という役割を割り振り、したがって（すでに見たように）労働を科学的範疇と仮定する資本によって労働が代位されるという重大な内的変容、再構造化、そして進歩を否定しようとしているわけではない。この点について言えば、そもそも政治体制における変化を適切に語ることができるのかどうかといった問題を私たち自身に問いかけてみてもよいのかもしれない。だがそうしたことは私たちにとって無益であることがわかるだろう。私たちが光を当てたい論点、それはこうした改良が依然としてつねに資本の内部にある改良にほかならず、またこの改良が工場 - 社会の歴史的普及を表示するとき、社会主義的な改良主義の構成要素をも統合する、という点である。したがって、たとえこのことすべてが労働のブルジョワ的な解放過程にとって非常に重要であったにせよ、それは労働者階級の解放とは無縁なのである。

第二の帰結――資本の科学あるいは真にマルクス的なアプローチの正統性

私たちは、科学について語ってきた。また私たちは、科学が資本の改良主義的運動に追随・維持し、社会的レヴェルにおいて資本の権力との接合を秩序化するための基礎を労働において解明・措定するにいたっていることを憲法主義者たちの実践に見てとった。いまや私たちは次の問題を私たち自身に問いかけねばならない。すなわち、この固有な憲法的実践、孤立した現象ではないそうした実践が、法科学の方法と特徴に根本的変更をもたらしうる現代の社会的かつ政治的な世界における法科学の再構造化のより一般的な運動の徴候あるいは表明ではないのではないか、と。

さらに私たちは、憲法の物質的側面の形式的・政治的な概念から実質的・労働者主義的な概念への移行を、いくつかの異なる文脈に共通し非常に長期にわたる時間の流れをつらぬいた法科学の分野における発展として描きだせるかどうかについてもまた、みずからに問いかける必要がある(13)。

すでに私たちは、資本主義的生産が社会全体を備給‐包摂し、これが蓄積過程における必然的媒介としてもまた見なされうるとする理解にもとづいて、資本が一般的な社会的利害として提示される傾向をもっていることを指摘した。この一般性は、蓄積に関わる資本家の個別利害と社会の一般利害との対立といった古いアンチテーゼを解体しながら、あらゆるレヴェルで出現することになる。すなわち、資本主義的生産と社会が完全なる媒介性において提示される。こうして、社会的レヴェルにおける一般性の発現は自然発生的で直接的な見せかけとして提起され、この一般性の発現が経済的かつ政治的な生活のあらゆる要求によってもまた再提起されることになる。社会的な再構造化の諸条件は資本自体によって与えられ、平等と民主制は資本の一般的利害がとる見せかけが称揚される諸形態となる。労働について言えば、それは、一般性の資本主義的な現れ方によって与えられるその逆倒的形態において、生産と社会との連《ネク》結《サス》についての解釈にとって根本的な原理となるばかりでなく、またこの連結《ネクサス》が規定され組織される価値をも代位することになる。労働が担う生産的価値としての唯一排他的な優位性は、こうした労働の全体性の出現において、社会的価値増殖の基準として、規定されることにある。

こうした状況を与件とすることで科学は、分割線を欠いた資本が築いた社会という現象、すなわち均質な領域へ移行することができる。普遍化というその使命はみずからを肯定するために「厄介な」対照《コントラスト》を必要としない。この科学は、資本主義社会の直接的な現れ方を理解‐実現し、それを社会的組織化の過程の全体性と見なし、そうすることでさまざまな現れ方だけを考察し、与件的な社会現象だけを指示項とする。またこの科学は、個別資本家の利害に役立つ野蛮な神秘化と一般的な社会的利害を防衛する甘美なユートピアとの二者択一を回避しながら、正しい分析的機能を遂行することができる。それが社会にとって内的だからこそ、科学が資本それ自体にとって内的となる。資本はそれ自身の蓄積についての科学と社会についての科学とを統一する——また科学は、みずからの科学的特質を放棄することなく、資本の内部で作動することに喜びを見いだすのである。

しかしこの統一が、改良の資本主義的過程の内部、階級闘争の一般的運動の内部に位置する一過程であることもまた、明らかである。この過程は、それが出現する明確な諸契機があるにせよ、依然として一つの傾向性として理解されねばならない。したがって分析は未来を展望することによってなされねばならない。レーニンが述べたように、生きた現象をその発展において提示しようとするいかなる人びとも、時代と共に走るかあるいは時代に遅れをとるかといった、一つのディレンマに直面せねばならない。こうして、憲法科学が所与の現実の考察という点では曖昧なものとして現れ、またときには依然として明らかに古びた方法論的な代替案にかかずらわっているとしても、驚くに当たらないだろう[14]。だが一般的に言えば、こうした過程、すなわちこうした傾向の必然的な履行が起きることは確かなのである。私たちがそうしたことを理解できるのは、労働が憲法的配備の基礎を物質的に秩序化するための構成的な諸要素として規定され、憲法的権利についてのいわゆる存在論的考察が（労働者主義的仮説の予期、帰結、または一般化として）提起されるときだけではなく（Loewenstein 1961：331ff.）、経済的関係の法的規範における形式化という媒介的局面が経済的行為と法的行為が相互的に内属的であるという理解にその道を譲るあり方を解明することで、広義の方法論的かつ理論的なレヴェルにおいて経済（学）と権利‐法との再統一の長い道のりが終焉を迎えるときにおいても、そうなのである。要するに、憲法主義者の科学によって労働が憲法の物質的側面したがって国家体制の構成的要素として仮定されることが、法科学の一般的条件をも表示するのである。（社会科学としての）法科学は、集合的資本〔総資本〕の蓄積が遂行する全体化機能によって再構築される社会にみずからを位置づけることによって、権力の構成的なリズムへ適合的に追従するが、そうした過程において法科学は、みずからの諸発展を実定的《ポジティヴ》に確定し、そうすることで社会を解釈し、一つのシステムを創り出すといった二重の規律の内部に、その諸発展を組み込むのである。

こうして、私たちの考え方に拠れば、憲法主義諸理論へのマルクス的なアプローチの正統性が明確に論証されることになる。私たちにおけるあらゆる解釈的選択をしばらく措くとすれば、憲法科学それ自体は、その展開を通じて、マルクス主義的分析のための領野を準備するのである。そうすれば、問題をつねに切り縮め無視することで汎用可能な包括的哲学として現れるマルクス的理論などという危険を避けることができるだろう。アプローチそれ自体の基本的諸前提は、ここでは、法的分析によって検証されている。この法的分析は、経済と権利 - 法との統一化傾向についての考察から始まり、権力との社会的接合にとってのモデルとその基礎としての労働の資本主義的な価値増殖過程の肯定的《ポジティヴ》な確認へといたる分析である。こうしてマルクス的アプローチは、従来こうした局面における法の発展では吟味されてこなかった社会的蓄積の一連の諸前提の具体的なあり方〔についての分析〕へと応用されうるだろう。

しかし考えるべきいくつかの異論が残されている。この異論は、以前はマルクス主義における経済と権利 - 法との関係規定に対する異論であったが、しかし今日ではさきに私たちがこの点に関わる見解で記しておいた一致を前提とすれば、権利 - 法が資本の社会的生産の境囲あるいはより一般的には権利 - 法が経済的領域に適したあり方で展開すると仮定するあらゆる科学に対する異論として、提起されうるだろう。ここでのより一般的な異論とは、経済発展と法的諸構造の展開との関係が一義的というよりはむしろ多義的であり、したがってこの関係が科学によっては把握されえないというものである。また個別には、社会的管理に関わるさまざまな形態を展開する資本主義、実体的には均質化を強化する資本主義的な諸展開が、多様な制度的発展を創り出すという考え方にもとづいた異論において主張されている。すなわち、一方では権利 - 法の形式的合理化の諸形態が、他方ではそれに取って代わる法的な伝統主義とその法的な生産の諸形態が、それぞれ存在することになる。高度に展開した資本主義のレヴェルにおける合理主義と伝統主義との抗争が存在するとき、伝統主義が勝利すると主張される場合に典型的な、マルクスの見方とは正反対の、議論である（Weber 1968 : vol. 1, 500–17 を見よ）。

この批判は、〔しかし、〕マルクス主義的議論を戯画化したうえで、そうした戯画をみずからの敵対者と見なしているかに見える。[15] 合理主義的で形式的な意味での資本主義的発展の一方向的な再配置――労働者の闘争にもとづいた要求に対して絶えずより柔軟に対処できるようになっている資本の発展――は、階級闘争の諸要求と具体的な諸決定から保護されている法的な合理化過程の一方向的な再形象化と同様の構造を呈している。この批判は、マルクス主義的探求が追究し、法的実践それ自体では抹消することのできない現実の発展の代わりに、形式的結合という世界を提示することを望んでいる。またそうした批判は、これらの諸結合の解明において遭遇するさまざまな矛盾や曖昧さの責任をマルクスに転嫁するのである。現実における関係の一義性は、資本主義的発展という現象と法的現象との一連の諸結合が生産関係という文脈へ挿入されるときにだけに、また資本主義的発展が階級闘争の諸要求に反応してどのように動くかということが理解されるときにだけに、妥当しうるのである。すなわち、階級闘争が資本主義的発展の根源であり原動力であるということが理解されるときにだけ、関係の一義性は妥当しうるのである。こうした見方からすれば、関係の一義性と決定は、包括的ではなく、個別に具体的である。それはイタリア憲法における労働者主義的な考え方の展開に典型的である。たとえばそれは、形式的構成それ自体が政治的諸力の多様な圧力を内包しないしまた内包することもできず、両者のズレの適切化の過程を経ることがなければ多様な均衡を反映しないしまた反映することもできないことを厳密に理解することによって、そうした形式的構成の空白と諸矛盾を乗り越える努力がなされ、努力によって関係の一義性が厳密に決定される、といった点に表れる(16)。

逆説的に言えば、いま言及した異論は、問題の正しい定式化と対立するのではなく、権利－法と経済との関係を社会闘争によって課された変更の外部で、またそうした変更から独立して静態的に決定するという意味で、むしろ肯定的に確定することに終始する。最近しばしば主張されている諸見解への異論であるこの見解に立てば、楽観的にであれ悲観的にであれ、資本主義的な合理化と同質化を推進するテクノクラート的な手段として包括的に考えられる権利－法の不可避的な形式化が確認されることになる。楽観主義的な潮流では、権力の道具であり科学的機能でもある権利－法の広範な適用性が明らかにされるまさにそのとき、その結論は権利－法の展開の現実とつねに矛盾することになる。他方、悲観主義的な潮流では、この関係性を純粋で単純な疎外の普遍化過程として規定することになる。いずれにせよ、階級闘争という文脈において絶え間なく経験される関係と変更の具体性への無配慮は、天国のようなそれであれ、黙示録的なそれであれ、その発展仮説における常なる神秘化を担っており、また実践とは常に矛盾する、機械的に一義的な関係性に概観を与えるだけに終わるのである。こうしたアプローチは、資本自身の生産のたんなる対象として資本によって搾取される全社会を配置するという、資本家の欲求の無批判的な反映にすぎないであろう。

だが工場‐社会における権利‐法は、それが生産諸関係の世界と生産諸関係を配置する諸闘争として正しく理解されれば、経済へ実体的かつ直接的に内属していることも明らかにするはずである。

いまやマルクス主義的方法によって解明可能となった経済と権利‐法との具体的関係性の規定は、特殊には、イタリア憲法の労働者主義的止揚によってもたらされ、一般的には、経済と権利‐法とのこの関係によって措定された、継起的な諸問題についての秩序だった分析を可能にしてくれる。

法治国家と社会国家

憲法の物質的側面という労働者主義的な概念によって措定された形式的諸問題の研究についての提案

これまで考察してきたさまざまな論点を私たちの探究のテーマに引き寄せることによって、憲法主義的思考の形式的な変更、その理論的省察、またより一般的には、憲法の物質的側面についての労働者主義的な概念によって措定された形式的な諸問題などにさらなる検討を加えるための研究計画を提起する準備が整ったことになる。したがって私たちは、労働の社会主義的概念の逆説的な止揚 *Aufhebung* がもたらす諸帰結についての象徴的また一般的でさえある何らかの叙述へ向けて進むことができるだろうし、またその結果、そうした叙述から社会国家、つまり止揚 *Aufhebung* が実現される国家の近似的なイメージを引きだすこともまた可能になるだろう。こうしたイメージを研究仮説として心に留めながら、以下に示す諸研究の大略、言い換えれば、私たちが私たちの仮説をそれにもとづいて吟味せねばならない地平を確定することができる。

とはいえ、こうした枠組みだけで、憲法の物質的側面の規定における労働者主義的な強調の重要性を充分に力強く浮彫りにすることができるわけでは決してない。こうした枠組みの妥当性は、イデオロギー的であるばかりでなく、資本の科学の位置づけについて私たちが述べてきたことを前提とすれば、実体的かつ技術的に妥当な一連の帰結をもともなっている。憲法的配置を物質的次元へと明示的に関連づけることは、憲法の形式的諸概念と法的秩序化に関して言えば、実際は、それらの諸前提を覆すまでにいたるほどの緊急な係争点である。法的秩序化は、そうした関連づけを手段とするこれらの諸関係の直接的な制御と再配置によって、社会的諸関係の現実へ介入しようとする。それはこれらの諸関係を法的考察にとって不可避な基礎として選択することを追求しただけではない。あるいは、それらの自律的展開の実効性と確実性を「保証」するために、そうした諸関係に従うことを追求しただけではないのである。

法治国家 *Rechtsstaat* の精神と歴史はこの「保証‐後見」という語を中心に旋回してきた。個別資本家のエネルギーの自由な表現と調整に委ねられている経済的で社会的な秩序は、法治国家、個人的諸権利の保護者とその説明手段によってのみ保証されねばならない。そのための全手段は、次の目的に向けられている。すなわち、基本的な諸権利は、保証されねばならない個人的利害の理念化であり、しかもなおその実体でもある。諸権力の分割は、国家それ自体の介入に直面するこれらの諸利害の調整が社会的レヴェルで自律的方法によって展開されるための手段である。一般的で抽象的な規範としての法概念――またその帰結である行政と司法の法への従属――とは、国家の確実性と連続性を確保しながら、あたかも国家が自己‐制御の過程それ自身を完全に成し遂げたかのように社会生活を抽象化し、経済的個人の社会生活を保証することができるための手段である。こうして秩序化は形式的である。というのも秩序化は、国家がその保護者である社会的利害の否定的規則として現れるからであり、また個人的な諸行為やその自由な調整をみずからの行為の自律的で「自然」な内容として、当然視しているからである。労働者階級の闘争を抑圧する機能、法治国家が喜んでその役割を引き受けるそうした機能は、人びとがそう思いたがるほどには矛盾をはらんではいない。むしろそれは、経済的個人の保護者という精神と過程の自己‐調整の諸条件の論理的帰結である――たとえ実際それほど形式的ではないにしても。[17]

しかし憲法の諸前提の物質性が露にされるとき、社会と国家との関係についての新たなイメージが与えられることになる。社会国家は保護者ではない。社会国家はその諸目的から分離された形式的秩序化という役割を当然のものとは考えない。社会国家は社会的現実を否定的に登録することはない。むしろ社会国家は社会的現実を疑問に付し、その自己‐調整の力能を現実において否定する。したがって社会国家は、基本的諸権利を社会国家が保護すべき単一の利害としてではなく、勝ち取るべき社会的利害と考えている。社会国家は、自己自身の秩序を直接的に構築するために社会的現実を実定的《ポジティヴ》に支配し、そうした現実に能動的に介入する。社会国家は、介入手段としての法は、国家の諸欲求によって再構造化され、社会秩序の構築と社会において産出されるものの再分割についての「計画」という役割を与えられる。法は対照的な利害の組み換え‐鎮静のための手段という役回りを担うことになる。行政的必要性へと従属させられながらも、法は、決定に関わる効力と実効性、具体的な内実と特殊な諸機能という役割を引き受ける。諸権力の分割は、それが依然として効力を有しているかぎり、形態変化を遂げ、社会諸集団間の諸権力の接合あるいは再分割のための手段と考えられるようになり、その結果、そうした連続的な組み換え‐鎮静の過程において、法は国家の統一性へと一体化されることが可能となる。したがって司法は、食い違う諸利害と収束する諸利害の組み換え‐鎮静の過程における法的効力と具体的真実との境界において、より大きな創造的機能を絶えず発見するが、そうした過程において立法と行政との位置関係は逆倒されるのである[18]。

次いで国家は、労働者主義的な諸条項によってみずからを規定することで、そうした性質をさらに発揮するが、そのときその主要な特徴は急進（根源）化されることになる。立法過程の物質的特質が際立たせられ、諸権力の分割から社会における権力分割への変容が必要とされることになる。また公的と私的との分割は、それがはじめての公然たる公私の範囲変更に抗いつづけるとしても、いまやさらに踏み込んだ整理の次元に達することになる。しかし、とりわけ社会国家にあっては、その労働者主義的な意味合いのお陰で、社会的構成の経済的諸要素がより大きな重要性すら引き受けることになり、また政治的そして法的な構成が社会的生産の物質的次元が国家と社会を同一視するという点にいたったとき、社会の経済的構成を複写する傾向を示すことになる。したがって社会国家は、法治国家とは対照的に、その核心において階級関係総体を引き受けることになる。社会国家は、資本の経済的な自己‐調整のための諸条件の保証の代わりに、諸階級を統合し資本を包括的に調整するといったプロジェクトの遂行を代理的に引き受けるのである。こうした枠組では、その結果、憲法の労働者主義的規定は、機能的そして効率的な民主制システムという手段による社会的資本の管理の様式性とその政治的制御の社会的労働力への委譲の必要性という点において強調されることになる。こうした視点から厳密に言えば、社会国家は保証者国家 guarantor State ではない。もちろんこの新たな視点、すなわち社会的資本の管理といった新たな要請を展望するという視点から、保証者国家であると言いたければ、言ってもよいだろう。だが国家の抑圧力は、この統合を受け入れない人びと、社会的生産物の分割を命じる規則の資本主義的客観性に反対する人びと、また国家の内部で仕事をすることを拒否し、計画に異議申し立てする人びとに対して、行使されるのである。

これが法治国家と社会国家との具体的な相異である。だが私たちは、その類似性にもまた目を向けねばならない。第一に法治国家が、自己自身の経済的な物質的構成、すなわち個別資本家の自己 - 調整の諸利害を前提条件として必要としていたことが繰り返されねばならない。しかし法治国家は、国家と権利 - 法の形式化に限って言えば、憲法の物質的側面を覆い隠している。自由主義時代の形式科学はこうした状況を反映し、したがってみずからがその発展の合理性とその諸前提の非合理性との不条理で解消しえないディレンマにかかずらわっていることを見いだした。諸事実、一連の諸事実、諸事実の発展は、あらかじめすべて構成されていたのであるが、依然としてそれは、権利 - 法の形式的諸媒介の合理的なリズムにおいて採用され構成されねばならない――法の合理性と資本主義的蓄積の非合理性、社会的普遍性と私的個別性といった矛盾、法治国家においては避けることができなかったこうした矛盾は、今日、社会国家において現実的に排除されうるだろうか？　資本主義的発展は、そうだ、と主張する。そして私たちはその仕組について考えてきた――全社会を領有の領野とし、搾取対象を社会的蓄積の管理主体とすることによって。しかしこれは見かけ上の解決にすぎない。私たちは、そうした新たな構造化が資本の発展の内部に完全に位置づけられ、この発展において資本主義的発展の非合理な性質が単純に反復かつ隠蔽される仕組みについて見てきた。こうしたことすべてが、資本の改良主義的な機制にほかならない。こうしてこの資本主義的改良主義は国家にとっての二類型の同伴者である。とすれば、社会国家が、自由と平等という形式的原則といった法治国家におけるもっとも典型的な原則のいくつかを救いだし、それらを社会性と共棲させようとする試みることは、驚くに当たらないだろう。逆説的にも、あらゆる改良主義の目的のイデオロギー的な基軸を構成する社会性が最終的には自然権という用語を利用することによって規定されるのもまた、驚くに当たらないだろう。こうした視点から見れば、イタリアの憲法はきわめて意義深いドキュメントなのである。

しかしイタリア憲法は、国家の全現実をおびただしい定常的圧力によって制約する変革の努力に照らしてみてもまた、意義深いドキュメントである。他方で、私たちが研究している現象は一つの傾向性にすぎないと言えるかもしれないが、しかしそれは現実味をもたない傾向性ではない。とすればこれらの考察が、私たちが社会国家を自律的なものとして描きだし、その特質を分離するといった試みを妨げることはないだろう。実際、社会国家の登場は、私たちに適切で最終的な研究対象を与えるに充分なほどに、実体的である。

以上における私たちの研究はいくつかの段階を経過するだろう。社会的なダイナミズム、憲法基礎をなす物質的領域が、秩序化の形式的配置にどのような影響を与えるかについて検討を加えるという目的を携えて、私たちは、まず最初に、憲法化過程が権利 - 法の生産的源泉の新たなシステムにどのように物質的統一を与えるようになるかについて、理解することに務めるだろう。第二段階で私たちは、労働の憲法化の展開についての分析を提起するが、それは、このモデルを規定し、社会国家の形態、経済的構成と法的構成との関係性、そしてこの関係性を接合する計画化の理論と実践など、国家形態に関わる一連の問題を提起することによって、なされるだろう。最後に私たちは、このモデルによって提起された社会性の資本主義的特質に検討を加えるが、それは、あらゆる資本主義的な秩序化と一般的な規範理論の基礎およびその内在的限界を表示する、権威についての新たな理論によって正当化されるだろう。

これまで私たちが仮説として提起してきたこれらのさまざまな諸問題にとってありうべき解決への暗示は、こうして明らかにされ、また批判的に評価されるだろう。とすれば、研究の中心的命題を維持するためにも、私たちは研究の新たなレヴェル――マルクス主義的伝統の「労働者的な批判」――へ到達する必要があるだろう。すなわちそうした労働は、工場 - 社会の憲法という枠組みでは、一つのブルジョワ的な範疇であり、憲法の物質的側面についての新たな労働者主義的な規定がもたらす形式的憲法の変革は、抑圧どころか、このシステムの強化された階級的性格を現実的に明らかにするのである。

2　労働の憲法化過程

それ自体として社会的生産様式の上に立ち生産手段や労働力の社会的集積を前提としている資本が、ここでは直接に、個人資本に対立する社会的資本（直接に結合した個別の資本）の形態をとっており、このような資本の企業は個別企業に対立する社会企業として現れる。それは資本主義的生産様式そのものの限界のなかでの私的所有としての資本の廃止である。（Marx 1967：436）

自己による自己自身の再発見によって奴は、固有の意味が労働のうちに生まれることを、見知らぬ縁なき（他人、主の）意味だけが所を得ているように見えていたそうした労働のうちにこそ生まれることを、識るのである。（Hegel 1977：118-9）

資本主義的発展における労働力の憲法化の歴史過程
社会的価値増殖の基準としての労働の唯一排他的な優位性

本章の第1節第二項（社会的資本と社会的労働）では、労働者の闘争の異なった役割とその資本主義的な改良主義との関係に、どちらかと言えば要約的な叙述が与えられた。そこでは蓄積過程に潜在する階級間の敵対が、どのように労働者の闘争の個別の諸局面の決定と一致するのか、またどのように労働者の闘争が資本主義的な改良主義の固有の諸局面〔の決定〕を絶え間なく強制し、また乗り越えてゆくかに、検討が加えられた。だがこれは結論であって前提ではない。こうしていまや、資本が労働の憲法化を遂行し――あるいは憲法化の遂行という制限を受け容れている。したがって社会的組織の価値増殖にとっての唯一排他的な基準として採用される物質的基礎とは何かを理解するために、この過程により詳しい検討を加える必要がある。こうして、組織化と労働力の資本家への従属との関係が実定的《ポジティヴ》に接合される仕組みを見なければならない。というのも、この接合が国家の政治的そして法的な組織化の発展と完成を物質的に条件づけるからである。

組織化と従属との関係性という問題は――仔細に見れば――、権利‐法の理論と国家論が、一方で権利‐法と国家という二要素と、他方で一見逆説的に見えまた実際今日においても逆説的でありつづけている事柄の解決のために仮説化されてきた理論的定式という、二つの要因によって決まる可変的関係をふたたび持ちだして以来、権利‐法の理論と国家論にとって伝統的な問題として存在しつづけてきた。言い換えれば、社会組織化の拡大と完成に相即して従属の諸要素が強調されたのである。自然権の伝統では、たとえば、組合契約と従属契約との反復的交替や両者の接合は、現実問題の形式的説明を仮説化する哲学的な試みである。いわばそれは、権力の発生を自然発生性というよりも協同主義《アソシエーショニズム》にもとづいて解明的に摘出し、権力を抽象において上位に措定する *superpositum et abstractum* ことであり、両者の結合を永続的に深めてゆくことである。しかし、労働の資本主義的組織化だけが歴史的に明確な形態を採って現れるさきの逆説を具体的に担い、日常的実践におけるその性質を明らかにするだろう――まさに資本がこの過程をみずからの組織化の遂行のための技術的解決策とするときに。

社会的動物であるかぎりで人間が示す自然的性向は、たとえ単純な生産的協業のもとであっても、生産者の結集にとってすでに重大な役割を果たしているが、しかしそれだけにとどまらない。協同《アソシエーション》と社会的接触という事実は「『活力 animal spirits』の……刺激」を生みだし（Marx 1977：443）、労働それ自体の生産性を高める。「他人との計画的な協働のなかでは、労働者は彼の個体的な限界を脱けでて、彼の種族能力を発揮する」のである（Marx 1977：447）。したがって私たちは、協同主義にも同様の自然発生性を見いだすが、それは資本主義的な大量生産の発展の根本にある問題の二つの部分のうちの一つを構成するにすぎない。この問題のもう一つの部分は、労働に対する資本の指令《コマンド》に現れているが、しかしそれには即座に「ただ、労働者が自分のためにだけではなく資本家のために、したがってまた資本家のもとで労働するということの形態的な結果」というあり方がふたたび与えられるにすぎない（Marx 1977：448）。しかも、すでに協業形態にある以上、こうした事実認識は資本家が利用せねばならない当のものであり、蓄積にとって避けることができない条件となる。それらが示しているように、この逆説が資本の自己価値増殖の技術的形態となる。これは、指令の質がいかに変容するのか、といった問いである。第一に、多数の「賃金労働者の協業が発展するにつれて、資本の指令は、労働過程そのものの遂行のための必要条件に、一つの現実の生産条件に、発展してくる。生産場面での資本家の指令は、いまでは戦場での将軍の指令のようでなくてはならな」い（Marx 1977：448）。この「指令や監督や媒介の機能は、資本に従属する労働が協業的になれば、資本の機能になる。資本の独自な機能として、指令の機能は独自な性格をもつこと」になる（Marx 1977：449）。したがってこの変容における決定要素は、労働の新たな型の組織化によって表示されるかに見える。だがこれは必要条件にすぎない。労働者の従属はその組織化によって可能となる。だがそれは、資本の構造、すなわち最大限の自己価値増殖という推進的な動機によって、実現される。こうして「資本の指令は、社会的労働過程の性質から生じた資本家に属する一つの特別な機能であるだけではなく、同時にまた一つの社会的労働過程の搾取の機能でもあり、したがって、搾取者とその搾取材料との不可避的な敵対によって必然的にされてい」る（Marx 1977：449）。こうした文脈における労働者の従属は、「賃金労働者に対して他人の所有物として対立する」生産手段の規模が増大するにつれて、増大することになる（Marx 1977：449）。第二にそれは「同時に搾取される労働者の数」の増大につれて（Marx 1977：448）、「彼らの労働の関連は、観念的には資本家の計画として、実際的には資本家の権威として、彼らの行為を自分の目的に従わせようとする他人の意志の力として、彼らに相対」するかぎりで、増大する（Marx 1977：450）。要するに「資本家の指令は、内容から見れば二重であって、それは指令される生産過程そのものが一面では生産物の生産のための社会的な労働過程であり、他面では資本の価値増殖過程であるという、その二重性によるのであるが、この指令はまた形態から見れば、専制的でもある。より大規模な協業が発展するにつれて、この専制はその特有な諸形態を展開する」ことになるのである（Marx 1977：450）。

社会的に生産的な労働力が「資本にとっては何らの費用も要さず、また他方この生産力が労働者の労働そのものが資本のものになるまでは労働者によっては発揮されない以上、この生産力は、資本が生来もっている生産力として、資本の内在的な生産力として、現れる」ことになるだろう（Marx 1977：451）。ここでは、組織化と従属との連続的継起の形式的関係は完全に逆倒している。すなわち、従属が組織化の条件となっている。単純協業からマニュファクチュアへの移行にあたって、この逆倒的関係はよりいっそう明らかになる。こうした文脈では、労働の組織化と資本主義的な価値増殖との相互滲透はよりいっそう緊密なものとなり、こうした相互関係は逆倒的相貌を見せることになる。すなわち「機能している労働体は資本の一つの存在形態である。……諸労働の結合から生ずる生産力は資本の生産力として現われる。本来のマニュファクチュアは、以前は独立していた労働者を資本の指令と規律に従わせるだけでなく、さらには労働者たち自身のあいだでも一つの等級制的編制をつくりだす」ことになる（Marx 1977：481）。部分労働者が失ったものは資本へ、労働者にとって敵対的なものとして、集中される。それが資本の権力を配備し、生産的有機体それ自体に価値増殖機能として接合される。またこの過程は大規模工業で完成する（Marx 1977：553ff.）。

組織化と従属の関係性についての一般的図式は、このように、資本主義システムにおいて具体化される。これは資本にとっては完全に内在的な関係であり、その配置に先行する基本的で自然発生的な諸要素は生産様式によって質的に変化させられることになるのである。だがこうした点においてこそ、この関係性の別の要素が解明される可能性が存在する。いままで私たちは、生産領野において組織化と従属が相互に内在しあうことを見てきた。次に理解されるべきは、資本が社会全体でその生産的な存在を拡大する程度に応じて、こうした相互連関が社会的レヴェルでも表現されるという事態である。実際、資本の社会化過程は、それぞれの生産関係の資本主義的な規定に潜在する関係性を発展させる。そしてそのもっとも重要な側面が、この組織化と従属との関係なのである。

こうした発展についてマルクスは、次のように詳細な議論を展開している。蓄積は「社会的な富の世界の征服である。それは、搾取される人間素材の量を拡張すると同時に、資本家の直接間接の支配をも拡大」する、と（Marx 1977：739-40）。もし「労働者自身が絶えず客体的な富を、資本として、すなわち彼にとっては外的な、彼を支配し搾取する力として、生産〔し〕、……資本家もまた絶えず労働力を、主体的な、それ自身を対象化し実現する手段から切り離された、抽象的な、労働者の単なる肉体のうちに存在する富の源泉として、生産する……、簡単にいえば、労働者を賃金労働者として生産する」とすれば、こうした「労働者の不断の再生産または永久化が、資本主義的生産の不可欠の条件」となる。こうして「資本主義的生産過程は、連関のなかで見るならば、すなわち再生産過程としては、ただ商品だけではなく、ただ剰余価値だけではなく、資本関係そのものを、一方には資本家を、他方には賃金労働者を、生産し再生産する」ことになるのである（Marx 1977：716, 724）。

とはいえ、資本によるこうした社会の組織化過程は量的にのみ捉えられてはならない。それはたんなる社会的レヴェルにおける階級的敵対の再生産ではない――それはまた、従属の深化と再規定にも関わっている。社会的レヴェルにおける生産の集約的強化と大量化がそうした過程の内部で増大する資本集積を実際的にも意味しているとすれば、両者を増大させるような方法によってのみ、こうしたことが起きるのである。

……資本の力、すなわち社会的生産条件が現実の生産者に対して独立化され資本家において人格化されたもの……〔として〕、ますます資本は資本家をその行使者とする社会的な力として現れ、この力は一個人の労働がつくりだせるものに対してはもはや考えられるかぎりのどんな関係ももたないのであり、――しかも、それは疎外され独立化された社会的な力であり、この力が物として、またこのような物による資本家の力として、社会に対立するのである。資本が形成されていく一般的な社会的な力と、この社会的な生産条件を支配する個々の資本家の私的な力とのあいだの矛盾は、ますます激しいものに発展していって、この関係の解消を含むものになる。なぜならば、それは、同時に、生産条件を一般的な共同的な社会的な生産条件につくり上げていくということを含んでいるからである。（Marx 1967b：264 なお Marx 1977：781ff；Marx 1967a：108-9 も参照）

こうして資本の社会的組織化の諸条件は、社会的レヴェルにおける労働力の従属の諸条件を直接的に特徴づける。従属は資本の客体的組織化に客観的に結びつけられており、それは労働の絶えずより一般化された抽象へ関連づけられることを介して、社会的に拡大し、また量的に深化する。こうして資本の社会的な対象化が完成する。工場と大規模産業は、全社会において、生産過程を規定することになる。工場の専制、それを社会的表現で言い換えれば、自由主義的《リバータリアン》な無政府性に照応しているが、生産様式に関わって言えば、それはいまや完全に廃れてしまった局面を表示している。〔だが〕工場が全社会的平面へと拡延されれば、組織化と従属は、相互滲透の可変的関係を示しながらも、全社会へと等しく拡散してゆくことになるだろう。

　こうした展開を前提とすれば、いまや工場‐社会における組織化と従属との関係性が採る諸形態を厳密に規定することができる。この関係は弁証法的である。それは、一方では資本主義的組織化を、他方では資本への従属を遂行する。それは、工場‐社会が社会生活の全条件を再成形する程度に応じて、資本主義的組織化を遂行する。この組織化は具体的な *reducti ad unam* 同一への還元、あらゆる搾取形態の産業的搾取への還元である。これは「剰余価値または剰余生産物の取得だけではなく、同時にその創造もまた、資本の機能」であることを意味し、したがってまたその意味でそれに先立つあらゆる搾取形態が駆逐される。すなわち「産業資本に先立って、すでに過ぎ去ったか、あるいはもはや没落しつつある社会的生産状態のなかで出現した別種の資本は、産業資本に従属させられて自分の諸機能の機構を産業資本に適応するように変えられるだけではなく、ただ産業資本を基礎としてのみ運動するようになり、したがって、それら自身のこの基礎と生死存亡をともにする」ことになる（Marx 1967a: 57）。こうした観点から言えば、富の創造の源泉としての労働は、工場‐社会が他のあらゆる競合的な基準、他のあらゆる富の生産の源泉を排除するかぎりで、社会的な価値増殖の唯一排他的な基準として想定されることになる。

　しかし関係性という視点から見れば、従属は資本主義的組織化の条件かつ結果としてもまた遂行される。産業資本は、敵対を再生産しそれを組織化の新たなレヴェルへと従わせながら、生産諸形態を絶え間なく変革する。それゆえにこそまた、創造的なのである。資本による社会の単一的統合は目的であって前提ではない。それは絶え間なく再出現する階級的敵対に対する勝利であり、そうした勝利の構築である。それは、自己自身の内部における、また資本の社会的構造という枠内における労働の憲法化状況の臨界へ向けた、労働力の絶え間ない組み換え‐鎮静である（Marx 1967 : 477-80, 636-9）。というのも、これがこの過程の最終点だからである。

実際、資本の経済的構成が全社会を覆い尽くすことで国家政体として構成されるほかないとすれば、資本主義的な組織化と従属化もまた、こうした文脈のもとで再構造化されなければならない。社会的全体性として現れる労働力には、資本の再生産メカニズムの内部で人民という配置が与えられる。人民は工場‐社会という国家政体において憲法化〔構成〕される労働力である。したがって労働力としての人民は、社会的産物の生産に参加するよう徴募され、社会における資本主義的生産の一般的過程において、組織化されるようになる。また同様に、彼ら彼女らは、社会的蓄積の諸要求、したがって賃労働関係の連続的な再生産へ屈服を強いられる。こうした資本主義的組織化のレヴェルでは、社会的労働力としての人民はみずからの社会的搾取をみずから管理し、蓄積の一般的運動の連続と再生産を保証することを要請されることになる。

これが、民主制から社会主義への発展の連続的過程についての牧歌的なイメージから長い行程を経たあげくに得られた、結末にほかならない！　だが資本は、その発展の社会的レヴェルで、社会性という仮面をまとい、それ自身の内部における私的な非合理性を抑え込む。そしてまさにそのとき、みずからの発展の一般性において、可変資本として、人民として、社会的労働力を選び採るほかない。これが現実である。こうして資本主義的生産関係の再生産の民主的管理は、資本主義的拡大の最高度のレヴェルにおける——すなわち産業資本が自己自身の社会的蓄積のメカニズムの内部における一般的利害を選び採るにあたっての——自然な展開となる。このメカニズムにおける労働力の組織化の配置は、いまや経済的であるばかりでない。それはむしろ直接的に政治的でもある行為と生産の形態なのである。従属は、社会的レヴェルでの資本主義的諸関係の再生産への労働力の参加が増大され完成されるといった事態に相即して、増大してゆく。したがって産業資本は、労働以外の社会的価値増殖の基準を完全に排除するだけでなく、自己自身の成長の民主的管理においてもまた労働力を実定的《ポジティヴ》に憲法化するのである。こうしてそれは、本源的蓄積の局面では潜在的であった全敵対を社会的レヴェルで曝露する。それは、連続的にそしていよいよもって力強く、みずからの内部に生産的な社会的諸力を組織するという制限のもとに縛りつけられる。それは、社会的諸力を確実に組織し、さらなる成長を達成するにつれて、外部的、対象的、そして抽象的な力としての社会的諸力から、ますます分離されることになる。

資本主義社会における労働力の憲法化過程の歴史的展開を痕づけるいかなる者も、これらの理論的主張の有効性を認めないわけにはゆかない。この過程には二つの基本的局面が存在する。第一は、本源的蓄積の局面と競争的体制における資本の拡張という局面である。ここでは資本内部における労働力の組織化は最小限である。これらは、技術的・生産的な視点と政治的な視点という二つの視点から見て、最小限である。工場体制はみずからの存続を抗争といった強制的媒介へ委ねている。他方で資本それ自体は、経済的そして政治的な領域における唯一排他的な作用因としてみずからを肯定し実体化するために、社会における闘争に制約されることになる。にもかかわらず、こうした闘争にある資本は、労働者階級との同盟を蔑ろにはしない。いずれにせよ社会立法は、一方では抑圧的行動という局面を踏み超えることはないし、他方では予防的介入を超えることもない。こうした局面では、本来的意味における労働権 - 労働法について語ることができない[19]。だが産業資本主義がヘゲモニーを握った現代社会において、また資本が、同様に一般的なスタイルで蓄積過程を発展させながら社会的レヴェルで構造化されるとき、これらの諸要求の制限のもとにある権利 - 法の概念を私たちは理解しはじめることになる。まず生産主義的な概念に結びつけられている予防的な法制定が提起され、次いで社会防衛のために法制定が現実的に提起されることになる[20]。資本における労働力の組織化が一般化され、いよいよもって絶え間なく強化され、工場がその物質的限界の外部へと拡延し、抗争といった媒介が社会的かつ政治的な地平において実施される。こうして労働権 - 労働法は誕生し、また絶えず更新される。したがってこの概念が安定的な規定をうまく獲得することができず、暫定的なままにとどまるのは、物質的なことと労働権 - 労働法のさまざまな方法が、一般的な公法によって、すなわち国家によって、絶えず蒸し返されるからにすぎない。またださからこそ、国家は労働のこの領域によって、より一層覆われてゆき、その保護者として措定されるのである。[21]

たしかに、この過程は自動的には現れない。資本主義的な改良主義と労働者階級との諸闘争はつねに相互に同伴的である。資本に改良主義を物質的に課すもの、それが労働者の闘争である。資本家階級の恐怖、不安、そして抑圧的傾向を実践的に廃絶するもの、それが労働者階級の闘争である。[22] これまでは、この過程で労働者階級が二重の役割を課しかつ廃棄する方法を見てきたし、以下においてもより仔細に見てゆくだろう。他方で、資本主義的な改良主義における労働者の利害関心は、社会に対する資本家の権力集中に相即しかつそれとパラレルな労働者階級における労働力の集積——最初はその形成、次いで組織化——が存在するという事実の裡に存在している。したがって資本主義的組織化の極大点は、労働者の不服従の潜在力が最大となる点に照応している。しかし、ここでは当面の間、そうした過程の資本主義的側面に検討を加えることに課題を限定しよう。

全社会に対する資本の権力の拡延がたどる複雑な過程と資本の内部への労働力の社会化と統合に照応して、労働の憲法的機能の高度化と拡大が現れる。労働は、完全なる社会的生産の源泉として、国家の源泉となる。憲法とは、労働の、すなわち賃労働関係の、憲法である。この基礎のうえにあらゆる社会的そして政治的な発展が位置づけられる。権利‐法や法の支配ですら、この権力をまぬかれることはできないのである。

第一の司法的帰結——諸源泉のシステムの危機

諸源泉の資本主義的統一と歴史実証主義者による統一

社会的諸関係の分裂はきわめて直接的なあり方で権利‐法 right と法の支配 law の領域に反映されている。権利‐法と法の支配が現実の変革に関わっているかぎり、それらは直接的に関与せざるをえない。さらに言えば、そうした展望がなければ理解が困難であったであろう一連の法現象が、そうした展望によって、明確に説明される。変容のこのパラレリズム、社会的現象と法制度とのこの潜在的な連関が、法的発展の科学的理解にとって唯一可能な地平を構成する。

社会的な価値増殖の唯一排他的な基準である労働の優越性とその称揚は、権利‐法の領域にさまざまな効果を及ぼすが、それらについては次節以降で痕づけることにしよう。まず第一に私たちの興味を惹くのは、権利‐法が諸生産様式へ対応することによってもたらされる諸帰結、という論点である。実際これが、権利‐法と社会との多様な接点における最重要点であることが理解されねばならない。現実に見合った説明を与える義務を絶えず担っている法解釈と司法の実践は、そうした実践がシステムの異なったレヴェルへ挿入される程度に応じて、法的にはすでに有意味な諸前提に依拠し、あまり批判には曝されない、あるいはむしろ保護される、実体性を確保することになる。法の生産は、権利‐法にとっては疎遠な世界（の表層）へと開かれているが、それでもなお法の生産は権利‐法にもとづいて評価されねばならない。この関係は、不平等な諸力間の闘争に関わっており、そこから権利‐法の従属性が結果として生まれ、あるいはむしろそれを根拠に権利‐法が産出され、現実適合的な関係とされるのである。法科学は、他方では、法科学が生産の問題を不適切なものとして排除しようと幾度となく試みながらも結局は常に失敗するといった法的生産の根拠の不確かさという重大な欠陥をはらんでいる。法科学があまりに純粋すぎて社会的配備の歴史的文脈によって物質的に特徴づけられる基本的規範を少なくとも前提とする必要がないといったような形式主義などは存在しない。その結果、そうした物質的前提は、形式的秩序化のさまざまなレヴェルで、制御しえない残滓として、再登場することが事実上避けられないことになる。こうした事実諒解から、現代における法科学は、新たな状況に追随し、そうした状況に段階的に適合するように、みずからを変化させる方向性を採るようになる。これは、いまだ完全には達成されてはいない、困難で複雑な過程である。というわけで私たちは、現在におけるその限界に留意すると同時にその傾向性の確認をも試みながら、この過程を解釈するだろう。最初は、権利‐法の生産にもとづく労働者主義的な物質的基礎の唯一排他的な優位性が、二つの基本的な方法によって、経験的理解のもとに措かれるだろう。この基礎は、それが唯一排他的に優位であるかぎりで、権利‐法の生産システムの統一を要請する。またそれが物質的に規定され、歴史的に決定されるかぎりで、この生産システムに具体的モデルが課されることになる。したがって第一に私たちは、労働者主義的な基礎の統一が権利 - 法の生産に課す一般的形態に検討を加えねばならない。そうしたうえで私たちは、この生産の固有な諸モデルへと立ち戻ることになるだろう。

当面の問は、第一の論点に焦点を合わせることにしよう。ところで、近年の法科学は諸源泉の統一過程を加速度的に促進しており、その結果、社会的現実の運動傾向を——ときにはみずからに反して——受容していることを看逃してはならないし、またその意味で言えば、法科学は問題の伝統的定式化からその神秘性を剝ぎ取ることに役立っている。じつのところこうした伝統は、権利 - 法の根拠に関わる一群の命題、複雑に絡みあった諸問題を一連の物質的規定という形式において利用し——次いで、それらを無批判的に混乱させながらも、排除する諸命題を提起した。ノルベルト・ボッビオも述べているが（Bobbio 1946 : 51ff.）、そこでは、とくに権利 - 法の根拠という問題が提起される、三つの側面が存在している。第一は法的諸規範の起源の問題という側面であり、第二は法的配置の形成の問題という側面であり、そして最後に第三には従属的で隠蔽された位置に措かれ、しばしば内密のうちに除去されてはいるが、しかし諸規範の正統性や有効性に寄与し、そうすることでそれらの配置を支える、社会的権威の形成の問題という側面である。しかしこの事態は偶然起きたことではないことに注意せねばならない。じつは、法的システムが与件としての社会的秩序を何らの疑問もこだわりもなく借用するかぎり、社会的権威の形成と正統性という問題が措定される必要はまったくなかったのである。私たちは、法実証主義の時代に政治的な歴史記述から借用された「ゆるがぬ治安《セキュリティ》の時代」というレッテルをそれに与えることができるのかもしれない。それは秩序化の社会的で政治的な諸前提に対するゆるぎなき忠誠、現時点を完全にするといった目的における確実性、あるいは法的システムの際限のない完全性、と言い換えられてもよいだろう。ヘーゲルとカントはそれぞれ異なった二つのケースにおけるこの時代の後見精神である。いわゆる源泉の問題はシステム構築以前ではなく以後に誕生し、システムを基礎づける必要性ではなくむしろそれを最終的に規定する必要性に関連していたのである。ここで次のことを思い起こすことは無意味ではないだろう。すなわち、ブルジョワ科学の世界の統一性は、工場 - 社会の展開が科学を資本の領域へ取り込むまでは、形式的でイデオロギー的なままにとどまっていたということである。その結果、それぞれのシステムが、それ自体の生産メカニズムを規定するという明確な意味ばかりでなく、むしろそうしたメカニズムが事前に感じ取られていたシステムの利害にとって機能的であるという唯一の理由からもまた借用され、したがってその結果、私たちがこれらの源泉を機能的とはいえ具体的ではないと考えるようになったという明瞭な意味でも、システムはみずからの物質的基体を予示し、また諸源泉が配置によって規定されたのである。極端な表現を使えば、システムは諸源泉を発案するかのように見えたのである。[23] 他方で「実践的」法律家は次の点を疑っているようにはおよそ見えない。すなわち源泉への依拠が、配置と異なったレヴェルでの価値増殖が規定された後に、たんなる優雅な飾りではないにせよ、しかし無根拠なものとして現れる可能性があるシステムにお洒落な飾りを付加したことの結果にすぎないといった事態に対して、彼らは疑いを向けない。彼らは、自分たちがすでに入手しているものに満足し、この論点から遠ざかっているのである。

　私たちはこれらの諸源泉についてより詳細な検討を加えねばならない。こうした源泉はすべてのシステムの内部に存在しているのだろうか？　あるいはもはやそこには発見されえないのだろうか？　またあるいはどこにでも発見されうるのだろうか？　物質的源泉と形式的源泉、内的源泉と外的源泉、成文化された源泉と成文化されない源泉、一次的源泉と二次的源泉、直接的源泉と媒介的源泉、合法的な源泉と非合法的な源泉、制定的源泉と慣習的源泉などなど、システムへのそうした問題の負荷の最後に現れるのは、混乱である。これらの諸源泉を微妙に分離している差異は、「現実的原因、価値原理、そしてシステムの認識原則における差異の具体的顕現」と見なされてきた（Horvath 1934-5: 134）。それは、彼らが依然として権利‐法の生産の現実的原理ではなくシステム原理と格闘しているかぎり、これらの区別が把握できないということが忘れられていることの現れにすぎない。システムの基礎をシステム自体の内部に位置づけることを試みながら、同時にこの基礎を問題視する試みには、意味がない。ここでのもっとも品位ある抜け道は、依然として古典的な観念論哲学のそれである。すなわち法学を権利‐法の根拠とする方法である。こうして科学は、その諸前提との合意という観点から言えば、権利‐法の自己‐意識的で存在論的な基礎として立ち現れることになる。すなわち、権利‐法はその外部において生成しうる *Recht kann nur aus Recht werden* が、その一方で、科学に関わるかぎりで言えば、生産の事実性は無意味、あるいは少なくとも従属的なのである。[24]

だが、今日の法科学はそうした展望を放棄した、という者もいるかもしれない。資本がその裡に科学を再興したとき、現実との対峙を回避する立論構制を許す余地はもはや存在しなかった。他方で、資本主義的な統一とその結果としての社会的権威の再構造化は、社会的権威、諸規範の基礎、そして配置におけるそれらの状況をつなぐ関係性をまさに中心的なものとして提示したのである。他の問題、すなわち単一的規範の起源という問題は、権威と諸規範との関係性といったより大きな問題へ包摂された。諸源泉の統一化という問題――また権威を表現するにあたってその形象をも与える実在的な構造における諸源泉の統合といった問題以上に問題含みなのは、次のような認識が依然として存在しているということである。すなわち、科学が自律的に決定したことの現実への投影が問題ではなく、むしろ法的諸規範がもつ創造的、様態変化的、あるいは破壊的といったそれぞれの効果を現実のうちに基礎づけることが問題であるといった認識が、依然として、存在しているということである。[25] まさに現実についてのイメージ、それが最終的に様態変化をこうむるのである。資本主義的統一化が諸規範に意味と方向性を刻みつける。だが統一化は量的規定性だけではなく、質的規定性をも帯びている。法的配置を包括的に決定するこの事実性の性質の定義を試みるにあたって、こうした議論が再開されるとしても――またたとえば、そうした議論が、諸源泉を現実的な諸権力として規定する点に注目する諸理論とそうではなくこれらの諸権力が手続きにそくして展開される点に注目する諸理論といった二者択一を混乱したやり方で決定することで、再開されるとしても――、いずれにせよ、この議論は、基礎が現実的、生産的、そして質的に規定的な行為として規定されなければならないといった事態を曝しだすことになる。配置が規範的諸価値を決定するシステムであるとすれば、源泉とは、そこからこれらの諸価値とそのシステムが派生する当のもの、権利 - 法を介して自己自身を顕現するシステム、みずからの本質の位階を構築する社会的諸力の集団でありうるにすぎない。[26] たしかに、この統一は依然として形式的だが、この形式主義は、基礎の生産的契機を把握することにおいて発展する可能性をもち、またしたがって実証的な歴史的内実を暗示し、またそうした方向へと向かう形式主義である。まずはじめにそれは、源泉についての伝統的理論を逆倒させる。したがって私たちは、何よりもまず、こうした方向を推し進め、この生産的行為の性質を分析しなければならない。

たとえばこれは、生産的源泉と認識的源泉との区別に対面し、その神秘性を剝ぎ取ることによって、なされうるだろう[27]。源泉概念のこの重大な二重化によって、システムの自己‐決定のための大きな余地がシステムに残され、その結果、生産行為の規定が諸規範の起源といった単純な契機と配備、すなわち非常に制限された諸境界の狭間へ封じ込められることになる。社会的権威によってその構築過程を備給される諸規範は、こうして、たんなる形式的様式へと転移され、社会的権威に結びつけられることになる。現実における秩序化は、権威主義的秩序化の基礎づけが、そうした形式において、実定的《ポジティヴ》な秩序化の基礎づけを繰り返さないかぎりで、二重化されることになる[28]。こうした二源泉の区分は、諸源泉の統一と生産行為の性質に関する探究の深化が無用なものとなるという危険性を醸成することになる。というのも、システムは――認識過程の自律性にもとづいてシステムに容認される自律性の余地を前提するとすれば――その効果を中立化するか、あるいは少なくとも先入見を与えることで、物質的基礎におけるみずからの立脚点をふたたび奪回することが可能となるからである。それはたんなる危険性にすぎないとはいえ、しかしまた意識的に試みられた折込み済みのリスクであることもまた、付け加えておかなければならない。実際は、この区別がそのあらゆる具体的機能以上に有効となるのであり、それは法的実定性が歴史的実定性とされ、形式的枠組みがその歴史的基礎へと差し戻されることに対する、最後の抵抗だからである[29]。だが、資本主義的統合による統一性といった諸範疇にもとづいて形成されるそうした区別は、その起源とその発展の双方で、また根底から統一された法的配備において、どのように維持されえたのだろうか？　たとえ理論が科学的自律性の伝統を救済するためにこの区別に執着したとしても、ここでは、実践はそうした見解に対して決定的な危機を搔き立てるという役割を負わされていた。解釈という実践では、さまざまな異なった秩序化が対置され、課され、あるいは混ぜ合わされるときにはとくに、諸源泉の概念とシステムが純粋に相関的であり、それらを単一の秩序化という歴史的文脈の外部に同定することが不可能なことが明確になったのである。しかし単一の秩序化といった限定的基礎にもとづいて規定するという絶え間ないその任務にとって、形式的で編年的なまた位階的でもある伝統的基準だけでは不充分である。それらはシステムの相関的な性質によって歪曲されていた。そうした基礎が実在的に確定的で規範的に決定力あるものとして提示されるという制限のもとでは、ただ秩序化の物質的基礎だけが、科学的自律性を混乱と不確定性から救済することができたのである。[30]

　こうした視点にもとづけば、生産的諸源泉と認識的諸源泉との区分に関する初期的で部分的な結論が予期されうるだろう。「二つの型の源泉の間には、相互依存ではなく、その反対に、厳密な結合という関係が存在する」ことを理解するためにこれまで議論されてきた論点に照らして言えば、この区分は再規定されなければならないのである。この結合は、「生産的源泉がそのもっとも基本的な契機における法的行為であるとすれば、認識的源泉は、別の展望すなわち記録《ドキュメント》の〔生産という〕源泉から見て、同一の行為である」という事実に因っている。区別のこうした技術的な利用以上に、「認識的諸源泉は自律的な法的範疇としては存在しない以上、認識の諸様式あるいはその諸手段について語るほうがより有効である」と理解することもまた、可能だろう（Carlassare Caiani 1961: 50-4）。だが秩序化を基礎づける生産行為がすべてを包囲し内包することが真実だとしたら、区別は生産行為以外ではありえないだろう。そうした生産行為の性質は唯一排他的なものとして解明・説明され、こうした展望の結果、システムの自律性のそれぞれの余地が排除されてしまうのである。

　しかしこうした結論は、私たちがこれまで議論してきた個別問題については説得的であっても、なお依然として部分的である。物質的に決定され権威における始原的な源泉にもとづいたシステムの秩序化された結合は、たとえそれが統一性を辛うじて達成するとしても、形式的な諸源泉の複数性が——いったんは退いたものの——さまざまに指定されたシステムと配置との接合へと解決策を解消してしまうといった危険を冒している。配置とシステムは稠密なブロックとして提示されている。接合を再導入するために、システム内部にもろもろの区分を再導入しなければならないのだろうか？　あるいはそうではなく、現実の統一性を現実の接合として把握する可能性が存在するのだろうか？　これらの疑問は、問題が完全に解決されねばならないからには、答えられなければならない疑問なのである。

　実際私たちは、この第二の可能性を考慮することで、一つの回答を見いだすことになる。形式的諸源泉のシステムの自律性から神秘性を剝ぎ取り、現実の基礎の歴史実証的な性質を確定した同様の分析によって、配置の基本である生産行為の歴史実証的な接合を把握することもまた可能である。これが、憲法は権利‐法の上位に位置するという権利請求のもっとも重要な含意である。この原則は、生産行為が規範的内実の具体的接合として与えられ、また歴史的にも強化され、その結果、形式的ではなく物質的な規範的内実の秩序の解明という問題を提起するのである。憲法は、基本的な生産行為が最初に化体したものとして、生産行為の物質性にとっては形式的ではなく、むしろ適切な配置を発展させるのである。位階という概念は、たとえそれが形式的表現において把握されえたとしても、まさにここでは根源的な再規定を被っている。ここではむしろ、さまざまな資料《マテリアル》－素材に関わる規範的な内容の差異化に依拠することで、適性 competence が語られているのである（Crisafulli 1960：808-10）。要するに、こうした分析は、そうした概念が形式的に規定されるかぎり、まさに源泉概念を潰滅することに終わるのである。源泉概念がその存在を仄めかしてきた本来的問題、すなわち統一性と接合という問題は、ここでふたたび蒸し返され、またその意味で、憲法の物質的側面についての議論において、ふたたび提示されることになる。こうして、システムの統一化が完成する。すべての法生産性を単独で唯一排他的に組織化する憲法の物質的側面という形態において、それは理解－実現される。

これが、憲法の物質的側面において労働を社会的価値増殖の唯一排他的な基準として仮定したことの最初の重要な効果であるように思われる。そうした唯一排他的な優位性は、法生産の統一化、その発展のあらかじめ秩序化された組織化として、みずからを顕現する。いまや私たちは、物質的観点から、憲法において労働を仮定することの第二の意味について考えなくてはならない。すなわち、もはやたんなる「唯一排他的」な基準としてではなく、決定的な物質的基礎として。

第二の司法的帰結――法の主権理論の危機

統合から抗争性へ――あるいはむしろ、労働の憲法化の形態

ここでの焦点は、諸源泉の物質的統一化という問題から、憲法の労働者主義的含意がそれを取り巻く配置の包括的な運動において展開される形態についての叙述へいたるといった問題設定に、関連している。すでに私たちは一連の

諸前提を提示した。だがここでは、それらの帰結についての探究がなされねばならない。というわけで、まずはじめに、分節的に練り上げられた形式にそくして、諸前提を要約することにしよう。

労働力そして組織化と従属との資本主義的諸関係の憲法化は、すでに見たように、唯一排他的で全体化する過程であった。統合は、その実定的な側面をただちに顕にする。それは、社会的諸関係の総体を明るみにだし、実定化し、自然発生性に対するあらゆる郷愁を取り除き、ついには権利‐法を生産する物質的行為を確定し、それを唯一無二のものとして配置する。だがこのように言うことは、私たちがあらゆることを語りながら、何事も語っていないことを示しているに等しい。というのも、こうした分析では、解決と組織化をより高度なレヴェルへと押し上げ、また常なる闘争の統合と抗争との交替関係でもある、この憲法化の形態が説明されないからである。事実、重要な対象性への信認を助長する信託として統合を理解することもまた、容易にできるからである。しかし、より困難だが、絶対に必要なこと、それは他の事実すなわち闘争の現実を理解することである。そうした現実は、ときには背後に退いたままであり、またときには暴力的で不明瞭な形態で出現するが、資本の明晰で科学的な良心はこうした点に考察を加えることに抵抗するのである。だが、実践――あるいはむしろ現実の諸関係の経験――は、資本にそうした現実との日常的対峙を強いることになる。すなわち資本は、そうした問題へ政治的考察ばかりでなく、また（それが私たちの興味をまず惹くことなのだが）司法的そして技術的な考察を与えることをも強いられるのである。

こうした観点からこの論点の一貫性と重要性を理解するには、現代の法科学に典型的な問題、すなわち諸源泉のシステム内部における法支配の位置取りといった問題を見るだけで充分である。資本主義的な統合過程が、長い間、法規内部における統合過程として提示されてきたという点を想起することが、ここでは有益である。法支配は次第に権利‐法の唯一排他的な源泉となり、法的システムは法支配のシステムとなり、今世紀初頭には、法実証主義が法律主義《リーガリズム》として提起され、課されたのである。しかし今日にいたっても、いまだこの構築物の何一つとして根づいてはいない。何一つとしてである。実証主義が勝利したかに見えたまさにそのとき、あらゆる方面から批判が噴出し、五〇年を経た現在では、そうした思考潮流が法科学にとって唯一のイデオロギーであり満足すべき方法として役立つ能力をもっているといった立場に対する異議が、申し立てられている。こうしたことが起こるのは、まさに法支配内部での統合が社会的諸関係の司法化といった広範な過程における一つの機制《モーメント》、しかもただ一つの機制を代表的に担うことになったからである。確かに統一は成し遂げられた。だがしかし、それが一方向的な統合力という制約に縛られているかぎり、統一されたシステム内部で吹き上がった闘争とその現実における接合に説明を与えることができなかったのだ。闘争が噴出しその力を押しつけたのは、統合がシステムへ差異を加速度的に持ち込むといった、より決定的な理由によるからである。だがこの差異が理解されることはなかった。そしてこの差異が承認を要求したのである——この差異は統一性へと平板化されることを拒んだのである。科学的運動の諸局面と論争の解決の諸局面もまた、こうした状況によって、規定されたのである。多くの要請にもかかわらず、危機にあった実証主義への代替案といえば、そのたんなる否定——またしたがって、自然権のある種の復活——ではなく、むしろ配置の歴史的な実定性という未決の概念、その物質的基礎の同定、また統一化過程の弁証法的内実の評価における実証主義の展開として、登場しただけである。実証主義の危機は、いくつかの重要な事例では、諸源泉の危機の問題として理解されたが、それは決して偶然ではないのである。それは、主要には、法支配が社会的労働の憲法化過程の諸運動と諸特徴をシステム内部に適切に内包あるいは叙述しえなかったというかぎりにおける、危機である[31]。

実証主義の危機は、こうして、法支配の唯一的排他性というドグマの危機として正しく描かれうるだろう。それは、しかし同時にまた、社会国家の憲法という文脈において実証主義が再構造化される、あるいはふたたび実定的に作用することでもある[32]。当面の間は、これら二つの論点について考えてみる必要があるだろう。

なぜ法支配は、結果的に、社会的労働の憲法化過程を基礎づけることができないのだろうか？　より一般的な理由のいくつかについては、すでに指摘しておいた。だがいまやそうした問題の個別の側面への立ち入った考察が必要である。第一に、法支配が非社会性という長きにわたる伝統を代表してきたことに注意せねばならない。「客観的な権利‐法の規範」としてであれ、あるいは「規範を措定するように方向づけられた国家意志という行為」としてであれ、それは曖昧な位置を占めてきたのだ（Carnelutti 1936 : vol. 1, 97)。措定された規範の対象性は、基本的には、法を主権者の意志と国家機械の表現として規定するといった手続きに結びつけられている。だがこの曖昧さは理論的なそれであるにすぎない。歴史にそくして見ると、法支配は、その伝統的な手続きの位置によって、一方向性を負荷されている。だがそれは、すでに見たことだが、法支配に具体化されている主権的意志の一義的表現が、労働の憲法化過程を基礎づけ、維持し、領導することに役立ちうるという事実を排除しない。主権の新たな民主的基礎を構築することによって、これらすべてが発展の安定的形態へと生成することが可能となる時点が存在するのである――そしてこの事実の重要性は、過小評価されてはならないのである。

とはいえ、これは一過的解決にすぎない。事実、こうした解決の不充分さもまた、ただちに明らかとなる。一方では唯一つのもっともらしい解決に見えながら、しかし他方ではその効果が発揮されない。それが唯一の解決に見える理由は、民主的な諸技術が、労働力の憲法化の契機を労働力の社会化の具体的決定から分離し、この連結《ネクサス》を抽象化し、それに過程の中間における分離した契機という配置を与えることで、この連結を宙吊りにし、中断してしまうからである。これらの諸技術は、権威を表現する国家システムの内部に法支配を位置づけた後に、この連結を事後的に再構築するにすぎない。またそれが効果的解決ではない理由は、労働力の社会化が、たとえ人びとがそれを理解したがらないとしても、現実の事実であり、またしたがって労働力の社会化は、それが明るみにだす社会的諸関係の弁証法的な配置を介して、一連の諸条件を課すからである。法支配は一般的であり抽象的である。だが労働力の社会的管理は、物質的で具体的な尺度を必要とするのである。法支配は不変的で典型的な連続性に対して制定されるが、社会性は絶えず変動する状況であり、こうした状況に適した指令を要求する。この連結を保持しようとして、依然として人びとが一般性や抽象性について語りたがるのであれば、次のように言わねばならないだろう。すなわち、第一の契機は「一過的秩序の一般性、あるいはむしろ規則の反復的適用の可能性」の予期にすぎず、また平等性といったある種の異質な基準に接合されている第二の契機は指令の非人格性の代位を推進する、と（Crisafulli 1961 : vol. 1, 249ff., esp., 256-7）。ここでは、しかし、あえて困難な問題を正面に据えることによって、「国家の法支配という古典的概念の支配の終焉」を理解するほうがよいだろう。規範性は、社会国家では具体的指令として、表現される。すなわち、その構成的な領域は行為 *actio* としての条項によって阻害される。すなわち「手段と目的との具体的な関係」、「秩序化された諸規則を構成する必要も可能性もなく、むしろそうした諸規則を把握し目的の実現に役立てる行為」によって阻害されることになるのである（Forsthoff 1955：223, 225-6；Fechner 1956：26ff.）。

こうしたことのすべてが、労働力の憲法化が労働力の社会化によって条件づけられていることを原因として起こる。法的関係は直接的に社会的であり、こうした社会性におけるこの関係性は、解決されるべき諸事例の具体性に照らしてみずからを計測し、みずからを諸事例の複数性にとって適切なものとしながら、絶え間なく再考され、刷新される。[33]社会性の領野における法支配の危機に加えて（いずれこの問題に繰り返し立ち戻らねばならないだろうが）、源泉としての法支配の唯一排他的な優位性についての理論を脆弱かつ維持しがたいものにする他の諸要素が存在している。言い換えれば、理論の〔社会的〕妥当性のための諸条件が存在しなくなるのだが、それは第一に、実質的には「立法権力からの完全な独立」に任せるという機能をもつ権力の分割が消滅することによってであり、また第二に、公的であることと私的であることの分割の漸進的な風化によってである（Bobbio 1946：58-60）。まさに労働の憲法化過程が、基礎の統一化だけでなく法支配の展開の統一性をも決定するかぎりにおいて、こうした効果を生みだすのである。労働力の社会的レヴェルへの上昇は、この点で資本主義的生産過程の統一を再生産し、そうすることであらゆる諸権力が統一されることになる。こうした配置の内部では、社会化と労働力の憲法化は計画化において見いだされ、それは、社会化と憲法化の真の到達点、全権力の真の統一、私的領域への公的領域の連続的な漏出、私的領域の真の社会化である（Guarino 1962：esp., 341ff.）。こうして法理論家、とくに憲法と行政法における法理論家は、こうした展開を急いで把握せねばならなくなった。[34]

法支配の主権の諸条件は消失し、それと同時に法的世界は全面的な再規定のもとに措かれる。法的世界は、それが統一されまた統合されるかぎりで、そのことによって法支配が存在する形式的地平が破壊されることによる一連の否定的決定を、法支配の新たな実定〔肯定〕性へと後退しながら、課すことになる。[35]こうして法実証主義が再生され更新される場面におけるこの実定〔肯定〕性の規定が、論じられなければならなくなる。

法支配は、こうして、社会的労働の憲法化過程を基礎づけることができないことが明らかになった。とすれば、この過程が担う実定的な形態とは何か？　主権としての法支配を退けた諸要素はまた新たな実定性を形成する諸要素でもある。すでに私たちはその主要な特徴を理解している。すなわち、社会的レヴェルにおける資本主義的生産様式の発展は、工場という形態のもとで全社会を統一する一方で、拡大された規模での階級的敵対をもまた再生産する。抽象労働がその最大限の密集度を獲得している局面での階級的敵対は、もっとも高度なレヴェルにおいて、社会化されている。資本がみずからの内在的必然性によって統合過程をその極限にまで推し進め、その結果、その決定的な実定性がそうした関係のうちに存在していることを見いだすとき、資本は階級的敵対がもっとも高度なレヴェルにおいて社会化されているという事実をも発見するのである。闘争と社会的抗争が統合への圧力と同様程度に強調されるのは、資本主義的な統合が、まず第一にそうした抗争が摑まれ、次いで制御される範囲内に収まりうる程度においてのみである。私たちは、ここでは、法的実定性の新たな現実と直面している。それは、これら二つの要求に対する応答として表現される。一つは統合の否定的要求であり、他の一つは抗争性の統合の肯定的要求である。

すでに見たように、統合の否定的要求は、このシステムが法的世界の二重化を代位し、そうした代位が社会的現実と法的現実との関係を調節するための静態的なメカニズムとして機能するかぎりにおける諸源泉のシステムの衰退によって、説明されている。抗争性の統合の肯定的要求は、社会的レヴェルにおける抗争性と労働力の諸実践が、社会と法との絶えず更新されるより本質的な諸関係の調節――ここでは、それを調節としてではなく、創造として語ることもできるだろう――の動態的な基礎とされるときにのみ、説明されうる。抗争性が統合モデルの特徴とならねばならないのである。とすれば、ここでは、抗争性に、抗争性が組織する肯定的そして否定的な契機に、規範は従わねばならないだろう。実際それは、次のように順応する。すなわち、規範は、一方で具体的で個人的な行為として規定されながらも、そうした目的にとっての手段として機能することで経済的目的や政治的目的にとって役立つように措定されもするのである。社会化のレヴェルが増大するにつれて、規範を社会的現実にとって適合的なものにするこの能力もまた、増大せねばならないし、同様に、法的な命令《インペラティヴ》と社会的な合意とのその都度その都度の綜合《ジンテーゼ》の必要性もまた増大する。発展の諸傾向を把握し、それらを解釈し維持するには、恒常的な配慮が必要とされ、それはまた絶えずより完全に達成されることになる。またこれは、実定性があらかじめ構成された意図に従ってではなく、抗争性それ自体の個別の諸契機に厳密にもとづいて把握され、再構築されうるための条件である。ここでは、法支配の社会性が完全に開示されている。労働の憲法化は自律的となり、統合は「コミュニティ形成」の連続的過程に見合って整備されることになる（Ballerstedt 1957：379）。

要約すれば、これは労働の憲法化の実定（肯定）的な文脈であり、それは労働力の社会化によって決定されるのである。私たちが探究を推し進め、権利‐法が社会国家の内部で産出される具体的な方法を規定するためには、この包括的な枠組みを肝に銘じておく必要があるのである。

社会国家における権利‐法の具体的産出様式のあり様

「国家の死滅」の資本主義的止揚

「自己による自己自身の再発見によって奴は、固有の意味が労働のうちに生まれることを、見知らぬ縁なき（他人、主の）意味だけが所を得ているように見えていたそうした労働のうちにこそ生まれることを識る」のである（Hegel 1977：118-9）。言い換えれば、統合が社会的諸関係性の複合的全体をたんなる機械的対象性として配置するまでに平板化してきたかに見えるそうした点で、実定性は一般化された不服従、すなわち闘争として再発見されるのである。それは統合された諸要素のそれぞれが全要素の基礎にあるといった統合の性質が有する特徴である。諸主体の一般的等価性は、それぞれの主体の価値増殖（実現）へと転倒的に位置づけられ、その結果、単独主体がその根拠を確実にしながら統合されればされるほど、そうした単独主体は、ますますみずからの存在を主張しながら、統合の全運動を理解‐承認し、そうした運動の内部に自己を位置づけることができるようになる。とはいえ、厳密には同様に理由から、この主張は対立もまた含意している。全体性に対立する単独性の決定がそれである。その社会化が労働力の統合への余地をはらんでいる労働にあっては、単独の労働力はそこに一般的な共通性《コモナリティ》を発見するが、しかし同時にそれ自身の位置の意味も見いだすことになる。この二つの理解 - 承認の交錯が、統合過程にとっての唯一の基礎にほかならない対立である。

これが統合過程の形式的なイメージである。その重要性は、この形式的イメージが統合過程をさまざまな当事者の理解 - 承認過程、異議申し立てと合意の組織化、したがって闘争の組織化として描いているという事実に存在している。その重要性は、このイメージが闘争なき発展など存在しないという経験の現実性を暗示しているという事実にもまた、存在している。闘争が存在しなければ、統合の発展ではなく、社会の一般的潰滅のための統合でしかない。それは、しかし、生産の社会的過程における資本の価値増殖が闘争において展開される——闘争を再生産し再形成するからこそ、発展の統合なのである。異議申し立ても合意もともに、社会的レヴェルにおける資本の発展を促進する。異議申し立ては、資本によって課された真の服従への連続的応答の現象学的表現である。また合意は、社会的レヴェルにおける資本主義的組織化を保証する。したがって社会国家では、発展の規範と計画としての権利 - 法の維持と生産の具体的諸様式が社会的な異議申し立てと合意の形成の諸様式となるだろう。したがって、みずからを社会体の運動にとって適切なものにせねばならないもの、それこそがこの権利 - 法の新たな実定性であり、そこでの法的指令は、社会的な異議申し立ての位置取り《マッピング》、そして異議申し立てと発展の必然性を媒介する導きの糸の決定としてのみ、意味をもつだろう。こうして異議申し立てと発展を媒介する合意のこのタイプの探究は、ますます緊急のものとなる。権利 - 法の効能は合意といった広範な領域においてのみ保証されうるのであり、権利 - 法の実効性は指令と合意との単純な綜合《ジンテーゼ》にすぎない。権利 - 法の生産は、継続的な綜合、合意の絶えざる位置取りと発展の諸欲求との継続的な媒介の過程である。法的秩序化は、社会をより広範に覆いながら、みずからをますます押し拡げてゆく。

こうした叙述は、しかし、依然として形式的である。階級的諸関係の現実は、発展の一般的欲求に根ざす指令形態と絶え間なく更新される連帯の合意によって、不明瞭なものとされる。社会的レヴェルにおける法的指令の修正の過程は、まさに統合の逆説とそれに付随する従属として現れるが、それは、この過程が資本蓄積の社会的レヴェルにおける諸関係の反映であり、したがって資本主義的な搾取関係の拡大再生産だからである。こうして、異議申し立てと合意は、階級諸関係の具体性にしっかりと結びつけられている。両者は労働の社会化とその資本主義的な憲法化の二側面である。こうして、媒介の法的配置の確認がいよいよもって重要となる。というのも、こうした配置を介して、関係性が一般的となり、ブルジョワ世界の「リベラル」な諸審級の現勢化として、措定されるからである。たとえ労働者階級の非妥協的な異議申し立てがこうした関係性を抽象的にするとしても、その関係性の具体的現実は否定されえない。というのも、こうした関係性についての認識（たとえ神秘化されたそれであっても）を介して、発展の可能性が生まれでるからである。したがってこの神秘化は、否定の入口で立ち止まり、この関係性を対象として描きだし、固定し、この関係を撚り合わせることで、達成されることになる。だからこそ資本主義的な対象性は、いよいよもって統合を要請し、合意の要素が継続的に成長することを欲望し、指令をまさに異なった諸合意の総和として措定することに終始する過程を配置するのである。国家の死滅という社会的仮説——労働者による一般化された従属の拒否といった、その根源的条件を剝奪されたそれ——は、純粋な社会的合意に委ねられた蓄積の管理という資本家のユートピアの生成点へと変形されることになる。

いずれにせよ、いまだ今日においても、発展局面はそうした一般性には到達していない。社会的レヴェルにおける権利‐法の生産モデル（闘争、その認識‐承認、またそこから継起する媒介を手段とした）は、依然として初期的な形成段階にとどまっている。その一般化は、労働の社会主義的管理がどの程度まで一般化されるかに拠っている。それでもしかし、すでに私たちは、権利‐法の生産に固有な新たな諸様式の形成過程を具体的に特徴づけることが可能な、一連の経験を確認することができる。これらの生産の法的諸様式の一般化の現代的な移行局面における特徴づけは、労働立法に関わってでも可能である。それは生気を失ったイメージであり、依然として萌芽的だが、重要である。というのも、私たちは、そうしたイメージにもとづいて、そのもくろみに一般的輪郭を与えることができるからである。

もっとも近代的な労働立法は、産業社会における抗争とその不可避性の理解‐承認を、まさしくその出発点としている。この抗争はあらゆる集団的関係の必然的な基礎だが、じつにそうした抗争だけが、集団間の相違を際立てることで、諸主体の一般的等価性を破壊し、諸集団の構成を明らかにしうる。こうして抗争は、産業社会における集団的諸関係の形成過程にとっての根本原理となる。集団の存在が、抗争に相関しているのであって、その逆ではない――これもまた社会的世界の資本主義的統一化の帰結とそれがもたらした平板化効果の結果にすぎない[36]。社会の資本主義的統一化が抗争を介して機能するという与件のもとでは、諸集団間の諸関係の配置でさえ抗争から派生する。こうして抗争は、当事者にその対応者の理解‐承認を強い、またこの理解‐承認の内部では、抗争もそのさまざまな当事者も排除されえないという意識が存在することになる。そしてこの意識が、媒介の諸条件にとっての基礎なのである。したがって、諸集団の理解‐承認から導かれる合意は、単純化あるいは複数の当事者のうちから一つを排除する審級としてではなく、むしろ媒介すなわち現実における合意への審級として、誕生する。抗争性のレヴェルが高まれば高まるほど、合意への到達がいよいよもって困難となる。こうした点をめぐって、この過程は双方向的でなければならなくなる。それは、集団契約、あるいは現実的には、抗争の不可避的な反復という文脈における部分的合意のための諸契機を再発見し、過程において抗争性を統御し活用する傾向を有する、双務的な規範の過程でなければならない。

たとえば、集団契約がこの過程でどのように排除あるいは変形される傾向をもつかについて探究を加えることは興味深いだろう。これは、契約が抗争を実質的に規律化する傾向をもたされる程度に応じて、生ずる。契約の規範的過程の非決定で解決しえない一連の継起的諸関係への依存、集団契約を私的契約から区別するそうした関係は、ここでは双務的な規範的過程の諸定式へと解消されなければならない――集団契約の伝統的概念からあらゆる私的契約主義的な残滓を除き去るために。集団契約の過程は、絶えず未決なままにとどまっているか、あるいは結局ふたたび問題として浮上するためだけにそれぞれの諸契機へと〔一過的に〕封じ込められるような不確定な契約手続きに、次第に取って代わられることになる。この過程のさらなる拡大経路は、こうして、ただちに規定される。規範的過程に実体的に取って代わり、単独でとどまることを知らないより予知不能な諸抗争の解決のための手続きのコードが存在するようになるのである。こうして集団契約的な過程に取って代わり、規範的過程を永続化させる集団的行政が存在するようになる。またこの規範的過程を保証するために、集団的行政が産業的な抗争性に対する集団的な管轄権を打ち立てることになる。その結果、規範過程における諸権力の絶え間ない統一化が完全に実現されることになる。[37] だが、権利‐法の生産過程の統一化についてのこうしたイメージでさえも不充分であり、その生産の具体的諸様式についての探究の必要性が依然として残っている。全体性として現れる秩序化が権利‐法を産出するという事実が、しかし、すでにして生産の具体化である。契約的な諸力は「規範的活動をなしうるコミュニティ」を構成するが、それはまさにそうした諸力が統一されているからである。あるいはむしろ、それらが自己自身の存在を主張するから、または異議申し立て的であり、過程の終了においてのみ合意的であるから、と言い換えてもよい。[38] 契約的な諸力の権利‐法の産出能力は、そうした諸力と権利‐法が抗争において相互に区別されながらも、しかし同時に抗争を避けることができず、それぞれの対応者を制圧することもできないといった相互的な認識に、依然として結びつけられているという事実から派生する。これが生産様式を決定づけるのである。すなわち平衡状態にある生産、平衡する組織、またそれによって「契約と義務が平衡状態にある社会権力の組織化のための手段という固有な論点に照らして再規定される場としての秩序化」が生産様式を決定づける（Giugni 1960 : 116）。ここでは、規範と発展の計画としての権利‐法は合意から誕生するが、とりわけそれは（メカニズムの完成という制約のもとで）、合意達成のための手続きにとってより完全な枠組みを絶えず構成することになるのである。

ここでは権利‐法の生産過程はまったく双務的な規範的過程である。それは合意すなわち抗争する当事者間の社会的合意にもとづく指令という規定である。こうしてそれは、これまで以上に明確に、実体的諸規範ではなく具体的事例に適合的な規範を作りあげるために仕組まれた抗争解決の諸手続きを決定する傾向を顕にし、そうすることで、立法的、行政的、そして法的な諸行為の複雑でとどまることのない綜合において、権利‐法を産出する。

こうしたことすべてが、非常に個別的な文脈で起こることは明らかである。私たちは諸事例をかいした分析だけを目的意識的に推し進めてきた。私たちは、これらの自律性が依然として従属的な形で現れることもまた忘れてはならない。だがこうした経験の価値は、基本的には、次の事実に存在している。すなわち、それが産業社会における社会的諸関係性の抗争的で弁証法的な性質を承認・選択し、その結果、それは生産の具体的緊張や様式性に輪郭を与える、あるいはそのモデルを作りあげるという事実である。またこうした経験が価値を有するのは、それが残存するすべての私的契約主義と集団契約〔協調〕主義という幻想を廃止するかぎりで、全社会したがって社会のすべての権利‐法を備給する潜在的な可能性をもつからである。忘れてならないことは、たとえ労働立法がたんなる一局面にすぎないことが真実だとしても、労働が社会的価値増殖の唯一排他的な基準として採用された社会では、そうした局面が個別の考察には限定されえない、という事実である。むしろ反対にそれは、中心を占める傾向性を示し、例外的で拡張的な力を与えられるのである。

他方で労働権の経験を一般的レヴェルで定式化しなおす多くの試みがなされてきた。挿話的に触れれば、法律（尊重）主義の危機を告げ知らせる咆哮が労働世界に再発見され、それがまさに権利‐法の社会的基盤についてのある種のモデルの一般化という試みをともなっていることに注意しなければならない（とくにフランソワ・ジェニーの幸福権の諸源泉についての研究輯成 *Recueil d'études sur les sources du droit en l'honneur de François Geny* を参照せよ）。だがそれらは不充分な試みであったし、いずれにせよ（イデオロギー的で技術的な理由から）現象の複雑さと具体的な性質を把握することができなかった。実際、「職業権」や「集団〔協調〕主義的な権利‐法」は、私たちがそこに社会的な自己統治の基礎を理解‐実現していた諸集団の規範的自律性を社会的レヴェルにまで押し上げた。しかし、自己統治といった経験の弁証法的で抗争的な要素は、依然としてこの枠組みをまぬかれており、その結果、権利‐法と社会との関係性の神秘化の完成に終始するといった危険を冒したのである（これは個別的な歴史的環境において生じたことだが）。後年、とくに戦後期に、私たちが、集団的自律性と経済的自己統治の「イデオロギー」的概念から単純な「技術」的概念へと移行したとき、この過程が明らかにした自律的審級の本質的特徴は横滑りしはじめたのである（Giugni 1960：8）。抗争しあう諸集団の自律性が統合的調整とその正しい機能にとって必要であったという厳然たる事実を無視し、資本主義的な統合を綱領《プログラム》化し、その結果、むしろそうした統合をさらに推し進める必要性が強調されることになった。徐々にではあれ、統合的な国家的秩序化と集団的自律性から発せられる異議申し立ての権力は相互に正統化しあわねばならないという点に、光が当てられるようになった[39]。これらは、労働力の資本主義的統合によって支配されている国家における権利‐法の生産を理解するための正しい様式が、社会的な全領野へ拡延されるための第一歩であった。

これは蓄積の社会的管理という一般的な資本主義的プロジェクトにおける労働権についての個別の経験の再構成であった。双務的な規範的過程が連続的な生産過程となるとき、権利‐法の完全なる社会化という仮説は現実味を帯びる。こうして、資本が逆説的な止揚 *Aufhebung* のさらなる達成を欲していることは疑いを容れない。すなわち「国家の死滅」というイデオロギーの包摂という逆説的な止揚が、それである。いまや私たちは現象の一般的次元をより仔細に検討せねばならない。

社会国家の生産的源泉

権利‐法の社会的生産過程における死と変貌――あるいはむしろ「永続革命」の資本主義的止揚 *Aufhebung*

いまや私たちは、個別から一般へ、すなわち権利‐法の生産の個別の諸源泉の存在と特殊な諸様式から諸源泉の一般的システムへのこうした展開の具体的様式性を検討せねばならない。これが必要なのは、これまで私たちが吟味してきた諸事例が、少なくとも労働力の社会化と憲法化という並立する過程がしばしば障害にぶつかり、その進展にとって邪魔になるというかぎりで、まったく説得的ではなく、ときには矛盾すらしていたからである。さらには、この過程の一般的帰結を明確に理解する際の困難は、法理論家たちが古い名前を用いて新たな事態を命名するという抗しがたい衝動をもっているように見えるという事実によってもさらに悪化し、その結果、発展におけるもっとも独創的なことが、客観的および主観的な理由から、しばしば隠蔽されるからである。

とすれば、労働権という経験を一般化する試みに立ち戻ってみなければならない。集団契約が発見され、最初の労働者主義的な諸経験が一般的レヴェルに課されて以来、いかに多くのことが起こったかについて私たちは明瞭に理解しているはずだ[40]。そうした試みが、権利‐法の社会的基盤の問題――それはまた火急的任務なのだが――についての鋭い解析力をすでに有していることは疑いを容れない。労働権の一般化は、国家に対する社会の優越性、そして権利‐法に対する社会的合意の自律性のイデオロギー的な確定の直接的な作用であった。すなわち、それは「国家の死滅」というプロジェクトの告白されざる表現であった。しかし、これらの試みとその帰結としてのイデオロギー的確定は、それ自身による自己表象という点に照らして言えば、依然として労働力の社会化の発展のむしろ低いレヴェルを反映していたことが追記されなければならない。とりわけ社会的抗争にはいまだ大衆的次元が与えられておらず、このことは必然的に、一般化への努力を制限することになった。抗争が低いレヴェルにあったため、それは劇的な側面や緊張がその諸効果を直接的に投影・反映するような集団的な契約過程を国家の活動の最高度のレヴェルには与えなかったのである。むしろそれは、そうした過程へ抗争を封じ込めるための幻想的権力を与えたにすぎなかった。こうした側面によって、一部の科学的探究は、有機的に組織された社会、ドイツ語の含蓄のある言い方を借りれば、「コミュニティ」を指向することになった。こうして、集団的な契約的手続きが抗争を推し進め、それを発展形態として押しつけるというよりは、むしろ管理に役立つように見えたのである。そこでは、協調主義《コーポラティズム》のイデオロギーやその権威主義的な秩序化への逢着は眼前に迫っている[41]。

こういうことが起きるのは、しかし、労働の社会化の発展がいまだ低い段階にあるからである。抗争性があまりに強烈に現れた結果、それは最初の反省と最初の憲法化への接近を課すことになったが、しかし主題を完全に設定しなおすであろうような決定的なステップを強いるまでにはいたらなかったのである。これは発展における分断とその輪郭を理解する際の困難に説明を与えるだろう。それは、いまだ抗争性と発展との関係性が把握されず、統合された関係としては描かれていないという事実を説明しているのである。集団契約は、一方では契約であり、他方では法支配である。これは法理論が、この低い発展段階では比較的活発ではない抗争性を、発展概念が公的諸関係の世界に片足をおきながらも、依然として私的諸関係の世界へと追い遣っていることを意味している[42]。労働の社会化は、それが私的‐公的の区別を廃止し、そうした関係性の等価でありながらも根源的に対立している公的特徴を肯定する点にまでいたっていないのである。これは、コミュニタリアンのユートピアによって支持される事例に見られる権威主義的な傾向へと陥りやすい、同様程度に一方向的な、解決であった。実際、社会化過程のさらなる深化だけが、この矛盾に解決を与えることができたのである。

社会的レヴェルにおける労働者主義的な経験の一般化が、発展のこのレヴェルが達成されるや否や――このレヴェルは、それぞれのイデオロギー集団がこの発展を否定するために行ったさまざまな努力からは独立していた――、まさに労働のもっとも強調された社会化の所産として課されたのだが、それがどのようになされたかについて見ることは興味深いだろう。例えば、協調主義的《コーポラティヴ》な秩序化が破壊されたとき、集団的な契約過程を私的な諸関係の領域で基礎づける試みが甦ったが、[43]これは、たんなる退行にすぎないか、あるいは少なくとも、厳密に公的な関係性についての協調主義的理論と同じくらいにけばけばしく片務的な論争的見解のように見える。とはいえそれは、実際には、退行ではないのである。というのも、まさに新たな現実が、私的契約主義的な定式が引きだした最大限の用意周到さにもかかわらず、こうしたことを推し進めているからである。厳密に公的な関係性という条件とのいかなる対立も超えて、こうした展望をその片務性における照応する要素として現実的に主張しながら、私的契約の理論は徐々に社会化されたのである。集団的合意の諸効果――規範の生産過程と労働保証のための諸手段の準備――のすべてが公的と私的の区別が脱落してしまう社会的次元を想定している。[44]こうしたことは、集団契約の公的概念に依然として結びつけられていた人びとが、いまや契約的審級の本質性という私的契約主義的な視点を認識し、それを規範生産の契機に厳密に接合せねばならなかったという他の前線における事実によってもまた、証明されている。[45]したがって、こうした場合でもまた、関係性の社会化にもっとも際立った位置が与えられている。この点から、したがって、発展のこの段階から、そして意識のこのレヴェルで、メカニズムは権利‐法の生産を手続的なものに変えるために展開し、その具体的な様式を社会国家において構成するのである。こうして、発展における断絶と理解の困難を超えて、個別経験から労働権の生産へ、そしてついには、労働の社会化過程が法的生産の適切な諸様式をともなう適切な憲法において完全に確立される一般的局面への行程といった、現実における傾向を確定することが可能であるように思われる。どのようにこうした行程が、法意識にとって当然のこととして、すなわちもはや行程としてではなくむしろ実現された傾向性として、法的生産の新たな文脈と様式性として現れるようになったかについて探究することが、依然として必要である。

実際こうしたことでさえ法律家にとっては困難だったのだ。ちょうど彼らがこの行程を理解したように、いまや彼らは新たな問題含みの状況を承認しはしたが、しかし彼らはいまだにそれを完全に把握し体系的に規定するための概念的道具をもっていなかった。彼らにとって公的と私的の区別の倒壊は破局と映り、専門性という範疇の肯定は混沌への扉を開くもののように思われた。しかし、長期的には無視しえない本当の現象が存在した。彼らは問題からの月並な脱出口を試みた。それは、新たな現実に古い概念をまとわせ、現代的文脈にとっては時代遅れのシステムを改装するというやり口だった。その結果起きたいくつもの逆説は、ある場合には面白いものだったが、しかし大方の場合は深刻であった。

こうした視点から見ておそらくもっとも範例的な逆説は、慣習の再生に結びついている。実際、大きな発展の可能性――分析的枠組が何とか封じ込めることができる以上の発展の可能性――に途を開いたもの、それは実定的な逆説である。今日では、権利 - 法と事実との関係における自然発生的な和解という主張が以前よりも増して時代遅れであることについては、誰もが気づいている。他方で、もはや慣習はいかなる本来的な意味でも規範的価値をもちえない、と長きにわたって主張されてもきた[46]。しかし慣習を再興しようとする試みが依然として存在し、それはまた、慣習を権利 - 法の源泉として具体的に規定しようとする方向性ではなく、むしろ慣習への依拠がしばしば法制史に供給してきた一般的意味へと方向づけられている。それは秩序化の物質的基礎、その社会的配置、そして法的生産の広範な拡散への依拠である。したがってこれは、法的生産の脱中心化された手続的な性質の再評価をともなっていた。新たな現実は、しかし、伝統的概念ではなく、この再評価を要請している。こうして理論家たちは、古い法的な兵器工場によって権利 - 法の再生を仄めかしているにすぎず、また現実へのこの仄めかしにもとづいて、慣習それ自体が（この概念を依然として使用したがるあらゆる人びとにとって）変形を被りながら登場するのである。こうした展望から言えば、実際、慣習への依拠は諸源泉のシステムを完全に再構築する必要性の提議であるばかりでなく――この変形された慣習概念によった法的生産が規範生産と制御の社会的過程にほかならないという意味において――こうした必要性の充足でもある（Ascarelli 1956：64ff.）。というわけで、慣習への依拠が、とくに国際法における慣習の経験に結びつけられるのも偶然とは言えない。この文脈では、実際のところ、権利‐法の脱中心化された源泉としてのその機能、生産の手続的特徴、またその結果としての、合意をめぐる交渉から合意の手続的な制度化への移行の道筋は、労働の社会化によって課された諸過程のために彼らが規定することを欲した同一の枠組を力強く指示しているのである。[47] 多くの類似的なケースが存在することを受け容れないことなど困難だろう。

だが、慣習について語ることを止めるのはまずいのではないか？　私たちは、慣習のあらゆる伝統的前提が消滅してしまった法的生産のモデルを見ているのではないか？　法的生産の典型的に伝統主義的な様式にとって歴史的に妥当で適切なあらゆる特徴が掻き消されてしまっている、いわば「非時間的」な慣習に、私たちは直面してはいないだろうか？　実際これは、慣習についての古典的概念と今日ふたたび提起されている概念との基本的な差異である。前者における脱中心化は伝統の次元に関わっており、後者のそれは社会諸集団の権威、すなわち分節化された過程に依拠し、まさにそれによって決定されているつねに刷新的な――伝統的ではなく、むしろ革命的な、権威に関わっている。もっとも古いレッテルが新たな現実を暗示することに役立っている。古い概念はそうした仄めかし以上の何事も語らない。というのも、この法的生産の新たな過程は、資本が強いる社会の永続的な革命化のメカニズムの内部においてその発展の社会的レヴェルに結びつけられ、ふたたび社会化され、生産と搾取の社会的関係における闘争へ向けて絶えず動員されている労働力にその核心において対処するという制約のもとで、確立されるからである。

後に私たちは、他の古い諸範疇がこれらの新たな現象を説明するために、どのように使用されたかについて見ることになるだろう。実際、社会国家の科学的モデルは、まさにその諸源泉と同様、伝統的な諸範疇の変更と再定式化の過程からも誕生している。ここでは結論を引きだすために、古い概念を用いて、それとなく言及された現実における本当に新たなことを、簡単に振り返っておかねばならない。手近な事例でいえば、資本主義的な統合、それは同時に社会化された労働力の憲法化でもあるが、そうした資本主義的な統合が挑戦を受けているということを記憶しておかねばならない。こうしてそれは、抗争性を承認し、みずからをこの抗争性の内部に位置づけ、また法的生産の過程に和解とこの抗争性の実定的《ポジティヴ》な媒介のための手続きという配備を与えるといった制約のもとにある。このように、社会国家の基礎は、物質的統一と統一された資本の構造によって要請された基礎の物質性の接合のための諸前提に照応している。ここで吟味されねばならない残った論点のすべては、ひとたび資本が発展のこのレヴェルに到達した以上、どのように最終的な逆説を現実のものとするか、という論点である。それは、資本がどのように永続的でとどまることを知らない運動から法的組織を作りだすのかという論点であり、どのように資本が権利‐法を社会の連続的な革命化の形式へ変えるかという論点である。権利‐法の基礎は、可変性、接合、そして抗争性へ新たな配備を絶え間なく与えつづけることにある。資本、その権利‐法、また何よりもその生産の諸様式にあっては、「永続革命」のまさに神秘が止揚されるかに見えるのである。

3　労働の憲法化のモデル

6. 1261　論理学では過程と結果が同値である。（それゆえ何の驚きもない。）
6. 1262　論理学での証明は、複雑な箇所で同語反復をより容易に認識するための機械的な補助手段にすぎない。
6. 3　　論理の探究は全ての合法則性の探究を意味する。そして論理の外では全てが偶然である。（ヴィトゲンシュタイン『論理哲学論考』）

工場立法、この社会がその生産過程の自然発生的な姿に加えた最初の意識的な計画的な反作用、すでに見たように、それは、綿糸や自動機や電信と同様、大工業の一つの必然的な産物である。（Marx 1977：610）

労働の憲法化からそのモデルへ

資本の形式的構想《デザイン》における資本主義的統一化というプロジェクト

労働の資本主義的な憲法化はどのように展開されるのか？　いくつかの経験を痕づけることで、私たちはその一般化の傾向的なあり方を見てきた。いまや私たちは、そうした資本主義的なプロジェクトをその全体において探究するなかで、次のように問いかけねばならない。すなわち社会的資本が提示する「社会国家」のモデルとは何か、と。自己を絶えず革命し、そうしたみずからを社会生活の無数の運動に結びつけるための基礎を求めてみずからの消滅過程をすら促進するように見える、この国家の発展の一般的図式《デザイン》における諸連関とは、いかなるものか？　資本は、ある意味で黄金時代のロマン的神話を実現するかに見えるこの灰からの見かけ上の再生を、どのように説明するのか？

私たちは、このモデルの規定に本章での研究のすべてを捧げることによって、そうした問題に応答するだろう。だが議論を開始する前に、なぜ社会的資本がそうしたモデルの彫啄を必要とし、どのようにこのモデルを創りあげまた作用させるのか、私たちはそうした問題について自問せねばならない。これらは予備的な問題だが、少なくともモデルが誕生し、それがまた全過程で機能する以上、以下の議論の目的にとっては重要である。また実際それは、理念的モデルだが、資本主義的蓄積のメカニズム内部にその客観的な根拠をもち、機能してもいる。

社会的資本は、そのうちで果たされねばならない発展の現代的モデルと諸形式のモデルを発案・提起することによって、刷新を提示するのではなく、むしろ現存する憲法の傾向性を肯定‐実現的に確定する。実際、資本は、搾取にもとづいて常に生みだされまた発展しもするが、その過程で、そうした社会的関係の具体性を自己自身の配置の抽象化へと変化させてゆくのである。まさにそのはじめから、資本のそうした統一性が社会的レヴェルでの抽象労働の配置として生みだされまた打ち立てられてきたのである。資本の全歴史は、抽象化の一般的モデルへの継起的な近似化の歴史として、理解されうるだろう――発展のありうべきオルタナティヴなモデルをことごとく打破し、そうすることでこの抽象化を社会的に全体化するための長い道程として資本の歴史が、それである。社会的レヴェルにおける労働の完全なる疎外の実現は、資本主義的過程の永遠の目的である。こうした文脈では、資本の創造的な諸契機とその再生産が強固に基礎づけられ、生産過程と流通過程がそうした関係性を現実的なものとするのである。

資本の構造とその永遠のプロジェクトという観点から言えば、この現代的な「社会的」モデルは、したがって、ある種の強度によって区別されるにすぎない。この強度は、モデルが発展の一般的なもろもろの必要性を単純に投射するといった事実からではなく、むしろこれらの必要性の実現にとっての具体的な歴史政治的可能性と通約的であるという事実から、導きだされる。こうして、このモデルは危機を排除しつつ、搾取システムの現代的な存続と発展を可能にする均衡についての分析として、みずからを形作るのである。手近な事例で言えば、資本主義的なプロジェクトに対して異議申し立てする諸力、常に現存し絶え間なく更新されるそうした諸力が資本の内部に存在する場合、資本主義的なプロジェクトはそうした諸力に対処するためにみずからを変成し、そうした諸力の位置取りにもとづいてみずからを構築せねばならない。疎外の拡大といったプロジェクトの異なった強度は、そうした過程において規定される。こうして、現代的な「社会的」モデルは、資本主義的なプロジェクトの現代的な「社会的」レヴェルと異議申し立ての現代的な「社会的」レヴェルの双方から、みずからの強度を獲得することになる。

いましばらくこの最後の論点、すなわち異議申し立ての現代におけるレヴェルに検討を加えることにしよう。前の数節（とくに「社会的資本と社会的労働」および「社会国家における権利 - 法の具体的生産様式のあり様」）で私たちは、資本主義的プロジェクトに対する「社会的」な異議申し立てが資本主義的な搾取関係の社会化の程度に照応して存在することを繰り返し主張してきた。今日では、このモデルの特殊な強度は、すでに作動している異議申し立てのこうした一般的拡大からは区別されるようになってきている。したがってこのモデルは、こうした関係が唯一排他的であることがモデルの根底において把握されるまさにそのとき、その形式化をその限界にいたるまで完成されねばならない。このモデルは規定され、発展に投射され、またときには制御されねばならない。異議申し立ての強度〔内包〕（これを繰り返すことが意義あることなのだが）、これがまさにこの問題が唯一排他的であることを課す要素なのである。現状における発展レヴェル、モデルが表現しまた推進しもするこのレヴェルがこうした状況の所産であるからこそ、再統一化のモデルを位置づける過程、資本にとって生理学的な過程であるこの過程が単独に具体化され、全体へと拡延されることがわかるのである。

同様の理由から、ここではプロジェクトの形式的な強度が物質的な決定に従属せねばならなくなることをも付け加えねばならない。形式主義の遂行は、その限界において、内実の全体性の採択という転倒に終わるほかない。プロジェクトの統一性が厳密に理解されさえすれば、その発展と応用の諸条件を与件として、同様に一元的で絶対的な概念、この場合で言えば、社会的価値増殖の唯一の基準としての労働概念だけが、そうした統一を物質的に規定することが可能であり、それに代わる他のものが存在しないこともまた明らかになる。統一のプロジェクトがそうした点にいたるまで進展していなければ、他の概念で充分だっただろう。だが今日では、前衛と後衛を対立させることは不可能だ。資本は異議申し立ての強度に見合うように、みずからを生産資本として完全に措定するほかに術がない。労働力の社会化は、客観的には労働を憲法化するが、そればかりでなく、主体的にも労働の憲法化を課すことになる。資本はこのモデルにおける発展の統一化の最大限形式的な強度を追求するが、結局それは、労働価値を中心とした最大限の統一化以外の何ものでもない。

一般的に言えば、みずから発展の統一化モデルの彫琢が資本に要請されれば、とくに現代の資本の場合は、異議申し立てがなされる状況的な「社会的」レヴェルという観点からすると、モデルを労働モデルとして規定する以外のオルタナティヴは存在しない。他方、すでに私たちは〔とくに「第一の司法的帰結」、「第二の司法的帰結」、そして「資本主義的発展における労働力の憲法化の歴史的過程」で〕、労働がどのように憲法の物質的構成の内実として具体的に借用され、その結果、どのように科学が資本にとって内的なものになるのかを見てきた。だが依然としてここでは、労働を〔源泉として〕採用することから生まれるダイナミックで全体化する機能を把握し、強調する必要が残っているだろう。というのも、この労働の〔源泉としての〕採用が、労働がある個別の事柄において現実的な統一化をもたらす存在として理解されているといった意味よりも、むしろ労働が占める位置が発展の全体性であり目的でもあるものとして理解されているからである。

以上の見解から言えば、こうした労働概念の採用は、モデルの規定が形式的地平でなされねばならないといった要請に、物質的地平において応えねばならないが、それはまた、形式的全体性が連続性、根源性、そして価値の全体化といった力能へと転倒的に挿入されるといった要請に応えることでもあるだろう。したがって確かなことは、資本主義のプロジェクトは、そのプロジェクトにとって現状では不完全なものとして現れる事柄を上記の展望において止揚するために、過去に根拠をもつ、という事態である。とすれば、そうした発展は、一方で、社会的レヴェルで無限に展開され、国家組織へと併呑された蓄積過程の連続性が実体的に変更されるにせよ、それはその形式においてのみ弁証法的であるにすぎないことがわかるだろう。すなわちそれは、社会的圧力と異議申し立てに応答するという意味でのみ、弁証法的であるにすぎないのである。これは、しかし、労働概念がこれらの諸条件を充足するような仕方で選び採られねばならないことを意味しているにすぎない。

法的世界における労働概念がそれ固有の規定をもっていることは、こうして決して偶然とは言えない。それは現在における異議申し立ての再肯定としてモデル的にも表示されているが、それを言い換えれば、社会的レヴェルで生産それ自体の諸条件を確定しながら、そうした諸条件についての分析が排除された、たんなる生産にすぎない、ということである。(48) 統一化が発展において連続的に起きなければならないとすれば、そうした発展そのものを阻害する労働についての「抽象的に平等主義的で古典的」な諸観念を打ち立てることの目的とは何だろうか？　だが規定は一般的である必要があり、それはみずからを全体性に適用する可能性をもたなければならない。このモデルにおける労働は、たんなる「活動」(Esposito 1954 : 62-6)、財とサービスの生産と交換に関連させられている任意の活動 (Riva Sanseverino 1948 : 105)、あるいは「市民の権利と義務を憲法レヴェルで引き受け、(自己と他者の欲求を充足するために) 外的世界を形態変化させる人間的能力を証明する法的に妥当なあらゆる活動」(Balzarini 1957 : 20-2) を意味するものと見なされているにすぎない。労働概念から単純な従属という属性を排除することにあまりに囚われた結果、社会全体へのその拡延と成長において、すべての人びとの自由を肯定する生産的労働の一般的称揚が生じている。またこの成長を原因とする社会性や成長が継続するかぎりでの、そうした社会性やそれぞれの市民への価値の一般的帰属は、強固に支持され、さらには果たされねばならない目標となっている。

これはまた、モデルがどのように作用するかをも私たちに教えてくれる。モデルの機能はその要請とその起源の様式性を明確に示している。この機能の基本的特徴は、実質的には、それがモデルにおいて結果と過程が同値となるために措かれた一つの前提である、という点にある。すなわち労働の抽象化の全体性、全体性は結果なのだが、そうした全体性が、国家の命運のそれぞれの諸契機に、ことごとく見いだされねばならないのであり、またそれが翻って過程を構成するのである。こうして、成熟した資本主義における「社会」国家が、それ以前の国家の政治的諸形態に関わってもつ固有の強度〔内包〕は、基本的には、この過程が展開するまさにその瞬間において明確となるのである。

その際、異議申し立ての強度は、和解的で決定的な媒介において同等の強度を産出する点へと接合され、またそうした産出点にいたるまで展開される。異議申し立てが一般化される程度に応じて、審議申し立ての媒介の可能性もまた一般化されねばならない。法支配が社会の全領野を覆う程度に応じて、社会的領野は、法支配、権利 - 法、そして「国家意志」におけるその和解に相即するように、配置されねばならない。こうして階級的な異議申し立てがこの過程へと投げ入れることができる偶然《チャンス》あるいはその場かぎりの特性は、あらかじめ除外され、その結果、過程はありうべきあらゆる番狂わせを回避するのである。形式と実体の一致、諸目的と諸意図の一致が存在する必要がある、というわけである。そしてこの一致が、モデルの機能作用の様式を明らかにする。資本主義的抽象化の構想《デザイン》が有する全体性と強度が、形式論理の諸法則を完成させるのである。

こうした理解が正しいとすれば、社会的資本の誕生という出来事はその完成のための条件をすでに配置し終わっていたことになる。黄金時代はみずからの社会的存在を強化するという資本主義的なプロジェクトとともに開始されるのだ。このモデルはユートピアの入口にたどり着いている——またこのモデルによってのみ、そうしたことが可能となる。だがこのモデルが説明と現実とを調和させようとして現実に立ち戻るとき、事態は異なることになるだろう。したがって、このモデルを破壊するかもしれない「皮肉」について論ずることを先延ばしにして、こうしたことのすべての意味を繰り返すことで結論を導きたい。それは、資本主義的統一化のためのプロジェクトであり、資本の理論で重視されるようになる労働力の統一化と資本主義的な社会化という結論である。しばらくの間とはいえ、この仮説は深刻に採り上げるに値する。少なくともそれは、私たちがモデルの分析によって発展を科学的次元で理解することができるかぎりで有益だろうし、それはまた本質的でもある。

権利‐法の一般理論とモデル構築

社会的資本が国家という形象のもとで自己に与えるイメージとは何か？　私たちが見てきたことは、モデルの措定によって社会的資本が応答しようとする要請とは何であり、このモデルがもたねばならない諸特徴とは何かについてであった。いまや私たちは、何がその規定を物質的に構成するのかという問題について探究するだろう。第一に、この規定のさらなる展開を条件づける一連の形式的で抽象的な諸特徴を規定しておかねばならない。依然としてそれは、規定の過程にある統一性の契機、そして法科学である。それは、他のいかなる科学にも増して資本の社会的具体化に利害関係をもっており、初期局面におけるこの規定的過程の核心部分のための導入部を私たちに与えてくれる。法科学が社会における抗うことができない統一化運動を認識することに惹きつけられたとき、実際は、この運動の形式的な諸要請と物質的な諸特徴という視点において法科学の言説の理解と解明のために必要な範疇を規定することが、いち早く追求された。こうした方向へ進展するにあたって、法科学はそれがすでに確固としてもっていたものを基礎として前進した。言い換えれば法科学は、過去の世界の科学的モデルとしての法治国家に疑問を投げかけることなくし、その限界をできうるかぎり引き延ばし遅延させ、法科学が予見していた新たな国家のモデルへと旧来のモデルを止揚《ほぞん》しつつ、法治国家の規定から出発したのである。こうして法理論は資本の内部における科学の典型的必然性に寄り添おうとした。それは蓄積過程の中断なき連続性を論証し、そうした連続性に差異を基礎づけることでもあった。そうすることで法理論は、こうした任務を果たすためにみずからを展開しまた規定しながら、みずからを権利‐法の一般理論へと練り上げたのである。

だが〔一方で〕社会的全体性を包囲‐備給し、その解決をみずからに求めるといった原動力を自己の理論に課しながら、〔他方で同時に〕法治国家を越えでようとするこうした方法は、非常に困難であった。にもかかわらず、この秩序化の物質的諸条件がそれを許すほどに成熟したとき、この運動をそうした方向へ導いてきた連動装置《リンク》がすでにそこに存在していたのである。法治国家は、資本の経験にもとづいた発展がいかなる様式性をもつにせよ、資本が絶え間なく生産する社会的形態を常に引き受けることができるのである。この意味で、すでに法治国家は社会国家である。というのも、そこでの法的保証形態は社会的であるほかないからである。だがそれ以外について言えば、法治国家の社会的形態はその個別の内実とあからさまに矛盾する。法治国家は私的保証の国家であり、社会経済的な世界が自然発生的に産出するすべてのものを権利‐法という形態において受諾しまた保証する国家でもある。形式的諸条件、言い換えれば、分析が法治国家を越えでることを可能にする媒介の「社会的」様式の卓越が、存在してきたのである。しかしそこには、歴史的諸条件、すなわち調整された物質的内実が調整作用の社会的形態へ適切に組み込まれる機構が欠如している。これらの諸条件が存在していれば、法治国家は新たな素材を再吸収し再構成するようにきわめてうまく位置づけられただろう。またそのように受け入れられることの保証が有する重大な任務は、一方で、将来の形態をあらかじめ与え、法的形式（社会的形態であるかぎりでのそれ）にもとづいて現実を変容させ、現実にふたたび新たな形象を与え、さらにはそれを再構造化しながら、他方で保証といった〔旧来モデルとしての法治国家にとって〕魅惑的な任務へと転換されていただろう。またこうして法治国家は、みずからの適切な機能を維持しながらもその新たな意味を規定する発展の連続性を真理のレヴェルにまで高めることで、それ自体の原動力を反転させただろう。

資本の発展という変化を被った歴史的諸条件（それはそれ自体の発展の社会的レヴェルにまで及んでいるが）とそうした諸条件に形態を与えるために法治国家理論がもつ傾向性とのこうした邂逅に対する最初の反響は、ハンス・ケルゼンの著作において把握できるように思われる。とはいえ、社会国家の構成過程の最初の契機をケルゼンに探しだそうとすることは疑いもなく逆説的だろうし、それはまた私たちの望むところではない。だが仔細に見れば、彼の著作をそうした道程の第一歩として考察することは、さほど逆説的とは言えないこともまた確かである。確かにそれは、さまざまな目的へ到達するための一つの突然発生であるが、しかし依然として過程の連続性の内部に存在している。ケルゼンによる「根本規範 *Grundnorm*」〔という概念〕の発見は、資本の観点から見た権利‐法についての理論における途方もなく重要な展開を示している。ケルゼンにあっては、全社会の規範的配置はそれ自体においてあらゆることを統一する根本的規範から派生し、演繹され、検証されたが、そうした考え方が提出されたのはこれがはじめてだったのである（Kelsen 1945：110ff.）。まさにこれは、社会的構成の労働者主義的基礎が、労働者の運動によって決定される新たな歴史的状況と運動が切り拓いた展望において、唯一排他的な規準を獲得することによって受容される当の条件であった。客観的な規範的秩序化とこの秩序化の統一性として国家の地平を統一するその堅固な形式化を介して社会生活の全体的あり方が〔根本規範という〕共通分母へと還元されたのは、これがはじめてだったのだ。国家の「帰属点」、「規範的秩序化の人格化された表現」への単純な還元は、国家がすべての国家行為の最終的な共通参照点として配置され、具体的に規範的であり、あらゆる事実の交錯の共通参照点という資格を与えられ、国家行為として認知されるという事実に、実定（肯定）的に照応している（Kelsen 1945：191.）。従来こうしたパースペクティヴの決定的な転換の重大性は充分には強調されてこなかった[49]。だがこうした新たな角度からの取り組みがなければ、国家理論の現代的展開は何一つ想像できなかっただろう。法的秩序化の統合についての権利‐法の一般理論の科学としての基礎は、こうした理論的結論から生ずるのである。少なくともその法的概念の〔現状との不適合による〕劣化が法治国家というあり方に圧力をかける程度に応じて、一般理論にそくして国家の新たなモデルが形をなし始めるのである。ケルゼンは、国家の一般理論に関わる全問題を法的秩序化の有効性と形成に関わる問題、したがって法的諸問題として理解する。だが国家理論をこのようにすべて法に結びつけて理解することから、その科学的伝統、その諸問題、そしてその主題の空無化が生ずるのである。

　ケルゼンによれば、国家の「諸要素」と呼ばれる、帝国の権力、領土、また人民などは、本来的には、その空間的限界、その全人口との関係における国家の秩序化の有効性にほかならない。三つの「権力」についての理論は、現実には、法的秩序化の多様な程度にそくして規制されている。国家の「諸機関」を権利‐法の形成の諸機関と理解することはできない。また、「国家形態」は、「国家意志」として比喩的に言及される法的秩序化の形成様式にほかならないのである（Kelsen 1945：192, 207ff.）。ここでは統一化が極限にまで達している。こうした還元過程における内的な力は、分析的論理の図式をその体系的な枠組み全体に強いる点にまで、拡張されている。あらゆることが予見され、あらゆることが構成過程と秩序化の拡張的リズムに含まれている。「それゆえ何の驚きもない」とヴィトゲンシュタインは語ったのは、そうした意味においてである。要するに、いずれにせよここでは、いかなるモデル構築の形式的諸条件も充足されてはいない。「漸進主義 gradualism」が演繹的過程を配置しはするが、この過程では同語反復的な包含〔関係〕の論理に従って諸項が規定され、結びつけられているのである（Kelsen 1945：119ff.）。

だが忘れられてならないことは、ケルゼンの探究が、社会国家のモデルの科学的構築のために必要とされた長い過程におけるたんなる基本条件あるいはせいぜい最初の——そしてたんなる最初の——曖昧な契機にすぎない、という点である。法的秩序化の確固とした統一化が社会国家にとって不可欠な前提条件であるにせよ、ケルゼン的意味での統一は形式的なそれにとどまっている。形式的全体性から物質的全体性への跳躍は、ケルゼンにとっては、神聖なものへの冒瀆と考えられていた。他方で、さらに言えば、この統一化——それは、立論構制のレヴェル、またケルゼンの科学的方法論では、そうした強度をともなって提示されているのだが——は、彼の著作の継起的な体系的展開において本当に首尾一貫した進展を示しているだろうか、といった疑問を提起することができる。むしろ彼の著作には二元論的諸要素が残存しているのではないか？　とくに、あらゆる実定的な法的実体の神秘化、秩序化のあらゆる契機の等価性の肯定、また秩序化の運動のダイナミックで統一的な推進力が、根本規範の出現の当然の帰結であるその位階的な基準と位階的な流出論が示す等しく厳密な肯定に対して、理論的に合致しないばかりか、現実的にはそうした肯定と相反しさえしているのではないか？

理論的観点からただちに明らかとなるのだが、これらの諸矛盾はケルゼン的なシステムが現実に直面した際に遭遇することになった。困難の反映である。このシステムが有する同語反復的な論理が提示する形式的図式は、現実との直面を強いられるたびに、動揺する（法的諸システムは、哲学的で神学的な諸システムとは対照的に、つねに現実と向きあうという圧力を受けているからである）。こうしてこの図式は、それが形式的なそれにとどまっていたかぎりにおいて、現実から価値の統一過程を摑み取りはしたが、それは価値から導かれる従属ではない。この形式的図式では、不服従と異議申し立ての諸要素は、たとえそれらが図式の機能に提示されていたとしても、図式されなかった――だが、たとえそうした諸要素を包含するだけであっても、それらは認識されねばならなかったのだ。こうした理由から、形式的統一という問題から秩序化の効果的機能へ移行するには（これはまさに統一化が引き受けている単独の強度のためになされねばならなかったのだが）、一連の実体的な意味合いが仮定される必要があった。というのも、位階的諸要素が実体的諸要素であることは避けられないからである。だがこれは提起されたシステムの形式主義とただちに矛盾をきたしてしまう。システムの外部に、またシステムとその実際上の機能との間で、措定された矛盾を解決しようとしたために、システムへ――すなわち形式主義と位階性との狭間に――矛盾が導入されるといった事態が起きてしまったのである。

これらの諸問題をめぐって、またこうした諸問題にもとづいて、新たな国家モデルを構築するための真に適切な試みが現れることになる。システムの形式的発展は統一化を保証するには不充分だった。それが議論の展開の前提であった。統一化の審級が事実性という問題を批判的に措定せねばならなかったこともまた、同様に明らかであった。ここでの批判的措定とは、事実性の問題を解決することなくふたたびそれを覆い隠し、そうすることで問題が事実性を規定した矛盾に実体化されたまま放置されることをシステム内部で回避する手立てを意味していた。それは、システムと事実性との矛盾をシステムという問題系における一つの未決の要素としたまま放置する試みを意味していた。それは、それ自体がシステム的運動の要素であり原動力でもあるシステム的契機としての矛盾――システムの接合の根本原理――を利用することであった。ケルゼンの枠組みにとって、その箇所だけが部分的にのみ枠組みに対して不忠であるなどとは言えない。事実ケルゼンのシステムで措定されたもろもろの必要性、強調された方法、また機能していた統一の手続きが、いまやふたたび蒸し返されることになる。またケルゼンの枠組みでは、従属と異議申し立てとの関係性、あるいはむしろ根本規範が内包する同語反復とシステムの位階的な漸進主義との関係性といった問題の所在も確認されたが、それはいまや解決されねばならない問題となっている。私たちは、ここではケルゼン的統一化の位階的周期性が、それ自体の前提を展開しながら、実体的接合の手続的周期性と対立していることを知るだろう。

統一かの必要性は確認されている。だがこの必要性は、その単純な形式的還元によってというよりは、むしろシステムの現実的接合によって、よりよく充足されるのである。

こうした目的へ到達するために開かれている道筋がいくつか存在しているが、それらは非常に異なっている。形式学派と現実学派はともに、このケルゼン的な主題提起から出発している。いずれにせよ私たちの興味を惹く論点は、両者が、あらゆる二元論的な残滓を超え、あるいは具体的には、あらゆる位階的または単純な演繹的残滓を超えて、システムの手続的な展開を完全に把握することを欲しているという事実である。

形式学派とその主唱者アドルフ・メルクルの研究には漸進主義的な諸要素が残存していることは確かである。権利-法の形成についての理論は、それぞれのレヴェルによって異なるとはいえ、依然として規範的な秩序化としての権利-法の規定の条件という論点にとどまっている。しかし私たちがこれまで議論を重ねてきた初期ケルゼンの研究について言えば、形式学派の漸進主義はきわめて適切な質的修正を被っている。実際、秩序化のそれぞれのレヴェルを構成する諸行為とは、最高度の純然たる執行と最高度の純然たる創造性との中間にある（つねに理念的でありつづける最高度という意味での最高度であるが）、行政（執行）的であると同時に創造的な行為である。[50] F・ヴェールの説明にもあるように、メルクルは「ただ一つの次元における規範集合についての伝統的概念を……複数の次元における法的秩序化（権利-法の支配の全体性）に取って代えた」のである（Wehr 1927-8：221）――メルクルは、この多次元的なシステムでは諸行為の対等な関係がそれらの位階的な指示項の図式に即座に取って代わられる、と書き継いでいる（Merkl 1937：68-77, 140-57, 177ff.）。こうして、秩序化の発展の手続的な特質が、形式学派の最終的到達点において、その妥当性を全面的に承認されることになるのも偶然ではない。しかし秩序化の創造性は、その発展のそれぞれの点で、その全体的拡がりにおいて、保証されていなければならないはずである。秩序化の〔創造性の〕諸契機それぞれのの等価性は、その具体化の過程において、あるいはむしろその実際的な実現の過程で、システムの運動そのものにとっての根本原理へと生成する。[51] こうして、モデルの新たな配置はケルゼンの枠組みの批判的深化から登場しているように見える。発展の手続的特質は明確に規定されている。だがこうした場合でさえ、一定の諸契機にあっては、秩序化の手続的特質の重視が充分には表現されていないように思われる。これらの研究者たちが採った形式主義的方法論は、法的図式における社会的接合の豊富さを把握する代わりに、たんなる形式的連関を示すためにその具体性を抹消することで、形式主義を介した秩序化の手続的特質を抽出することだけを望んでいるように見える。こうして、こうした実質的に中立的な文脈から言えば、漸進主義は手続的特質の諸限界から溢れだし、延命すなわち形式的な漸進主義としての延命のために、位階的図式にしがみついているように見える。実際、（ケルゼンに比較して）「よりいっそう」形式主義的であることを現実に欲する理論にとっては、あらゆる価値論《アクシオロジー》的システムが不可避に有する内的論理によって抽象化され汚染されたものとして吸収されてしまうという結果に終わることを避ける可能性は、非常に限られている。こうした視点から言えば、手続的特質と漸進主義は相互に対立し矛盾しあうことに終始することになるのである。

こうしたタイプの形式主義は乗り越えられる必要があった。アルフ・ロスの試みは、これらの形式主義学派とは独立にまた批判的になされたが、しかし依然としてケルゼン主義の展開のうちにある（Ross 1929: 328ff.）。彼の法現実主義は、漸進主義のあらゆる形態を排除し、秩序化の手続的特質を秩序化の循環性として描きなおすことによって、法的秩序化の統合へ到達することに成功した試みであった。彼は「さまざまな権利‐法の現実性は、それらの間の相互関係 *der durchgehenden Korrelation* に存在している」と書いている（Ross 1929: 281）。秩序化の発展と具体化には多様な段階が存在していることは確かだ。だがそれは、固定された段階 *Stufenbau* ではなく、むしろ諸段階の因果的連鎖 *Stufenfolge* である。彼は「システムでは、いかなるものも絶対的意味での端緒ではない」と述べている（Ross 1929: 331）。秩序化には複数のギャップとシステム的欠陥が存在していることは確かである。だがもっとも抽象的な諸規範への垂直的な連関に解決を求めることは非現実的であり、法支配の不完全性は、その循環的な全体性において秩序化を機能させ作動させることに絶えず奉仕することで、創造的諸連関の地平を打ち固めているにすぎない（Ross 1929: 347-9）。にもかかわらず、システムの下位への無限分割を超えたところにのみ、「諸事実、諸行為、諸規範の間の共同的な秩序化 *der durchgehenden Zusammenordnung* に存在する」事実、行為、規範の平行関係から生ま

れる権利 - 法の真実 *rechtliche Wahrheit* が位置づけられるのである（Ross 1929：309）。全システムだけが、決定的であり、究極的な権利 - 法の源泉である。これまで秩序化の全過程に特徴的な形態を表示してきた漸進主義は、こうして、決定的に清算される。根本規範それ自体は、それが論理的規範でありまたシステムの全体性の指標であるかぎり、いまや秩序化の一般的運動へ下属しなければならない。結果的には、諸規範は相互依存関係において関係づけられている。より高位の諸規範は、その実現という側面では、より低位の諸規範によって条件づけられる。権利 - 法の創造と執行は、一つの演繹的システムへ内包された異なった諸契機ではなく、むしろ永遠に相互作用しあう諸要素であり、またそうした意味でシステムの運動を形づくるのである（Ross 1929：360ff.）。

いまや私たちは、新たなモデルが正当に位置づけられうる法的秩序化の形象の理論的展開を理解する点に到達している。その特徴は次の諸点を含意している。すなわち、法治国家の形式的（その意味で、社会的）な諸特徴の重視。次いで秩序化の統一化の審級（その意味で、秩序化に存在するあらゆる二元論の破壊）、そして最後にこの過程では、これら同一の諸機制の循環的接合によって秩序化の統合を実現しつつ――それ自身の展開の標準と論理をそれ自身の内部に包含する自己促進的な全体性といったイメージを創造するにいたるまで――、それぞれの諸機制の等価性が完全に措定されねばならないといった認識が、それである。ここにおいて価値増殖の単一的な過程を規定するための諸条件がすべて与えられることになる。

抽象的労働のモデルの具体化の諸条件

これまでの私たちの議論――すなわち権利 - 法の理論における統一化過程についての検討――は、国家のいわゆる新たなモデルのいくつかの諸条件の解明であった。それは生産的労働を価値増殖の唯一の基準とする社会的資本の国家にとっての諸条件である。極端な形式化のレヴェルに拠ったこのモデルは、その実体の全体において覆されうるし、あるいは現実に覆されねばならない。だが私たちは、これらの諸条件だけを念頭におくという限定のもとでも、諸条件の可能性の地平——厳密には形式的思弁の領野——に、依然としてとどまっている。ロスにそくして、秩序化の物質的全体性へと転化する秩序化の形式的全体化の過程という議論の終極とその帰結としての権利‐法の産出のシステム的過程とその慣習的過程の同等化という点には到達したが、しかし依然として彼の主張がたんなる主張にとどまっていることには何らの偶然もない（Ross 1929：311）。いずれにせよ、問題は依然として未決であり、その解決は具体化のためのさらなる個別の諸条件の発見からのみ得られるだろう。こうして、いまや私たちは、どのように法的全体性についての形式的モデルが、社会的全体性の物質性を含み込み、またそうした物質性に含み込まれながらも、同時にみずからを具体的に接合することに成功するのか、そうした問題に検討を加えねばならない。一方でシステム的全体性——すでに形式的レヴェルにある——は、現実に関しては、開かれたものとして示されているとはいえ、他方で社会的現実性は分割され移動的なものとして提示されており、したがってみずからをシステムへ組み戻すことが実質的にはほとんど不可能なように見える。形式的かつ抽象的なレヴェルで把握されながらも、その現実的で生きた運動において統一化の力を発揮している労働価値は、ここでは分割・離接され、非常に問題含みなものとして描かれている。そこでは労働がその抽象的形態を受け容れることで創出したその単一的確定は、労働の具体的形態がもたらす否定と対峙させられている。抽象的なことが統一するものを具体的なことが分離するのである。労働力の基本的で自然発生的な運動は——ヘーゲル的イメージを借りれば——物質的必然性の盲目的な力を所有し、剝き出しの叛乱にまでいたるほどの不服従という潜勢力を負荷されている。この否定——量的かつ質的な——は、社会的レヴェルにおける分離の増大、抽象的労働それ自体の力の統一化と増大に歩調を合わせて増大する。抽象的労働が社会的レヴェルで蓄積した発展法則の可動性と断絶が示すある種の神経症が社会全体を決定し差配する。この可動性は、暗示的には不服従であるが、いずれにせよ資本主義的発展の必然性がそれに代えて厳密な規律を課すことを欲するような点で、それ自体として、機能する。ブルジョワ世界が、この経験や疎外に対する声高な抗議に警告を与えるのである（「社会的資本と社会的労働」と題された節を見よ）。

とすれば、理論的なプロジェクトは現実をどのように組み入れることができるのだろう? 新たなモデルが現実をそれ自体の枠組みへと組み入れなおし、それを充全に構成された全体性という構想《デザイン》のもとで再‐形式化することができるには、どうしたらよいのだろう?

ところでそうしたことすべてが確かに起こることを指摘しておかなければならない。資本が疎外を嘆き悲しむなどといったことなど考えることはできない。資本は統一化という道程にそくして運動せねばならない。というのも、資本自身が存在するための諸条件はこの統一化にのみ存しているからである。資本が、自己の存在諸条件を曝けだすといった無邪気さをもっているからといって、非難される謂れはない。そうではなく資本は、あらゆる経験、また敵対的なものでさえ、完成へ導かねばならない。したがって可動性の資本主義的利用はいち早く発見されねばならない。役割は変化せねばならない。可動性は、社会的レヴェルで構成されまた潜在的な不服従を担う労働力に外部から強制されるという事態に対する資本の応答として、資本それ自体の命運の契機となる。資本は、具体的労働によって表出されるそうした同様の可動性にそくして、またそれに従って、みずからを再構造化せねばならない。また資本は、こうした物質的基礎に根拠をもつ諸提案へとみずからをいち早く開かねばならない。しかし他方で同様に私たちは、完成された国家の法的モデルがその抽象的統一性における可動性の最大化の促進を欲することを見そこなかっただろうか? こうして以前には理論的要請と見えたことが、いまや、実践的必然性として、みずからを提示している(Ross 1929 : 366ff.)。

とはいえ、そうしたあらゆることが、むしろ依然として包括的であるかに見える。いまや私たちは、この統一化過程が、否定から出発しながら、しかし否定を承認し、また逆説的なことに、否定にふたたび価値を与えながら、その役割をいかに演じるかについて検討を加えなければならない。労働権に共通する例証を提示し、そうした例証とこの「特殊な権利‐法」の発展の傾向的な力が有する一般的有効性を念頭におきながら、この過程を見てみよう。労働権は、具体的労働に内属する否定を無慈悲に曝けだし制御する絶え間ない試みとして、歴史的に規定することが可能である。労働力の社会化過程が進めば進むほど、労働権は以前に増してより直接的に国家に関わることになる。

こうした視点から言えば、労働権を覆い尽くす道程（私たちは、非常に図式的な方法で、責任と諸闘争を悲劇的に負荷された〔労働が歩む〕過程に言及しているのだが）は、一連の否定を経過する道程とまったく同一である——労働権の最初の宣言から自由に労働する権利‐法を促進する必要性への、また労働の契約化のための能動的諸手段の定礎から労働の民主制といったプロジェクトの規定への、道程がそれである[52]。この道程は、この道程を歩むことを強いられ、ただ結果的にのみこの道程を否定し、また翻ってこの道程を機能させるためにこの道程に耐え、その結果、権力の一般的配置において制御され、そうした配置に内包されることを強いられる人びとによってたどられるのである。そうした主張は逆説的に見えるだろう。しかしよく見れば、そうではないことがわかる。というのも、ここでは私たちが一連の具体的労働に関わる権利‐法の能動的要求に直面していることは明らかだからである。たとえば「労働する権利‐法」は、生産のメカニズムへの参与要求といったような肯定（実定）的な内実ではなく、むしろまず自由に交換しあう資本の盲目的な原動力の労働者による拒絶といった否定的な内実をもっていることは確かなのだ。いわゆる自由に働く権利‐法とは、生産の資本主義的可動性における具体的労働の制限の探求というよりは、何よりもむしろ機械の部品として労働者を使用することの拒絶、また盲目的な過程としての生産へと割り振られることの労働者による拒絶を意味していた。だが権利‐法と権力という視点から言えば、これらもろもろの権利‐法は、上述の肯定（実定）的なさまざまな内実を表現したものにすぎず、またそうした内実の肯定（実定）的な機能では、労働力の自由市場の創出のために必要な諸要素として仮定され、その規定は発展の必要性にとって適切なものとして想定されるようになる。

このことは、労働権が経過する次の諸局面にとってもまた同様に真実である。これらの諸局面では、労働の集団契約の諸原則が基本的となり、労働の民主制が想定され、そこへの接近がなされる。ここでは具体的労働が生みだす否定は集団的で一般的なものとされる。それは、まずサンディカリスト的な諸形態、次いで政治的な諸形態で組織され、その実際的な転覆は限られた諸状況から社会の全配置へと拡延してゆく。権利‐法と権力という視点から言えば、否定をそれ自体として承認することは、それを肯定（実定）的に評価変更し、蓄積過程において否定を肯定（実定）的に機能させるために否定を位置づけることを意味している。否定性は肯定性に評価変更される。それは、発展の肯定的諸要素として、だが飴と鞭をともなって、作動するように作りあげられる(53)。この価値侵犯は国家によってのみ可能である。すなわちあまりに一般的だからこそ、異議申し立ての一般性をみずからの内部へ包み込むことができる構造のレヴェルにおいてのみ、それは可能となる。

こうして私たちは、次の結論を強調せねばならない。それは、労働権が抗争的な社会的現実の決定的な方向性を指示してはいるが、いまだ個別的で特殊な権利‐法にとどまり、国家の全構造においてそれをそっくりそのまま再興することができない以上、否定的な力は潜勢的な状態にとどまることをも同時に示している、というものである。否定の肯定化すなわち否定の否定は、社会的命運の全体性とその実際的な諸関係性が備給されるときだけに起こりうるのである。そのときはじめて、「国家の権利‐法は、少なくとも労働諸関係の領野で、多様な支配的諸利害によって課された上部構造という特徴を失い、その結果、これら同一の諸利害の組織化と均衡に発する、諸利害の和解に内在的な一つの形態を引き受けることが可能となる」と言うことができる（Prosperetti 1962：45）。依然としてこのことは、否定の諸契機へ具体的な注目を払わなければ、理念的モデルがみずからを現実的なものになしえないことを意味している。否定はモデルの現実への変換にとっての根本原理である。否定を理解することによってのみ再構築の試みが可能となる。だがこの再構築とは、同様の否定が提示する全体性の意味によってのみ特徴づけられる再構築であり、厳密な構造と具体的な諸様式性を綜合へと課すものなのである。

資本の啓蒙

否定の否定と過程における具体的労働の神格化

これまで私たちは、否定の認識とその評価の変更を介して、どのように資本が成熟した自己という存在についてのモデルを決定し始めてきたかについて見てきた。いまや私たちは、資本が堂々たる完成態として完成された自己自身の配置というプロジェクトを提出するあり方について、検討を加えるだろう。否定は否定され、その形式的図式である否定の否定は、現実へと下降してゆく、あるいは現実を自己の内部で止揚する。ここでは資本の啓蒙がすべてである。それぞれの現象、自己自身におけるそれぞれの対立、またそれぞれの現実をみずから解明するといったプロジェクトに解決を与えるための希望と努力、それが資本の啓蒙である。それぞれの対立はそのように表面化されねばならない。具体的労働は、あらゆる疎外の地平を超えてみずからを真理のレヴェルにまで引き上げながら、資本主義的発展の内部で自由な労働として行為せねばならない。

後に見るように、こうしたことが起こる諸条件は、一方では厳密な統一化と抽象化という展望にもとづいた手続的諸媒介の形式的図式の受諾に、他方では現実的でつねに存在している対立の、その内実において承認されながらもそれ自体としては媒介のプロジェクトの全体性において〔のみ〕機能的とされる、物質的な決定性に、それぞれ関連している。〔こうして〕モデルは完成された綜合となるだろう。とすれば、この完成された図式の諸特徴を見る必要があるだろう。第一のそれは、過程の統一性によって規定される。それは現実の諸矛盾の確固たる構想《デザイン》の統一性であり、社会的レヴェルにおける資本主義的生産の基礎を構成する諸関係性の複雑なシステムをその中心において正確に把握する任務を負っている。この統一性は発展によって強いられ、またそのさらなる完全化のための条件でありつづけている。こうしてそれは、モデルのもっとも普遍的で、もっとも形式的な特徴である。このことがなければ資本主義的発展は存立しえないだろう。したがって否定的に言えば、このモデルの特徴は、それがさらなる発展の条件であるかぎりにおいて、媒介の純粋で単純な否定の契機がもはやモデルの内部では与えられえない、といった主張を支持することに役立つ点にある。それは最低限の条件であるが、しかし必要な条件でもある（さきの「労働の憲法化からそのモデルへ」と以下の「社会国家」を参照せよ）。

だがこの最後の具体的叙述は、私たちをモデルの第二の特徴についての考察へと導くだろう。最終的には、モデル内部では否定は与えられない。にもかかわらず否定は、それぞれの契機において現れうる。この否定を解決するために、モデルは手続的な性格を帯びることになる。モデルの形式的な再形象化が示す手続的な性格についてはもはや論じない。むしろ私たちは、連続的な一連の異議申し立てにもとづく均衡の、同様に連続的で、固有の、そして肯定

〔実定〕的な再構築の、現実的で、具体的で、また限定された手続的な性格について論じているのである。この点では、関連当事者たちとその異議申し立ての承認なしには、権利‐法は存在しえない。すなわち、実際的に有効な諸規範の受諾はありえない。これが古い秩序化への適応であれ、新たなそれの創出であれ、均衡の決定は、手続的な方法によって、すなわち関連当事者の承認と媒介からのみ、達成されるのである。(54)

さらにモデルの第二の特徴が強調されねばならない。あらゆる秩序化を論ずるための過程の拡延は、個別の見解に依拠した、包括的指示、類推にもとづいた再形象化、あるいは最大限綱領として現れえたにすぎない（Herz 1958：12-3)。言い換えればそれは、それがなければ――またより重要なことだが、現代資本主義の発展がなければ――モデルが達成されえなかったという事実である。そうした意味で、この過程は、秩序化の形成と有効性の伝統的なイメージを統合するのではなく、それらに取って代わるのである。こうして過程は手続きに取って代わられる。だが他方で、「その主体が前もって決定されておらず、またその連続性が法的規範によっては前もって決定されず必要ともされていない、意思の先取的な形成、操作と意思決定」が、「決定力をもった諸主体と諸部局の諸行為、つまりその因果的連鎖において意思決定あるいは最終的行為の形成の獲得を目的とする規範的行為によってあらかじめ決定されている諸行為の、あらかじめ秩序化され、それらの諸行為の原因となる継起」に対立させられている（Predieri 1963：430)。こうして手続きが、あらかじめ存在する論理的現実性を〔すでに〕有している一方で、同時にその過程は一過的な継起に埋め込まれている（Benvenuti 1952)。過程は、それが矛盾を内包しているという意味で、完全に弁証法的である。要するにそれは歴史的に形づくられている――社会的生産の物質性がその形式的解決の図式へもたらすあらゆる決定性という負荷を帯びている。法的で憲法的な過程を構成するものは、社会的労働力の可動性の評価変更作用である。これは具体的労働の熱狂的混沌《カオス》を抽象的労働の和解的プロジェクトへと差し戻すメカニズムである。

このメカニズムは、抽象的労働が依然として和解のための参照項〔評価基準〕でありつづけているという事実によって、可能なものとされている。そこでの規則的あるいは手続的な異議申し立ては、媒介されまたしたがって解決されたものとして、みずからを表示せねばならない。この経路は、ここから――すなわち諸媒介の上向的なリズムを介して達成された統一性から、諸接合の下降的なリズムにおいて展開された統一性に向けけて、再出発する。最初のケースは手続きであり、第二のケースが組織化である。〔だが〕この分割が理論的にすぎないことは明らかである。歴史的には、この過程は抽象的労働において両者を拘束し、まとめあげねばならなかった。合意において懐柔され、統一性において評価を変更された異議申し立てがはらむ逆説は、いまや統一性から組織化へ向かう経路において逆倒的に再生産されている。異議申し立てはふたたび沸きあがり、ゲームを再開する。さまざまな機制がこうして合流するが、人びとが、旧びた法理論の文脈において、契約と制度を強調する一方で、同時に過程の拡延を語っていることは、あながち偶然とは言えないのである。それは現実的に提示されている再統一化を暗示してはいるが、理論はそうした暗示によって説明を与えねばならないのである。というのも、それが圧力を与え、古い理論的な武器庫を爆破するからである。

異議申し立ては、こうして合意において、懐柔される――あるいは法的イメージを用いてより分かりやすく言えば、この過程は契約において解決され制度内部で動くことになる。異なった諸力は、それ自身の個別具体的な見解のそれぞれの肯定的遂行に向きあわされた後に、ふたたび協約、同意において和解したものと見なされる。この同意は社会的形態を帯びている。個別性は、それらがふたたび鎮静化され、共通の通性物 *quid* を発見するとき、そこに〔同時に〕社会的な通性物をも発見し、そうした社会的な通性物において鎮静化される――また抗争性の一定の限界を超えた共棲の基本的規範の圧力を受け、同意というこの行為が社会的に必要とされるにつれて、そうした事態はいよいよ必要となるのである[55]。

次にモデルの第三の特徴である。実際のそれは、一つの条件と一つの仮説という形態を採って存在している。すなわち、この統一性と手続的な性格は、それらを接合する異議申し立ての諸要素を超えてそれらを固定する合意の基礎を発見するだろう。手続的な特質は、この点では、組織化とならねばならない。それは手続的で接合された組織化である。だがそれは、秩序化の統一性の内部に常にとどまり、その最終的な目的に呼応する。すなわち、抽象的労働、その蓄積と発展のプロジェクトにおける社会的全体性の綜合、そうしたものとしての組織化である。こうしてモデルは完成にいたる。神話は完璧である。手続的媒介の循環性はその組織化を進める保証である。もはやたがいに素《そ》である要素は存在しない。諸要素はその統一性において秩序化を構成する。

私たちは数多くの事例へと乗りだすことができた。だがここでは、諸理論のそれぞれの運動の再興というよりは、むしろ公法のもっとも一般的な傾向性の方向に焦点を合わせるほうがよいだろう。つまり私たちのいわゆる新たな国家へ向けて。それは、手続きの形態という視点から言えば計画国家であり、政治的形態という視点から言えば社会国家である。

社会国家

国家の政治的配置と自由な労働の楽園としての民主的綱領化

というわけで、計画化された社会国家がこのモデル実現の完成形態であることは疑いを容れない[56]。プロジェクトの統一性、その実現の手続的接合、そして運動全体の適切な組織化——これらが計画化された社会国家で具体的に作動しているモデルの諸要素である。要するに、ここでのモデルは、諸形態、効率性、また有効性を拡大し、社会の規範的行為全体を統合し方向づけるために措定された唯一排他的な価値としての労働を明示化することで、その形態を歴史的に批准し、そもそものはじめからこのモデルの当然の帰結であった労働の憲法化過程を肯定的に遂行・称揚する、そうした実定的で憲法的な実現を見いだしている。ここでは、次の点を繰り返すことに意味があるだろう。すなわち、社会的レヴェルにおける資本が発展するつれて、価値増殖過程の決定におけるこの労働価値の統一性は完全に肯定（実定）的に確定される、と。労働を介した価値増殖過程の統一性がここでは社会的統一化という資本主義的なプロジェクトの強度を示すことになるのである。

こうしたことは計画化された社会国家の法的現実を照射している。モデルは、それがプロジェクトでもあるかぎり、社会的世界における価値増殖（実現）のメカニズムを明らかにする。科学的地平の一元論は価値の発展の肯定（実定）的な境囲として提示されうるにすぎない――またその道程には何らの障害もない。労働とそれに関連するプロジェクトの包括性《グローバリティ》を介した価値増殖過程の唯一排他的な優位性の第一の帰結は、こうして、労働がこの点で価値増殖と組織化を明示的にめざす集団的で社会的なメカニズムとして提示されるという、法科学によって直接的に高い評価を与えられている事実に存している。〔この帰結では〕法科学の全展望が覆されている。かつての目的は理解することであった。だが現在では再構築することなのである。したがって、たとえば、法的な評価基準として、全社会的な秩序化を労働において逆向きに *à rebours* 統一した物質的構成は、ここでは一般的な社会的目的の一表出として分節・提示されている。それは法的参照のモデルから政治的行為のプロジェクトへ、理解‐内包という傾向性を有しているスキームから、構成的権力によって肯定（実定）的に支えられる構成された権力へ変換されているのである。

　これが「計画」の意味である。すなわち労働を社会的価値増殖の唯一無二の基礎として想定し、その似姿において法的、社会的、そして政治的な全面的秩序化を再構築すること、それが「計画」である。こうして私たちは、計画された規範化（この被害は広範囲だ）が、国家構造の個別の諸要素の変化ばかりでなく活動その政治的形態の新たな配置を、どのように産出するかを理解することができる。[57]こうしたことが生ずるのは、計画活動が、それが労働を介した価値増殖過程の統一を実現するかぎりで、それ自体において拡散的な活動であり、またそれが拡散的であるかぎりで、包括的《グローバル》だからである。だがそれは、包括的《グローバル》でありうるにすぎないし、またそうした包括性《グローバリティ》を現実のものとするために、みずからを構造化せねばならないのである。

　国家の新たな具体的形態は、秩序化の形成と絶え間ない再構造化の手続的様式によって、決定される。計画化の手続的接合は、それへの合意と不服従の諸要素において全体性を包摂する必要性と、プロジェクトの包括性《グローバリティ》においてもそうした諸要素を同様に作動可能にする必要性から、発生する。しかし私たちは、運動のこうした手続的性格に対立している諸力にここで焦点を当てることには興味がない。あらゆる非生産的、投機的な資本の形態は、みずからを諸制度にとって転覆的なものとして提示する社会的不服従のあらゆる形態とまったく同じように、このプロジェクトにとって敵対的である。こうした諸力は除去される。[58] この点に関わって私たちの興味を惹くことは、包括的《グローバル》な運動の手続的接合の形態である。この形態ある意味で（すでに見たように）弁証法的な形態であるが、それはこの形態によって諸対立が連続的運動における繰り延べられた媒介として解決されるからである。それは、労働が社会的レヴェルで価値増殖過程の連続性を確立する程度に応じて、社会的でありうるにすぎない形態である。

しかし、この「社会性」についてはは明確にしておかなければならない。その決定は具体的でなければならず、もろもろの社会構成体をそれらの個別かつ歴史的に限定された諸審級において認識する一方で、同時にまたその無限の多様性を内包せねばならない。こうした視点から言えば、労働世界から出現するそれぞれの諸審級間の関係性、ここではそれは唯一のプロジェクトにおいて一体化されねばならないのだが、そうした諸審級間の関係性は、社会的諸権力間の関係性として現れる。こうして媒介の設計は、これらの具体的な諸個別性を基礎として発展させられねばならないことになる。公法理論は、国家における諸権力の分割という伝統的概念に配慮を与えながらも、ここではさまざまな根本的な類似性と発展を発見する可能性を見いだす。とはいえ、いかなる類似性にも増して、これらの諸範疇が機能している境界がすでに重大な変化を被っていることが理解されるべきである。諸権力の分割と統一化は、社会的レヴェルでは構成的な機能を有してはいるが、実際には、ここでは「公的」諸権力（しかし社会的な意味で再規定された）ではない一連の「社会的」諸権力に、私たちは直面している。以前は諸権力の分割が担当してきた保証主義の機能（公的なことに対する私的なことの保証）は、これらの諸範疇が過程の「革命的」連続性において無化される程度に応じて、脱落してしまう。いかなる権力も、それが構成されないかぎり、みずからの境界を超えでることができない。後に権力は、それが計画国家において構成されるにあたって、プロジェクトの連続性における新たな合意追求のためにふたたび構成的な形態変化のリズムへと投げ返される。依然として分割によって保証が与えられてはいるが、それは、逆説的にも、この分割が効果的でありつづけているかぎり、すなわち一時的ではあれ実定的な諸統一を達成した後にその分割が恒久的となり再生産されるかぎりにおいてでである。こうしてそれは、手続的運動の形態の「社会的」なあり方であるが、それは、衝突、抗争、そして合意の社会的次元を強調するのである。公的諸権力の分割の理論とのアナロジーはそこまでである。とすれば、「社会的諸権力」の社会的接合について議論し、私的なものから公的なものへいたる社会的弁証法の一連の広範で構成的な諸契機すべてをその範疇へ包含するほうがよいだろう。

こうしたことの実例としては、この社会的手続のメカニズムの非常に重要な要素である労働組合に起きていることを見ることで充分だろう。実際、労働組合の性質という問題を社会的手続きのメカニズムにおけるそれらの機能の分析と切り離して説くようなことがあれば、行き詰まってしまうだろう。そうではなく、社会的手続きのメカニズムという視点から問題が提起されれば、労働組合の法的性質、とくにその公的あるいは私的な特質についての論争でさえ、跡形もなく消え去ってしまうだろう。社会的手続きのメカニズムは、それ自身の価値増殖運動によって抗争の諸主体をそれ自身の内部において再規定するが、これらの諸要素が把握されさえすれば、手続的メカニズムにおける諸行為者の法的性質は、これらの諸行為者が過程への参与から引きだすものにすぎないことがわかるだろう[59]。計画における私的と公的との関係性といった問題が措定されるときもまた同様のことが起こるが、それはこの関係性が作動するとき、私的と公的という区別が壊れ去るからである。過程の法則はそのたんなる有効性にすぎず、過程の包括性にあっては、この有効性は諸主体の真の性質を、その機能、そしてしばしばその状況だけに対応させられて、配置することになる。手続きのメカニズム、そのリズム、またその諸様式によっては決定されないあらゆる位階は、壊れ去るのである。制御とは、関連諸要素の一致すなわち相互関係において同等の権利‐法を有して対応する当事者に向けて力を行使する当事者間の一致にすぎず、こうしたことすべてが媒介過程の連続性において進化するのである[60]。

こうした過程は、ブルジョワ社会を肯定する神話でありその原罪でもある諸主体の完全なる自由というかの理念を実現しているように見える、と言うべきだろう。少なくとも国家が事前に予測可能な何らの優越性も与えられていないように見えるからには、じつは無政府の限界に言及していないのではないか？　したがって、社会的諸媒介のこの絶対的地平という仮定は、計画過程への国家介入を排除するようには見えないのではないか？　実際、計画者はここでは奇妙な逆説に囚われているのである。というのも、一方で計画化は、国家形態、すなわち計画が事態収拾と協調のための一連の完全に具体的な介入として機能することを可能にする国家形態を結果としてもたらしながら、他方でこの過程が、まさに同一の契機において、国家廃絶の形態、その単純な国家規定に関連しかつそれに反するその社会的規定の顕揚として、再配置されるからである。これは確かに興味深い逆説である。しかも成熟した資本の神話は、こうした逆説を基礎に延命する。資本は、この実定（肯定）的神話に煩わされることなく、計画化において、抑圧と権力の法外な限界に達するために国家を利用するという危険を冒し、だがしたがって同時に、そのために必要なもろもろの合意の余地を同時に回復する可能性を排除するという危険を冒すことになる。こうして計画は、究極的には、自由な労働の楽園であることを欲望する。それは諸集団に関わりをもち、諸集団間の関係性において媒介され、一般的な社会的レヴェルで組織されながらも、一つの媒介から他の媒介へと自由に逃走し、自分自身の掟だけを受け容れ、そうすることでみずからの自由を実りあるものにする、つねに自由な労働なのである。

私たちは民主的計画化という図式を見ることによって、より明確に、そのことを理解することができる。ここでは、私たちは一つの充全で完璧な循環を有している。計画化の指標は、国家にもとづいて開始され（過程の出発点として最初に国家をイメージするというフィクションにおいて）、最終的な結果としての国家へと回帰する。しかし過程の展開は、過程の全体性に従属している無数の諸主体の参加を含み込んでいる。協調のさまざまなレヴェル、指標改訂の諸手続き、目的、そして制御された相互関係にある諸要因は、こうして実際には、過程を媒介する手段が循環の円環を構成する諸点のように無数でありうるといったような、すべて同様程度に妥当な、あるいはむしろ本質的な、諸関係性のネットワークを作りあげる。こうして過程の単一的中心を決定することが必要だとしても、それは慣習的に示されうるにすぎないことになる（たとえば、Predieri 1963：219-20, 417ff.）。そうしたもっともありふれた慣習が国家だが、それは一つの慣習にすぎない。一連のたんに位階的な諸要素を再導入するという危険を冒し、その結果、本来であれば非常に可動的で連続的でなければならない媒介過程の内部に歪曲をもたらすという点で、そのプロジェクトにとってしばしば有害なもの、それが慣習なのである。

こうしてモデルは、みずからを現実的なものにすることを試みてきた。私たちは次節でそれがどの程度成功したかについて見ようと思う。いまは、その現実性が少なくとも資本の科学の内部では確かであることを強調するだけで充分である。すなわち、成熟した資本はみずからを想像し、したがってみずからを公的に描きだし、またそれゆえに資本が展開される権力構造への癒着を要請するのである。これが私たちの分析にとっての充分条件である。

4　ブルジョワ的権威理論モデルの批判

欲求と労働は、普遍性のレヴェルへと高められ、自己自身のために……共同性と相互依存という強大なシステムを構築し、蠢き回り、あちこち盲目的に蹌踉めき、野生の獣のようにつねに従属させ飼い慣らさねばならない、死者の生である。（Hegel 1932 : vol. 1, 239-40）

「もちろんそこに何かあるだろう」とラインスドルフ伯爵は辛抱強く答えた。「しかし私がまだわからないことは次のことなのです。人びとが愛し合わねばならないということは当たり前のことです。また国家は人びとがそうするための強力な手段を必要としています。それではなぜこのことが突然あれかこれかといった選択の問題になるのでしょう？」（Musil 1988 : vol. 3, 419）

弁証法の慢性疾患

再統一化というシシュポスの労働
あるいはむしろ資本主義的な自己批判と権威理論の必要性

私たちが概観を与えたモデルは本当に機能するだろうか？　私たちは、モデルを支える規定を駆動させる諸要請、次いでモデルの完成された配置図について見てきたが、それはしばしばモデル固有の神話的な質を有しているように見える。いまや問題は、もはや規定でなく実体に関わっており、科学的仮説の問題ではなく歴史的検証に関わっている。要するに、モデルが機能するかどうかを示さねばならない。モデルが実際に機能するとなれば、なぜそれが可能なのかというさまざまな理由を確定せねばならない。言い換えれば、この実現が、モデルという視点からはそのように見えたわけだが、形式的全体性の具体化という内的な諸要請への応答なのか、そうではなく異なった経路を指示する他のより圧倒的な要請への応答なのか、それが問題なのである。最後に、このモデルが具体的な歴史的実定性を序々に引き受けてきた理念なのか、それともむしろまったく異なった性質をもった現実的な社会的機能を善霊的な神話によって隠蔽し歪曲する神話化なのか、そうした点について検討を加えねばならない。

これらの問題には一挙に答えることができるが、まず第一に次の問題を考えてみよう。すなわち、懸案のモデルがその実現過程で二律背反に陥っているのではないか、という問題である。たしかに多数の二律背反が存在し、それらは非常に深刻なものである。第一の二律背反は次のようなものである。すなわち、価値増殖の唯一無二の原則、とくに生産的労働概念を中心とする社会的全体性の統一化は、抽象的労働と具体的労働との抗争を絶えず再開させている。それは、個別の諸状況においてではなく――というのも、それがまたモデル彫琢の条件でもあるからだが――、社会的レヴェルにおける抗争の全体化へ向けた押しとどめることができない緊張において、そうした抗争を再開させている。生産的労働、それ自体が近代の工場で誕生したこの生産的労働が、工場モデルを社会全体に押しつけるとき、工場において生産的労働を構成する矛盾は無化されるのではなく、増幅されることになる。こうして、それぞれの資本主義的生産諸関係に内在する抗争性は拡大し、あらゆる社会運動を餌食にしてゆく――それは伝染性をもち、あらゆる綜合を混乱させる能力をもっている。これが社会国家のモデルだとは何という皮肉だろう！　国家はあらゆる矛盾を解決することができる弁証法をその一身に引き受けていた。だがしかし、まさにこの弁証法が原因となって、いまや国家はより大きな矛盾に直面している自分自身を発見するのである。モデルの弁証法は、平和化された地平を再構築する可能性を提供すると考えられていたが、この弁証法は逆に上に述べたような慢性疾患をわずらうにいたったのである！　いまや矛盾はある全体性に別の全体性を対置するにまでいたった。社会全体は、ふたたび、未決で解決不能な緊張の場として描きだされる。抽象的労働モデルにおける具体的抗争性の鎮静化とは、現実の地平では、一個の欲望だが、それは現実において獲得できるものではない――あるいはむしろ、それはある種のシシュポスの労働であり、絶えず中断され、つねに撤回され、いまや以前にも増して不可能な綜合なのである。しかしこれらの考察は、私たちの研究の文脈では、予備的な関心の対象でしかない。一般的状況として現れるこうした矛盾が、モデルのそれぞれの諸定式、すなわちそれぞれの諸要素において――要するに、こうした現状のもとで、諸接合における制御と解決によって平和化された意識を表示せねばならないすべての科学的装置において、どのように現れるかについて見るほうがより興味深いであろう。モデルの統一性は、個々の努力の後に、そうした努力にもかかわらず、依然として理論として現れるにすぎない。統一化の弁証法は抽象的にのみ有効であり、その結果、モデルが完成し、その物質的機能を見届けるために現実へとモデルを下降させることが必要になると、そのそれぞれの諸要素はふたたび分裂してしまうように見える。統一化の過程はまったく役に立たず空無であったかに見える。モデルは逆立ちさせられ頭で立っているときにだけ妥当するように見えるのである。

諸規範の生産という視点から言えば、秩序化は、その内部で過程の統一性と諸源泉の多数性が一貫した関係を樹立する正統化の単純な地平として、提示される。だがそれにもかかわらず、この関係は消え去ってしまうようにも見えるのだ。抗争性が解決されなければ、もはや権利‐法の有効性は維持しえない。抗争の解決不能性は、首尾一貫し根拠確実な連続性が存在することを妨げる。他方で応用という視点から言えば、一般的で抽象的な諸規範と秩序化を包括性《グローバリティ》とその社会的機能の決定性において絶え間なく再構築せねばならなかった決定的な諸目的との関係もまた、同様に消え去ってしまう。抗争性が懐柔されることなど決してないとすれば、合理的計算の確実性、またしたがって通常の発展の確実性を供給するかけがえのない諸要素である権利‐法の確実性は阻害されてしまうことになる[61]。要するに、解決の不確実な指示項（それは抗争性の社会的な称揚の帰結であるが）は、社会国家の法的モデルを頓挫させ、その機能を袋小路に追い詰め、遮断してしまうように見える。

しかし法科学は、このモデルを擁護し、絶えず再構築し、再提起する。モデルは辛うじて機能するが、二律背反の力は無効化されない。しかし、その基礎が実際的にも非常に不安定であり、またその配置が非常に抽象的だとすれば、モデルはどのように機能するのだろう？　ここには驚くべき理由など何もない。権力の実践は、その理論に較べて大方の場合よりずっと賢明である。しかしモデル批判は、その利用の必然性を明らかにすることに役立たねばならないことは明白であり、その機能を何とか可能にする諸要素が根本において存在せねばならないという状態をも確立せねばならない。それらの諸要素は、語られないまでも、存在せねばならない。統一性と多数性との矛盾は、これらの諸要素にもとづいて、一方で広い接合において維持されながら、他方で実効的に鎮静されねばならない。これらの諸要素にもとづいて、この二律背反は、決定的な対決と危機を回避しながらも、弁証法的にならなければならないのである。

そうした全要素がブルジョワ的な権威理論の内部へと整理統合される。いままで私たちは権威については何も語ってこなかったし、語ることもできなかった。このモデルは自由なコミュニティ構築へ向けて活動する自由な諸個人の世界において誕生するように見えた。このコミュニティでは、結合と抑圧の要素としての権威の利用は、唾棄すべき選択肢であり、また事実そのようにも思われていたが、むしろ権威は、創出された諸問題と諸矛盾の集合からの脱出口であり、またモデルそれ自体の有効性の現実的保証は、モデルへの権威の内密な挿入としてのみありえたのである。確かに私たちは神秘化を論じている。だがしかし、だからこそモデルは有効だったのではないのか？　反対に、そうした社会的産物の重要なレヴェルが社会的労働力によって共有されるべきであり、それに照応して、社会的労働力が社会的産物の分配とその生産管理に直接的に当たるべきであるといったことを、資本主義的発展はいったいいつ赦したのだろうか？　したがって、いつ、ある種の余地の内部で、モデルによって指示された道程が、そんなにも簡単にたどられることになったのだろう？

権威の実践と理論（たとえそれが密輸入されたものであっても）そしてその諸効果の神秘化（いかなる強制の形態からも独立に、自由な労働の単純で生産的な結合の諸効果としてのモデルにおいて提示された）にもとづいて、モデルが永続的な決裂の危険において一体的に維持している対立する諸項の共存が、いまや事実上可能となった。何者かが現れ、この神秘化を糾弾するとしても、私たちは遅かれ早かれ消滅する時点、すなわち移行局面を論じているのだ、と人びとはたやすく答えることができるだろう――科学はかくも巨大な憎悪の力をもっているのだ！

私たちはあまり楽観的ではない。ここでは、権威理論（とその実践）が、あらゆる幻想を超えてモデルを事実上維持し、それを実践可能にする決定的要素として現れている。とすれば問題は、統一性（「社会的資本における従属」を見よ）と秩序化の多数性において、また同様程度に神秘化されながらも同様程度に現実的なその綜合（「資本の社会的組織化」を見よ）においてみずからを同定する、こうした理論の逞しさをどのように評価するのかといった問題であろう。

社会的資本における従属

法的帰結――秩序化の統一性と規範主義の諸理由

私たちは、労働価値の資本主義的展開についての分析から出発し、搾取関係が包括的《グローバル》な過程（それはまさに労働過程と価値増殖過程の両者によって構成されているのだが）に内属していることを解明し、権力が社会に対する上位のものとして常により明瞭に出現することを強調したが、こうした権力の出現は労働過程と価値増殖過程の双方によって完全に備給されていた。社会的レヴェルにおいて資本主義的過程が拡張されればされるほど、搾取関係の強制的な内実がますます一般的に強化されることになる。だが逆説的な事実は、そうした一般性が拡張されつつあるとき、むしろ搾取関係を消し去ってしまうかのように見えるということである。というのも、資本の成熟した組織化に典型的な協調の諸要素が社会的レヴェルで拡張されればされるほど、従属の諸要素がより強く現われ、そうした諸要素が（社会的レヴェルにおいてもまた）ますます押しつけられるようになるからである。とはいえ、権威が統一性と複数性との法的関係の真の結合的要素である以上、陰口を叩いてみても意味がない。権威は法的世界の結合的要素である以前に社会的であり、経済的に統合され、資本によって支配されている、対象世界の所産でもある。私たちが古いイデオロギー的な偽装を論ずるだけに終われば、科学が権力の統一性の出現によって法的世界と社会的世界と間でのこの最終的な照応関係を理解する度合に応じて、権威が現実においてその延命をはかる様子を見るだけだろう。

こうして私たちは、法科学がどのように過程それ自体の内部からこの過程を正しく反映するかを理解することができる。この現実的逆説は理論の逆説においても繰り返される。社会的協調と価値増殖というその諸要請にもとづいて批判されればされるほど、反対に社会的統一化という諸要請を根拠にいよいよもって再評価されるようになる規範‐命令理論では、とくにそうである。だがそれは、一方でいわばその経験的諸特徴のいくつかを喪失しながら、しかし他方で、いずれにせよその一般性において地歩を獲得し、再登場することを常とするのである。

事実、最近の権利‐法の理論の科学的展開にあって、規範主義 normativism と命令主義 imperativism が論争におけるむしろ特権的な対象であったことを理解することは困難ではない。いかなる理論的見解も、いかなる論者も、まず命令主義、次いで規範主義の批判への寄与を惜しまなかったのである。しかし、この絶え間ない論難にもかかわらず、規範主義と命令主義は、今日においても命脈を保ち、さらには新たな成功を享受している――それらの中心的な核心で、あるいはむしろ法的秩序化それ自体の規定にとって、現実的あるいは潜勢的とはいえ、いずれにせよ具体的で必然的な要素としての強制という仮定において。(62)法支配の命令主義的概念が除去されたことは事実だが、同様に明らかな事実は、権利‐法の命令主義的な概念が肯定されたことである。規範的概念が法支配の解釈とその応用における唯一排他的な要点としての価値を喪失したことは事実であるが、同様に明らかな事実は、権利‐法の一般的かつ具体的な形式変更の規範的要素が課されたことである。それとは逆に、多様な理論的内容を含む複雑な過程では、秩序化の根源的に統一的な強制性が圧倒的に強く課されるにつれて、そうした強制性が秩序化の諸運動それぞれからますます独立して考察されるようになる、とも言えるだろう。理論家たちは、科学的発展のもっとも洗練されまたもっとも徹底的な表現によって、秩序化を構成するそれぞれの諸規範とは区別されながらも、分離されるどころかむしろ反対に秩序化全体に（その規定の文脈において）一致してゆく、そうした「独立的で潜在的」な契機に命令的な力を発見するにいたったのである。(63)

この科学的過程は、厳密な仕方で、具体的な諸要請に照応している。しかしこれらを考察するにはその諸効果を仔細に見る必要がある。二つのことが根本的である。その第一は、強制力の使用という展望において秩序化の統一性を最大化することが可能な、またいかなるオルタナティヴあるいは障害をも乗り越えて社会的発展を保証する、効果である。またその第二は、強制力と秩序化との関係の接合を維持し、いかなる直接的で唾棄すべき強制的な条件づけからも独立して秩序化を発展させる効果である。これら二つの効果は、モデルによって組織された諸要請に完全に照応しており、それぞれの諸規範を国家の命令的意志からの解放過程においてではなく、社会的過程からのその出現において直接的に把握する。これらの諸効果は、他方で、あたかも権力の唯一無二の源泉によって産出されたかのように、役立たなくてはならない。こうした視点から言えば、強制の地平と手続的媒介の地平との乖離は、両者が連続的に機能するための保証であり、したがって秩序化が生存するための純粋で単純な保証である。こうしてこの二元論は、社会国家の発展の現代的局面に辛うじて照応している。それは、諸抗争の手続的和解へ向けたユートピア的（だが大方の場合、機能的）な圧力に照応し、また成熟した資本主義社会の生存と成長にとっての一定の限界の内部において要請される。その結果、社会的組織化の過程を自己組織化過程として考察することが可能になるのである。またこの二元論は、抗争過程が内戦、すなわち諸価値と諸利害との非媒介的な対項では解決されないことを保証する、パラレルな必要性にも照応している。モデルの発展の内部に、こうして、権威が発見されねばならなくなる。だがそれは常に隠されつづけており、手続的特質の自由で自律的な発展の可能性という観点から、「独立的で潜在的」な力としてのみ参照される。

これは優雅で効率的な解決策である。法的発展の考察から、それによって最初に接合され併合された物質的発展の分析へとふたたび立ち戻るならば、強制と手続的諸メカニズムという二重の地平についての記述もまた社会化された資本の形態に合致するのを見ることになるだろう。ここでは搾取関係の圧倒性が計画化された生産関係の集合に接合されている。いずれにせよ、社会化された資本の管理の民主的特徴は、社会的資本にとって依然として発展の根本原理でありつづけている利潤の増大の諸条件に従属している（これはいわゆる経済的基準であり、労働の憲法の提起においてより重要なものとして到来する）。

二つのレヴェルの間におけるあらゆる抗争が媒介的方法あるいは直接的方法によって経済的要素にとって好都合に

解決されねばならないのも、あながち偶然とは言えない。諸抗争の解決の内容は条件づけられ、そうした基準に従属している。こうした諸抗争が蓄積形態を軽く侵害しているだけであれば、それらは持ち堪えるだろう。だがすでに見たように、システムが完成されるにつれて、むしろ抗争こそがまさに蓄積の形態となるだろう。だが抗争が、敵対に変化しその物質的実体における蓄積を侵害したならば、強制の介入が喚び起こされねばならなくなる。これらは資本の掟であり、いかなる似非科学的な神話も、資本の掟が潰え去るとか、今日蓄積が展開されている社会的諸形態において無用なものとされる、などとは言えない(64)。

こうして私たちは、規範主義の論拠を、あるいはむしろ——自由な労働という資本主義的神話が復活させたそのもともとの人間主義的臭みの後の——権威理論が、モデルの実践可能性にとっての決定的な保証として、実践的かつ理論的に再導入される論拠を、見てきた。しかし依然として私たちは権威理論が再導入される形態を考察しつづけなければならない。というのもそれがさらなる分析を可能とするからである。

資本の社会的組織化

ブルジョワ的な権威理論における統一性と多数性

モデルと権威理論との関係という問題は、仔細に見れば、モデル内に措定された秩序化の統一性と多数性との関係という問題と同一であることがわかる。モデルの第一の（ユートピア的）図式では、多数性の統一性は過程完成の単純な結果として配置されていたにすぎない。それに代わって今日では、統一性は権威の形態に課された義務である。第一の統一化が過程に内在的であることを欲する一方で、この第二の統一化はそうしたことを超越しているかに見える。第一のケースでは、過程が一元論的過程として配置されているのに対して、今日ではその形象が二元論的であるかのように現れている。矛盾は明らかであり、権威理論におけるモデルの修正は、モデルの完成ではなくむしろ破壊という結果に終わっているように見える。

しかし私たちは、この矛盾と権威理論の挿入の結果が、単純な形式的レヴェルでは、いまだ与えられていないのではないか、その反対に、事態が現実では非常に異なった結果をもたらしているのではないか、といった問題を見なければならない。したがって、この矛盾についての考察は現実へと差し戻されねばならない。こうした文脈では、モデルの展開過程の最終局面における概念と権威の実践の密かな挿入は、たとえ理論的視点からは矛盾しているように見えても、実践的視点と直接的に合致するのである。実際、諸部分と全体性との関係、多数性と統一性（両者はともに論理的かつ現象的な形式主義において規定されている）との関係において痕づけられる法的秩序化の形成過程についての形式的叙述とその具体性における曖昧さのすべては、統一する力を有する権威の実効性を介して解消され、崩れ去る。とすれば、依然としてこれは盲目的な経験主義という特徴をもつ貧弱で実証主義的な解決なのだろうか？　決してそうではないだろう。というのも、モデルの科学へ持ち込まれたあらゆる新たな工夫を破壊するものが、まさにこの一歩後退にほかならないからである。ここでの私たちが、（どう足掻いても、あらゆるレヴェルで諸矛盾を再提起するほかない）形式主義的哲学の陣営における考え方ばかりではなく、曖昧さと諸矛盾を権威という事実に単純に対立させることによって、それらを無効化しようとする実証主義的で経験主義的な形式主義の考え方も放棄している、という事実は否定できない。したがってその結果、私たちは法的行為と法的思考の社会的規定という領野、つまり研究にとって適切な枠組みを構築することが可能な唯一の領野へと踏み込まねばならなくなる。この地平においてのみ、モデルとその機能という問題を解決する権威の再発見を具体的な仕方で、あらゆるユートピア主義ばかりでなく〔経験的〕事実の還元にも陥ることなく、設定することができるのである。まただからこそ、それ自体において（そして資本主義的発展の社会的過程において）社会的権威の出現の必然性とその複数的な正統化の必然性という二つの必然性をともに担う発展の原動力である労働価値を常に表示する要素を、それ自身の出現形態とそれに制限を与える現実との関係性を理解することによって、再発見することができるのである。こうしてすべての二元論が潰え去る。というのも、過程の最終形態が二元論的ではないからである。過程が存在するにすぎないのである。デウス・エクス・マキナとして現れ、資本主義的モデルを投影するものに対するほとんど毀損のように見えながらも、しかしむしろ完全にこのモデルに適している解決、それが権威理論なのである。権威の再挿入は、科学的な眼を携えてプロジェクトの完成を見る人びとにとってではなく、過程の内部にいまだ希望を抱いてとどまる人びとの限られた眼指にとって、矛盾しているように見えるだけである。

私たちの分析を明快にするために、当面の間、すでに論じておいた憲法の物質的側面に立ち戻ろう。というのは、そうすることで協調と従属との、〔横の〕連合《アソシエーション》と〔縦の〕位階との社会的関係の全体的接合を（労働にもとづいた）憲法の物質的構成において痕づけることができるのではないか、と考えるからである。すでに私たちは、私たち自身が類似した問題と類似した解決に直面していることを指摘しておいた（本章の第1節を参照）。だがこの分析段階では、モデルが表示した新たな諸動機の豊かな所産が位置づけなおされ、またそうしたイメージのなかで測定しなおされるようになるかぎりで、同様のイメージがふたたび現れ、ふたたびその明快さを獲得する。社会的な資本主義的秩序化の現実的統一化の動機をふたたび労働に発見するという当初の要求は、ここで再確認される。だがそれはもはやたんなる要求としてではなく、むしろ新たに発見された形象として、再確認されるのである。

これまでの議論にもとづいて私たちが、統一性と多数性との関係という問題に触れる際に、権威についてのブルジョワ的な理論と実践が（それらが労働価値の資本主義的発展の現実上関連させられているかぎりで）その核心において多数性を排除するどころか、むしろそれを内包しそこに正しく位置づけると予測することは、さほど困難なことではない。たとえ多数性が「みずから自身にもとづいている」という神秘化が崩れ去るとしても、またたとえ多数性の内的運動、その過程、そしてその内的諸媒介からのみ派生する再統音化という希望が消え去るとしても、秩序化が機能しつづけるために多数性が立ち働いている場は、依然として完全に圧倒的である。労働の憲法化の過程とそのモデルについての検討で私たちが与えたさまざまな見解は、充分にこのことを証し立てている（本章の第2、第3節を参照）。ここで問題となっていることは、統一性と多数性の共棲形態をより厳密に決定するという問題なのである。

私たちは、統一と複数性の綜合が、形態において自己生成する律動《リズム》に由来しながらも、過程の形式的諸要求の単純な発展の外部で与えられるとする——モデルの第一の規定に現れる——幻想を回避することができる、一連の否定的な諸要素を手にした。とはいえ私たちは、これら否定的諸要素にもかかわらず、そこから過程が展開する場である抗争性を（過程の権威的な綜合をとおして）否定してはならず、むしろ逆にその経路と諸効果をただ保証し、それをありうべきあらゆる敵対的な反動から護るべきこともまた、理解している。しかしこれらの諸要素は過程の諸条件か、あるいはその諸結果である。それはどのような形態を現実に引き受けているのだろうか？　この問いは次の問いとまったく同一である。すなわち、権威主義的な展望は、具体的な強制的内実のすべてを必ずしも表示しないか、あるいはいずれにせよ表示することができない諸規範それぞれと、どのように両立しうるのかという問題である。さらに言えば、それとは反対に、諸規範が抗争性を介して形成されるかぎりで、強制の領野においれ統一される傾向というよりもむしろ組織化の契機――あるいはむしろ、どのような内実であれ、具体的な質――を強調するかぎり、そうした諸規範とこの展望とは、いかに両立するのだろうか？　他の多くの問題が考えられるが、私たちが権威を秩序化の全体性の制御として厳密に措定したという諸前提を思いだせば、ただちに回答が理解できるだろう。組織化の事実とその結果としての強制的内実を直接的にはもたない諸規範の出現は、したがって、権威にとっては必ずしも絶対的な矛盾とは言えないのである。それらは、強制的内実をもちうるにせよ、それはしかし具体的な技術的内実としてであり、また何よりも諸規範が位置づけられている秩序化システムの全体性に関連する内実をもつことができなければならない。こうして、権利－法の生産理論という文脈における現実主義と法多元主義は、強制という偶発的出来事がそれぞれの諸規範に、強制の現実性がシステムに、それぞれその席を譲るとき、権威理論の優越性と完全に両立する。科学的レヴェルでは、この問題は、諸源泉の多元性に単一的な組織化と首尾一貫した意味を与える、一次的源泉と諸源泉の多元的理論との両立という問題としても、措定されうることになるだろう。これはまた次のことを想起すれば解決されうるだろう。すなわち、一次的源泉は、秩序化の多様性が物質的に導きだされるものというよりは、システムの全体性が内包され、諸接合が正統化される基準を介したものであるということを想起すればよいのである。こうして、それはシステムそれ自体である（これはエンリコ・アッローリオとジーノ・ジウーニによって提示された結論であるように思われる）。とすれば、人びとが、秩序化の諸決定それぞれが常に新たな方法で表現する内容と差異（すなわち、それぞれの諸規範の物質的で歴史的に決定された特徴）に固執し、そうすることで多元主義の抑止不能な諸審級が示される別の側面を曝しだしてしまうといった場合でも、権威理論へ異議申し立てが付け加えられたわけではない。それは、統一性－多数性という関係が証明されねばならない新たな文脈が規定されたにすぎないという意味で、そこには変化はないのである（ヴェッツィーオ・クリサフッリはこうした領野に乗りだしているのだが）。

とすれば、過程が展開される形態とは何か？　それは対立項の共存を可能にし、ときには決定しさえする、形態である。それぞれの諸規範の有効性は、諸規範の実効性と組織化の事実が全体性に依拠するのとちょうど同じように、秩序化の全体性に依拠するのである（これはロスの見解である）。しかし、強制と権威が併存するのは、システムの全体性というレヴェルにおいてのみである。他のすべてのレヴェルでは、強制との関係は仮説的であるにすぎない。このことは、統一性と多数性との狭間に存在する広い余地をつねに開いたままにしているが、しかし、結果として生ずる綜合が全体性の最終承認をまぬかれることを決して許さない。これが過程が発展しまた発展せねばならない形態なのである。

こうして私たちは、成熟した資本主義的な国家形態において多数性が占める位置を理解できる点に到達した。権威理論の出現は、その機能を正しいやり方でまたその妥当性を減ずることなく位置づける。これらの運動を支える権威主義的地平を与件として、統一性と多数性は両者の綜合の確実性をともなって共棲せねばならない。こうして法的展望と現実的展望、権利－法と資本は、その共棲のもっとも先進的な諸契機の一つを見いだすのである。これら二つの現実性の相互内属性は、こうした点にあっては、真の構造的要素である。蓄積過程の社会的接合のそれぞれの諸運動は、その完全で適切な形象を法的形式に見いだすのである。

諸矛盾から敵対へ

私たちの探究のこの最終局面に弾みをつけてくれる刺激は、次の認識であった。すなわち、科学的方法への信認によって、つまりその内的諸力の必然的結合によって維持されているにすぎない社会国家のモデルには妥当性がなかったという認識が、それである。あらゆるタイプの諸矛盾はそうしたモデルを罠にかけるかに見え、この国家、すなわちみずからの運動の理論的根拠と原動力を抗争性から引きだすこの国家は、こうした展望においてはそれとは正反対に、抗争性の犠牲となるかに見えた。要するにこのモデルは、内在的な正当化に委ねられながらも、崩壊したのである。権力の超越だけがその存在可能性をモデルに与えることに役立っている。こうして、この分析において私たちは、確固とした結論的論点に到達した。もっとも成熟した法的システムにおいて労働価値が担う唯一排他的な機能についての考察から出発した私たちの探究は、資本がその神秘化のもとに委ねた機能に完全な評価を与えることを可能にしてくれた。こうして多数性と統一性は共存し、具体から抽象への労働の展開へ絶えず結びつけられた抗争性は、資本主義的蓄積のリズムに封じ込められた。

だが、こうしたことすべてに対して支払わねばならない対価とは何か？　それは権威の超越性への屈服であり、上位そして巨大なもの *superpositum et tremendum* の地平の再確立という対価である。そうしたことへの批判が成熟した資本主義の法理論にとっての出発点であるように思われる。

とすれば、その帰結とは何か？　私たちの探究は、資本主義的蓄積の成長が労働価値を中心として社会を統一してきたが、それは資本蓄積と労働価値という対立するその二つの極点をめぐってそうしてきたのだという認識から出発した。現代国家の法的システム全体は、この決定的な対立を解決するために誕生した。具体的労働と抽象的労働との敵対は、諸矛盾へと変換される必要があったのであり、また現代における法的思考のすべての道筋は、これらの諸矛盾の具体的な諸媒介を決定する方向へと向けられている。だが私たちが見た結果は次のようなものであった。すなわちそれは、媒介が権威と超越性の復活を要請している、という結果である。この科学的展望は、それが綜合の完全性、幸福にも完全なる歴史的合体《コミュニオン》の悦びにおいて位置づけられることを欲するように見えたとき、もう一度転倒され、たんなる事実性の地平へと押し戻された。この段階にあっては、その和解こそが出発点であったはずの敵対がふたたび登場し、いかなる可能な媒介も無効にしてしまう。

労働の国家というモデル構築の運動全体、またそうした運動内部でなされる統一性における諸動機の構成についての分析は、いまやその逆倒された形態において理解されている。私たちは統一性に矛盾を見ることができ、矛盾に敵対を見ることができる。いまや問題は、私たちの出発点がそうであったように、再提起されている。法的地平が多くの新たな理論的動機によって豊富化され、科学がふたたび最初の問題からの適切な脱出口を探しだすことを求めたという事実は、次の事実を隠蔽することに手を貸しはしない。すなわち、このあまりに言い古された道筋の最終点は出発点で立てられたそれと同一の問題をふたたび提起しているにすぎないという事実がそれである。さまざまな中間的な問題が不適切であるとか、それらが科学的過程で非常に重要な論点を構成していない、などと言っているのではない。というのも、むしろその反対に、敵対のレヴェルと形態が、今日では、科学的過程の有効性が徴づけてきた諸形態と強度〔内包〕によって、その適格性を保証されているからである。それにもかかわらず変化していないもの、それは対立の内容と敵対のあり方である。すなわち、抽象的労働と具体的労働が解消しえないほどに矛盾しあっており、それぞれが自己自身の問題の解決を、平和で漸進的な和解という希望を超えた、力の地平——当初、両者がその相互的対立において計測されていた地平——における解決をめざしているからである。

この研究の冒頭で私たちは、二つの異なった陣営から圧力をかけられた結果、諸抗争の法的媒介を求めるにいたった改良主義について見た。働いている二つの力は、ともに発展を決定するためには必要であった。いまや私たちは、その発展の極に達した改良主義が、ふたたび同一の問題に——しかし改良主義が古い敵対を越えることができる諸手段へ再回帰する可能性が低いという状況のもとで——直面していることを発見している。

この物語はどのように終わるのだろうか？　だがそれは私たちがここで述べることではないだろう。

結論という装いのもとで——労働者主義的批判は可能だろうか？

この研究が一連の法的諸過程の解明を超えて到達したと自負できる唯一の結論は、問題の認識とこの問題が措定されるレヴェルである。このレヴェルとは、ある人びとが主張するように対立の内実などといった単純な問題ではなく、媒介の試みの目的が引き受けてしまう抗争の形態というレヴェルである。弁証法は終わっている。ヘーゲルは死んでいる。ヘーゲルに残っているのは、ブルジョア世界の自己意識だけである。ブルジョア世界は弁証法的であり、弁証法的であるほかない。

だが私たちは違う。今日における労働者主義的批判は、弁証法の復原によってはなされない。むしろそれは、抗争の領野と形態の発見によって、なされるのである。

ちょっとした個人的記述を許していただきたい。私は、数年前に私が仕上げた形式主義についての研究である「法的形式主義の起源 *Alle origini del formalismo giuridico*」の末尾で、権利-法の弁証法的な研究の必要性を指摘した。この研究で私は、形式主義が権利-法の配置の複雑性にあっては解決することができないように思われる一連の問題を解決する、と信じていた。だがいまではそうした希望は明らかな錯覚である。今日私たちは、権利-法が現実へと強固に埋め込まれていることを理解しており、その死滅を社会において展望している。権利-法は、それが決して直観しえないように思われるような進化のリズムを獲得しつつある。こうして、この対立の共存が具体的となった。だがそのすべてが解決だろうか？ こうしたことすべては、それが解決するように見えたことをまさに再提起してはいないだろうか？

この任務の難解さをとおしてのみ、今日私たちは、現実に対する革命的批判によって、事物と出来事の内部からの批判によって、また革命的闘争によって、導かれうるだろう。

Ⅱ

第四章　コミュニズムの国家論

この論文はアントニオ・ネグリによって一九七四年に書かれたものである。この論文は広く回覧され、七〇年代半ばにはフランスとドイツで再出版された。なぜならば、この論文が焦点を定めていたのが、当時、保守派支配諸党との「妥協」を形成しそれによって連立政権に参入するための、「ユーロコミュニズム」諸党の企図に関わる、焦眉の政治的諸問題と考えられていたものだったからである。なかんずくイタリアでは、共産党と「公認」労働運動の王国の外部に、広大かつ活動的な左翼政治の領野が存在し、国家内部での制度的同盟に対峙していた。

本論文は、国家に関するさまざまなマルクス主義理論とコミュニズムの理論を、マルクス的パースペクティヴと七〇年代に活発だったラディカルな社会運動のパースペクティヴの双方から、再考している。こうした先行研究文献の再考は、コミュニズムの伝統の有用な局面を見極めて照らしだすために必要である。そしてより重要なことは、現代の政治的対立に関する国家論の問題構成を位置づけるために必然的なものである、ということだ。本論文全体をつらぬく説得力は、当時イタリアで成長しつつあった政治活動に支えられているが、それはマルクスが『ルイ・ボナパルトのブリュメール一八日』において断言したものと同じ主張である。すなわち、これまでのあらゆる革命は国家機構を完成させてきただけだ、という主張である。しかし、いまでは革命は国家機構を打倒するためにあるのだ。

修正主義の伝統とその国家概念

「国家独占資本主義は資本主義的独占への国家装置の従属関係のなかに存する。」スターリンが一九三〇年代に第三インターナショナルに対してこの規定を提起してからこの方、労働運動の公認潮流は国家論の展開においてわずかな進展しかみせておらず、それゆえ大恐慌に応じて資本主義国家において作用している諸変化に照らして、国際コミュニズムの政治方針を調整するためになされなければならない分析の任務を無視してきた（第二章参照）。独占資本と国家構造の関係性の機械的・道具的概念は、手つかずのままに残されている。この観点に従えば、大独占資本（資本主義的発展の必然的な副産物あるいは派生物）は、連続的かつ正確な仕方で、国家の諸運動の指揮を執ってきている。国家は、大独占資本（資本一般の特殊かつ限界を定められた一部としての）との融合に達し、大独占資本に従属する。[1]大独占の（支配的あるいは／そしてプロレタリア的な）法的諸構造の、結果として来るべき修正は、国家によって強制される従属の関係性には抵触しない。その逆に、エリート支配者たちの相互関係をいちだんと強め、独占支配の性格と方向を堅固にする。「実際には、企業と政府とのあいだの摩擦のように見えるものは、支配階級の内部における摩擦の反映である」（Baran and Sweezy 1966 : 67。Jalée 1972 も参照のこと）。従属の道具的関係性は、どちらも変化していない。何かあるとしても、むしろそれは、諸独占の超国家的《スーパーナショナル》そして／あるいは多国籍的《マルティナショナル》な組織と国家独占資本主義（国独資）の展開によっていちだんと強化されてきているのである。

そのような国家の再形成（「諸独占の奴隷」）の政治的目標は、公認労働運動の伝統に関してまったくといってよいほど経験を持ち合わせていない誰にとっても、ただちに明らかである。それらの目標は、（社会全体の観点からは）国家に対しての発展の新たな一モデルを（さもなければ権力の媒介と諸独占の意志の伝達のための座を）強制し、社会に対する国家の関係性がもつ専制的性格に抗して（独占による国家の組織化を攻撃する諸改革を通じて）たたかい、そして諸独占の影響を国家から（社会的同盟のもっとも広範なシステムを通じて）放逐しながら、資本主義的発展の所産と諸独占の権力の歪みとに対する、もっとも広範な社会的戦線での闘争を組織することを必要としている。要するに、民主主義と多数派の名のもとに、市民社会と独占資本国家（しばしば「ファシスト国家」とも呼ばれる）とのあいだの敵対的弁証法を開きながら、闘争を組織することを必要としているのである。「国家の独占資本分派に対する『使用人‐用具』関係は、上からの革命をするのに適当とされる国家を、人的絆によって、一握りの独占資本家の手に委ねる陰謀と理解されている。全人民は、この権力簒奪者たちを放逐せよ、そうすれば、国家が残りの仕事をしてくれるだろう」（Poulantzas 1973：273）。

これらが「国家独占資本主義」論の政治的対象である。明らかなのは、それとは異なる対立した国家概念が、異なる対立した諸規定、諸戦術、諸戦略をもたらすだろうということである。だがしかし、二、三の異議申し立てが国家独占資本主義論自体の内部で起こっている。たとえばある論者は、国家と独占諸勢力は融合してきているという宣言を和らげようと〔以下のように〕試みている。「独占資本主義と国家とは別個の力で」あり、それらの力は一点に収斂するが、そこには独占に対する硬直した一方的な国家の従属は存在していない（Varga 1968 および Varga 1969 を見よ）。こうした異議は、しかしながら、本質的な点をうまく提起しえていない。というのは、それらの異議は国家―社会―資本の関係性を問題化する力を有しておらず、そのため国家の主幹的なものを一個の独立した社会的機能として再提起しているからである。このことは、国家と資本との関係性の新たな局面、すなわち国家と資本の二つの地平の相互浸透という観点から見て「質的に新たな」局面に入ってきていることが広く認識される際に（この論点について現在入手できる最良の便覧である、Wygodski 1972 に述べられているように）、ますますドラマティックになっている。国家独占資本主義の諸理論は、この認識を資本の社会的生産の過程全般の分析において取り上げていないばかりでなく、テクノロジーや科学のようないくつかの特別な論題をめぐっても取り上げてもいない。

階級闘争の現局面によって見いだされた諸問題、階級闘争の現局面から生まれる理論、そしてその現局面から導き出される戦略的企図は、はなはだ異なっている。資本と国家との新たな関係性の質——言い換えれば、それらの接合は社会総体の水面上で展開しており、その水面は資本の再生産の諸要求の内部に完全に包摂されているという事実——は、国家独占資本主義論を完全に逸脱しているように見える。この見地からすれば、国家独占資本主義論は、エリート主義的国家論の一変形として見え、国家に特有なものを分析するという文脈そのものにおいて、国家の組織化の物質性がもついくつもの重要な要素、たとえば適法性、「国家の」正義、「合意」の必要、媒介メカニズムの連続性と有効性を無視している。(2) これらの要素すべてが、大独占資本の無情で強迫的なイメージが、奇妙に空虚で沼地じみた領野への移動に終わるような仕方で、「主体性」の場に追いやられている——そしてその空虚で沼地じみたところこそが社会的敵対が生起するだろう領野というわけなのだ。その際、この理論の基本的な信念は、国家の資本主義経済は、客観的な価値性と有効性からなる一個の閉じたシステムだ、というものである。この理論的土台からすれば、純粋に道具的な国家概念、すなわち政治活動のたんなる主観的自律性の文脈への放逐と、独占の支配的権力に対する抑圧された市民社会の動員という仮説としての民主主義戦略の取るにたりない仮構が、結果として生ずるのである。(3)

私たちは、国家独占資本主義論の明らかに矛盾をはらんだ一定の特質を強調する契機を、つかまなければならない。この論が示す露骨な機会主義は、本質的に、客観的側面（機械的・物質的・必然的な結合《ネクサス》としての国家 - 独占の関係性）と主観的側面（道具的・意志的結合としての国家 - 政治の関係性）とのあいだに打ち立てられた両義性に存している。国家は、独占に従属しているかぎりで一個の基本的構造であり、それが政治的国家であるかぎりにおいて、一個の純粋なイデオロギー的で（土台構造）反映的な上部構造である。同じことが市民社会に対してもあてはまる。市民社会は、一方で、独占による発展の抑圧的・必然的構造に従属しており、他方で、抗争と敵対の可能な一つの場として主意主義的に理念化されている。しかし実際には、その過程の唯一現実的な敵対的要素は、独占の発展それ自身の矛盾のなかにある。この観点からすれば、国家独占資本主義論は、破局的崩壊論の純粋客観主義的な一ヴァージョンを生じさせるものである。

国家独占資本主義論において労働者階級の闘争の場に言及しようと試みる誰もが、結局は何も成果を得ないままに終わるだろう。実際、資本の生産過程および再生産過程における、搾取の物質性と資本主義の発展（と危機）の諸構造とのあいだの結合《ネクサス》の問題は、決して提起されはしないのだ――よくいっても、国家独占主義の形態における、資本主義的再生産過程の必然性と階級闘争の完全にイデオロギー的な性格が承認されたときには、その問題はあらかじめ解決されていたのである。その一方で、階級闘争の最終目標は、独占的編成の変形に抗する発展の資本主義的合理性の再確立（「社会主義」？）であるほかはない[4]。階級闘争の場は、国家独占資本主義の極端で支配的な概念においては、たんなるイデオロギー的非決定の場であり、その結果として民主的闘争の場に酷似している。労働者の階級闘争は、その質的特徴のすべてが退けられたまま、「偉大なる大衆」の闘争と混同され、「偉大なる大衆」の闘争によって否認される。かくして、階級的目標と権力の目標とのあいだのいかなる関係性も消え失せるのである。

国家独占資本主義論のさほど極端ではない諸ヴァージョンにおいてさえ、階級闘争の還元主義的概念がまだ存在している。とりわけ、すでに注意を払ってきたように、近年の研究には、独占主義国家と社会の科学‐技術的構造のあいだの相互関係の拡大と密集性を主張する、権力の独占的接合の社会化に対する言及が存在している[5]。ここでの両義性は極端なもので、「客観的諸要因」と「主観的諸要因」とのあいだの不一致は、爆発寸前の危機状態にある。いずれにせよ、この場合でも、階級闘争の今日性は極小のものにされている。階級闘争の今日性が、独占の客観的諸矛盾の弁証法へと即座に導き戻されなければ、矛盾はエンゲルス風の修正主義路線あるいはテクノクラート的路線にしたがって、社会化されるだけに終わってしまう。

方法論的観点からすれば、国家独占資本主義論は、マルクス主義とマルクス主義的諸範疇の中立化された極値と、イデオロギーの物神性、イデオロギーの自律性、そして大衆の政治的意志を極端化することの双方に基礎をおいている（『独占と国家』のR・エビングハウゼンとR・ヴィンケルマンの序文（Ebbighausen 1974 : 9ff.）を参照）。私たちが関わりをもつかぎりでは、明らかに多様であり実質的に同時に生ずるこれらの緊張は、階級の観点からする統一の歪曲と神秘化にともなって、もたらされている。要するに、国家独占資本主義論は、搾取についての知識および搾取に対する闘争から導き出される労働者の観点を資本の社会的生産の制度的世界と一緒くたに議論することがまったく不可能なものであるのに、資本主義的分配の機能不全にその諸原理を見いだす理論なのだ。

国家資本主義に関する共産主義的理論を展開に導いたいかなる理由であれ、そして一九六〇年代におけるその刷新へとつなげたいかなる動機であれ、いま私たちが認識しなくてはならないのは、この理論が、私たちが可及的速やかに遠ざからなければいけない、ボロボロの先駆的偉業《プラネット》を代表しているということである。(6)

問題を位置づける——マルクス的アプローチ

「国独資」に関する長い前口上は余計なことには見えないと思う。これから見るように、その枠組の粗雑さにかかわらず（あるいはそのおかげで）、国家独占資本主義論は、予想以上に強力な効果と直接的な影響を有してきたのである。この理論が生みだしたものはじつに膨大である。それらは国家に対立する独占の関係性（顕著な資本主義経済の現実性）の一般的規定に限定されないばかりか、権利生産のメカニズムの規範的規定（社会活動の規範）、国家と社会的コンフリクトのあいだの関係性についての純粋に抑圧的な非弁証法的（短期・中期・長期的な）概念、さらに国家と階級闘争の関係性へのシニカルかつ冒険主義的なアプローチ（「知性の悲観主義、意志の楽観主義」）をも含んでいる。このことすべてと、闘争状態にある二階級——資本と労働者階級——の諸実践の現実とのあいだの不均衡は、すぐさま明らかになる。しかしながら、国独資は、マルクス主義的国家規定のうえに正当化され、打ち立てられている。「近代的国家権力は、ブルジョワ階級全体の共通の事務を処理する委員会にすぎない」（Marx and Engels 1965：35）。これが国独資の「正統信仰」である。

「正統信仰」は私たちにさほどの関心を抱かせない。しかしながら、伝統に対して、例のおきまりの敬意を払う一方で、少なくとも他に二つのより複雑かつ包括的な国家規定（それは過度に単純化されている）がマルクスとエンゲルスの著作のなかにあることに注意を向けなければならない。(7) 第一のものは、『ドイツ・イデオロギー』において定式化されたものである。

ブルジョワジーは、彼らが一つの階級であって、もはや一つの身分ではないという理由からだけでも、もはや局地的にではなく国民的に組織され、彼らの平均的利害に普遍的な形態を与えざるをえない。私的所有の共同体からの解放によって、国家は、市民社会とならんで、かつ市民社会の外にある特別な存在となったが、しかし、それは、ブルジョワたちが、外に向かっても内に向かっても、彼らの所有と彼らの諸利害の相互保証のために必然的に自分たちに与える組織の形態にほかならない。国家の独立性は、今日ではもう、次のような国々にしか見られない。それは、諸身分が諸階級に完全には発展しきっていないような国々〔……〕それゆえ、住民のどの部分も他の諸部分に対する支配に達しえないような国々である。〔……〕国家は、支配階級の諸個人が彼らの共通の諸利害を貫徹し、そして、ある時代の市民社会全体が総括される形態であるから、その帰結として、あらゆる共通の制度が、国家によって媒介されて、政治的な形態をとることになる。そこから、法律は、意志に、しかも、それの現実的土台から引き離された意志である自由な意志にもとづくかのような幻想が生ずる。（Marx and Engels 1976：99 強調引用者）

この規定は、『経済学批判要綱』および『資本論』においては「ブルジョワ社会の国家の形態での総括」として、その明確な定式が与えられている（Marx 1973：108）。かくして国家は、資本主義的諸利害の媒介を社会の組織化を通じて支配の再生産へと、徐々に内面化するのである。国家の市民社会からの解放は、階級闘争によって規定されたリズムに従った、市民社会の上へのあるいは中への、すなわち対立に満ちた組織構造内部への、継続的な弁証法と媒介によるふたたびの折り重ねの条件にすぎない。抑圧機能と組織化機能のあいだの弁証法による媒介は、資本主義国家の形状・生命・進歩となる（Negri 1977 を参照せよ）。この観点から見れば、マルクスは『資本論』の一章を国家に充てることを計画していた。「全体は六篇に分かれている。⑴資本について（一、二、三の序章を含む）、⑵土地所有について、⑶賃労働について、⑷国家について、⑸国際貿易、⑹世界市場」（Marx and Engels 1942：95）。それゆえに、国家の原動力は資本のそれに付随する。つまり、国家によって実践される蓄積の諸機能から信用組織および金融システムへ、そして工場立法から労働日の組織化へ、ということである。

マルクスとエンゲルスは、もう一つの国家規定として、この論理のさらなる契機を展開してもいる。国家は、いったんブルジョワジーがその「これ以上近代的生産力を管理してゆく能力がないこと」（Engels 1969：330）を表すや、「私的所有による制御のない私的生産」（Marx 1967：438）を維持するために、資本主義的発展のおける決定的な点に介入をおこなう。この文脈において、エンゲルスは観念上の総資本家として国家の形象を提示し、「国家がますます多くの生産力を引きついで自分の所有に移せば移すほど、それはますます現実の総資本家となり、ますます多くの国民〔市民〕を搾取することになる」（Engels 1969：330）と主張する。エンゲルスの規定は、通常用いられるもので言葉どおりの悪意に満ちているが、いっそう周到な注目に値する。「しかし、株式会社への転化も、国家的所有への転化も、生産力のもつ資本という性質を廃止するものではない。株式会社の場合には、このことは手にとるように明白である。また、近代国家は、これまた資本主義的生産様式の一般的な外的諸条件を、労働者や、さらに個々の資本家の侵害から守って維持するために、ブルジョワ社会が自分のために作りだす組織にすぎない」（Engels 1969：330 強調引用者）。国有産業では、そのとき、「労働者はあいかわらず賃金労働者のままであり、プロレタリアのままである。資本関係は廃止されないで、むしろ絶頂にまで推し進められる」（Engels 1969：330-1）。この意味において、国家は「どういう形態をとっているにせよ、本質上は資本家の機関であり、資本家の国家であり、観念上の総資本家である」（Finzi 1970：491-2）。

仮にこれらの規定に照らして現下の資本の国家の問題を再提起しようとしたならば、マルクス的言説から生まれる二、三の要素を強調しなければならないことだろう。

一、提起された諸規定は、マルクスの言説においてダイナミックな性格をもっており、国家と資本のあいだ、および資本主義国家と市民社会のあいだの関係性の異なる諸局面、あるいは質的な飛躍に相応している。マルクス的分析のプロジェクトのこうした道筋は、現実の傾向性がもつ運動に対応しながら、最小限の統合から最大限の統合にいたるまで、その双方の対に及んでいる。それゆえ、運動は、資本による国家の最大限の道具化から、資本主義国家による市民社会の最大限の組織的統合にまで及ぶ。階級闘争の現在の局面では、資本主義国家は、予見可能な限界ぎりぎりの、市民社会の構造的統合のレヴェルを示している。資本主義国家は一個の「観念上の総資本家」として現実に規定されはじめているのである。いくつかの点で、資本主義国家はそれ自身の規定諸範疇を、「生産的資本」の同じ規定諸範疇と結びつけるところまでいたっている。このことが真実だとすれば、今日提起されている根本的な問題は、総資本家と現代国家との関係性がもつ構造的物質性を研究することであり、その関係性から生じる組織的接合を、換言すれば、国家によってますます統合され指揮されるようになっている資本の社会的再生産の諸結合を研究することである。国家独占資本主義論によってなされていることとは対極的に、国家－資本－社会の関係性の構造的理論と、これらの相互関係の構造的性格に対して充分な政治戦略がなければならない。

二、マルクスが『経済学批判要綱』の別の頁で概略的に提示しているように、統合の進歩的弁証法は、搾取の包括的メカニズムの固有の原動力を露にする——すなわち、次のような方向をもった原動力である。

> 次には、国家。（国家とブルジョワ社会。——租税、または不生産諸階級の存在。——国債。——人口。——外側にむかっての国家、すなわち、植民地。外国貿易。為替相場。国債的鋳貨としての貨幣。——最後に世界市場。ブルジョワ社会が国家を乗り越えて押し拡がること。恐慌。交換価値のうえに打ち立てられた生産様式と社会形態の解体。個人的労働を社会的労働として、またその反対に、社会的労働を個人的労働として実在的に措定すること。）（Marx 1973：264）

国家論は弁証法的に資本主義的生産様式の危機論と、つまり労働の歴史的阻害物を打倒するほうに導く方針を持った理論と結び合わされている。国家論はそれゆえ、弁証法的に危機論を介して、労働者階級の理論へと結びつけられている。国家と総資本家との関係性の構造的分析は、その際、構造転換の歴史的展開とその転換の根本的契機としての危機の特権化との決定的分析に関して、たんなる予備的役割を割り当てられるにすぎない（Bologna, Carpignan and

Negri 1974 を見よ)。

三、第三に、上のような諸前提を立てれば、国家‐総資本家関係のあり方と危機における諸修正の正確な決定の構造的分析は、諸転換につながり効力を与える階級メカニズム(および階級間の闘争における力関係のあり方)の分析へと引き戻されなければならない。コミュニズムの政治戦略は、国家構造論・危機論・階級論の傾向的(すなわち、特定の政治的観点による)統一から生まれる――それは、労働者階級の政治的構成が有する異なる個々のレヴェルに、連続的に応じる統一である。「実在的な主体は、あいかわらず頭脳の外で、その自律性を保って存在しつづける。すなわち頭脳がただ思弁的にだけ、理論的にだけふるまうかぎりでは、そうなのである。それゆえ理論的方法の場合も、主体である社会が、前提としていつでも表象に思い浮かべられていなければならない」(Marx 1973: 101-2)ということが真実であれば、決定的な階級的実践の基礎のうえでの固有の傾向的再統一と傾向的再設定を否定するいかなる「部分的」分析も、無意味であることの危険を冒している。

近年のコミュニズム的国家論はこれらのテーマを徹底して扱っている。それでは、その論議の筋道を拾い上げ、提示された順にこれらのテーマに取り組むことにしよう。

理論の現段階――ネオ・グラムシ派のヴァリエーション

直接にこれらのテーマに取り組む前に、もっとも新しいコミュニズム的国家論のいくつかのヴァリエーションを概観しておかねばならない。それらは、資本の国家の新しい質の規定にむけた構造的アプローチの必要性を強調し力説しながらも、いまもって政治経済学批判の堅固な領域上に分析を立脚させることができているようには思われない。この論点をめぐる、もっとも包括的で最新の、そしてもっとも広く出回った二著作、ラルフ・ミリバンドの『資本主義社会における国家』(Miliband 1970)とニコス・プーランザスの『政治権力と社会階級』(Poulantzas 1973)では、意図とアプローチが決定的に構造的であることは疑いを容れない。ミリバンドのほうでは一定のプラグマティズムが、プーランザスのほうでは明らかな分析上での傾向が、現代国家の新たな物質的一貫性の諸要素へと、論議をいくぶんか向かわせている。どちらの著作も問題構成の豊かな取扱いをみごとに提示している。そのうえで、問題は次のように正しく提起されている。つまり、いかにして・どの次元で、国家の階級的性格をそのままに保ちながら、経済的諸関係に関して現代国家の「相対的自律」が決定されているのか、を扱うという問題である。取り組まれているのは、要するに、現代国家と「観念上の総資本家」との関係性の弁証法的分節化の探求なのである。

しかしながら、どの程度までこれらの努力は実を結んでいるのだろうか？　ミリバンドとの論争において、プーランザスは本質的に二つの種類の批判を惹起しているが、それらは整合的で相伴うものとなっている。第一には、方法論的批判がある。ミリバンドが抱えている問題点について、プーランザスは〔次のように〕主張する。

客観的な諸構造として社会諸階級と国家を把握することに、そして、通常の諸結合の一客観的システムとしてのそれらの関係、すなわちその行為主体たち・つまり「人間」が、マルクスの諸著作中においては、それの「担い手」——träger であるような、一構造と一システムを把握することに、〔ミリバンドの問題点は〕存している。ミリバンドはいつも彼にとっては社会諸階級あるいは「諸集団」がある点では人格間の諸関係に還元可能であり、国家は国家装置を構成するさまざまな「集団」の構成員からなる人格間の諸関係に還元可能であり、そして結局は社会諸階級と国家との関係はそれ自身、社会集団を構成している「諸個人」と国家装置を構成している「諸個人」の人格間の諸関係に還元可能である、という印象を与える。(Poulantzas 1969 : 70)

続いて、実質的な批判が存在する。このパースペクティヴから説かれるのは、「資本主義システムの根本的矛盾は、マルクスによれば、その社会的性格と『私的目的』との間の矛盾では一切なくて、生産諸力の社会化と生産諸力の私的領有とのあいだの矛盾である」ことをミリバンドは忘れている、ということである。それゆえに、ミリバンドによって成し遂げられたシステムの分析はすべて、その客観的諸関係において、マルクス主義的分析よりもむしろ「社会的活動」の社会学的イデオロギーに典型的な媒介変数にしたがって、解体されてしまうのである。[8]

プーランザスの論争的評註は、ミリバンドの著作の注意深い考察によってまさしく正当化されている。実際、ミリバンドのほうでは、「観念上の総資本家」と現代国家の関係性の問題が、「国家、経済的支配階級、そして国家エリートのあいだの交錯する関係性の経験論的問題」（Guastini 1971）に、無意味にしかし安全に変形されているのである。そこでは、ミリバンドはマルクスの著作ではなく、C・ライト＝ミルズの著作と同じことをいっているのだ！　さらに、ミリバンドにとっては、社会的活動についてのブルジョワ理論の回復が可能なのである。なぜならば、生産諸力の社会化と現代国家を構成する「新たな要素」を主張しながら、彼が根本的な事実をとらえているようには思えないからだ。その事実とは、生産諸力のこうした社会化が、生産諸力と生産の資本主義的編成のあいだの敵対に満ちた弁証法を再生産し増大させている、ということである。その事実とは反対に、ミリバンドにとっては、社会化は諸勢力の矛盾の媒介であり、社会化に関連して、敵対の諸要素を再導入する領有の「可能な」法的な意味での私的性格にすぎない。

アレッサンドロ・セラフィーニはこの点を以下のようにじつにうまく表現している。

〔ミリバンドが〕言及している市民社会は、たんにマルクス的な「物質的な生産諸関係の集合」であるだけでなく、イデオロギー的・制度的な諸関係をも含んでいる。つまり、ミリバンドの言及のシェーマは、マルクス的ではなくグラムシ的なのである。それがもたらす結果は重大であり、それらの結果は市民社会に関する国家概念、国家機能、そして国家の位置に適用されている。物質的諸関係と国家のあいだに、第三の契機が挿入されているが、それはミリバンドが一般的に「政治的」レヴェルと呼んでいる、諸媒介のさらなるレヴェルなのである。この文脈において、国家の「可能性の諸条件」それ自身が提起される。つまり、この自律した文脈では、国家による力の独占の正統化と実践を可能にする、かの合意のための基礎が提起されるのである。この「政治的」レヴェルは、それゆえ、肯定的で活動的な用語となる。それは資本主義権力が正当化のみならず基礎をも見いだす場なのだ。その結果、国家はこの包括的メカニズムの産物であり、このメカニズムの制度的結果は、諸イデオロギー間および諸利害の表象のあいだの闘争の産物ということになる。マルクスとは対極的に、ミリバンドは、自動化され作動するようにされた政治的レヴェルとしての諸制度の基盤――その言葉のもっとも広い意味での基盤――を提示するのである。そしてレーニンとは対極的に、ミリバンドは、資本の支配の包括的な政治的メカニズムによって制御されるにすぎないものとしての国家を提示するのである。(Serafini 1970：39-40)

私たちは、プーランザスがミリバンドの枠組のさまざまな実質的限界の一部をどのようにとらえているのかを見てきた。彼が述べている方法論的言説と実質的批判は、資本主義国家の問題のより「客観的」な基礎をかためるための要請において結合されている。しかし、どの程度プーランザスはこのことを把握できているだろうか？　ミリバンドに対して遂行された「エリート主義」と「私的法的性格」のラディカルな批判は、どの点まで、コミュニズム的国家論の現実の機軸を同定することを可能にしているのだろうか？

何人かの評者は、プーランザスの言説がもっている混乱した性格を強調している（Finzi 1970 および Guastini 1971 を参照）。この諸要素の混乱の根拠と理由とを同定しておくほうがよいだろう。つまり、プーランザスにあっては、コミュニズム的国家論は一個の「部分的研究」――たとえそれが主に経済的なものであっても、ある特殊な部分におけるものである――として形象化されるきらいがあるという事実である。[9] しかしながら、取るに足らないものに見えてくるほどの――労働過程に関しては一語もないままの！――「最終審級」において、経済の優位が客観的に投影されるようになっていながら、しまいに、「国家諸形態」に関する諸理論の新たなヴァージョンに部分的特殊性自体が直面していることを見いだすようにほとんど思われるほど、部分特殊性が広いものになっている。[10]

しかし、立ち止まって、よりじっくりと問題を見なければならない。私たちはプーランザスが採用した「アルチュセール派」の方法論の批判を論ずることには興味がない。[11] この方法論のさまざまな弱点が、考察されたそれぞれの「部分」において一連の「イデオロギー的自己展開」を決定していることをまずもって指摘することには、興味がわかないのである。「イデオロギー的自己展開」とは、これらの領域のそれぞれに対して、「一個の具体的な全体性において表現されているある決定的関係性としての根本的な階級概念」(Cardoso 1974：56) が抑圧されるにいたっている、ということである。あるいは、マルクスにとっては「思惟の複雑な全体性において明らかにされる、現実の複雑さの諸レヴェル」(Cardoso 1974：62) が存在している場において、ある現象の解釈のさまざまな局面のあいだでの「形式的」な弁別に関わる先入見が「人間的実践の別々の領野と別々の理論的圏域」を決定することで終わっている、ということなのだ。あるいはまた、最終的に、国家の「自律性」——一個の領域の場としての——が相対的であることについての、信頼に足る諸要素を見いだしていない、ということでもある(それゆえ、「ボナパルティズム」がブルジョワ国家の「永遠なる」要素だと考えられているのだ)。これはすべて二義的なことだ。しかし、二義的ではないのは、プーランザスの言説の方法論的一面性が、あきらかに、決定的であり思想的に表現された実質的枠組と接合されていることである。つまり、「政治的なものの自律性」がふたたび、生産諸力と生産の資本主義的編成のあいだの弁証法的結合としてではなく、むしろその二つの間に位置づけられた「第三のレヴェル」として提示されている、ということなのだ。これが意味しているのは、もう一度述べると、マルクス主義的国家概念の特殊な歪曲に向かってプーランザスの方法論が機能しており、生産諸関係のマルクス的世界ではなく、むしろ再構成された「市民社会」の物神——諸表象によって型にはめられた現実の階級的諸関係の、曖昧模糊としたイメージ——であるような国家の根本的レヴェルの同定のなかに、その歪曲が存在している、ということである。グラムシ的市民社会論がもっている、こうした歴史主義と観念論のカクテルは、断固として反歴史主義的で反観念論的であるような装いをとった理論的基礎として、思いがけなくもふたたび登場する。[12]「ヘゲモニー」のグラムシ的主題——ブルジョワ権力の諸構造がもつ機能の社会学的解釈の鍵である——は、ヘゲモニーの弁証法が観念と諸利害のたんなる表象とによって提供されているにもかかわらず、一個の「客観的」領域上に実体化され固定されるのである(Pizzorno 1967 と Poulantzas 1965 を参照せよ)。このことは、挿話的だが、同時にグラムシ的なヘゲモニー概念にたいそう迷惑をかけるものである。グラムシ的なヘゲモニー概念は、プロレタリアの党の活動と勝利に基盤をおいた仮説なのである! 最後に、分析の理論的対象の相対的自律性が分析結果を構成せんがために仮定されており、そのため、分析対象そのものが――他の部分的諸領域（とくに経済的領域）に関する国家の相対的自律性を同定しながら――神秘化されたままに残されてしまっている。その極限にあっては、「相対的自律」は国家の紋章ではなく市民社会の紋章を、つまり国家権力の執行の質を表す用語ではなくむしろ国家の基盤の特殊な記号を構成しているように見える。

ネオ・グラムシ派によるこれらのコミュニズム的国家論の定式の政治的帰結を見るならば、最終的に、私たちが指摘した限界にいたっていることを認識しなければならない。ここではふたたび、国独資論と同様に、国家はその相対的自律を労働者の階級闘争の敵対性に関して神秘化している。こうした観点からすると、労働者の闘争は、国家に抗して遂行されることはなく、遂行されうることもないが、しかし、市民社会のレヴェルにおいて媒介されなければならないのである。賃労働および賃労働の直接的組織者としての国家に反対する闘争はここにおいて阻害され、財の分配の世界における闘争のモデルと置き換えられるのである。労働者のためのマルクス的分析の基盤が否定されているために、賃労働の資本主義的組織化の新たな形態の分析は非生産的で取るに足らないものとなる。またもや分配が中心に躍りで、またもや私たちは表象と無批判な直接性の世界を与えられ、またもや私たちは政治経済学批判ではなく政治経済学と政治それのみと直面させられている。この意味で、ネオ・グラムシ派の国家論は、国家独占資本主義論の陰鬱な威厳ぬきに、つまりプロレタリア的党派主義の高みをもつことなしに、国家独占資本主義論の反復へとつながっているのである。

問題の再設定――分配から生産へ

さて、さきの「問題を位置づける――マルクス的アプローチ」と題された節で引用したテーマを取り上げよう。それは「資本主義の発展自体が、国家の活動範囲を押し拡げ、国家に絶えず新しい機能をわりあて、とくに経済生活に関しては資本主義の発展に対する国家の干渉と統制を、絶えずますます必要なものとすることによって、国家の性格を根本的に変えていく」(Luxemburg 1955: vol.1, 76) ことの理解という問題だけではない。それは、いかにして、この事態が生じるかを理解するという問題であり、階級闘争の過程のもつ全体性への変形の個々の諸局面を呼び返すという問題である。

一九六〇年代に、当時もっとも新しく、もっとも若々しく、そしてもっとも(政治的に)非正統的なマルクス主義的批判が、このテーマをいくらか満足のいく方法で提起しはじめた。傾向性と具体的な全体性の決定的抽象に関するマルクス的方法論の執拗な要請が、何よりも、論者たちにマルクス主義的な国家規定の正しい地平――いかなる修正主義的転向も、分析の構造的パースペクティヴとは無縁ないかなる言説の支えも、あらかじめ排除するような地平――を再規定することを許してきた(たとえば、Rosdolsky 1977 および Reichelt 1970 を参照)。資本主義国家の分析は(どのような研究の継続的発展であれ)、そのため、資本主義的敵対の本質的契機としての商品生産のレヴェルに基礎を据えなければならない。事実、

修正主義の諸理論、政治科学、それに数多の経済理論が、資本主義のもとでは国家は包括的かつ自覚的に経済的・社会的・政治的諸過程を調整できるという仮説を共有している。この文脈では、「社会国家」としての国家は「社会的生産物の分配」における資本主義的生産から独立しているであろう。そうした文脈の申し立てによれば、国家はその影響力を、資本主義社会を改良するために、社会主義へと徐々に転化するためにさえ、用いうるのである。それゆえ、この概念は、「分配の範囲と生産範囲は相互に独立した自律的な隣接しあうものである」ことを仮定してもいる。その結果、「分配」は、生産と生産を支配する諸法則によって配置された、根本的に操作不可能な諸制限によって影響を及ぼされるはずがないというわけである。(Müller and Neusüss 1975: 18-9)

しかしながら、この主張は、それに由来するあらゆる幻影と神秘化をともなっており、完全に誤っている。「資本主義的生産様式の特殊な要素は、社会の経済的再生産の基盤が資本の流通であり、収入の配分の範囲が資本の流通の

契機を表現していないという事実に存在する」。生産過程の「二重性格」——直接的労働過程の資本主義的組織化を主宰する階級対立の記号としての——は、かくして、資本の流通の全範囲をおおい、その過程全体の場においては、いかなる局面も契機も、当初の敵対から独立している、あるいは自律的であるだろうと規定されえない。国家の「相対的自律」のことを、つまり分配のレヴェルに設定された多元主義的な社会的活動（あるいは力の諸関係）の「市場」としての国家のことをいう向きもあるだろう。しかし、このことすべてが純粋かつ単純な神秘化であり、先進資本主義諸国家の政治的生活において現に生起する何ものも、それに信憑性を付与することはできない。そのため、国家を規定するための試みは、生産にまつわる敵対の拡大再生産の一領野としての、資本の流通（および資本の社会化）の領域から、直接的生産の領域へとふたたび下降しなければならない。これがマルクスの道である。つまり、マルクスによる労働日の組織化と工場立法の分析は、この方法論およびこうした立論がもつ領域を指しているのである（Müller and Neusüss 1975: 60ff. および Tronti 1966 を参照）。マルクスの分析にあるように、国家はそれゆえ、資本内部での労働者階級の存在がもっている、組織的局面と抑圧的局面のあいだの包括的弁証法の頂点となる。国家概念は、これらの機能の敵対的なコントラストから弁証法的にのみ現れる。そしてその敵対がもたらすコントラストは、支配の観念的統一へ向かう連続的な傾向性のメカニズムと、階級の台頭の奥深い疎外過程のメカニズムの双方が、搾取の組織一般の姿態へと、国家の現実性をとどまることなく推し進める場なのである。いずれにせよ、「これまでに提出された問題はすべて、結局、一般的歴史的諸関係はどのようにして生産のなかへ作用していくか、歴史的運動一般に対する生産の関係はどうか、ということに帰着する。問題はあきらかに、生産それ自体の究明と展開とに属することである」（Marx 1973: 97）。

この問題の再設定とその固有の領域の再規定は、どのようにしても、私たちに関心を抱かせる主題を余すところなく述べはしないし、そのうえ、問題の諸特性、すなわち、いかにして資本主義的発展のなかにおかれた国家が統合されているのか、という問題に言及するだけであることを、すぐさま付け加えるべきだろう。私たちは、国家が流通領域において敵対にみちた仕方で統合されることを知っている。そして、生産の社会化、および生産の社会化に対する国家の指揮権の拡張が、本質的敵対の拡大再生産の諸契機であることを知っている。しかし、いま取り扱っている問題は、一連の結合が、それらの結合を現在それらがもっている姿態のなかで記述しつつ、そしてそれらの結合を階級と闘争の論理のなかに配置しつつ、生産の関係性の内部に開かれていることを強調する、ということなのである。

一九六〇年代には、労働者の政治的パースペクティヴの再構築の熱気あふれる雰囲気のなかで、そしてスターリン主義の危機の決定的な認識の後で、こうした方向でのいくつかの試みが展開されたのだった。分配から生産へという問題のドイツでの再措定は（ミュラーとノイシュスによる論文はドイツの運動においてもっとも広く読まれたテクストの一つだった）、当時のイタリアにおける一連の文献と比較されなければならない。すなわち、ラニエーロ・パンツィエーリの『イタリアにおけるマルクス＝レーニン主義の再生』（Panzieri 1972）からマリオ・トロンティの著作まで、そして『赤の手帳 *Quaderni Rossi*』誌から最近の運動の諸経験にいたるまでが、比較されなければならないのである。[13] これらのイタリアの著者たちは、その努力のなかで注意深く考察された諸結合を再定式化しつつ、国家という主題の再措定のプロジェクトを拡張しようと試みてきた。ドイツの経験以上にこれらのイタリアの経験では、たんに分配を取り上げた主題に対しての流通と生産を取り上げた主題、換言すれば、「賃労働者」および「市民」を取り上げた主題に対しての「労働者」を取り上げた主題の比率に関わる関係においてだけでなく、同時にそして何よりも、たんなる理論的仮説を越えて、分配の世界（分配を調整する諸勢力と分配の調整の縮図である改良主義）が生産領域における不服従運動に反応するという事態に従ったメカニズムの政治的検証に関わる関係においてもまた、問題が提起されたのである。

この観点から見れば、諸闘争の社会的展開、生産的労働の諸次元の拡張と同時に生ずる支配に対する不服従の実践の成長、そしてその抽象的性格の深化が、諸闘争に直面した国家の現実的弁証法に光を当てるようになってきたのと同程度に、国家の相対的自律は――一個の範疇かつ一機能として――再浮上してきている。[14] 国家の姿態は、資本関係の内的調整者という意味での「自律」として規定されることが可能であることよりもむしろ、その機能がみずからを自動的な資本関係と置き換えているということのなかにいかにして存在し、そして、闘争状態にある二つの階級の勢力位置から生じる、増大していく敵対的矛盾に満ちた関係性を調整することのなかにいかにして存在しているのか、を示している。

労働者の諸闘争の観点、言葉を換えればすなわち、生産のもつ敵対の分析のマルクス的特権化の観点からすれば、私たちが目撃しているのは、同時に生ずる一個二重の過程なのである。一方で、国家はやむなく、生産にかつてないほどに深く介入し、社会的な資本の代表者としてのそれ自身を形成し、エンゲルスのいう「観念上の総資本家」を人格化するために、実際その傾向性を現実のものへと変形している。他方で、このことが階級闘争のリズムへと拡がっていくかぎりでは、国家はその実践のためのより大きな相対的自律を、引き続いて獲得する。しかし、ここで注意を払わなければならないのは、この自律が、資本家階級に関して与えられるのではなく、あるいは資本主義的発展による搾取の論理をめぐって与えられるのではなくて、矛盾をはらみながら資本主義的発展それ自体を正統化していく価値と進歩の論理をめぐって引き起こされている、ということである。国家は資本の集合的代表者、社会的資本の自動関係の代理人、言葉の完全な意味におけるブルジョワジーの党になる。労働者の諸闘争が、資本関係に影響を与え、資本関係を危機に追い込み、そして資本関係の内容がもつ価値をおとしめながら、そのようになることを国家に強いるのである。そのとき、国家の新たな相対的自律は、価値下落の状況にあってもなお、搾取権力の永続性と持続性に向けられた一個の意志であり、資本主義的指揮権の称揚である。国家の相対的自律は資本家の世界から分離されてはおらず、危機を決定し価値を破壊するより強力な能力であり、純粋に抑圧的な機能における危機の関係性の原動力と危機がもたらす帰結を支配する、より強力な意志なのである（Negri 1988 を見よ）。

労働者の闘争と資本主義の現下の危機に対して、適切な国家の問題をふたたび明確に提起する作業が意味しているのは、それゆえ、政治経済学批判と生産世界の分析基盤に特有の表現で表された問題を、ふたたび強烈に打ちだすことである。ここで念頭においておかなければならないのは、「（観念上の総資本家である国家が）ますます多くの生産力を引きついで自分の所有に移せば移すほど、それはますます現実の総資本家となり、ますます多くの国民〔市民〕を搾取するように」（Engels 1969：330）なり、それゆえに資本主義的関係は廃止されないで、むしろ絶頂にまでのぼりつめる、というエンゲルスの警告である（Engels 1969：330）。同時に念頭におかなければならないのは、生産諸力と生産諸関係とのあいだの極端な断絶のこうしたレヴェルが、資本が有する破壊的な能力を増大させていることである。搾取の社会化と危機・価値下落・破壊を決定する力の拡大とのこの混成物は、国家の姿態をその「相対的自律」において今日作り上げているものなのだ！

国家の構造的分析の諸展開——組織化のメカニズム

国家の構造的規定へと歩を進めてきた注目に値する寄与は、それがどのように評価されているにせよ、みずからをフランクフルト学派のなかに位置づけている著者たちからもたらされてきた。かなり伝統的である分析枠組から取り組みながら、そして法社会学のよく知られたいくつかの展開を採用しつつ、ユルゲン・ハーバーマスは早くも一九六二年に、市場の私的原理の解体と、その帰結としての、抽象と一般性によって質が決定された法規範の解体を主張した（Habermas 1962 を参照）。公共圏の弁証法が、公共圏に向けられた第一義的かつ優勢な命令からくる統一性によって撚り合わせられるようになった場、そして社会的統合と社会的な自律性の抑圧が近代社会にとって構造的になった場では、法治国家によって促進された保障は、国民投票の形態に合意の仮面がつけられた純粋な神秘化作用と化したのである。どのようなオルタナティヴが、文明化作用とブルジョワ世論の解体に対して存在しただろうか？　あらゆる自律性の機能が排除の原理のもとに凋落に向かった状況においては、純粋に主観的ではなくユートピア的でもないオルタナティヴは存在しなかった。「批判的公共性」は、いま現在にいたる過程で、たんなる「希望の原理」へと化してきたのである。

このハーバーマス的アプローチをマルクス主義的に展開しラディカルにしていく作業は、一九六八年の出来事をめぐる、じつにさまざまな論者が相争う議論に、時間を費やすべきではない[15]。私たちは、権力の全体主義的イメージが支持されるようにいたることによる、その論争過程を追うことに、さほどの関心をもっていない。私たちが関心を抱いているのは、国家の諸機能についての構造的分析における解明作業に従った、同時に〔矛盾しあう局面が〕生ずる過程である。みずからを剰余価値の社会的拡大の過程全体の代表者とする国家の能力は、じつに堅固な包括および排除のメカニズムの基盤上に打ち立てられている。クラウス・オッフェが主張するには、価値増殖の保証は、「経済的にも支配する少数者の政治的特権化というより、システムを危うくする欲求の具体化の確実な遮断と抑制」(Offe 1971 Offe 1972 もあわせて参照のこと)を保証することにおいて決定されるのではない。それゆえ価値増殖の諸過程は、搾取の諸過程と同様に、国家機構総体を介して広げられるのである。つまり、資本主義的価値増殖、資本の再生産、流通、現実化のすべてが政治的支配の範疇において同定されるようになっているのである。

社会的諸権力の組織を——正統マルクス主義〔?〕の伝統ともマックス・ヴェーバーに由来する支配の社会学の伝統とも一致して——権力手段を利害に従って利用するという志向にそった図式から分析されたようなパースペクティヴは放棄しなければならないのだ。それに代えて、福祉国家として規制された資本主義という条件の下では、政治的に組織された権力の利用過程のなかで出会うような特権化と行為の統御を機能的に説明するほうがより適切なように思われる。このような見方の転換が意味するのは、「支配階級」の(あるいはその事務の執行委員会の)構造的に特権化された「利害」ではなくて、「三つの基本的なシステム問題」——この克服が政治システムにとって利害に無縁な、事柄の法則に従った至上命令へと自立した——なる図式が、政治的‐管理行政的行為システムの分析に対する準拠点に高められなければならないということである。(Offe 1971：73)

三つの問題群とは、(1)「完全雇用の保障と均衡のとれた経済成長という問題を包括する経済的安定という複合体」、(2)「外交・外国貿易・政治的‐軍事政策といった諸関連の複合体」、(3)「住民の内面的統合の問題と関連している大衆的忠誠の保証という複合体」、である。

このこと全体から明らかであるべきなのは、国家の政治的‐論理的分析の基本構造が、資本の再生産のマルクス的規定を織り込むことによって生みだされてきたということである。分析の領野は、排除と周辺化に関するアメリカ社会学による数多の論文にもち込まれており[16]、ときに破局論のドイツ特有の基調を裏切っているが、生産諸関係の分析にいまなおしっかりと基礎づけられている。二、三の結論が、不利なものとされた諸利害の広い文脈を――社会において――決定することにつながっており、そのためにこれらの利害の階級関係へのいかなる直接的な還元も困難にされているという事実は、状況が有する階級的本性を排除するものではない。それはたんに、資本主義的社会化の趨勢の諸特殊性を規定しており、その特殊性をそれらの階級規定に特有な表現で拡張しているにすぎない。敵対の拡大に関する主張は、実際に、階級的用語においてそれらの敵対が特徴づけられる可能性を強めている[17]。

だがしかし、この点と並んで、私たちはなおも国家と市民社会の関係性の一般的規定の相対的な問題構成の領域にいるのである。この関係性のもつ全体主義的性格、諸関係の質、そして原動力は、いまやそれらの具体的なダイナミズムにおいて解明され分析されなければならない。

この点に関しても、最新の研究による重要な貢献が存在する。とりわけ、クラウス・オッフェは二つの根本的シェーマにそって、決定的な解明作業のもつこの問題構成を強調することを提起している。その二つのシェーマとは、政治的意思形成システムにおける支配のメカニズムの分析、および国家装置の支配機能の分析である。

私見では、これらのうちの第一のシェーマの基礎のうえに、もっとも重要な進展が作りだされてきている。ヨハネス・アニョーリがおそらくもっとも包括的な方法で描いてきたのは、国家がますます資本主義的価値増殖の直接の道具になってきていることによる傾向性のなかで、政治的代理と憲法＝構成的責任のメカニズムが、互いに入れ替わり――たんなる神秘化機能において――、あるいは互いに否定しあうことに従った過程である[18]。この場合、国家の「相対的自律」が否定されていることは問題ではない。そうではなくて、その状況が支配機能に関して規定されていることが、問題であるにすぎない。それゆえ、われわれは国家機構総体を、継続する統合と必然的な排除にしたがって市民社会が示す欲求のシステムを「濾過し」、「前もって処理する」ものとみなす。敵対と生産の圏域から分配の圏域へと資本主義的社会化の過程が拡大するという両極性は、資本一般の媒介的再構成に対して機能する多元主義において、解消されなければならない（そして解消されている）。資本一般――別の言い方をすれば、資本の一般的（政治的）媒介――は、社会的諸利害から獲得されるオルタナティヴに余地を与えることなく、諸利害に技術的‐経済的発展の客観的かつ必然的な論理を対置し連続的に諸利害の操作をおこないながら、政治的参加の論理を明確にする（Euchner 1967を見よ）。

政治的代理から表象の諸機関へ。つまり議会システムの危機は、議会システムの役割に従事し、社会的諸利害の統合および抑圧的媒介の機能と、社会的諸利害の潜在的な敵対性を破壊する機能の双方を引き受けるように、他の諸制度（政党、労働組合、その他）に強いている。成熟した資本主義国家は、社会諸集団の参加（しかし、しばしば参加は得られず、そうした事態はますます頻りに起こるようになっている）を要請する弾力的な道具化という手段によって、国家の厳格な選別機能を拡張している。政治的意志形成は、かくして、社会的多元性を（決定の極点まで）つらぬいている選別メカニズムを通じて、支配のシステムによってあらかじめ処理された（あるいは、ともかくも支配のシステムに包含される）明確さとして表現されている（Blank and Hirsh 1967 と Negri 1977 を参照せよ）。

選別的統合の諸過程の拡張された作動と、メカニズムの豊富さおよび相互連関にもかかわらず、資本一般の国家的戦略展開は、つねに――そして拡大された仕方で――未解決かつ解決不可能な敵対の台頭にみずからが直面させられていることを見いだす。その際、完全に論理必然的で補完的な仕方で、伝達および抑圧のメカニズムが統合的‐選択的メカニズムに付け加えられる。官僚機構と計画の諸過程を分析しながら、オッフェは第二のシェーマの構成的諸要素の分析を展開しているが、それは国家システムの直接支配の諸機能を取り扱うものである。あきらかに、そこでは官僚的行政システムが優勢である。成熟した資本主義システムの高度な民主主義は、調査システム、上からの圧力、そして行政活動の同じ「政治的な」正統性を決定しながら効果的な発展を許すような象徴的政治化に、影響を及ぼしている。行政機構によって強制された参加による選別のあり方は、継続してさらに完全に政治的に正統化された抑圧機能の執行を許す。この領域にあっては、国家の相対的自律が、またもや、その本質的な濃密さを完全に獲得するのである。社会的諸利害を「濾過する」作用において、それらの利害の組織的レヴェルの評価において、そして、統合そして／あるいは抑圧のオルタナティヴの継続的な決定において、国家は資本主義的価値増殖過程の政治的媒介を成し遂げる(19)。これはたんに一般的かつ制度的な点で機能するのではない。つまり「計画者 - 国家」が、資本の価値増殖過程の一方通行路を、公的意思決定の物質性をもって実体化するのである。客観的命令の柔軟性は、みずからを労働過程自体に組み込まれたものにしようとする。それは資本主義的機構が「政治的に」下意上達になるということである。そして国家は、マルクス主義的分析の領域においては、『資本論』の一章となるのである。

しかし、少し立ち止まって、この点を明らかにしよう。国家構造論の第一局面の提示において（組織化のメカニズムに関連して）、私たちは、「フランクフルト学派」の分析が上記の事実があってもなお強調する他の諸特徴を無視する一方で、理論枠組の首尾一貫性と国家構造論のもっとも革新的な提案者たちの知性について少しばかり強引なまでに称讃してきた。フランクフルト学派の注解が避けがたくもっている一面性と頑迷さ、その理論展開過程の傾向的質の過度な強調、そして、ふたたび繰り返せば、避けがたい論的破綻への不安が、分析中に、その哲学的な核として、すべて現れている。このことは、これらの要素が、分析それ自体とその結論の双方において、神秘化の効果を生んでこなかったのならば、たんに「周辺的」な特徴だということになるだろう。実際、理論的かつ政治的な歪曲はまさしくこの緊張から——資本主義社会における生産的労働の質、広がり、そして次元の正確な分析の不在における緊張、あるいはむしろ、「労働の包摂」のレヴェルの正しい規定の不在における緊張から——結果するように思われる。これまで論議した論者のほとんど全員において、（国家の姿態における）搾取過程の政治的統一に向かう傾向性に当てられた焦点から導かれているのは、政治的可能性の不均衡に関する過度の主張と、資本主義の直接的搾取から生じる不平等の基準に取って代わられた、搾取の制度的シェーマをめぐる、はなはだしい強調である。この文脈においては、政治的支配が解決しなければならないさまざまなコンフリクトが、階級構造にではなく、生活世界の不平等性についての平面的なシェーマに立ち戻るときに、支配の概念そのものが機能として把握されるのではなく、またしても無媒介の自然的本質となってしまう危険を冒している。支配の諸道具が純粋にイデオロギー的意味によって規定され評価される危険を冒しているのである。それゆえ、この現実的傾向性は、現在の現実の規定を阻む障壁となるが、その現在の現実はさらにいっそう具体的かつ明確なかたちで矛盾に満ちている。もし分析がその代わりに、生産的あるいは不生産的労働を装った社会的労働、直接的あるいは間接的に生産的な社会的労働、そして何よりも労働力の再生産の諸メカニズムに関連した社会的労働の分節化に焦点を当てるのならば、資本主義的計画国家の組織的構造の現実主義的規定、および事実の有効な状態により適合的傾向性をふまえた仮説を、さらにいっそう決定的に生みだすことだろう。

計画国家のさまざまな構造的分析は、ますますこの方向に動いてきている。ヨアヒム・ヒルシュはこの道筋にそって分析に取り組んできているが、それはほとんど秘密裡に、あたかも彼がある特殊な領域において「学派」の主要な仮説をたんに反復し展開しているかのごとく装いながらである(Hirsch 1970 を見よ)。実際、資本主義の価値実現の変化する社会的諸条件に対する国家行政機構の適応の諸メカニズムの分析は、言説の強調点を資本主義経済基盤と国家とのあいだに——多少とも直接的に——打ち立てられた結合へと移してきている。国家の計画は、システムの経済成長の終焉に関係する諸対象の内的差別の基準としてだけではなく、何よりも、資本主義的搾取関係の再生産にふさわしい社会的編成の継続的な決定作用に繋ぎ止められた主導権としても、それが現出し機能することのもつ政治的必然性をあらわにしてきたのである。後期資本主義においては、市民社会と国家の関係性は、均衡状態にある(均衡が収入、投資、そして資本主義的な欲求の規定の資本主義的分割を意味しているような場での)経済成長と労働力と生産諸条件(利潤)の社会基盤をなす再生産を目的とした、一個の戦略でしかありえない。資本主義的社会化は、それゆえに、特殊な意味において、搾取の関係性の社会化であることに立ち返っている。国家機構総体は、搾取の資本主義的関係性のこうした社会化を制御するための必然性の基盤上に展開しているとみなされている。諸商品の資本主義的流通の社会基盤の分析は、またもや、生産的労働の規定に屈服し、国家装置をともなったその強力な社会的台頭に直面しなければならないのである。その一方で、国家と資本主義的発展の関係性の構造的特殊性は、危機によって想定された新たな姿態によって、否定的に立証されている。発展のこのレヴェルでの危機は、つねに政治的危機としてもたらされる。このことは、危機がもはや物質的な経済の用語で規定されえないからではなく、まさしくこの特殊性が非常に拡大され、それ自身の姿態を政治的用語においてはじめて認識可能であるような社会的諸条件を前提としているからなのだ。資本主義的社会化と国家との相互関係は、それゆえ、政治的なものの称揚のただなかで、もはや克服不可能な階級の決定を見いだすのである（Hirsch 1973 も参照せよ）。

同じような枠組が、ドイツにおける研究に広い素養を有するアメリカの論者、ジェイムズ・オコンナーの『現代国家の財政危機』（O'Connor 1973）において、いっそう先まで進められている。高度に展開した資本主義社会においては、国家は蓄積の諸機能と正統化の諸機能の双方を遂行しなければならない。蓄積の諸機能は、社会的不変資本と社会的可変資本双方の再生産費用の社会化を支持する傾向がある。正統化の諸機能もまた、社会的消費と公共支出というマルクス的範疇において、すなわち社会的需要と資本主義的供給とのあいだの直線的で相応する関係性の決定を目的として、定量化されうる。この提起のもっとも興味深い要素は、社会的蓄積の諸審級を正統化の諸審級に対置した対立関係である。

オコンナーはこのように、フランクフルト学派によって打ち立てられた、統合的諸メカニズムと抑圧的諸装置のあいだの強力な互換性を、矛盾の極限まで推し進める。対立関係は、国家機構のあらゆるレヴェル、金融・財政メカニズムから通貨メカニズムにいたるまで現れる。だが、このことすべてがほのめかしにすぎなくても、現実には、矛盾は抽象的なものではない。矛盾は組織された敵対的な社会的諸勢力の台頭とともに、再度現れはじめる。利潤メカニズムと公共支出の財政メカニズムとが、うまく一致することは不可能になる。それは、蓄積の正統化がもはや保たれないからである。そして危機が政治的危機――国家の危機――として表現されるからである。

私たちはたしかに、資本主義の構造とそれを特徴づける諸矛盾の客観的分析という（かなり後退した）領域にいまだいるのである（そして同時に、計画と生産的合理性としてのコミュニズムという観念にいまだに取り組んでいるように思われる）。しかし、そうした状況を越えてフランクフルト学派の構造的分析を回復する道は、開かれているように見える。資本家間の関係（および利潤の分け前をめぐる闘争）からではなく、階級間の闘争から帰結する決定的諸矛盾に向けられた言及が――後期資本主義の計画国家たる構造的モロク神の内部で、それに抗して――登場しはじめている。階級闘争は、このように、フランクフルト学派が国家に与えてきた構造的イメージのなかに、導入されているのである。

このことはほじまりにすぎない。ほかの理論の軌跡上には、国家構造論の再登場と、階級闘争の主題に対する構造論的開かれが存在してきた。それはまるで、（道具的国家 - 独占関係論における）一種の素朴唯物論にあまりにも長く服従させられてきた後に、理論がもう一度反対方向に向きを変えられたような様相を呈しており、素朴唯物論の決定的否定が、国家の機能的諸メカニズムの特殊性を回復するほうに向かう弁証法的位置において、提起されてきたかのようである。この道の終点には、綜合《ジンテーゼ》の諸要素が再提起されているが、それは労働者の観点からの分析のこれまでの複雑性を超えでて、新たにそれらの諸要素を再構成するものである。当然のことだが、この弁証法的展開は思想の軌跡に関連しているにすぎず、私たちにとっては解説のためのガイドとして役立つにすぎない。

たしかにこのことは、最近の循環局面における資本主義の危機の諸要素の暴力的な再浮上に関して、徐々に国家構造論の求心的な単線性もまた危機に陥ってきたという事実を指摘することによって立証できる。危機に陥ってきたというは、マルクス主義国家論の展開において表現されていた、質的飛躍の否定という意味においてではない。発展の内部にグローバルに含まれているものとして、そして発展の内的媒介として、国家が現前されているという事実は、一個の決定的かつ不可逆な要素である。それが危機にいたったのは、むしろ、国家が——すでに自動的な資本関係の代理人として同定されていたが——いかにして危機に服従し、どのような形で危機に巻き込まれ、いかに危機に反応したのかを示している、という意味においてである。

オッフェが彼の観点から苦心して取り組んできたのは、危機論の最初の素描である（Offe 1972: esp. 169ff. および Offe 1984 を参照）。国家と個々の資本家の関係のあり方の変形可能性が、長期的な展開すべてにわたる調和を創出するための根本的条件をなしていること、そして国家によって想定された関係を移行させていく機能が、本質的に市場の経済諸法則の力を修正するべくつとめていることを明細に述べてきた後で——換言すれば、国家において資本主義的発展による包摂がもっている複雑性と接合作用を強調してきた後で――、オッフェは、国家に対する市場調整機能の転移の必然的な一効果として、危機の再登場を説明している。公共セクターの無政府性は、経済成長の絶え間のない合理化の必然的相関である。このことは諸矛盾の再登場のレヴェルに関しては正しい。さらに、矛盾の質に関して、(オコンナーの分析結果を採用しながら) 注意を払わなければならないのは、それらが蓄積の諸過程と正統化過程の関係性がもつアポリアにおいて、あるいは――オッフェならばそのようにいうだろうが――価値増殖過程がもたらす諸帰結と価値増殖過程が調整される諸手段との非対称性において、決定されているということである。アメリカとドイツの経験の基礎の上で、これらの論者たちはまず二つの平行する現象に焦点を当てている。二つの平行する現象とは、一方は、生産メカニズムを完遂させることの一帰結としての、そして、推し進められる予防戦略の一効果としての、生産から労働力を追いやる、つねにいっそう高い比率での周辺化である。そしてもう一方は、公共的諸装置の機能の無秩序性と、成熟した資本主義の国家内部での寄生的諸特徴 (あるいは諸機構体) の増殖の、弁証法的結合をともなった、連続的深化である。このことすべてが、国家の自律と合理的改良の可能性とに関する修正主義の諸テーゼを確証するためではなく、その逆に、成熟した資本主義の国家を制御し変形していくための改良主義的なもくろみが不可能であることを確認するために、提起されていることは確かである (Piven and Cloward 1972 を見よ)。社会的剰余価値総体にふさわしい尺度、完全に行政的かつ計画的な合理性、そして効果的でダイナミックな正統化のシステムを達成するという手段を用いた、適正な安定性を決定するための資本主義計画国家の傾向性は、それゆえ、とどまることのないいっそう強力な危機的諸矛盾に出くわすこととなる。その危機的諸矛盾とは、計画的な国家構造のレヴェルにおいて決定されるものであり、そこで一連の無惨な失敗を決定するのである。

これらの危機論の素描によって、国家の分析の構造的枠組が、生産されたイメージを弁証法的にダイナミックにする作業のほうへと大きな飛躍を遂げていることは疑いを容れない。しかし、これは危機にある階級と国家の有効な性質を決定するために充分なものだろうか? この疑問は、危機論の制度的・社会学的閉鎖性に向けた試みが、まさに同じその領域上で展開されうるがゆえに、多くの論争を呼ぶものとなっている (たとえば Habermas 1975 を参照)。その一方で、オッフェの主張が、階級的パースペクティヴから、より首尾一貫した危機論の提示にむけた道のりにある一つの論点を表現しているにすぎない、ということは、まちがっているのだろうか？

一つずつ問題の局面を見ていこう。オッフェがはっきりと維持しているのは、「蓄積過程が形式上政治的なものとなっている事実ゆえに、それは階級の本性を変えるにちがいない」ことである。実際、単純商品生産とは異なる、社会的媒介の本質的に行政的な諸手段および諸形態をもって、組織された蓄積のパースペクティヴを採用する際、階級規定の媒介変数は、危機の決定のさまざまな進行順序が変わらなければならないこととまったく同様に、変わらなければならないのである（Offe 1972：27-63）。しかしながら、オッフェの議論はこの点で止まってしまう。なぜなら、意識性への再帰とその集合的再構成および集合的変更は、階級規定の問題を確実に解決することができないからである。オッフェの分析は、階級規定の空白地点で停止してしまっている――しかし、このことは分析の展開に対して直接的な当然の帰結をもっている。それは、政治的システムもまた、その安定性に依存していて、物質的諸決定の空白における危機のなかで揺らいでいる、ということである。階級間の敵対の「古い」概念の排除をともなって、現実に消え失せているものは、システムの運動論理なのである。国家構造と政治的・経済的諸過程の進歩的統一化が有する包括的諸構造の内部での危機の問題の再設定は、過程、そのダイナミズム、その方向、そしてその意味がもつ階級的本性の問題を解決していない。それはたんにより高次のレヴェルで問題を再設定するにすぎない――そしてこのことは、きわめて重要な契機として強調されなければならない[20]。

それでは、何がダイナミズムと危機を支配するのだろうか？　いったん現代国家の計画的かつグローバルな本性が基礎づけられてしまったならば、いかにして問題は再提起されうるのだろうか？　この疑問は、国家と一人ずつの資本家の弁証法的集合体とのあいだの残余の関係性についての特殊な主張をともなって、実際に強調されて――そして応答がなされた――きたものである[21]。とりわけ、エルマー・アルトファーターが相当な老練さをもって示してきたのは、もし、フランクフルト学派の諸テーゼに従って、「どのような場合にも、資本によって用いられるためのたんなる政治的道具あるいは制度的道具として国家を考えることができない」のならば、そのときには、資本の社会的存在に国家が刻印したアマルガムの特別な形態が、一人ずつの資本家が全面的に競争しあう弁証法を隠蔽するはずだ、ということである（Altvater 1973を見よ）。この枠組では、価値法則――およびその機能の有効性――は置換された、あるいは価値法則が廃棄されている、と考えることはできず、むしろ価値法則がたんに修正されているにすぎない、ととらえることができる。国家が、社会基盤への移行的な介入によって市場が果たしている機能を確立し有効にしながら、その一方で、一種の真空として、「資本の社会における非資本主義的なもの」として、つまり「価値形成過程の否定的限界」の一つとして提示されているという意味で、価値法則は修正されている。これは、弁証法的な、つまり一個二面的な関係である。つまり、国家は同時発生的に（全体化する）一条件であり（一人ずつの資本家の不一致と平均の法則のような、価値法則の機能の）一効果なのである。資本が自律的になる過程は、かくして、資本主義的過程の性質に本来備わっているが、価値増殖にむけた資本主義的発展の傾向性によって、否定的な関係性において、つまり弁証法的に否定的に提示される。国家は、それが非資本主義的形態において作用し、それゆえに価値増殖の直接的要素ではないかぎりにおいて、資本主義的諸関係を保証する（それらをつねに以前より大きい程度まで保証する）。

危機論はそれゆえ、危機の基盤が導きだされるこれらの前提の上に、これらの前提から――一人ずつの資本家の弁証法に与えられた重さに拠っている、変化する強度とともに――、構築される。二、三の事例を検証するための機会をもつことにしよう。ヴォルフガンク・ミュラーの論文では、一人ずつの資本家の弁証法に対する国家計画の従属の強度は、そのもっと極端な形態において現れている（Müller 1967を参照）。この場合、危機はまたしても不均衡と流通の危機のように作用する。アルトファーターにとっては、その代わり、国家と市場の価値法則とのあいだの弁証法が一個二面的な緊張にしたがった平等性のパースペクティヴから見られているため、危機は質的な用語において表現される（Altvates 1973を参照）。スタグフレーションは、危機において二つの契機が同時に到来するために、危機を表す紋章である。二つの契機とは、生産の物質的（否定的、社会基盤的）諸条件の飽和点までの国家の介入と、市場機能によってしか決定されえないがゆえの資本主義的生産の価値の質の危機である。要するに、国家は、ケインジアン風に介入をおこないながら、崩壊を予防することができるが、国家が価値増殖の要素ではないために、結局、不景気あるいは危機の新たな形態を決定することになるのである。発展が由来できるのは、資本の内在的諸力のみである。最後に、ポール・マティックは、国家と私的資本家たちとのあいだの関係性を根本的なものとして仮定し、私的資本を過程の原動力として保ちながらも、オルタナティヴを主張していないし、危機局面において、相互依存が増大する、あるいはともかくも激化すると考えている（Mattick 1969 を参照）。

私が信ずるに、この点で、私たちは私たちの分析における本質的なオルタナティヴに到達しているのである。国家は「私的所有による制御のない私的生産を維持する」ためにみずからを「観念上の総資本家」として形成したというエンゲルスの主張を採用しよう。観念上の総資本家として、「国家がますます多くの生産力を引きついで自分の所有に移せば移すほど、それはますます現実の総資本家となり、ますます多くの国民〔市民〕を搾取することになる」（Engels 1969：330 先述の「問題を位置づける——マルクス的アプローチ」と題された節を見よ）。明らかなのは、この規定がダイナミックで傾向的な用語において取り上げられるべきだということである。しかし同じく明らかなことは、過程において、一個の生産的実体への国家の姿態転換が正確さをもって決定されており、それゆえ二つの道筋が考察されなければならないということである。その二つの道筋とは、国家と資本家個々人とのあいだの関係性の減少する重要性であり、国家によって調整される搾取過程の広がり深化していく拡張である。私たちはいかにして構造論が搾取過程の拡張と国家内部でのその再配置を追い、叙述してきたのかを見てきた——それにもかかわらず、構造論は社会的領域上での搾取関係の種差性を決定することに失敗している、つまり「このように、無意味さの極限において、計画国家のイメージを搾取的なものとして保持しつづけるようになって」いるのだが。市場メカニズムにおける価値増殖と危機の諸起源を同定する作業に立ち返るために、結論に達しないこのようなあり方から離脱することを、どうしたら道理にかなったものにできるのだろうか？　どうすれば、この計画国家を剰余価値生産のたんなる「条件づけのための」要素あるいは「残余の」要素に還元することを、意味あるものにできるのだろうか？　この二つの問題は実際には一つの問題である。すなわち、現代国家の計画的本性を否定するか（それは現実が見えない者にしかできないのだが）、さもなければ現代国家の計画的本性が認められるのなら、一人ずつの資本家（さらには私的資本家）との中心的弁証法をこっそり再導入することは不可能である、ということなのだ。国家と一人ずつの資本家とのあいだの矛盾は、あきらかに念頭におかれなければならないが、しかし（資料文書が示すような）付随的な仕方で考えられなければならない。明確で確かなオルタナティヴとして、かの全体性の内部で現実の搾取の諸メカニズムを見極めながら、階級的路線と労働者の観点の拡張にしたがって、搾取の諸メカニズムがこの新たな次元に登場してくる際に、「観念上の集合的な」資本複合体とその表現としての国家へと、分析は送り返されなければならないのである。国家の構造的分析は、危機の分析をもって、つまりプロレタリアートの技術的かつ政治的な構成の規定をもって――この意味でマルクス的価値論を再規定しながら――完遂され、仕上げられるのである。

それゆえ、危機論もまた再規定される。この観点からすれば、構造論学派において把握された危機の一連の規定的諸要素は――しかしながら、しばしばあまりに制度的な、そしていずれにしても客観的構造のパースペクティヴからの用語で表現されているが――、物質的基盤と一般的な意味を獲得する。資本と国家が成し遂げる質的飛躍とともに――マルクスの予測と構造的記述にしたがえば――搾取構造総体による質的飛躍もまた存在する。主体的諸契機の（マルクス主義的およびレーニン主義的意味における、すなわち階級的実践総体の現実妥当性としての）現実妥当性、および主体的階級的観点の登場は、それゆえ、分析が展開され完成されうることから得られる、もっとも重要で決定的な諸要素となる（Negri 1988 を参照せよ）。この方法論的な点は、分析につながる弁証法的な道を模索しながら、マルクス的弁証法が、搾取の弁証法と二階級間の敵対的関係性に基礎づけられるかぎりで、客観的な資本循環を含んでいるということを忘れつづけている立場の決定的拒絶である（Alquati 1975、および Negri 1988 を見よ）。

実体的観点からすると、蓄積過程の階級的本性の必然的な修正は――それは、オッフェであればそういうだろうが、制度的に政治的なものとなる――分析を労働力（およびその諸範疇）の新たな配置様式、プロレタリアートの新たな姿態、などなどに導き返すものである。[22] なされなければならない作業は山積しているが、この方法においてのみ、階級の次元と敵対的諸関係性へと――国家の正しいイメージをもって――到達しうるのである。

一つの挿話――ブルジョワ理論の逃げ口上、ほのめかし、自己批判

コミュニズムの国家論が労働者階級の現存についてわずかに触れるような仕方でのみ考察を行っているように見えるとはいえ、ブルジョワ理論が――労働者階級の現存を、予定的に否定したり、神秘化したり、あるいはともかくも媒介したりしなければならない一方で――労働者階級に惹きつけられており、その政治的効験に対するそれ自身の理論的妥当性を測るよう強制されている、というのは奇妙きわまりない事実である。ブルジョワ理論が決して、労働者の主体性（すなわち、マルクス主義的用語では、自然発生的あるいは意識的な、つまり労働力に対してあるいは党に対してふさわしい、いずれにせよ資本の弁証法において活動的な、労働者階級の実践の集合）を、一個の理論的事実として考察できないにもかかわらず、それでもなお労働者の主体性の登場の物質性とそれから得られる諸結果に対するブルジョワ理論のアプローチが、これらの展開に対して、逆説的にも、労働者階級の理論の領域よりもブルジョワ理論の領域のほうをより注意深いものにしているのである。[23] ここは、なぜそうしたことが起きるのかを問う場ではない――これは修正主義の数多の過ちの一つにすぎないのだ！ どのようにブルジョワ理論が、そうした大衆的労働者の現存を――それがまるで祓うべき悪魔であるかのように――念頭におきながら、国家の問題構成にアプローチしているかを、考察するほうがいっそう興味深い。

ケインズからニュー・ディールにいたる国家論の展開が、一九一七年のボリシェヴィキの権力奪取の後に生じて一九三〇年代に入っても続いていた資本主義の大恐慌の諸原因の反省によって、いかにして条件づけられたのか、はいまではよく知られている（第二章参照）。このことから結果した国家概念は、労働者階級の構成を（熟練労働者のパラダイムから大衆的労働者のパラダイムへと）技術的に再構造化するための途轍もない努力と同時に、国家を資本主義的発展の計画的かつ改良主義的媒介のダイナミックな機構にするための企図に基礎をおいていた。[24] 社会開発に応用された、社会学、人間工学、あるいは都市論といった他の学問領域がそうだったように、経済学は資本主義国家のこの革新に

従ったのである。ケインジアンの理論では、発展についての根本的仮説がそれでもなお確立されたのだった。根本的概念の二重性は、持続的で安定した媒介において、つまり、利潤、発展、そして拡大再生産といった資本の根本的諸範疇の保存において、翻訳され再構成されたのである。「不況論」学派はこのケインジアンの枠組を実際にはさほど修正していない。彼らの外見的な悲観主義は、理論的枠組を変えていないのである。[25] 理論的枠組の修正に達するためには、もっと時を経なければならない――これまで保たれてきた均衡の幻想の崩壊から、そのような修正ぬきにはとどめようのない労働者階級の勢力の登場にいたる、悲劇的な出来事によって刻印された期間が必要なのである。

資本のイメージの完全な弁証法化は、それゆえ、第二次世界大戦以降の時期におけるブルジョワ経済学の帰結である。この科学的発展の用語はどのようなものだろうか？　国家の資本主義的なイメージに対するその効果はどのようなものだろうか？　ピエロ・ズラッファによってとられた途、すなわち経済的活動の領域におけるブルジョワ改革者たちのなかでももっとも鮮烈な理論の姿態はよく知られている（Sraffa 1960 を参照）。彼は古典的ブルジョワ経済学のあらゆる企図の拒絶（および批判）から、市場理論の彫琢へと出発している。なぜなら、彼が主張するには、包含された労働‐価値に関する利潤率の構成から一般的利潤率へと移行することは不可能だからである。資本の諸範疇を再構築する可能性についてのケインズの楽観的な結論は、それゆえ、資本の規定的諸要素間のすべての関係――あるいはむしろ、一つを除いたすべての関係――が有する資本主義的媒介の可能性を無効にする分析を通じて破壊されている。つまり「利潤率は相変わらず賃金の単線的機能である」（Napoleoni 1974 : 52）。経済理論は、かくして、分配の意識論に化されるのだが、その理論においては、階級間の力がもつ諸関係の外部性が紛れもなく優先する一方で、内的に生成された分配の質を決定するいかなる要素も消失してしまう。ナポレオーニがいうように、この観点からは、ズラッファはたんに「計画の実践的な諸用具を準備する際の諸限界の内部に経済論議を閉ざそうとする、すべての現代的な企図の原理的正当化」（Napoleoni 1974 : 59）を提供しているにすぎない。他の論者たちは、より寛容さを欠きながら、スラッファの著作は、偉大なメンシェヴィキの計画家であるレオンチェフの代数学の拡張を表しているにすぎないという主張を保持している。

もし私たちがいま綿密に見るならば、可変賃金の制御されていない運動にともなう対立抗争における、資本の諸範疇の解体に直面して、それが主要なものと変じた計画国家の姿態であったことを理解できる。つまり、「資本」範疇が媒介の能力をもたなかったところに、「国家」範疇が取って代わったのだった。しかしながら、国家はここで、ちょうどさまざまなマルクス主義的構造論においてそうだったのと同様に、暗黙裡に再姿態化されている——言葉を換えれば、国家市場支配のためのたんなる代理人としてではなく、分配を調整する力の諸関係のなかにあるにしてもなお、一つの固有の革新であり価値増殖の諸要素を決定する一個の能力として、再姿態化されているのである。資本概念は国家の姿態の内部で再構築されてきており、価値概念は、もはや実体でも尺度でもなく、たんに社会的敵対を媒介するための国家意志の表現なのである。このことすべての逆説的な証明として、一人の経済学者が次のように付け加えている。「その際、ふたたび階級闘争の現実性を政治経済学のこの根本的な問題に導入しながら、配分の理論に向きあう最善の方法は、私たちが現実の現象と貨幣のもたらす現象のあいだの相互関係について——ほとんどマルクスからのものだが——いかにわずかしか知らないかということと、ズラッファのいう賃金と利潤の諸比率間の関係とを、結び合わせることのように思われる」(Nuti 1974 : 271)。これが帰するところは、「資本 - 階級関係のあり方の外部性をさらに強め、貨幣と国家の強力かつ全体主義的な神秘化の地平の上に、これまで以上に断固として、その外部性を位置づけていこう」ということなのである。

ケインズとズラッファのあいだでの、理論的道程は、このように、市場の分解に対する唯一のオルタナティヴとしての国家の計画された現実性を確証しているのだが、それにもかかわらず、これまで以上に明らかに、これまでよりも幻想を抱くことなく、この全体主義的な国家の現実性のもつ敵対的本性をあらわにしているのである。労働者およびプロレタリアートの主体性は——つねにシステムに対して提示されている一個の全面的外在性として——、経済過程に関するブルジョワ科学とその国家的調整が、これまで以上に効果的に包摂し、あらわにしなければならない要素なのである。

しかしながら、この道程は資本主義的意識性の最高の諸レヴェルにおいて完遂されているだけでなく、同様の道程が、ときに危険が潜む沼地を走る道のなかでももっとも狭い道の上で、忠順で卑屈なブルジョワ法科学によってでも達成されている。この場合にもまた、第一次世界大戦に続いて生じた危機が、国家に関する権利の最終的な転置において――ニュー・ディールの実験室内部で――重要な変化を決定したのだった。言葉を換えれば、制度的領域上で現実主義的な諸理論の助けを借りて、特殊かつ具体的な改良目標に向けた合意の組織化の機能へと権利を変形するためのいや増す企てがあったのである。あるものは、権利の民主的な行政管理化を、諸規範に関する手続を特権化する企てとして、規範のもつ抑圧性をめぐる改良主義の最終目的として、そして中央集権化された法システムの全体主義に関連する多元主義の合意作りの諸過程として、特徴づけた（第三章、とくに第4節「ブルジョワ的権威理論モデルの批判」を見よ）。ニュー・ディール民主主義の介入政策は、この観点から見ると、自由《リベラル》主義体制とファシズム体制双方の伝統的介入政策とは根底的に異なった、権利におけるケインジアンの実験である。そのために、それを国家に関する権利の転置と呼ぶものもいた。事実、実際問題として法治国家は――すなわち、公的・私的な諸権利を保証し庇護するための法システムの先在性によって正当化される国家は――、事後的に、ダイナミックに、制度的にではなく実質的に、権利を国家の一機能となし保証と庇護のシステムをさらに作動させることをもくろみつつ、民主的に権利を再領有しているのである。ヨーロッパにおいて教育を受けたが一九三〇年代に移住を通じてニュー・ディールの経験に接触するようになった制度派法学者たちの全隊列が、ニュー・ディール経験を彼らの議論の仮説として受け入れたために、このプロジェクトの魅力は途轍もないものとして存在してきたにちがいない。私たちはノイマンおよびフリードリッヒの論を取り上げているだけでなく、ハンス・ケルゼンを原理的に取り上げてもいるが、彼が最終的に行き着いた理論は、完全かつ冗長に、ダイナミックな形態かつ手続上の形態において有効な法の執行という問題を解決することに目的が当てられていた（第三章第3節、「権利‐法の一般理論とモデル構築」を参照）。規範的で行政的な諸法令の循環論法は、この場合、システムの民主化の有効な鍵となった。リベラルな権利保証論の目的は、有効性と正統化の諸要素がシステムにとって――社会的物質性が調整したその流動総体をシステムが引き受けたかぎりで――すべて内的であったことに対する、権力の法的イデオロギーの相続において採用された。それは実際、サン＝ピエール神父（ルソーの弟子の啓蒙思想家、ベルナルダン・ドゥ・サン＝ピエール）とイマヌエル・カントの著作にあるように、コスモポリタニズムと権利の国際的な教化機能、すなわち、すべての社会的な規制＝秩序化と法学者の仕事の正統化に、探求が結論づけられるような、きわめてユートピア的なものであった。

しかし、国際的規制＝秩序化とは、実際にはブレトン＝ウッズ体制を意味しており、ブレトン＝ウッズ体制は帝国主義などなどを意味しているのだ！（とくに、ケインズの「理想主義」の起源については、Fabra 1969 を参照のこと）。国内的規制＝秩序化におけるケインジアン理論のこの法的伝統に関しては、またしても、諸効果は逆説的である。ちょうど法治国家において与えられていたごとき国家と権利との伝統的結合の断裂を許す、同じタイプの民主的推力は、じっさいには、国家の全体主義的性格の実証に逢着する。それは、伝統的な正統化にはほとんど関わりをもっていないにもかかわらず、伝統的正統化の決定的かつ制度的な諸特徴を刷新するものである。国家内部での改良主義的な法の転置は――潜在的に転覆的な主体を認識し回収せんとする資本主義的欲求によって統制されたものだが――、最終的に、権利に対する国家と合法性に対する正統化の不釣合いな卓越を、うまく同定するものである。その卓越とは、もう一度この主張に関して、私たちが構造論によって記述された国家の姿態の複数の線を見いだすものなのである（Preuss 1973 を見よ）。かくして私たちは、法治国家の崩壊とそれに相応した市場機能の崩壊を認識しているにもかかわらず、そして民主的に法システムへの主体の参加をもたらそうと試みながらも、実際には、国家の中央集権的・官僚的・全体主義的な諸特徴を強調しながら、国家を再建している道の終端に到達する。シュミットによる再評価はケルゼンによる再評価にそって進んでいる。つまり決意主義と法理学的現実主義はしっかりと結びつけられているということである。そしてまた、テクノクラート的アプローチと効率性崇拝は、民主主義への忠誠の職業と結合されているということなのだ。(26)

いずれにせよ、前進の一歩が踏みだされてきている。諸階級間の関係性の、つまり階級敵同士のあり方の法的神秘化は、権力システム内部でのその新たな本質と包括的（敵対的）内属性をともなって、認識され、より高次のレヴェルで新たに神秘化されてきている。ブルジョワ科学は、政治経済学と法科学という二つの戦略的領分において、階級対立の新たな特徴の正しい規定への簡単な言及に加えて、媒介の文脈と、国家の現実性がプロレタリアートの理論的観点から見て面倒な方法で受け止められるときにはじめて、それに対して奇妙にもアプローチする諸規定とを提示していることは、きわめて明らかに思われる。ここでは、ブルジョワ科学の背後で力をもりかえそうとありとあらゆるものを召還することが大切なのではないことは明白だ。むしろ重要なのは、ブルジョワ科学を攻撃し打倒するために私たち自身が武装することなのである。しかしながら、現代国家の現実的な諸次元を理解してはじめて、それが可能になるのだ。私たちは、(マルクス的観点を除いて)国独資型の修正主義、ネオ・グラムシ派の諸変種、そして構造論のさまざまな客観主義的・経済主義的な流派がおしなべて、この任務を果たすには貧しい装備しかもっていないことを付け加えなければならない。

ブルジョワ科学は、その一方で、ブルジョワ科学に階級敵を同定させる揺るぎない階級的憎悪によって、つねに鼓舞されている。換言すれば、階級的憎悪とは、高度資本主義社会の大衆化されたプロレタリアートにほかならない、あの恐ろしい主体的現実性である。この理由のために、もし他の理由がないのならば、ブルジョワ科学は、ほとんど現実に言及することなどないあまりに多くの「マルクス主義者たち」よりもずっと密接に、現実に接触しているのである。

問題の再提起——国家、階級闘争、そしてコミュニズムへの移行

計画者 - 国家の危機をめぐっては、あまりに多くの議論が存在してきた。この危機は、角を矯めて牛を殺すような混乱した仕方で論じられてきた。事実、計画の諸手続の危機は、アングロサクソンの国々でもヨーロッパ大陸の諸国でも等しく強力だが、総資本の全体的な代表者としての国家の姿態にむけての前進が停止してきたことを、少しも意味してはいない(27)。その逆に、計画者 - 国家の危機は、さらなる一歩を、つまり国家と資本主義的生産とのあいだの関係性の新たな質的飛躍を準備している。このことは、いずれにしても、一人ずつの資本家間の競争の再開や、市場の

諸規定の再評価や、自働的な介入をおこなう権力の凋落ではない。その反対に、生産諸条件の決定と諸商品流通の相互作用する諸機能の同定が増幅され確立される一方で、資本主義的生産の広範な集合体における国家介入の必然性が極点にまで推し進められているのである。危機の意味と次元とを明らかにすることなしに計画者－国家の終焉を告知することは、二つの副次的歪曲と一つの根本的な歪曲につながっている。第一の歪曲とは、法的物神崇拝の典型だが、法的諸過程を構造的現象と同等視し、そのために計画遂行の諸手続の不充分性と敗北から、現実の資本主義的諸過程の複合性を演繹することである。第二の歪曲とは、総資本の計画国家が法的諸道具を、ときどきそれらの道具性と機能的諸条件を称讃しながら、いかにして有効活用しているか、についての盲目性から結果するものである。つまり、計画を遂行する国家機構の機能上の無秩序が、ともかくも、階級的論理によって刻印されていることを見落としているのである。しかしながらこれらは副次的な歪曲でしかない。根本的歪曲は、資本主義的発展の誤ったイメージに信憑性を与えていることにある。それゆえ、資本主義権力の代表者かつ精髄としての国家の破壊という労働者の目的は、一人ずつの資本家の腐敗イメージによって阻害され、「社会主義」の色あせた旗が打ち振られ、そして機会主義のあらゆる忌むべき兵器がふたたび提起されるのだ。

それでは、計画者－国家の危機は何を意味しているのだろうか？　いかなる意味でそしてなにゆえに、一個の複合物としての、つまり憲法＝構成的今日性をもった複合体としての、計画遂行の手続上の諸道具の危機が存在するのだろうか（というのはたんに、実際、それらの諸道具がしばしばもちこたえているからなのだが）？　一般に計画者－国家の危機が意味しているのは、収入の広範な諸次元の調整の政治、本質的な財政の道具化、そして特定の立場での社会主義的イデオロギーに基礎をおいた、資本主義的発展のための国家介入のプロジェクトとしての、ケインジアン国家の危機である。この危機は、経済メカニズムと介入の不充分な自働性における国家の不充分な存在によって、原理的に決定されている。この国家は、単純かつ直接的な政治的断裂（諸需要の質）と再生産の諸過程の資本主義的比率の断裂（諸需要の量）の双方に関する計画的領域を活用する、高いレヴェルでの労働者の諸闘争に直面させられている。別の言葉にすれば、計画的資本の新たな諸状況の多くで、参加と選別の諸道具の内属性が充分効果的ではなくなってきているのだ。それが示しているのは、労働者の攻撃を封じ込め窒息させる資本主義装置が、抑圧のための諸道具と技術革新の注意深い適用、つまり政治的合意とさまざまなコンフリクトのとどまることのない予防の注意深い適用を介して、みずからを機能せしめることができなくなってきているということである。この状況にあって、労働者階級の闘争は――国際的なプロレタリアートの闘争の強力な支援を享受しながら――、国家計画の遂行を危機に追いやり、システムの根源的な危機を必然的にともなう諸過程を推進することができるようになってきている。利潤率の低下は、典型的に資本主義的生産様式の発展につながるものだが、かくして、価値増殖の諸メカニズムを直接的に叩くことを超えて、利潤率と利潤の大きさとを再確立するために目的立てられた古い道筋すべての終焉、あるいは少なくともその弱体化を決定してきた、利潤に対する大衆的攻撃と結合されている。その歴史においてはじめて、資本は、発展と危機の経済諸法則がこれまで打ち負かしてきた、そうした諸次元の攻撃を耐え忍ばなければならなくなっている。資本主義経済の古典的な筋道――インフレーション、景気後退、失業、恐慌、そして再構築――はいまや、権力の剰余によって補強されてはじめて、ようやく機能できるのである。この筋道の自然発生性は、ぐらついてきている。その代わりに、自然発生的なものは、資本主義の科学と経験の観点から見れば、矛盾に満ちた経路の同時代性である。逆説的に、統合の諸構造による危機の増殖と拡大再生産は、成熟した資本主義国家の諸機能と構造の相互に関連する密な構成に関して、自然発生的になってきている。労働者の闘争の「入力」は、制度の無秩序を決定しながら、そして、それ自身が社会的諸闘争のいくつもの新たな修正を生みだし、いずれにしても諸闘争の連絡と流通の条件である、総体的に危機的な「出力」を最終的に決定しながら、危機の単一な論理を増殖させ再生産する転換過程に対応しているのである。

　このタイプの危機と階級間の力のこうした諸関係の内部では、唯一の資本主義的な道は、国家と資本一般とのあいだの結合をよりいっそう深化させることにある。資本の再構築作業の操作《マヌーヴァー》は、国家が、資本一般とのケインジアン的均衡を超えながら、生産機構自体の内部でその存在を強調する度合にしたがって、ようやく前進させることができる。換言すれば、国家はそれ自身の姿態が有する兵器庫全体をもって、価値増殖の諸過程を「増強」する役割を受け入れているのである。この傾向性においては、生産セクターの資本主義的な指揮と、生産過程を仕切っている資本の命令の兵器庫（技術者、管理者、管理補助者などなど）とは、国家権力の所産としての、そして生産命令の論理の増強としての、「公務員」になる。このことは合意の諸道具（すなわち、合意の政治的なそして／あるいは労働組合的な諸姿態）に対しても等しく真実である。新たな計画遂行の諸技術が、権力によるこの新たな編成物の基盤の上に形成されつつある。つまり、合意の社会主義的な再仮定による広範な結集によるのではなく、労働者の一階層を他の階層から区別する合意の制限された模索を通じた制限された合意内の諸路線による計画遂行は、それが社会的生産その他を組織し再組織するのと同程度まで、選別をおこない、制御するのである。

そのもっとも根源的かつ傾向的な形態で表現されたこれらの現象を把握することは、ドイツ連邦共和国における他のいかなる高度資本主義国においても匹敵するもののない特殊な政治の歴史と統合の一連の過程の基盤の上ではまさしく、もっとも簡単なことである。おそらくこの状況は、本質的に、労働による社会国家という憲法構造が、連合国の占領までずっと押しつけられたために、戦後ドイツのケインジアン政治（ナチズムと興味深い親近性を示してきてさえいる）が決して根本的な政治を構成しなかったという事実から結果してきたものだろう（Roth 1974 を参照）。

しかし、問題に立ち戻ろう。あるいはよりよいのは問題の再提起に――かの事実、つまり国家構造論の根本的獲物が、（資本の側にとって）危機の現象学と再構築の諸過程の分析によって追認されているという事実に――戻ることにしよう。しかしながら、その問題は、問題の解決の理論的 - 政治的な鍵を暗示しているにすぎない。この鍵は理論面と政治面の双方で展開されなければならない。だが、その作業をここでおこなうことは不可能である。その代わりにおそらく有益であろうことは、私見では、この研究が展開されなければならない諸領域を指示することだろう。

政治的領域上で、これらは何よりもまず、階級的諸関係の集合体の唯物論的分析が前進しなければならない場における根源的多様性であるように思われる。政治経済学および国家論のパースペクティヴから、私たちが引用してきたすべての現象は、もはやたんに資本の現実化の弁証法的論理の一複合物としては規定されえない、発展と危機との主体の決定に向けて、批判を推し進めるように思われる。そうした論理の集合体は解体されているように見え、資本主義的発展そして／あるいは資本主義の危機によって調整される一連の現象は、もはや弁証法的に還元しえない過程において現前されている敵対の根源性を示しているように思われる。政治過程のこの実質的修正は、資本によって合図されており、改良主義によって根本的なものとして仮定されているものである。[28] 資本関係のこの根源的修正は（それは、あらゆる高度資本主義国において、時代の政治的な重層的決定として、諸権力の新たなそして永続的な二重性の堅固さを示している）、まず労働者階級の自律性の領域上で経験される。すべての目的と労働者階級の自律性のすべての実践は、そのことによって決定されている。しかし、この事実は、まさに政治的問題をふたたび開くものであり、それはオルタナティヴな権力を扱うことに存している。資本主義的・改良主義的パースペクティヴは、発展の回収にとって機能的であり労働者の権力の登場に対して根源的に敵対的である形態において、労働者階級の統合を可能とする国家権力の基礎と権力執行を提起している。私たちは次の点を強調しなければならない。すなわち、今日、発展は労働者の自律性の破壊を通じてはじめて前進するものであり、ナチズムは権力の必然的な一構成素なのだ。オルタナティヴのもう一つの極は明らかだ。つまり、直接的に、移行領域上での闘争、コミュニズムに向かう闘争、そして国家の死滅に向かう闘争ではないような、いかなる労働者の闘争も存在しないということである。最優先の政治的任務は、〔資本主義からコミュニズムへの〕移行に論議を集中させ、権力の現下の二重性の分析を深化させ、すべての組織化に関する議論を権力という主題へと立ち戻らせるものとなっている（たとえば、Zolo 1974 を見よ）。

現在の政治的・経済的危機の文脈においては、このタイプのオルタナティヴが絶対的な緊急性と強度をもって提起されている。台頭しつつある国家の姿態は、労働者の自律性の完全な破壊としてのみ発展を示すものである。その権力操作の改良主義的対価は――それが支払わなければならない国々において――さほど高価ではない。これは政治的階層の交流による社会学的なそして選挙政治のレヴェルで解決される問題なのだ！　この危機において規定される国家は、その一方で、おそらく、私たちのドイツの仲間たちが彼らの認めるところでの恐るべき経験に関して現実化しえたものよりも、いまもっていっそう構造的に整合的な姿態をとっているだろう。自分たち自身で労働者階級の諸闘争が「犯罪的」なものだとレッテルを貼るような実践を行いながら、国家がファシスト的になっていると語る人びとに耳を傾けるのは、ばかげている。私たちはその代わりに、労働者階級の自律性を打ち破り、改良主義ふうの内的分断なり技術的周辺化なりを介して労働者階級の自律性を無効化することが可能な一個の力としての、国家の再構築が有するこの強力に突き進んでいる過程を考察しなければならない。

ある人びとは資本を本質的に計画不可能なものとして考えている！　彼らが持ち合わせているのはじつに脆弱な想像力であり、そのうえ、社会発展と資本主義的諸過程のくだらないバラ色のイメージなのだが、それは他の何にも増して搾取、破壊、そして支配の諸過程なのだ。その一方で、資本主義からコミュニズムへの経路を、一個の平坦な連続する道として想像する者たちもいる――しかしそれではどこにその経路があるというのか？　いずれの場合でも、資本主義的計画は存在していてきわめて旺盛《ヘルシー》であり、国家の秩序化の機能的無秩序性もまた生きながらえている。産業統合のこれらのレヴェルでは、計画されていない資本は一つとして存在しない――そして資本は発展のためではなく支配のために存在しており、あるいはむしろ、発展ぬきの支配が存在しえないほど労働者階級が強くなりはじめたときにようやく発展のために存在するのである。しかし、ここにおいてもう一度、労働者階級の破壊とこの終焉に対する国家の再構築のための、労働者階級の自律性の破壊を計画するための、そして利潤率と利潤の大きさの回復計画のための闘争が存在する。

そのため、この直接的かつ政治的な領域で、研究が追求されなければならないし、問題が再設定されなければならず、また同時に、別の隣接領域でもそうである。その隣接領域とは、政治経済学批判の深化の領域である。マルクスが私たちに残したのは、エンゲルスが述べてきたように、そこにおいて私的所有の公的管理が資本を再生産し搾取を強めるような、国家の一イメージである。今日、私たちはこの領域でいままでになく歩を進めている。しかしながら、マルクスもエンゲルスも私たちがここで見いだしている階級闘争のレヴェルを予測することはできなかった。諸権力の二重性という状況の永続、資本主義権力に敵対的な労働者権力の登場、そして搾取の理論（価値論）のあいだにあるこの点において開かれた諸関係が、いまや発展させられなければならない。総資本家としての国家は搾取の管理者であり、平均利潤（剰余価値と同等であるようになる）に関する社会主義的移行・管理を予見する価値法則の一機能にしたがった、すべての搾取の計画者である。しかし、もし国家が、資本の歴史上いまだかつて経験したことがない労働者の闘争の状況によって、そのような存在であることを強いられているとすれば、そしてもし（これらの闘争の現存において）価値の均等化と平準化が弱められるならば、その場合にはふたたび、私たちは分析すべてを再考し、政治経済学批判の領域でそれを再設定しなければならない。私たちは批判を求めるべきだろう。言い換えれば、価値論の零点修正が現実の地平として提示されはじめる、そして価値法則が作用することに対する労働者の強力な攻撃が存在するような諸レヴェルで、価値論の再読を求めなければならないだろう。では、この時点での、総資本家としての国家とは何なのか？

おそらくここで、エルマー・アルトファーターによって表現された観点を採用し調整しなおすことによって、論議を前進させることは意義のあることだろう（先述の「国家の構造的分析の展開」と題された節を参照）。アルトファーターの説には、資本主義経済における国家介入の「周辺的」かつ「残余的」な性格に関する強い主張が——厳密に客観主義的な観点からにせよ——見られる。彼は国家の計画的介入を否定しないが、それを経済外的用語で規定している。この立場の限界は、そうした国家の経済外的還元が、国家自体がその計画的権力のなかに位置づけられるようになってきた後に、資本関係の政治的かつ二重性をもった本性を把握していない事実に存しているように思われる。しかし、私たちが弁証法的観点からアルトファーターの直感に再アプローチを試みるとすれば、私たちはいまでは、剰余価値生産の危機的な諸困難の、労働者の闘争のレヴェルと強度の、そして利潤率の低下と平準化が今日表れている新たな形態の一機能として再現している、資本家たちの国家の寄生的かつテロリスト的な残余を見るのである。政治的分析は、成熟した資本主義国家の姿態において総括された資本主義的生産によって提示されている「二重性格」に焦点を合わせながら、この過程を追うことができる。「二重性格」は、資本主義的な綜合《ジンテーゼ》のあらゆるレヴェルにおける階級的敵対の再登場だけを意味しているわけではない。「二重性格」は、今日では、危機の文脈における労働者にとってのその永続的基盤《マトリックス》に原理的に直面している、敵対の激化および綜合《ジンテーゼ》に関わる状況の多様性もまた、意味しているのである。

資本がその国家を生みだすことに成功してきた最高段階の姿態は、それゆえ、社会的労働の資本主義的組織化の重要性の極限でもある。計画された支配の合理性が資本の国家に帰せられるとき、この支配の包括的な諸目的は管理と破壊の操作に還元される。そのすべては、敵対的権力の抑止不可能な登場に帰すべきものであるともいえよう。この基盤の上で、分析を前進させること、そして何より分析を活かすことは、充分な意味をもっている。

第五章　国家と公共支出

この論文は、イタリアが財政的・政治的危機という状況のさなかにあった一九七五年に、アントニオ・ネグリによって書かれたものである。第四章と同様に、その目的は、イタリア共産党と支配政党だったキリスト教民主党とのあいだでの「歴史的妥協」政策に立ち向かうことにあった。しかしながら、こうした直接に関係する論争を超えて、本論文は、福祉国家の存続維持から撤退が可能と信じていたり、公債増発によってもたらされた経済危機と取り組むための緊縮法案を提案している者すべてに対する批判に当てられている。国家の財政危機は、イタリアという地域に限定されるものでも、七〇年代という時代に限定されるものでもないことは間違いない。それは、正統化および蓄積双方の作用因として働く、現代国家の本質的機能となっている。公共支出と国家の財政力を削減する諸技術は、かくして、国家それ自体の行政に関わる諸権力の土台を掘り崩すものでもある。さらに、国家に対抗する社会的諸勢力のもつ力は、公共支出における、すなわち私たちが「社会的賃金」と呼ぶものにおけるそうしたいかなる削減も、現実には実行不可能なものにしてきた。換言すれば、福祉国家は、たんに現在の国家のとりうる一個の形姿にとどまるものではない、ということである。つまり、福祉国家は、現代の国家の本質的かつ不可逆な要素になったのだ。

本論文は、七〇年代中葉のイタリアの切迫した状況を相当にあらわにしている。当時の政治闘争は、(工場の内部でも外部でも)いくつもの社会セクターの広範な範囲《スペクトラム》を横断して拡大し、新たな力強い諸形態に組織されたのだった。イタリア国家は、社会不安に緊急の法措置をもって応えた。それはたとえば「レアーレ法」[昂揚する社会闘争と壊滅させることを唯一の目的とした変革思想そのものの「犯罪」化やでっち上げの密告による「刑事免責」等を基礎におく近代的罪刑法定主義をふみにじる「超法規的治安弾圧法」]だが、これは警察と司法の権力を拡大し、警察と司法は代わるがわるに、社会的混乱を激化させたのである(この時期の歴史的背景については、フランコ・ベラルディの論文「アウトノミアの解剖学」(Berardi 1980)を参照のこと)。こうした財政的・政治的・法的危機の文脈において、公共支出の問題構成は、異議申し立てをおこなう社会的諸勢力と資本主義国家との闘争に関わる路線を規定する手段を提示したのである。

総括的な問題構成――解釈の諸条件と現実の諸条件

主要な資本主義諸国家では、（国家と公共セクターによる）公共支出は国民総所得の半分に届いているか、半分を超えている。国民所得の成長に関して増えつづける公共支出の成長率は、不可逆の趨勢である。「こうした事態にもかかわらずなお、これまで、この前例のない成長の原因と結果をシステマティックに検証する研究は、マルクス主義者たちによる孤立した研究があったにすぎない」（Gough 1975: 53）。事実、そうした研究がわざわざ登場するときには、それらの研究は状況一般の新しい特殊性を珍しくも把握したにすぎない。〔それらの研究は〕国家独占資本主義の古くさい客観主義の言葉で、状況の説明を書きなおす代わりに、不満足な結果のままに終わったのである。

国家独占資本主義論の文脈では、実際、公共支出は個人資本のたんなる融資とその公共面での直接的投影として現れる。公共支出の拡大にリンクした危機の諸効果は、説明されないまま、説明できないままにとどまるのである。公共支出の問題構成を回避した先進資本主義諸国の危機の解釈は、公共支出と危機との争う余地なき分割不可能性のゆえに、偽善か現状否認のいずれかに基礎をおいているように私には思われる。

しかしながら、コミュニズムの国家論は、国家独占資本主義論および類似の諸見解を拒絶してきたのと同じ程度に、国家（観念上の資本家の集合的かつ現実的な転嫁の核心としての国家）と政治経済学によるきわどい曲解によって形づくられている新たな関係性に取り組んできた[1]。国家が資本の流通過程の中心にあって、従属的な仕方ではなく本質的な機能を備えて、政治的な力としても経済的な力としても働いていることは、もはや疑いを容れないように見える。マルクスとエンゲルスによって示された傾向的な過程は、いまや完成されつつあり、それと同時に、その傾向がもつ補完的構成素の進行も現実のものになりつつある。つまり、労働者階級の諸実践は、いまや、システムに対する決定的な不安定化の効果をもつにいたったのである。商品の二重性格と商品を生産する諸過程が、それらを構成する敵対において暴かれれば暴かれるほどに、資本の流通（すなわち生産プラス再生産）のメカニズムが先進資本主義国家において包括的な形姿を発現させまとわせていく。

しかし、一般的な理論的意識性は、この点で停止する。もし国家がそうした中心性をまとうならば、そのとき、その支出、すなわち公共支出は工場‐国家の賃金支出として考えられなければならない。政治経済学批判が政治経済学のルールを（コミュニズム的批判が必ずそうするように）侵害するとき、公共支出を制する闘争は、コンフリクトの根本的領域としてみなされなければならない。だがしかし、あまりにもしばしば、そうはみなされていないのである。社会‐民主主義的・修正主義的伝統からくる国家主義的神話学は状況を支配の下に引き戻し、国家批判が避けえないときには、平衡と均衡からなる資本主義の諸物神に屈服させるべく国家批判を畏縮させ、あるいは屈服を強制するのである！　シュミット〔コンラート・シュミット、「社会的統制」にもとづいた改良主義による社会主義の漸次的導入を唱えた社会民主主義者〕がマルクスに取って代わり、ゴータ綱領がその批判に打ち勝つというわけだ。

このように、『国家の財政危機』において、ジェイムズ・オコンナーという、他の誰にもまして賃金と公共支出とのあいだの連結を目立たせようとしてきたこの人物は、社会的資本としての国家と社会支出としての国家とのあいだの区別を曖昧にしている――この区別は分析の上では役に立つが、完全に抽象的なものであり、あるいは、仮にこのことが可変資本の諸要素の生産および再生産（今日これが公共支出の顕著な機能である）が不生産的支出と考えられなければならないという主張を支持することにつながるならば、誤りでさえある。それとは対極的に、再生産構造についてのマルクスのシェーマの第二節では（Marx 1967）、可変資本の諸要素の再生産に対するこの支出は間接的に生産的であり、それゆえ、剰余価値生産的であるとされている――そして、このことは、資本主義的生産のメカニズムが社会全体にわたって拡大しているために、より明白にさえなってきている（Gough 1973 : 57）。オコンナーがいみじくも指摘した、直接的に生産的な国家投資と間接的に生産的な国家支出とのあいだのギャップは、本来、（彼のシェーマが示唆しているように見えるごとく）経済的不均衡を決定づけるものではない。このギャップは、力の点から見た関係性、すなわちとどまることのない満たしえない圧力と継続する闘争の点から見た関係性を労働者階級の実践が不安定にするかぎりで、不均衡を決定することになるのである。

国家予算内の公共支出の増額によって引き起こされた危機が、成熟した資本主義の利潤率の危機に内在しており、利潤率の危機の決定因でさえあると主張しつづけるのは、それほど妥当とも思われていない。(2) そうした関係はあるのだが、それはたしかに直接的なものではないのである。というのも、危機は公共支出の増額に存しているわけではなく、本来的に私的な蓄積と矛盾をきたしているという事実にかかっているわけでもないからだ。労働者の権力が、国家の支配システム（資本主義的関係においては、国家は均衡をもたらす力である）と取り結ぶ関係性を転覆し、プロレタリアートの圧力と労働者の闘争の非合理性においてその関係性を抑制するために、公共支出は矛盾の一要素となっている。

それならば、国家‐公共支出問題に取り組むということが意味するのは、最初から、何らかの仕方で「国家独占資本主義論」に典型的な客観主義に逢着してしまうような、どのような単純化も排除しておくということである。つまりそれは、プロレタリア階級の社会的台頭に直面したとき、国家は資本主義的発展がつきあたる根本的矛盾の場であると同時に主体でもあることを、決定的に明白に想定しておくことを意味している。そしてまた最終的に、危機の諸メカニズムが必然的な結果として、資本を構成する関係、すなわち闘争状態にある二階級間の関係のマルクス主義的用語での「爆発」（マルクスがいうような「爆発」）であることを認識することを意味している。最終審級においては、マルクスが説明するには、すべてが必要労働と剰余価値とのあいだの比率、あるいはむしろ、搾取とその比率という問題を取り巻く、対象化された労働と生きた労働の異なる諸契機の間の比率にかかっているのである（Marx 1973: 359-64）。公共支出とは、生産的労働による労働者の社会を国家が搾取する関係性が神秘化される、公共的・国家的形態なのである。公共支出は一個の社会的賃金であり、労働者階級による分析と不安定化の実践は、この事実の基礎の上に展開されなければならない。

そのとき、国家‐公共支出問題は、社会‐民主主義的・修正主義的国家主義のあらゆる残滓も、「中立的で媒介的な、相対的に自律した」国家に関するいかなる幻想も、国家が私たちを補助するときは「善良」で私的な資本家たちに融資するときには「悪辣」だという、国家の仮定上の二重性格にまつわるいかなる観念も切り捨てることによって、取り組まれなければならない！　不幸なことに、国家は善悪二元論的なものではなく、むしろ支配階級の権力の有機的構造なのだ。エンゲルスが私たちに教えるには、「近代国家は、どういう形態をとっているにせよ、本質上は資本家の機関であり、資本家の国家であり、観念上の総資本家である」（Engels 1969：330）。『資本論』中の国家に関する章、つまりマルクスがまったく書かずに終わった章は、その後の資本主義の発展によって書きつづられてきており、その発展は、マルクスが予見した傾向性がもつ方向に従っている（第四章を参照）。ならば、私たちの任務は、それを批判することにある。

労働者の観点から公共支出を見ることで、批判を開始しよう。労働者階級はつねに、直接賃金あるいは相対的賃金の一つの革命的利用を知っている。というのも、

相対的賃金の低下に反対する闘争は、労働力の商品性格に反対する闘争、すなわち資本主義的生産全体に反対する闘争をも意味する。だから、相対的賃金の下落に反対する闘争は、もはや商品経済の基礎上での闘争ではなく、この経済の存立に反対する革命的な、それを転覆させる攻撃であり、それはプロレタリアートの社会主義的運動である。（Luxemburg 1955：719–20）

しかしながらこの闘争には、知られていない一章、あるいは、いずれにせよ戦闘的な意識性の充分なレヴェルまで届いてこなかった一章があり、それは社会的賃金を制して国家に反対する闘争の上に書き込まれるだろう一章なのだ。これは、労働共同性総体の潜在力が流通‐現実化の単純な媒介者としての資本に対立している一局面としてマルクスが描いた、資本主義的発展のあるレヴェルにおいて、生産的社会的労働力すべてを包含している一プログラムであ

る（Marx 1973 : 699ff.）(3)。かくして政治経済学批判は、すぐさま「政治の批判」に転化される。なぜなら、社会的賃金に対するプロレタリアートの攻撃が、生産と同意のあいだの、発展と支配のあいだの、そして政治的構成と社会的プロレタリアートの諸闘争とのあいだの関係性を組織化する資本主義的領域として、公共支出に役割を与えるからである。

それゆえ、資本の理論的実践は、闘争に際して、エピソード的かつ自然発生的にのみプロレタリアートが直面する領域へと歩を進める。労働者の自然発生性は、まちがいなく強力ですさまじいものだ。あらゆる先進資本主義国では、国家にボスの立場を堅持させるような予算（国家‐ボスの側からするもっとも直接的な斡旋と管理の関係性のレヴェルにおける予算）などない。社会闘争のレヴェルと折合いをつけ封じ込めるために、社会的剰余価値を強要する資本家のたくらみは、どこでも危機に陥っている。法的強制と管理のメカニズムは、資本による国家の指揮権の行政的合理化に欠かせない鍵だが、再領有のための労働者の諸闘争のうねりによって、そこかしこで危機に追いやられてきている(4)。しかしながら、これまでと等しい強度と密度で、そしてこれまで以上の執拗さで、資本は支配・行政計画・支出の再調整と集中の作業を推し進める。資本とその科学は問題の先取りはしないが、危機の労働者による決定から資本主義に都合のよい危機終結への抜け道を通り抜けながら、危機の解決を期待する。「やつら」はみなこのことに取り組んでいるのだ。国家予算と公共支出とのあいだの紐帯を断ち切ることは根本的問題になっており、同時に、財政管理のメカニズムと政治的介入のための要請とのあいだの差異と均斉を再分節化することが、第二の相関した本質的問題になっている(5)。官僚的‐合理的な正統化の原理が充分な根拠をもたず、広い範囲にわたって大きな影響闘争にその原理を適用することが不可能な際には、公共支出のための需要の投入のレヴェルが覆い隠されるようになるまで、カリスマ的正統性と社会‐民主主義者の連合による政治的圧力および参加を通じた神秘化への遡及がなされる。

これらの問題をめぐる掛け金は莫大なものだ。コミュニストの理論家でさえ問題の内実の決定に私たちを導いてはくれないのにもかかわらず、闘争状態にある二つの階級の諸実践によって、わたしたちは余儀なく問題に直面させられている。闘争状態にある二つの階級の実践とは、この問題領域に対するプロレタリアートの主張と、弾圧をもって先手を打とうとする資本家の策動である。この点で、「公共支出」は争論の中心的要素となっている。分析とプロレタリアートの闘いのいくつかの重要な問題（搾取の質および強度という問題）が、この枠組において包含・変形されるならば、そして、来るべき新たな関係性が、労働者総体の理論実践の観点から見て、国家および国家に対するコミュニズム的闘争の規定に関するいくつかの仮説を根本的に修正しないならば、この争点をめぐって私たちは理解するべく努めなければならない。

本来、この争点は、イタリアにおける公共支出と労働者による攻撃の可能性の物質的諸次元の分析に、別の方向での道を開くものでもありうるだろう。この方向にむけて多くの同志たちが努力しており、私たちは彼らの作業の成果が早いうちに公表できるようになることを望んでいる。

第一の分析的アプローチ——生産的労働の社会的統一に向かう傾向の評価要素

公共支出を論議するために、おそらく必要なことは、他のいかなる分野にもまして、商品の生産と再生産にとどまらない社会的諸関係の生産と再生産（さらには刷新）の一局面としての、資本の流通過程の分析のマルクス的領域にみずからをはっきりと位置づけ、そのことによって、革命的敵対および革命的主体性の傾向的な登場の領域にみずからをはっきり位置づけることである。これは、階級的観点にもっとも強く結びつけられている著者たちの場合に生起しているように、新古典派的およびケインジアン的な商業システムの神秘化が分析の地平を支配し続けているとき、困難な作業となる。

たとえば、ジェイムズ・オコンナーによって提起された公共支出の諸範疇を取り上げてみよう。

社会的投資は、一定量の労働力の生産性を増加させ、他の諸要因が同じであれば、利潤率を増加させるプロジェクトおよびサービスからなっている。好例としては、国家が財政的に保証した工業開発団地がある。社会的消費は、労働の再生産費を低下させ、他の要因が同じであれば、利潤率を増加させるプロジェクトおよびサービスから成る。この一例は、社会保険であって、それは、一方で、労働コストを引き下げるのと同様に、労働力の再生産能力を増やすものである。第二のカテゴリー、すなわち、社会的損費は社会的調和を維持するのに――国家の「正統化」機能を達成するのに必要とされるプロジェクトとサービスからなっている。(O'Connor 1973: 6-7)[6]

この区別は――分析的には疑わしいにせよ、いまだ有効である(Gough 1973: 71n 参照)――、支出の諸セクターのあいだでのギャップと不均衡の領分を規定するために一面的に想定されるとき、危険なものとなる。この考え方では、不均衡、危機、そして何よりもインフレーションが、ケインズ式にいえば、分配機構における機能不全から客観的に生起したものとみなされるようになる。〔分析の〕まなざしは、この取るに足らぬ障壁を越え出ることはない。つまり、オコンナーの見方は、諸セクターの多様化と決定されている支出(あるいは分配)の不均衡を支配する、複数の社会的関係性の物質性と力へあえて触れることなしに、自身を限界づけてしまうからである。「必然的に」、とヒルシュはオッフェの著作に関して言及しているが、「こうした考え方では、『社会』という概念は構造についての現象学的一概念に換言されてしまい」、国家は階級概念から引き剝がされてしまうが、それは再生産のもつ関係性の支配のための社会における、(政治的)構造的介入を特徴づけるものなのだ(Hirsch 1974: 87, 91, 93)。

こうした考え方の代わりに取り組まれなければならないものは、商品の資本主義的流通におけるプロレタリア的主体とその位置づけの領域である。なぜならば、これこそが、修が、公共支出の非対称性と不均衡に関する新古典的・ケインジアン的解釈の可能性を粉砕するほどに厖大な場だからだ。要するに、私たちの仮説は、これらがたんに分配の不均衡に存しているだけではなく、より深く大規模な構造を明らかにするものであるということであり、その構造は、まずは成熟した資本主義社会における生産的労働の拠点と性質の修正によって示され、つづいて、プロレタリア的主体によって表現された闘争のレヴェルと権力の要求によって示されるのである。これが私たちが提示しようと試みていることにほかならない。

公共支出の不均衡理論、および（原理的にはオコンナーが「社会的損費」として規定したセクターにおける）公共支出の増大がもたらす効果としてのインフレーションという理論の基礎にあるのは、国家‐誘導型生産における労働者は「総体として、資本主義の観点からは、『不生産的』である」（Yaffe 1973：51）という確信である。しかし、オコンナーがいうところの「社会的損費」セクターにおける労働者が不生産的労働者であるという主張は、先述した労働者が再生産のマルクス的シェーマの第二部に包摂されているという主張によって、あきらかに退けられているように見える。唯一残っているのは、オコンナーによって定式化された第三のグループ「社会的損費」における被雇用者であり、「社会的損費」は（こっそりと）「奢侈」支出のための生産的労働に行き着くか、いずれにせよマルクス主義用語では価値を生みださない支出に結果するものである（Marx 1977：741ff.）。

国家を介した市民社会の資本主義的統合のこうしたレヴェルにあって、この区分を持ち込むことが、いかなる意味をなおもちうるのだろうか？　「社会的調和」の生産に貢献する労働者はほんとうに不生産的なのか？　そう考えるのではなしに、マルクス自身が同定した方向において生産的労働の規定を修正しつつ、生産的労働の概念をこそ変えたほうがよいのではないだろうか？[7]

労働過程そのものの協業的な性格につれて、必然的に、生産的労働の概念も、この労働の担い手である生産的労働者の概念も拡張されるのである。生産的に労働するためには、もはやみずから手を下すことは必要ではない。全体的労働者の器官であるということだけで、つまりその部分機能のどれか一つを果たすということだけで、充分である。（Marx 1977：643-4）

その概念の対象を拡大しながらの、生産的労働の規定のこうした修正は、資本主義的生産様式とそれによる現代社会の支配の拡大に、より適切に対応していないだろうか？

これらの問題をめぐるイギリスのマルクス経済学者たちのあいだでの長い論争の結果を評して、イアン・ゴフがまとめるには、「たとえば社会サーヴィスといった現実賃金の一部分にせよ、たとえば研究開発労働といった不変資本の諸要素にせよ、それらを生産している国家労働者はすべて、間接的に資本に対して生産的なのである」――言い換えれば、彼らは剰余価値を生産しているのだ(Gough 1975 : 83)[8]。その一方で、ボブ・ローソーンが主張するには、疑う余地なく「国家の教育セクターや他の(行政)諸セクターは、たとえ『不生産的』であろうとも、労働者を剰余価値生産に向かわせうるものであり、そうした剰余価値の一部あるいは全部が、剰余価値が資本家の手中に現れるような資本主義的セクターへと移されている」(Rowthorn 1974 : 36)。資本主義的発展による生産の統合は生産活動に関しては集約的な支援機能をともなって国家に帰着するという意味において、このことは真実である。国家は、ケインジアンふうに、商取引の諸関係を組織するのではなく、直接的あるいは間接的に、そしていずれにせよ効果的に、生産諸関係を組織する。国家は諸商品の生産、そして何より生産諸関係の生産に関わる諸関係を組織するのである。

公共支出の成長は、そのすさまじい拡大さえも、資本の展開とは衝突しないばかりか、資本の現代的な生産の形姿にとって、有機的かつ必然的なのだ。付け加えれば、公共支出は今日、蓄積のあらゆる契機の本質的必要条件を構成している。それゆえ、公共支出が本来的にインフレーションを誘発するなどと評することには、何の意味もない。生産および指揮権の社会化のこうしたレヴェルでは、価値法則の作用について本質的に肯定的な評価を与えることもできるだろう。仮に価値法則がうまく機能せず、インフレーションを誘発するメカニズムが発動されるならば、これは公共支出と資本構成(今日では国家の指揮権によって支配されている)とのあいだに打ち立てられた有機的関係性のせいではない。それは、むしろ、労働者の諸闘争によって、すなわち資本の有機的構成と(労働力の統一のこうしたレヴェルにあっては、いずれにせよ生産的であるような)労働者階級の政治的構成とのあいだでのこの点において開かれている敵対によって、そうした有機的関係に負わされた亀裂によるものである。

危機は、オコンナーによって同定された支出の三形態のあいだにおける不均衡に存するのではない。さらに重要なのは、危機が、一方での労働力を再生産するための支出(それゆえに、間接的に生産的である)を含む直接に生産的な支出と、他方での剰余価値ではなく社会的合意および社会的調和を生みだす国家の政治的支出とのあいだの矛盾に存しているのではない、ということである。こうした矛盾は存在しえない。というのは、もし社会的合意と社会的調和がほんとうに達成されるならば、それらは、直接的そして／あるいは間接的な生産がとりむすぶ諸関係に内在する複数の機能として、達成されるからである。危機は、階級闘争のこのレヴェルにおける資本構成の異なる構成要素と、資本の発展とを制御するのが不可能であることに存在している。つまり、危機は労働者階級の還元不可能な資本・国家に対する敵対的現前に存在しているのである。

それならば、なにゆえ総資本は、危機を直接的生産のレヴェルから社会的生産のレヴェルに拡大するような危険を冒すのだろうか？　なにゆえ資本主義的発展は直接に制御しえない次元へとみずからを巻き込むのか？　そして、なにゆえ公共支出の問題は（私的な資本化作用にとっては完全に機能的だとはいえ）[9]全般的矛盾に道を開き、それらの矛盾が社会的一般性において不可避的に効果を発揮するような場へとみずからを巻き込むのだろうか？[10]　生産的労働の概念に関する特別なマルクス的規定が、私たちが概観してきた方法で変更されるべきにせよ、生産的労働の規定とその場所の双方が別の意味をそれによって想定するような傾向性に関するマルクスの分析は、なおも持ちこたえている。この傾向は利潤率がもたらす矛盾の発展の方向にしたがって運動する。集中化の過程と、不変資本のより大きい比率へと向かう資本の有機的構成のとどまることのない資本主義的改良とによって描きだされているように、利潤の私的・個人的論理は、少しずつ衰えていく（Marx 1973：690ff. を参照）。利潤の個人的論理が凋落するのと同じ度合いで、あらゆる生産諸力（および不変資本へのそれらの還元）の不変かつ直接的な同化を通じて、そして総資本家の工場への社会総体の統合を通じて、資本は、社会的生産性の諸レヴェルを組織し、生産的協働から剰余労働を盗み取り、喪失した価値を全般的な社会的生産性によって生みだされた価値に置き換えるのである（Marx 1977：635）。この観点からすれば、公共支出は、工場‐国家の現金収支を表象しており、個人的な商取引の利潤率低下とシステムの全般的生産性の向上にむけての圧力とのあいだの構造的ギャップの中に、全面的に配置されている。この構造的ギャップの内に、インフレーションを誘発する要素がおそらくあるだろうという事実は、二義的なことである。というのも、構造的ギャップは現実性を規定するのではなく、たんにインフレーションの可能性を規定しており、その可能性は労働者の諸闘争の強度とレヴェルによってのみ現実のものとなるからである。

このことが正しいならば、すぐさまいくつかの結果がつづく。第一に、公共支出は生産的支出の現実的契機であることがわかる。それゆえ、公共支出についての考察は現代社会における資本流通のレヴェルに完全に引き戻されなければならない。第二に、公共支出は直接的あるいは間接的生産に対する国家の譲渡にさいしての貨幣の量（資力）によって構成されるが、それはグローバルに強制された剰余価値として社会的労働力の共同性に、そしてとりわけ社会的協働の強制された価値に、重くのしかかっている。第三に、このように構成された公共支出は資本主義的蓄積のための反社会的搾取の基礎を表象しており、それ自体、賃金の基礎として制限されもし、資本の融資のための基礎として破壊されもするということになる。というのも、相対的賃金に関するマルクスの分析を受け入れるならば、この二つの契機は分離されえないからである（Rosdolsky 1977：293-6）。いずれにしても、このことは、資本主義的搾取の展開のこのレヴェルにおける階級闘争の根本的領域である。

そのとき、改良主義の「理論」が、マルクス的批判からみずからを守ろうと試みながら、その努力の焦点をこの領域に合わせるのは偶然ではない。もっとも知性的であるがゆえにもっとも危険な諸見解は、総資本家によって強制された社会的剰余価値としての公共支出を、正しく認識しているのである（たとえば、Galgano 1974：esp. 33-8 を見よ）。その結果、（イタリアにおける歴史的妥協のプロジェクトの場合に明らかなごとく）労働者の経済的収奪が市民の政治的要求へと変形されうるのである。そして、労働者が市民であるかぎりにおいて、労働者は、彼らが生産者として否定されたことの根拠を見つけうるのである！　あきらかなのは、分析のもつ有効性とその結論のみじめな機会主義とのあいだの不均衡が、これらの論者たちの相対的な経験不足によって、はじめて説明がつけられるということである。仮に経験不足でないとするならば、たとえば、改良主義的政治の腰くだけの提案者の場合と同様に、私たちは、見下げ果てたイデオロギー的神秘化と大衆への下劣な裏切りだけを扱うことになるだろう。

第二の分析的アプローチ——社会的蓄積、国家管理、正統性の資本主義的基盤の諸矛盾をめぐって

かつては、商行為は蓄積を、国家は正統化を（「法治国家」だったならばより上手に、「法治国家」でなかったとしてもなお）おこなった。資本主義的発展の経路にそって、国家は歴史的に「ブルジョワジーの事業委員会」として存在してきた。蓄積の初期段階、および発展の危機的段階における公債の使用に関する、マルクスの論はそのことを充分に示している（Marx 1977：part IV, V；1967：395ff., 464ff. 参照）。資本主義的発展のそうしたレヴェルでは、正統化作用は、資本家の商業行為、経済発展の価値、および一般的利益の直接的な資本主義的神秘化を代表する諸勢力に関する権利を求める主張（これは権力の執行と市民的合意とのあいだの効果的かつ合法的な関係性の基礎を打ち立てるものである）に根拠を与えることを意味していた。国家は、発展の一般的利益の追求を保証するかぎりにおいて、正統化をおこなった。しかしながら、現代の資本主義的発展のレヴェルにあっては、状況は変わってきているように思われる。今日、作動状態にある一連の発展——全体化していく資本主義的生産の社会化、手に負えない抽象化の諸過程、サーヴィス産業の諸業種の成長、いわゆる生産諸力（社会的協働、科学、技術その他）の総資本への全般的吸収、そして直接的生産に容れられるべき社会的・政治的サーヴィスの社会基盤の傾向——は、すべて生産過程総体における国家の媒介諸機能の構造的深化を決定している。組織化の諸機能と社会的に強制された剰余価値の量の双方に関しては、直接的に国家をまきこむ量がすさまじく増加してきている。これまで私たちが示唆してきたように、この過程には、商業のレヴェルに応じた利潤率の傾向的低下の法則のもつ機能が併行している（Altvater 1973 をまずは参照せよ）。社会的剰余価値の国家的蓄積は、そのために、第一に商業利潤の低下に対する補償として現れ（Marx 1967：233-66）、続いて、これらの国家諸機能はこれまでになく強烈かつ決定的になる。国家は、資本主義的生産様式の版図のなかに、一個のヘゲモニーの力として、現れはじめる。つまり、国家は優勢かつ決定的な仕方で蓄積をおこなうのである[11]。

いかにして資本主義的発展のこのレヴェルにおける正統性の原理は形成されるのか？　国家の蓄積は、利潤の量を

増やすという（傾向性に逆らう諸機能に伝統的な）意味を除いては、利潤率の全般的低下の過程の一因にはならない。このことは、もはや正統性の原理を表象できていないのである。資本主義的搾取は経済発展の期待における一般的利益に向かわねばならないのである。利潤の量の増加は、そのとき、正統化をおこなうには不充分なものである。つまり、利潤率は、指揮する権力を与え、資本主義的生産様式に従属する義務を負わせるものなのだ。仮に成熟した資本主義国家が利潤率の正しい価値評価を通じてみずからを姿態変換させることに成功したとしてもなお――仮に市場調整をおこなうケインジアン的諸機能をはるかに越えでて、公共支出の疑似的な売手寡占の投入を介して公共サーヴィスの運営における高度に生産的な体制をつくりだし、国家が進歩的・合理的財政運営によって（すなわち価値法則によって）社会的剰余価値の抽出を再組織するよう試みたとしても――、国家はなおも、みずからにそれを課すことができるにははるかにいたらないことだろう。[12] 社会的労働の一般性と抽象において、つまり、発展のこのレヴェルに応じた特定の質において、まさにその社会的労働の本性は、この課題を実現することを妨げるのである。言い換えれば、この場合、その計算の可能性（価値法則による）そのものが、一方では、自然発生的に価値増殖する社会的労働の質によって、協働の場合と同様に、妨害され、他方では、労働時間がすぐれた生産力能の表現を測るための不充分な基盤となるとき、その限界を凌駕されてしまう（Marx 1973：699ff. を参照）。さらにそのうえ、間接的生産労働は、その大部分が国家に連結しているのだが、極端に分化した複雑な内在的計画の可能性を開いてしまう（Rowthoyn 1974 を参照せよ）。この点にあっては、利潤の量を維持しようとする国家の介入は、価値法則に関しては、まったく「恣意的」なものである。それでも、私たちは歩を進めるべきなのだ。計量経済学的な恣意性（何にせよ、資本一般の計画の観点からは根本的なものである）は、階級的視点からすればまったく不合理なものとして現れてくる。つまり、価値法則の利用は、資本家の抵抗のこの避難場所においては、単純な指揮権の実践に還元される（あるいは、プロレタリアの観点から見て――それこそが重要なことなのだが――還元されるように思われる）からである。[13] この事態は、資本が本質的に闘争状態にある諸階級勢力のあいだの関係を表す範疇であるならば、利潤率の低下と利潤の量の蓄積が意味しているのは、階級的な用語では、プロレタリアートの諸闘争の非妥協的な大衆化に関連した資本の価値増殖の度合の低下なのだということを考察する際に、ますます明らかである。

どのような（権力と合意の双方にとって、つまり差別する力と参加をうながす力の双方にとっての）正統化の原理が、今日、発展の資本主義的方向を支えることができるのか？　国家の社会的蓄積の版図には、正統性の原理は存在しない――このことは確実だ。国家による社会的剰余価値の蓄積は、成長する敵対の基礎の上に作用している。資本は、それ自体の構造に関するこの知識を神秘化し、この敵対の諸効果を公共的介入の優位性と選択の問題と呼んでいる。[14]実際、財政政策は、社会的協働、間接的生産的労働、周辺化、そして科学的革新をおこなう大衆の力能の搾取であるがために、憎むべきものである。国家の資本主義的計画者はこの状況を認識している。[15]そのため信用制度がこのように全般的に危機をきたしているさなかでは、現実的な正統化の唯一の契機は、いまもって商業の原理に、つまり資本家側に立った剰余価値の強制と生産性の生産の最高レヴェルに差し戻されるのである。国家形態における資本主義的生産様式の拡大は、資本主義的再生産の規定の本質的契機たる生産性のこれらのレヴェルに隷属させられなければならない。高い利潤率（すなわち、利潤において神秘化される生産性と搾取）をふたたび達成することは、国家を通じた社会的蓄積の発展の条件となり基準となる。資本主義的発展の初期段階に特徴的な条件は、それゆえ、転倒させられる。というのも、合意、すなわちもっとも成熟した発展のレヴェルに応じた（生産性にかんする）資本主義国家の正統性にそって進みながら、国家は蓄積し、商業は正統化をおこなうからである。商業は、そのため、発展の――その質と規定の――一つの支え（マルクスが使った意味での「担い手 Träger」）となる。生産性は、生産の社会的関係の価値増殖する一要素として、過程総体を正統化する用語である。

ここで公共支出に立ち返ると、公共支出が社会的剰余価値の資本主義的領有が有する姿態の一つ（おそらく根本的な一つ）であるならば、それは商業の生産性の諸規範に従わなければならないということに気がつく。私たちはすでに、この事態がたしかに構造的な理由にとっては可能ではないが、問題を解決するものではないということを指摘しておいた。事実、この矛盾によって、その過程が自らを提示するのである。たとえば、商業の生産性の名目でのニューヨーク市の失敗は、資本の蓄積‐再生産の諸量における、直接的に損失の回収が可能な生産的力能の上昇を意味してはおらず、ただたんに、協働的、知的、そして技術革新的な労働の抑えきれない質に逆らっての、抑圧的、排他的でテロリスト的な支配の論理の再提案を意味しているにすぎない。公共支出の比率と量は、資本主義的発展のこのレヴェルでは、商業の権威をもって提示されなければならない。それは、この権威がシステム（すでに諸社会闘争とともに進む蓄積の量と利潤率の低下とのあいだの敵対において閉じられている）の平均的生産性を修正するからではなく、それが資本主義の支配論理を正統だとして押しつけ、再提起し、認可するからである。

つねにそうであるように、資本主義的発展の諸矛盾すべてが二面性をもっている。この蓄積‐正統化の関係性の反転は、国家がいまでは前者を決定し、商業が後者を決定ためのもので、二面性のうちの労働者の側において、プロレタリアートの闘争のための新たな局面と可能性あらわにしている。賃金それ自体の有効性を社会的に保証し諸商品の社会的流通においてそれを回復する責任を国家に負わせながら、生産性と利潤率とを保証するためであってさえ商業が賃金に対して開いている契機そのものにおいて、断裂の広大なる空間がプロレタリアートの闘争に対して開かれているのである。これこそがその空間、すなわち、展開された資本の正統化プロジェクトとしての商業の生産性と、蓄積の現実の領域とのあいだに、国家と社会的協業一般によって制御された双方のあいだに、拡大していくギャップなのである。

労働者の利害と資本主義的発展との間の敵対に資本主義的計画を連れ戻すという点に対して、資本主義的計画それ自体において提示される矛盾を深化・拡大させることは、さまざまな仕方で実現されうる。労働者がつねにおこなってきたように、商業の生産性を低下させることによっても、プロレタリアートが自然発生的にそうしはじめているように、資本主義国家の社会的蓄積の機能不全を強調することによっても——あるいはそれら双方を同時に遂行することによっても——実現できるのである。これが労働者主義的分析の主要路線のように思われる。みずからを不服従労働のプロレタリア的統一として認識する労働者の労働力の、傾向性にとって、さまざまな二重性、さまざまな両義性、そしてさまざまな危機は重きをなしていない。労働者主義的分析は、階級的敵対に対するプロレタリアートの核心における諸矛盾から、過程を弁証法的であるとともに統一されたものにする。

工場賃金と社会的賃金は、労働者階級が資本の社会的かつ国家的な姿態において媒介され組み込まれる姿態の両極である。資本には、社会的労働の生産的統一の台頭に抗する資本主義国家の正統性の一要素として工場賃金を役立てるために、みずからを二つの姿態に分割する傾向がある。その一方で、工場賃金から社会的賃金にいたる闘争の接合は、資本主義的矛盾が有する破壊的権力となるが、それは資本の支配に対して機能するものである。

しかし、戦術的にではなく理論的に考察すべき、一つの最終的要素が存在する。この過程の文脈では、労働者によって交渉される賃金の「相対的」性格は爆発するのである。実際、工場労働者によって交渉される賃金の「相対性」は、現実賃金と貨幣での賃金 monetary wage とのあいだの――資本によって支配された――曖昧な関係性に達する。工場資本は工場賃金の計算を支配し、その計算において賃金を相対的かつ政治的に機能するものにしてしまう。その一方で、社会的賃金に関するプロレタリアの闘争は、資本主義的論理の機能を、その計算と制御を妨害しつつ、粉砕する。その際、完全に明らかなことは、現実賃金が上がろうが下がろうが、まったく重要ではないということである――マルクス主義的パースペクティヴからすると、このことについてほとんど幻想は存在しない！　重要なことは、賃金の構成要素を、自立的で可変的な、そして社会的領域上でのプロレタリアートの実践において可能であるような役割に立ち返らせることである[16]。

一個の工場として社会を認識すること、ボスとして国家を認識すること、正統化としての生産性の物神を破壊すること、そして正統化をプロレタリアートの包括的欲求へと戻すことは、いずれにしても、支配を転覆するための今日的任務なのである。この任務が充分に果たされると、そのときには賃金の相対性が破壊され、分断の論理と分断を通じた支配が力ずくで打ち破られるために、おとぎ話にある裸のばかな皇帝のように、皇帝の正体をあばくことが可能なのだ。

イタリアにおける公共支出の危機

少し立ち止まって、より詳細に危機の現実性を考察しなければならない。一九六〇年代の諸闘争のうねりとその結果生じた制度的パニックにつづく数年間の、イタリアにおける公共財政危機の徹底的かつ有用な記録が存在している(Mediobanca, ed. 1968 - 72 および Reviglio 1975 を参照)。要するに、何が起こったかというと、一九七〇年に二・五パーセントだったGNPが一九七三年には七・九パーセントに上昇し、その結果、支出(一貫してGNPよりも速い伸びを示している)のかなりの増大と不充分な収入となって、一九七〇年代初頭に国債と公共行政が破綻したのである。このことは、増大する経済赤字および資本支出・資本移動の硬直した構造の構成と固定化を生じさせた。状況は一九七四年に変化したが、変化は現実よりも見かけにおいて、いっそう大きいものだった。新たな状況は、構造的介入の可能性を一つたりとも提示せず、構造的債務による諸資源の永続的で強力な吸収を考えれば、雇用水準を支えるための緊急介入措置を実行することが唯一可能なことであり、わずかな経済的改善を考えてもなお、起こった諸変化には意味がなかったし、有機的なものでもなかったのである。

この時期にイタリアの公共行政がプロレタリアートの活動によって打ちのめされていたこと、そしてその結果、公共行政システムの社会的生産性の搾取の諸レヴェルが阻害されていたことには、疑いをはさむ余地はない。資本主義的観点から見れば、この状況は活力にあふれた対応を必要としていたし、手探りであっても再調整戦略が定式化されていることは明らかである。私たちはこのことを、流通の合理化・支出・投資運用の抑制におけるさらなる一歩として、つまり経済的意思決定の中心すべてのグローバルな管理の復旧、債務の整理統合の計画化、そして何よりも公共支出の正統性の基準の再確認のさらなる一歩として、みなすことができる。この基準は、赤字削減と商業の調整に相応した生産性の水準規定とのあいだでの(制御された)媒介において、機能しなければならない。プロレタリアートがみずからの搾取の社会的領域がもつ全体性を発見すると同時に、資本はこの領域を受け入れることを強いられるが、商業的指揮権の諸規則がそこで再提起されてはじめてそうなるのである。プロレタリアの圧力によるこれらの帰結を打ち破ること、支配の全体性のありかを見つけること、資本主義的商業の諸規則に関する断裂と制御を規定すること――これが今日「よき政府」が意味するものなのだ。この点で財政理論家と財務官僚による再考と曲解は、計画策定の理論家と官僚の再考・曲解と同一のものであり、この点によって内部で同化されている。

実際に、再構造化しつつある介入の平面上で何が起こっているのかを見ることができる。つまり、支出抑制、緊縮財政と景気刺激の新たな諸レヴェル、計画理論家たちがこの一〇年間に寒々しくも思いついた一連の発展の決定的な崩壊、そしてもっとも重要なことは社会的労働力を置換し、一種の「産業予備軍」を、労働市場の新たな諸次元とさまざまな新たな質と同様に、社会諸階層総体の周辺化そして／あるいは遺棄の形態において創出する、積極的な政策である（Paci 1973 を参照）。要するにそれは、潜在的に革命的で、その認識が求める諸要請をもって、みごとに政治の現段階を揺さぶっている生産的労働の統一を、内的に分断するための一戦略である。これは資本主義的再構造化のプロジェクトが取り組まなくてはならない任務なのだ。[17] 労働者階級の新たな政治的構成を形成する諸過程に対するこの攻撃は、商業支配を再定置し、剰余価値がどのような形態で生産されていようが、すべての剰余価値の資本主義的領有の規範がもつ息苦しい正統性を支えていこうとするものである。

イタリアの状況はイタリアだけのものではない。他の成熟した資本主義諸国ではＧＮＰに関する公債のレヴェルがイタリアよりも低くなってきているにもかかわらず、それらのうちのいくつかの国は事実上の債務を抱えており、いずれにしても、それらの国が推進してきた再調整と再構造化の政策は、イタリアの政策との強い類似性を有している。これは、公共支出と債務の双方を増やすように強いる労働者階級の新たな政治的構成を除いては、奮闘努力を迫られるほどには、債務が多くないためである。[18] あらゆる成熟した資本主義国家において、より大きな規模の労働市場にいっそうそいながら、商業生産性に関する社会的蓄積とその正統性を確立するこのプロジェクトが中心的な焦点となっており、それは新しく台頭してきたプロレタリア的主体の諸闘争を破壊するための、さまざまな尺度をともなっている。[19] この資本主義的傾向性は、いっそう中央集権化され機能的になった国家の姿態、資本の社会的蓄積過程の多様な契機と結合する（そしてそれから得られる）厳格な関係において、正統性の新たな基盤を具体化するために供される諸規範、諸行動、諸手続を統制する国家の姿態を規定する。要するに、公共支出を再編成し方向づけるための国家介入はたんに正統性の原理の確立を反映する鏡にすぎず、それは新しいものではないがいまでは独占的になっているのである。つまり、かつて効果がないわけではなかったが、いまやその有効性に優位が与えられているのである。それは、統一に向かって突き進みつつあり、富を収奪されているプロレタリア的主体に抗する、資本の社会的蓄積のための、商業生産性の原理なのだ。

そのとき、合法性（国家の法的活動の効力のパスワード）がますます国家活動の正統化のための決定的な物質的諸条件に従わなければならなくなっていることは、偶然ではない。法的秩序の制度的な解釈と規定は、機能主義的諸理論に道を譲る、増大しつつある圧力の下にある。機能主義的諸理論は、私たちがドイツおよびアメリカの理論家たちを誤解していないのならば、行政活動の決定的基準に関する主張と思われるもののうちで、もっとも重要な質をなしている。[20]このことは古い法学的パースペクティヴからすれば逆説的なことだが、合法性はいまや、権利請願資格システムに対抗する実質的諸機能の拡充の基盤の上に、事後的にのみ再構築されうるにすぎないのである。この現象の興味深い詭弁性を展開することもできるだろうが、ここはそのための場ではない。それよりもむしろ重要なのは、この法的・行政的主導権の基礎の上で徐々に打ち立てられているものが、合法性の古い形態ではなくて、行動と介入の新たな諸規範の編成だということを強調することである。この枠組においては、資本とその国家は、みずからを形成し、そして「オルタナティヴな法体系」を唱えるさまざまな潮流のユートピア主義的努力を、それらの理論的創始者たちにむけた尋常ではない受け入れの姿勢を誇示しながら、有効なものにする傾向を有している。[21]

いずれにしても、これは第一近似でしかない。正統性の新たな原理がそうした重量とそうした排他性をともなって定置されるとき、台頭し始めている秩序維持作用の「空隙」は、漸進的変化やオルタナティヴな諸基準の拡張された適用でさえ伝統的な合法性の地平を再構成することを許さないほどに、ふつうのそして継続的なものとなる。ここで再構成されているものは、つねにその機能作用を特徴づける緊急性において、広く知られた法則である。つまり、介入は、秩序維持と状況の緊急性の空隙の結果と同じほどに例外的で異常なものとして、役割をわりふられているということなのだ。危機の内部で、これらの諸機能は頻度を増やし、拡張度を増すのである。異常な行政的介入、予防的恐怖政治、そして圧制的な先制政策が、合法性の新たな諸地平を（今度は実際に効果的に）規定しながら、進化とオルタナティヴの諸概念を補強し展開する。(22) これらの地平、これらの機能、そしてこれらの暴力的断裂の基盤の上で、制度主義的指揮権は、新たな法の生産とその法的管理のさまざまな役割にわたって、みずからを拡張しなければならない。圧倒的な知性をもって古い行政的ルーティンを打ち破ってようやく、正統性の原理は、新たな合法性と同じ覆いの下に休んじることをみずからに許すことができる。(23)

今日、資本主義的指揮権がその機能遂行者たちに求めることは、彼らが法的決定の内容を、それらがいかなるときであれどこであれ現れるときに、正統性の新たな原理にふさわしいものにしながら、換言すればすなわち、商業生産性の決定的かつ物質的な諸基準にふさわしいものにしながら、合理化する（つまり当然かつ継続的なものにする）ことである。社会的労働の複合体総体は、可能ならば強制的な社会諸規範をともない、そしてほとんどの場合には法的規範の諸作用をともなう、この命法に服従させられる。国家に対する諸闘争と労働者のコンフリクトによってしかるべき所に置かれた規範の諸システムに、いまなお残存しているものは何なのだろうか？　いまではそこには、資本主義的指揮権の意志に屈服させられないものは、何も残っていないのである。

公共支出のテーマにここで戻るとすれば、私たちはその問題構成が示唆する諸反照の新鮮さに打ちのめされる。つねに有効なのは、マルクス的かつ労働者主義的な賃金の分析が適用のためのさらなる空間を見いだす領域を再発見することである――それは第一に、いかにして資本の科学と実践が、社会的賃金が暴露する主体を否定するために、もっとも苛酷な抑圧作用に余儀なく訴えるようになるかを示すことであり、第二に、社会的賃金の基礎に立って、敵意に満ちた権力の諸実践が、プロレタリアートの大衆的観点から見て統一され、労働者の憎悪の表現のためのさらなる領域を決定するようになるような闘争の領野を同定することである。

危機と再構造化の時期における新たなプロレタリア的主体

『経済学批判要綱』の根本的道筋において、マルクスは階級構成に関する一連の評註を展開している。「直接的生産過程の視点から」すると、生産者であるかぎりにおいて、人間でさえもが生産のための能力の蓄積と完成としての「固定資本の生産として」みなされるとマルクスは強調している（Marx 1973：711-2）。直接的生産過程に入り込む主体は、それによって少しずつ変形させられ、そしてこの直接的生産過程こそが「成長中の人間については訓育であると同時に、成長した人間については、錬磨であり、実験科学であり、物質的には創造的で、かつ自己を対象化する科学であって、この成長した人間の頭脳のなかに、社会の蓄積された知識が存在するのである」。「ブルジョワ経済の体制《システム》がようやく徐々にわれわれを発展させているように」と、マルクスは以下のように結論づける。

ブルジョワ経済の最後の成果であるそれ自身の否定をも、徐々に発展させている。われわれは、いまはまだ、直接的生産過程を問題にしている。われわれがブルジョワ社会を全体として観察するときには、社会的生産過程の最後の結果として、つねに、社会そのものが、すなわち、社会的諸連関のなかにある人間そのものが現れる。たとえば生産物等々のような、固定的形態をもつ一切のものが、ただこの運動の契機、瞬過的な契機として現れるだけである。直接的生産過程そのものがここでは契機として現れるにすぎない。過程の諸条件と諸対象化は、それ自体一様にこの過程の諸契機なのであって、この過程の主体として現れるのはただ諸個人だけであるが、ただしそれは、自分たちが再生産し、また新生産する相互的な連関のうちにある諸個人なのである。彼ら自身の不断の運動過程のなかで、彼らは、自己を更新するとともに、また彼らがつくりだす、富の世界を更新する。（Marx 1973：712）

私たちはここでのマルクスの唯物論的諸規定の哲学的妥当性には関心をもってない。そうではなく、私たちが関心を抱いているのは、労働者階級の台頭において基礎づけられる、資本「によって突き動かされる存在」と「流動」資本とのあいだで決定される弁証法についての彼の考察と彼の主張を、現代の状況にみあった水準に到達させることである。これは、賃金の新たな量と労働者のさまざまな欲求・欲望・実践の新たな質の双方が決定される場である。いずれにしても欲求のシステムがつねに交換価値の形態において資本主義的発展のなかで与えられるということ、そして、ユートピア主義者のみがこの疎外関係を直接的な仕方で引き裂きうるということが、本当に真実ならば、労働、その抽象、そしてその成長する生産性の進歩的社会化は、社会的搾取の決定的形態を引き裂くことができるし、引き裂かなければならない。資本それ自体が、階級をこの領域に移動させ、次にはみずからも移動させられているのである。つまり、このことが生産的社会的潜在力の異常な発展の意味なのである。この見地からすれば、搾取形態が社会的にされればされるほど、そしてまた搾取の賃金による神秘化の形態が社会的にされればされるほど、資本主義社会体においてその否定がいっそう深化され決定的なものになっていくのである。(24)

より特殊な用語でいえば、(社会的賃金の支出としての)公共支出の拡大の背後に、マルクス的な意味での階級構成のいっそう進んだレヴェルを暗示する諸実践が存在するように、実際思われる。高度資本主義諸国ではかなりの程度に、労働と賃金支払いは相応しておらず、労働者の意識性は、ともかくも難攻不落な賃金の存在の諸レヴェルを、それらが政治的に組織されていないにもかかわらず、発展させている。(25)「労働者教育」の過程は、非常に多くの修正主義者やネオ・グラムシ派論者の著作によって論じられているが、(26)たしかに資本家や改良主義者に手中におかれつづけてはおらず、諸闘争によって認識され、社会的賃金と政治的保証の一般化されたレヴェルに達してはじめて、回答が可能かつ満足できるものとなる、諸実践および諸欲求に構造的に根づかされてきている。(27)資本と労働者階級の間の弁証法は、さらに高次の段階にむけて絶えず社会化されているが、まったく新しい不可逆的方法で私たちの時代を特徴づける政治的階級構成のレヴェルにおいて、決定されているのである。

公共支出の資本主義的戦略は、しかしながら、それが暴露するものを否定しようと試みている。私たちが見てきたように、それはそうするように強いられているのだ。しかし、収入の諸レヴェルの低減および抑圧の周辺化に十二分に達しながら、国家の活動がせいぜいのところで（保証された収入のもつ永続的な限界内部での）新たな相対的差異化の諸作用をしかるべき位置に置くことに成功してきただけだということが真実ならば、それはたいした成功をおさめはしないだろう。これから見ていくように、国家はそれゆえに社会的蓄積の諸機能と商業の正統化の諸機能とのあいだの関係性を使い切っている（これはマルクスが語ったところの、たるんだ労働諸慣行、常習的欠勤、そして「享楽能力」に対する、「コミュニズム」の生産性そして／あるいは「コミュニズム」の協働の神話学である）[28]。しかし、階級構成の新たな現実性を否定する努力は、公共支出の圧縮を介して、それでもなお有効なのである。

このことは、労働過程において直接的に使役される（あるいはすぐにはこの形態で用いられない）生きた労働を超えて、間接的生産的サーヴィス労働、科学労働、そして社会的知識のあらゆる構成要素が効果を示すときに、いっそう明らかである。膨大な研究がすでに、この領域をめぐるマルクス主義的傾向性の現代的な軌跡についての私たちの知識に寄与してきた[29]。社会的知識は、つねにより明白でより確かな仕方で、決定的な歴史的構成のジンテーゼにいたる。社会的再生産のメカニズムは、経済的構造から社会基盤の構造まで、そしてコミュニケーションの構造から政治構造にいたるまで、その根本的諸構造すべてにおいて、科学的になるほうへと向かう。資本の社会的再生産過程の連続性において、社会的知識は今日集積し現実的なものとなっている。しかし、この間接的生産的人間活動の蓄え、つまり資本の生産と再生産の領域上で諸商品と交換されることとなるこの大量の生きた労働は、資本主義的指揮権によって、支配され、分断され、差異化され、筋道をつけられている。間接的生産的人間活動の蓄えである大量の生きた労働は、搾取の見地からする全体性として、言葉を換えれば交換価値の社会的流通の現実化の見地から見た全体性として、想定されるが、生産的労働としてのそれ自身によって表現されるかぎり、社会的に取るに足らないものの周辺へと追いやられてしまう。たしかに、資本は、この大量な生産的社会的労働の「自然発生的な」再生産のためのいくつかの条件をすすんで認めなければならない。だが、資本は再生産の「自然条件」、すなわち、神秘化されると同時に資本主義的な指揮権の再構成へとむさぼられるように巻き込まれる価値に関して、ますますそのようにことを進めるのである（Cacciari 1975 を参照）。このまったく客観主義的な対立は、生産諸力と生産諸関係とのあいだの、資本主義的生産諸関係の展開の一つの契機を反映している――それは、「生産諸力」によって、「科学、一般的な社会的知識、労働の質、労働の社会性、自然、機械制、労働の組織化、その他」（Alquati 1974：165）が理解されるときにである。そしてこの対立は、資本主義的生産諸関係と資本主義的指揮権の諸関係に対する生産諸力の完全な服従において、完全に解決される。この枠組では、公共支出はまったくの資本主義的支出、すなわち資本主義的再生産のための投資なのだ。社会的労働力の創造的な密集対に対する資本主義的否定は、もはや、完成の域に達しえない。まさにこの理由によって、賃金の次元において、すなわち厳密な意味での社会的労働力それ自体の再生産セクターにおいて、私たちはふたたび賃金に対する資本主義的活動の諸特性一般を見いだす。つまり、必要労働を削減し、社会的剰余価値の最大量を搾り取ろうとする――あらゆる工場に認められる、一様な貪欲さと怪物じみた無慈悲さとをともなった――押しとめのきかないもくろみである。

そのとき、この領域上に、相対的賃金をめぐる闘争がふたたび始まるのである。そしてまた、ここでは、闘争の一連の伝統的分割――経済闘争と政治闘争、組合主義闘争と権力奪取をめざす闘争――が（もし可能であるならば）いっそう重くのしかかってくる。しかし、この領域では、他の何かが影響を及ぼしている。それはすなわち、国家の収奪に抗して社会的生産性を再領有しようとする労働者の圧力への応答であり、一個の革命的主体としての新たな生産主体を認識する必要である。(30)

この闘争領域は接合と全体性の双方として開かれている。つまりそれは、資本主義的指揮権の観点とプロレタリアートの観点の二つの観点からのものである。労働者の観点から、私たちは「もし高度に発展した生産諸力のオルタナティヴな活用が可能ならば、労働者階級が、資本に抗して、敵対的階級として、みずからの価値増殖＝価値創造のために生産諸力を活用しうる可能性」（Alquati 1974：165-6）があるかどうかを問わなければならない。もし階級構成の概念が、記述的・分析的範疇としてのその用法を超えて、操作的範疇に、そして生産諸力の意識的労働者階級による再領有の組織化のシェーマに、翻訳されうるのならば、この点で自分たち自身に問いを投げ掛けることは、さらにいっそう重要である。(31) しかし、つねにそうであるように、これらの問いは部分的な回答をもっており、部分的な回答しかもちえない。回答を生みだすこの過程は作動しているが、接合は力関係の全体性の領域上での意味を獲得するにすぎない。なぜならば、労働者階級による継続的な生産諸力の再領有に抗して、労働者の前衛と労働者の闘争のさまざまな接合を荒廃させる資本主義権力すべての束縛が解き放たれるからである。公共支出、その接合、その傾向性、その計画された優位性、そして公共支出をつらぬいている指揮権の合理性は、資本の根本的な武器の一つを構成している。公共支出は社会的蓄積（そして労働者の社会闘争）に導入されてきており、資本主義的商業の正統性は、利潤率と国家による利潤のための蓄積の保証に基礎づけられてきている。公共支出は労働の共同性を、その可能な政治的形態を破壊し、それを完全に利潤率の正統性に服従させるために、組織してきている――共産主義を可能にする新たな労働者の世界は、低下する利潤率の死んだ物神に服従しているのである。

生産の新たな主体の革命的再構成に対する国家活動の諸効果は、かくして、全体性の領域上で戦闘を交わすことができるにすぎない。プロレタリアートによる、生きた労働つまりかの固有の自立した生産力による、生産諸力の共産主義的再領有の生き生きとした集団的正統化のみが、資本主義国家の正統性にその再構造化の過程において対応することができる。必然的に、国家の正統性が暴力政治と労働者階級を荒廃させる権力によって明確にされるとき、権力に向かう闘争のみが――権力に対抗する権力、暴力政治に対抗する暴力政治のみが――労働者の闘争に尊厳を与えることができるのである。資本主義的再構造化総体が、生産的社会的労働とその政治的潜在力の新たな構成を破壊するためのプロジェクトに（どんなに対価を払おうとも）集中されている。制度的再構造化の過程総体が等しく、それを有効に働かせるために、合法性の古い制度的諸審級と新たに興ってきている機能的必要性の間の媒介に向けられている。これらの過程の資本主義的再編成規範的精髄は、利潤率の低下法則であり、マルクスがいうように、資本の文明化作用の弔いの鐘が鳴っていることの認識であるのだ。国家と新たなプロレタリア的主体とのあいだのここでの緊張関係は、破壊的なものでしかありえない。もし資本の側ですべてが短期間に了解され、しかしながら破壊に向かう意志が悲観主義と迷いを腐るほどもちあわせているならば、労働者の側での破壊に向かう意志は、それが希望と、私たちが最後には完全に勝利するという確実性によって明確にされるがゆえに、恐るべきものである。今日、階級的観点からの権力分析はますます重要性を失ってきている。その代わりとなる根本的なこととは、新たなプロレタリア的主体とその日常的行為の永続的非合法性の諸実践に対する注目である。このことに続くのは、ボスに対する政治的「応答」の分析としての権力の分析のみである。

公共支出の蓄積と正統化諸機能のさらなる考察

「計画は大事業のための大事業によって遂行される」。このことは今日では真実ではないし、かつても真実ではなかった。協調経済 économie concertée も混合経済のさまざまな形態も、実際にこの言い分に還元されることは決してありえない。商業論理が計画の諸過程を支配し正統化することは、これらが大資本家の直接的利害のたんなる投影でありつづけてきたことを意味しない。そうではなくむしろ、計画は、生産の諸社会基盤の物質性を決定し、システムの生産性一般を刺激し、そして諸商品の社会的流通を組織化する（能動的あるいは受動的な）権力を国家権力に集中的に帰しながら、社会的諸勢力を媒介することを含んでいる。公共支出は、これらの諸操作を合わせたコストであり、計画策定の分野における国家の活動に対する賃金の応答の一特性として、大資本の意志の下にたんに従属させることができないことは確かである[32]。計画は、まずもって組織的媒介を通じた階級抗争《コンフリクト》の構成の領域を再提起することを含んでいる。私たちは、階級闘争のこれらのレヴェルにおいて資本主義的な支配の論理に本来備わっている二重の発展が完全に確認されていることを念頭におかなければならない[33]。

しかしながら、このことすべては、諸抗争《コンフリクト》が現実に仲裁可能で、生産的社会的諸機能と社会福祉とのあいだの媒介を通じて労働市場の再組織化が予測可能かつ制御可能な比率の内側にとどまることができ、改良主義的希望が存在していた、かつての時代に立ち戻っているように思われる。実際、高度に発展した資本主義国家は、このプロジェクトの危機を目の当たりにしてきている。新たなプロレタリア的主体の経済的潜在力は、計画されたプロジェクトによって御されることは決してなく、この主体が持続的な闘争としてみずからを明示することに成功してこなかったところであってもなお、この主体が賃金レヴェルでの質的・量的不服従の形態において提示されてきている。ケインジアン政策、ケインジアン的ユートピア、そしてケインズ左派によって提示されたかの「オルタナティヴ」は、階級闘争のこうした傾向性によって火あぶりに処されてきた[34]。社会的蓄積と商業の正統化は、このように、敵意にあふれた言葉で特徴づけられている。つまり、公共支出は、社会的蓄積と商業の正統化との間の媒介に資金を供給するよりもむしろ、社会諸闘争に資金を融通しているのである。

この点で、そしてこれらの諸前提の基礎の上で、資本は危機を再構造化へと翻訳している。あるいはより正確にいえば、資本は危機に再構造化の偽装を施しているのである。資本主義の戦略の根本的要素は、社会的蓄積と正統化とのあいだの結合を遮断することに存している。そしてそれゆえ、社会における大量のプロレタリアートの存在の破壊（これは可能な場合にであり、そうでなければプロレタリアートの存在の抑制となる）および必要とされる利潤率にふさわしい生産諸モデルの促進のシェーマへと公共支出を転換することに存しているのである。そのプロジェクトは、社会的必要労働を削減し社会的剰余労働を増加させることによって、社会的労働のコストの増大を妨害し、コストを支払うこと（あるいはむしろ社会的労働の「自然な」再生産の単純な諸コストを支払うこと）なく広範に搾取をおこなう機会をさぐっている。公共支出は、労働者階級の圧力と一般的な社会的勤勉さの本質的性格についての資本主義的認識の双方によって異常な仕方で成長することを強いられてきたが、ここにいたってみずからの両義性を破壊する。公共支出は徐々にみずからを、価値論の表現ではなく、その資本主義的破壊の表現へと転換させるのである。つまり、公共支出は資本主義的指揮権の実践の現代的一要素でなければならないのである。

この論の用語をもっと具体的に取り上げるならば、この事態が意味しているのは、価値法則が現実化されてきているまさにその時点で、価値法則の障壁に労働者（および資本家）が取って代わることの本質的な経路を示しながら、より高次の抽象のレヴェルへと議論をもっていくということである（Rosdolsky 1977 を見よ）。言い換えるならば、生産労働の社会化と社会をおおう価値法則の完全な支配は、歴史的に、価値法則の自然発生的諸レヴェルを否定する一群の国家的諸活動を決定している――そしてこの事態は「社会主義」諸社会でも高度に発展した資本主義諸社会でもともに等しく真実である。[35]「社会主義」と高度に発展した資本主義のどちらの場合においても、価値法則は国家による「強制された支配」の下ではじめて機能する。私たちはこのことを社会主義諸社会における「官僚主義化」と資本主義諸社会における「権威主義」と呼んでいるが、その結果には何の違いもない。ここで、カリスマ的革新が降臨することで価値法則の機能を解き放ち計画を保証することができるというような、ヴェーバー的幻想にも陥ってはならない。この事実は、生産諸関係と生産諸力の弁証法においては、搾取の組織化の根本的述語として価値法則が作用することを表している。価値法則の現実化はまた、搾取を現実化し、法則が機能することの自然発生性が厳しく調整される仕方で絶対的に特殊な不服従抵抗を決定するが、その理由は、それが決定的な生産編成ではなく、それ自身の現実化が決定する生産力の拡大に対する障害だからである。そのため社会的労働の表現を引き受けることはありそうもないが、指揮権だけが、この点で価値法則の継続性を表象する。だがその代わりに、そこでは新たなプロレタリア的主体の諸実践すべてが自然発生的に、生産力を妨害するこの障壁に対する不寛容と反乱を表現するのである。

資本とその集合的合理性はこのことすべてを知っており、それの基盤の上で作用する。これこそ、公共支出が資本主義的指揮権の抑圧的な非合理性において改良される場なのである。しかしながら、これは、政治経済学批判（価値法則にそって使い古されてきた）がそれきりで「政治批判」――政治的諸勢力にただたんに目を向ける政治の批判ではなく、社会的生産に対して機能する指揮権とその制度的組織の問題と第一に取り組む政治批判である――へと道を譲る場でもある。ここではまた、価値法則の消滅とそれに取って代わる市場計算のための計画策定（および再構造化）の政治法則が、労働者の闘争に門扉を開くような機能的・構造的諸矛盾を示すことも可能である。[36]

いまや公共支出の問題構成は、相対的な社会的賃金に関する闘争が、制度的諸矛盾と諸制度に対する闘争の深化に対して直接に機能的でありうるかぎりで、労働者の立場での批判の領域になっている。政治経済学批判に対するに政治批判、政治批判に対するに行政・計画・再構造化の批判――これが、私たちがたどってきた道筋である。

その一方で、再構造化の固有の領分において展開するが、すでに中期的将来のための傾向性を規定している、労働者階級に対する国家の実践の決定すべてが、この点で方向転換する。つまりそれらの決定は、価値法則の現実化に関する計画のあらゆる幻想を打ち砕き、その逆に、生産的かつ革命的な力としてのプロレタリアートの一体となった潜在力を打ちのめすことに向かう内的な路線に沿って、作動するのである。公共支出は、生産と生産の性格付与とのあいだのあらゆる関係を破壊し、社会構成体総体と生産価値とのあいだのあらゆる価値増殖する進行順序を破壊することによって、労働力の恣意的な分割過程を本質的に保証しなければならず、それゆえ、労働力と予備労働力のいっそうの分断ではなく、賃金区分に関して対置された、労働力の異なるレヴェル間の残忍な分断を決定しなければならない(37)。公共支出の包括的な厳格性は、すでに承認されてきているが、ここにおいて指揮権の(換言すれば再構造化の)諸シェーマにしたがって、第一に利潤の増大のためではなく、むしろ資本主義的生産様式の永続性のためにふたたび明確にされなければならない。

この状況においては、あらゆる改良主義的操作は、了解されはしても、初期段階で信頼性を失うこととなる。ここには国家に反対することや社会的賃金をめぐる労働者の諸目標に対する余地は一切ない。つまりこの空間は、商業の正統化基準の下への公共支出の完全な包摂によって破壊されてきているのである。あらゆる改良の事例が、労働者の社会化に対する資本主義の攻撃と生産の社会的形態を破壊するもくろみに帰着する。抽象的な合理性をもつ領域上ではなく、階級闘争によって固定された諸関係によって専一的に決定される、特殊な構造的必然性が決定されているかぎりで機能的である領域上で、改良主義的実践がとどまることなくいっそう深く根づかされているような、すべての行政の機能不全と解体が規定されることとなる(38)。行政活動は、その合理性が価値法則の社会的機能に存することができず、資本主義的指揮権が実際にふるう権力においてのみ存在しうるかぎりで、決定的に非合理なものである。行政的合理性は恐怖政治になるのではない。行政的合理性こそが恐怖政治なのである。資本主義社会から、搾取の無慈悲性にもとづいたその唯一の合理性を剝ぎ取れば、挑発と破壊からなるこの奇怪な奇怪《バロック》な物が現れる。

再構造化は資本主義の危機を解決せずに強化する。公共支出の分析がこのことをもっとも明確な言葉で示している。公共支出は、資本主義的収益性の標準を維持するための圧力と、つねにいっそうの押しつけを迫る社会的労働力のさまざまな賃金要求に何らかの仕方で対応する必要性とのあいだの、矛盾にみちた関係性のなかに位置づけられており、それゆえに賃金形態における社会的蓄積の諸過程を把握しつづけている。言葉を換えれば、公共支出は、価値法則の歴史的障壁の崩壊と、価値法則を何が何でも決定的諸比率において維持させるための資本主義的決定とのあいだの、深い隔りに架け橋しているのである。この関係性は、たとえ改良主義が提供しうるたよりない支援がどのようなものであろうとも、持続させることができない。新たな——労働者階級の新たな構成に内属している——生産様式の登場と、指揮権の資本主義的支配の強制された持続性とのあいだに、わずかな媒介の可能性があいかわらず存在している。

公共支出の危機は、分析において特別な地位を与えられなければならない。というのは、それが提示しているのが、一般的危機の肯定的な（労働者的、集合的）諸要素と否定的な（資本主義的指揮権の）諸要素の双方だからである。しかしながら、明らかなのは、ここで危機の分析によって、国家の姿態と資本主義的生産の媒介者としてのその権威の崩壊へと直接的に、私たちが立ち戻らされることとである。この場合でも、マルクス的逆説が現実化される。つまり、市民社会と完全にその内部にある社会的生産を指揮する力とのあいだの抗争を国家が解決すればするほど、この解釈が弁証法的に不確実なものであることがますます証明され労働者階級はますます社会に対するそのヘゲモニーを現実の表現において示すようになるのである。コミュニズムに向かう革命的プロジェクトはこの矛盾とこの可能性とを生きているのだ。

制度的労働運動のイデオロギー的崩壊——改良主義と抑圧

労働者の運動は、それが制度的運動であるかぎりにおいて、イデオロギーにおいては修正主義的な、プロジェクトにおいては改良主義的な、そして実践においてはテクノクラート的なものとして、今日現れている。逐一この状況のもたらす諸効果を見ていこう。

イタリアにおいては、制度的労働運動のイデオロギー的修正主義は、長い歴史を有している。一定の点で、これはグラムシ派の歴史である。グラムシによる、市民社会内部の、そして市民社会に対するヘゲモニーの概念は、マルクス的国家概念とレーニン主義的国家概念に関する事実上の刷新だった（Bobbio 1987を参照）。この概念の基盤の上に、まず第一にそして根本的に、労働者の包括的な忠実な支持の諸モデルにしたがって社会的生産諸力の核心部を攻撃する、革命的諸過程の条件としての労働者の運動の社会力に委ねられた、イデオロギー的媒介の空間が存在している。このことすべてが有しているのは、ヘゲモニー概念の提起を悩ませている修正主義も否定しえない、尊厳である。ヘゲモニー概念は、さらに、イタリアにおける生産諸力の発展の決定的局面（すなわち、ファシズム以前の時期）に照応しており、その結果、反ファシズムの政治活動のさまざまな必要性への応答として再提起されている。そのとき、グラムシ的提起に関する修正主義は、何が制度的労働運動の主題をイデオロギー的に危険なものにしているか、ということではない。危険なのは、むしろ、多かれ少なかれグラムシから得られる諸定式の現代的用法なのである。ヘゲモニーの提起が必要としているのは市民社会の規定だが、今日では市民社会は死滅している。つまり、市民社会は資本主義的発展に包摂されてしまっており、生産的労働の社会的統一によって再定式化されているのである。ヘゲモニーの過程は、この状況において、利潤のための資本の社会的指揮権――市民社会を再組織化し、生産過程と権力構造の投影としてのみ市民社会を存在せしめる指揮権――の緻密な執拗さに、完全に従属させられている。市民社会のイメージの崩壊におおいかぶさるように展開しているのは、同盟関係の諸概念、「混合経済」において操作《マヌーヴァー》される政治、そして中産階級に対するイデオロギー的圧迫である。しかしながら、階級闘争の現実性は、国家に対する闘争において、不服従の領域の連続性とプロレタリア的主体の傾向的統一化を示している。

その一方で、制度的な諸関係・諸媒介の領域でかつて修正主義によって提起された論議に残されているもの、戦術をめぐる論議に必要で論議を補完するものは何だろうか？　民主的闘争と社会主義に向けた闘争の連続性をめぐる、そしてそうした諸闘争の連続性を支えるための現代の憲法の構造の性向をめぐる議論に残されているものは何か？憲法のもつ現実性の領域がブルジョワジーの権力によって必然的に廃れさせられ歪曲されてきた後期資本主義国家の危機において、合意の基盤上で民主的連立の根本的諸原理が選択されるほどにまで、社会的諸関係および制度的諸関係の枠組は解体されてきており、合意の問題は、権威主義的あるいはテロリスト的な指揮権の特殊な諸路線の素因が作りあげられる点にかんして、システマティックに解決されてきている。今日、かつてないほどに、正統性の枠組、権威の諸源泉、権力の物質的有効化の過程そのものが、ルクセンブルクがまさしく予見したように、民主的正当化のシェーマのはるか外部でラディカルな民主的闘争がその第一段階をはるかに超えて労働者の闘争の根本的な物質性となるほどに、提起されている。

労働者階級の闘争は、その諸実践が利潤率の傾向的低下法則の機能を決定し強化しているという意味においてだけでなく、利潤率の傾向的低下法則が維持しているものに関する用語そのものを揺り動かす、換言すれば、(マルクスがいうように、最終審級におけるすべての基盤であるところの)必要労働と剰余労働のあいだの関係の意味を除去するといういっそう深い意味においても、価値法則の機能を決定的な危機に追いやっている。まさにこの時点で、社会主義は不可能になっている。社会主義と社会主義的なあらゆるユートピアは、社会的労働の資本への完全な実質的包摂を語るところまで達する、価値法則のアクチュアルな現実化を提出しようと試みている。しかしこのこ試みが可能なのは、諸階級の弁証法に関わってのみであり、階級闘争の一契機としてのみである。この点で、社会主義的ユートピアのすべての変形物は、客観主義的なもの(生産諸手段の社会化と指揮権の合理化としての社会主義)も主観主義的なもの(新たな生産様式、協業、参加、共同管理、その他)も、危機に追い込まれる。なぜならば、資本主義的労働、指揮権(とはいえ正統化されている)、そしてプロレタリアートの社会的諸力の複合体のあいだでの、きわめて高いレヴェルの新たな敵対を課しながら、同時に価値法則がそれ自身をばらばらに粉砕し去ること以外によっては、決して価値法則が現実化されないからである。

価値法則の計画的現実化のイデオロギーに結びつけられた、改良主義モデルの崩壊は、いまなお、そしてこれまで以上に重苦しく、この点において現れている。公共支出の問題構成については、いかにしてそれが改良主義的パースペクティヴから提起されているのか、そしてどのような新たな敵対が改良主義的意志を創出しているのかに再度目を向けることで充分である。公共支出は改良主義者たちによって直接的・間接的に生産的な支出とみなされている。まさに彼らは、公共支出の管理を合理化し、諸優位性のさまざまなシェーマに関してそれを型にはめ、発展を誘導しその方向性に影響を及ぼすためにそれを用いることに向かっているのである。しかしながら、これまで見てきたように、これらの制度的諸基準を超えて、社会的蓄積とその正統化の源泉（尺度と比率）とのあいだに矛盾が——生産の社会的主体の傾向的統一化と、商業自体の基準によって提起されている商業の正統化基準の非合理性の双方を示す、階級的矛盾が——存在しているのである。その矛盾が階級的見地において主体的になっているため、それはまた爆発的になっている。相対的賃金に対する労働者階級の政治的圧力と、資本主義的労働に反対する——現在の時期において原理的かつ——闘争が、賃金支払いそれ自体を要求する新たに台頭しつつある生産力への、労働者の間接的な言及になっているために、公共支出にかかる圧力は賃金の圧力になる。

諸矛盾のこの網の目において、公共支出を合理化するもくろみ——必然的に商業の媒介変数に従わなければならず、国家の商業的姿態を説明しなければならない合理化——は、直接的に抑圧的なものとなる。こうしたことが生じるのは、そのもくろみが国家の抑圧権力の諸道具を用いるからではあまりなく、そのもくろみがそうした諸道具を解決不可能な構造的矛盾の強度の内部で使うからなのである。もし社会主義が不可能であるならば、改良主義はいっそう不可能である。あらゆる改良主義的実践は、事実、直接的に抑圧的である。(39)

ここにおいて公認労働運動の修正主義と改良主義が、それらの階級的諸関係の概念の崩壊がもたらす一撃にのみ悩まされているわけではないことが、明らかになりはじめる。修正主義と改良主義のプロジェクトの道理の通らなさを超えて、対価がいかなるものであれ、古くさい構想の実現に向けて積極的に方向づけられた、道理が通らない意志が存在している。国家予算を引き締めること、強要された社会的労働に対する支払いの要求、そして、社会的協働のすべての局面に覆いかぶさる商業利潤の帝国を正統化するべく構成された秩序の障壁に圧力をかけることとともに到来しつつある、プロレタリア的主体を積極的に抑圧する必然性から、改良主義の側で資本主義的再構造化のプロジェクトに対する忠実な信奉が生じている。プロレタリア的源泉を積極的に抑圧すること、生産の社会的主体を再構造化すること、労働力市場を分割すること、労働者の権力を破壊する流動性の諸過程を保証すること、そしてテロリスト的にあらゆる社会階層を周辺化すること——これらの操作が、社会 - 民主主義的管理の下にあるすべての資本主義国と同様にイタリアにおいて、改良主義の基盤と内容になってきている。いたるところで永続させられるようになってい る改良主義の「最初の局面」の内容が、不可能な社会主義を再設定するための意志の基盤となっているのだ！　イデ オロギー的プロジェクトの崩壊が、ここでは改良主義の現代的な抑圧の諸実践とまったく見分けがつかなくなってい るのである。

もう一度述べると、生産的知性のセクターがより社会的になりサーヴィス産業にいっそう集中されてきているため、資本の社会的蓄積の諸過程の真の結合組織と中枢神経系を表現するようになってきているこのセクターにおいて主要に、階級的分断のますます増大する実践の諸理由が存在している。これらの新たな役割と諸セクターの階級的本性を否定したり隠蔽したりすること、そしてそれらの機能を「中産階級」の古い次元へと戻すことによってそうした機能を神秘化することは、基本的な操作である。しかし、それらは痛みをともなわない操作ではない。なぜならば、それらが直接的に生産力の社会的諸機能であっても、そうした操作は社会的にはますます正統化されなくなっており、その代わりにそれらの役割の権威主義的正統化がこれまで以上に重苦しく感じられるからである。これこそが、権威主義的な顔をともなった、つまり、それらの生産的労働の本性を否定し、その本性を指揮権の媒介変数に、すなわち指揮権に対して従属的であるとともに指揮権への従属を強いる機能の媒介変数に還元しながら、商業の死んだ論理を再生産し蓄積過程の社会的濃度を神秘化する生産的合理性をともなった、社会主義の官僚的‐テロリスト的媒介の担い手 Träger あるいは支持物であるような、そうした諸操作の提起であり強要なのだ。国家行政のさまざまな役割が、それらが創りだす矛盾にますます包含されていくために、改良主義の危機はこれまで以上に深刻になっている。国家行政にますます帰せられるようになっているテクノクラート的姿態もまた、合理化を進める諸実践の機能性が直接的にテロリスト的なものであることを示されているために、主観的にではあるが、危機を経験している。

イタリアでは、たとえば「歴史的妥協」が、資本主義的危機管理のための国家の社会‐民主主義的姿態の高度な形態をみごとに表現している。ヨーロッパ社会‐民主主義の権力ブロックへのイタリア共産党の（そしておそらく地中海に面したラテン系ヨーロッパのすべての共産党の）参入は、階級闘争の政治的用語すべてを変える。国家の姿態に関するかぎりでは、私たちは、指揮権の諸要求がますます階級闘争を規定してきているという意味で、事態を理解しはじめている。

改良主義の展開と国家構造の交錯点は、おそらくすでに達成されている。今後は、階級的観点は、この新たな政治的綜合《ジンテーゼ》を念頭におかなければならない。これは、長期にわたって、たしかに攻撃を仕掛けるべき敵なのである。

新たな戦略のための古い戦術

なにゆえに私たちは、公共支出を国家の一般的問題構成をめぐる私たちの議論の場《トポス》として選ばなければならないのか？　なぜならば、公共支出の問題をめぐって、資本主義的再構造化と改良主義国家とを束縛する客観的矛盾の分析が、主体的領域へと転換されうるからである。これは、ローザ・ルクセンブルクのような理論家たちが相対的賃金をめぐる闘争に帰さなければならないような、あらゆる政治の質をともなった賃金闘争の領域であるということにおいて、潜在的な主体の領域なのである。公共支出は、一方で生産の社会的領域に、他方で社会的賃金の領域に対応する。つまり、それが対応しているのは、社会的資本の内的弁証法における社会的資本の表現の（これまで以上に直接に関連した）一局面であり、それゆえに公共支出は社会と国家とのあいだの関係性の内部で労働者の敵対の問題を提起するのである。公共支出の問題構成が指し示しているのは、労働の資本主義的包摂形態と、そこにおいて敵対が主体的に決定されうる基本構造の双方なのである。

成熟した資本主義社会において、搾取のための支配の諸関係の洗練された編成と、つねにより継続的かつ完全な仕方で社会的富の全体性を創出する「労働者の社会」とのあいだに――言い換えれば、（造られた本性（＝世界）natura naturata と創造する本性（＝神）natura naturans との間の古代の区別のように）形成された経済と形成していく経済のあいだに[40]――開いてきている対立について強調することでは、充分ではない。直接的そして間接的な社会的生産的労働のすさまじい進歩を強調し、資本家の手の中に堅固におかれている社会的蓄積過程にその進歩を対置することもまた、充分とはいえない。マルクスはこのことをきわめて明晰に理解していた（Marx 1973：690-711）。機械制に関するこれらの論議は、ローマン・ロスドルスキーが『経済学批判要綱』を読み解きながら観察しているが、「たとえ一〇〇年以上も前に書かれたものであるにしても——今日でも、かたずをのまずには読むことができないものである。なぜなら、それらは人間精神のもっとも大胆なヴィジョンの一つを含んでいるからである」（Rosdolsky 1977：425）。マルクスはすでに価値法則の有する物質的障壁の終焉、生産力の自動化、そしてコミュニズムの構築の物質的かつ直接的な前提条件としての革新的諸力の解放を理解していたのである。

しかしながら、これでは不充分である。ここでの主体性は過程の要諦となっており、そうならざるをえないのである。コミュニズムの可能性の内部には、解放されはじめた欲求と欲望の膨大な集合体があるのだ。諸個人として、私たちはそれらの「粗野な」原型を達成できるにすぎないと、マルクスは示唆している（『経済学・哲学草稿』（Marx 1964）の「私的所有と共産主義」と題された章、および『ドイツ・イデオロギー』（Marx and Engels 1976）中の「共産主義」と題された章を参照せよ）。しかし、私たちが集団的に到達できる唯一の現実的原型は、闘争を介したものである。闘争領域を想定することは、全体性を余すところなく試すことではないし余すところなく試すことはできない。また、闘争領域を想定することで意味のある一連の現実化された諸欲求をほのめかすこともできないのだ。闘争を想定することは、まず何よりも破壊のための否定的欲求を想定することなのである。賃金は、あらゆるレヴェルで再提起されているさまざまな欲求と欲望の爆発的な潜在力を誘発させうる闘争領域なのである。そしてこの点においてのみ、革新、提案、そして静止することのない欲望が、束縛を解かれるような仕方において、まさしく量が質へと転化するのである。私たちの任務は、未来の預言者となることではないはずであり、そのなかで未来がおそらく現実化されるだろう矛盾の同定であるべきなのだ。大衆は、個人では達成しえない広さと強度を保ちながら、いかに生産をおこなうのかを知っている。「国家に反対する社会的賃金」はそれゆえ、戦略などではなく、改良主義と権力の解決不可能な諸矛盾のさまざまな決定の基礎に立った、そして、開かれた意識的なあらゆる階級闘争は今日では直接的かつ必然的にコミュニズムにむけた一個の闘争であるという理論的確実性における、闘争領域の実践的同定なのだ。公共支出の領域上では、相対的賃金をめぐる闘争の古い戦術が、コミュニズムの戦略へと導く提起を開いている。今日の闘争によって構築されたあらゆる大衆的空間は、資本主義的蓄積のための社会的生産様式によって包含され抑圧されている欲望の塊を高め、外へと突き抜ける裂け目であるほかはない。私たちには日常生活のなかでわかっていることがある。それは、これらの欲望がいかに多くいかに強いか、これらの欲望がいかに我慢できないものなのか、そしてこれらの欲望の表現力がいかに徹底的なものなのか、ということなのだ！　このことすべてが、資本主義的生産の形態、搾取の社会化、そして社会的諸関係の資本主義的非合理化の過程が有する重圧と全体性のせいなのだ。しかしながらそれはまた、莫大な数の労働者の側での搾取の一般性への抵抗と認識のおかげでもある。賃金は、資本が根本的な仕方で、プロレタリアートの政治的・社会的・歴史的・人間的な諸側面の複合体を把握し神秘化する範疇なのである。今日、資本は、賃金あるいはその大部分を公共支出の形態でまとめることを余儀なくされている。まずここで、諸矛盾はふたたび爆発しうる——それが国家に反対する社会的賃金なのだ。

いくつかの要素が示しているのは、新たな形態で、矛盾がすでに爆発しているということである。社会的生産の剰余価値の収奪への抵抗は、もはや、大工場で直接的に植えつけられた、労働組合の防衛の古い諸形態においてのみ実行にうつされるわけではない。その代わりに、政治的位置づけおよび政治的攻撃の新たな諸形態が、蓄積の社会的諸レヴェルに直接向けられる。たとえば、イタリアにおける「労働の自主的削減」のための闘争の諸形態は、主要に、労働者の賃金闘争の拡張である[41]。しかしながらこのことは、唯一の新たな要素の登場ではない。徐々に、階級意識が成長するにつれて、社会的平面総体を横断する新たな闘争領域の十全な認識もまた、成長してきている。労働時間と自由時間の労働者による再領有は、さまざまな工場ですでに展開していたが、今日では、社会的再領有の闘争と社会的賃金をめぐる闘争のなかで展開している。労働の自主的削減は、大衆的労働者の闘争の最終的形態つまり最高形態であり、富の社会的再領有が階級闘争の新たなプロレタリア的主体の基礎上に決定されていることにおける最初の形姿なのである——すなわち、大衆的労働者の否定と止揚なのだ[42]。

階級構成の弁証法の道筋は、ここでは主体的形態において与えられている。つまり、抵抗、労働の自主的削減、領有である。これらの闘争形態は、階級構成の転換と同じ道に沿って遂行されている。このことは疑いなくそして直接的に社会的賃金の領域である。これらの政治的主導権は、資本主義的指揮権がこの領域で被っている諸矛盾を激化させることにむけて方向を定められている。闘争の三つの形態は進歩的な方法にぴったり適合しているのだ。第二の闘争形態〔労働の自主的削減〕は第一の闘争形態〔抵抗〕を制限するものへの攻撃に転じ、それゆえ第三の闘争形態〔領有〕は第二の闘争形態に関連するのである。これらの質的な諸経路を通じて、階級構成の諸要素は現実性へと転換され、政治的意識性と政治的意志に向かう。労働者階級の富はすぐさま感じ取れるものになり、階級意識はそれ自体の発展を第一目標としてとらえる。このようにして、他の状態ではつねに完結されずにいつ果てるともわからない弁証法の悪しき諸特徴が、解決されるのである。媒介と直接性〔無媒介性〕は、意識性の諸媒介が富と権力の直接的奪回にむけて方向づけられるとき、たがいにアプローチしはじめる。

このすべてが、社会的労働者がその権力を拡大し、資本主義的社会化が抽象的労働の主体化を通じてプロレタリアートの再構成へと転倒させられる範囲にまで及ぶ実践的価値を有している。しかしながら、プロレタリア的意識性とプロレタリア的活動の最高レヴェルのただなかに、さまざまな大工場で見いだされる社会的賃金をめぐるコミュニズム的闘争の一連の実例が存在してもいる。ここでは社会的生産力と資本主義的指揮権の関係性が、労働の組織化および固定資本の構造の基軸にそって位置づけられている。この場合でも、イタリアにおける最近の諸々の闘争・ストライキの間中、再領有の集団的意志が権力に関してみずからを表現するようになってきている。それは、生産のためではなく、近い未来におけるサボタージュと闘争の最善の可能性を準備する作業における労働者階級の連合的《アソシエイティブ》生産力を肯定的に提示するために、工場を稼働させながら、工場の支配権を握るということに表れている。これが遂行されてきたことなのだ。労働者の意識性は、固定されたモデルを生みだしているのではなく、闘争の深化のための集団的・大衆的道筋を示してきている。社会的なレヴェルで工場において、再領有のための意志が、大衆行動を通じて、社会的支配の社会主義的媒介の消しがたい敵意にみちた権力を一掃するほどにまで、コミュニズムに向かう労働者の傾向性を現実化しているのである。このプロジェクトのそれぞれのエピソードが領有の場において強化されるとき、社会的賃金をめぐる闘争は、権力のための闘争、すなわち共産主義に向かう闘争において、社会的蓄積の資本主義的メカニズムの特殊で新たな諸矛盾の使用を転換する、労働者の傾向性を提示する。

きわめて重要な、公共支出の政治的・構造的諸矛盾の別の要素は、国家の分析と支出管理において行政職員によって果たされる、さまざまな役割に連関している。これは行政の政治経済学批判の深化を含むものである。何度も強調してきたように、国家の役割が蓄積の発展にとってこれまで以上に内的かつ構造的なものになっていることを考えれば、私たちは、いかなる矛盾が社会的資本の国家管理に関連させられているのかを探求しなければならない。生産的なものとしてこれらの行政的役割を規定する傾向性は、すでに、資本がそれらの役割に生産的であるように負わせている重圧によって、逆説的に示されていた。これはたんに官僚的合理化のことだけではない。ここでは行政機能が間接的に生産的なものに（すなわちその固有の意味である、剰余価値の生産においての生産的に）なっている。なぜならば、行政的諸過程の機能は、社会的蓄積を商業の正統化に結合させているからである。行政職員の役割は、この点において、直接的に矛盾に満ちたものとなっている。なぜならば、一方で彼らは社会的労働過程の契機を構成しているが、他方で利潤のためにその労働を管理することを求められているからである。公共行政の生産性を拡張し保証することが意味しているのは、最終審級において、完全な資本主義的用語での効率性のなかでこの矛盾が解決されることである。しかし、その矛盾はじつに大きい。実際、まず第一に、生産に関わる社会的基盤の参加者であるという認識は、国家機構を完成させるための努力によって衝き動かされた、さらなる恒常的拡大を想定する。しかしながら、第二に、国家装置を制する資本主義的指揮権における合理性の総体的欠落が、危機の諸契機を、そしてときに不服従の諸要素をもたらす。たしかに、参加の、テクノクラシーの、そして改良主義的・官僚的社会主義のイデオロギーは、これらの社会階層における被雇用者に対する重要なインパクトを有しているが、おそらくその影響は不完全であるか、あるいはおそらく、資本主義的社会化から生ずる矛盾と敵対の基盤上で、そのイデオロギーは異議申し立てを受け、打ち負かされるはずである。ともあれ、このイデオロギーは論戦を挑まれることに傷つきやすく、一定程度までプロレタリアートの組織化と活動によって正しく機能するように調整されている。

しかしながら、この場合には再領有について語ることは意味をなさない。それは、国家の指揮権を保存するような社会主義的オルタナティヴを提示することに逢着するだろう！　このレヴェルで遂行されなければならないことは、むしろ、労働者の生産の社会的共同性における、一定の行政セクターおよび行政職員の参加を熟知することであり、それゆえ、敵の領域の上にあってもなお、闘争のいくつもの可能性を熟知することなのである。行政内部での諸闘争は、敵の諸運動を報告しさまざまな分裂を挑発するという、スパイや密告者の活動にほど近いものとなるだろう。これが、国家指揮権と国家諸装置の「オルタナティヴ」な使用を提起する社会主義的ユートピアを避け、それゆえに「上からの革命」のさまざまな神秘化のヴェールを剝ぎ取る、唯一の方法なのである。そして、その代わりに措定されるものは、指揮権の拒否の戦略であり、行政機能の変則的用法の戦術である。このことすべてが、行政的諸機能が事実生産的な――そのとおり、間接的に生産的だが、それでもなお剰余価値を生産するような――ものであることが認識されてはじめて可能なものなもである。

最後にとりわけ、公共支出の分析の基盤上で、戦略の諸路線を諸戦術とともにもたらすことが可能になりはじめており、さらに、労働者階級の政治的構成の研究を、生産様式の社会化と、それがもたらす生活と闘争の諸条件のプロレタリア化によって包囲されてきている、新たな社会階層への特別な注目をもって、提起することが可能になりはじめている。公共支出の政治は、それが社会管理の一システムとしてさらに拡大されるにつれて、一方で、新たな社会セクターに国家との抗争を潜在的にもたらしながらそれらを包囲し、他方で、国家行政職員のあいだに、国家機構内部での階級的諸矛盾を創出している。これらの現象をはっきりと認識すること、そして――かつて可能であったよりも、いまではいっそう分析的におこなえるようになっている――調査研究と政治的実践を続行することで、階級分析における重要ないくつもの刷新を成し遂げることができる。潜在的な論議のマルクス的諸条件は、多かれ少なかれ与えられているが、分析の創造的深化は、いまなお、果たされなければならないままにある。私たちは、国家行政の諸主体に――国家のために働く、つまり、搾取の主体であるとともに資本主義的指揮権の伝達者でもある人びとに――、この議論において手本を示さなければならない。このプロジェクトは、国家の分析、政治と行政の批判、そして労働者階級の政治的構成の分析へと進む新たな一歩を――権力、国家、そして行政的諸機能の修正主義的諸概念に反対するすべてを――含んでいるのである。

Ⅲ

第六章　ポストモダン法と市民社会の消滅

七〇年代が終わるとともに、同時に終焉を迎えたものがある。それは労働者の主体性、階級闘争、ひいては左翼政治一般について〔共有されていた〕ある種の概念である。八〇年代はじめのレーガン、サッチャーによるネオリベラリズム経済革命から、一九八九年におけるベルリンの壁の崩壊が劇的に物語った「コミュニズムの死」へといたるまで、八〇年代はさまざまな側面から見て、労働に対して資本がおさめた決定的勝利を祝福する一つの長い祭典であったように思われる。資本が主要な生産力の役割を受けもつ一方で、労働は表舞台からは消え去ったように見える。主人は奴隷とのわずらわしい闘争に最終的にけりをつけ、端的に奴隷の息の根をとめたようでもある。

なるほどこの〔主人と奴隷の〕弁証法は、多くの点から見て、実際に終わってしまった。私たちは疑いもなく新たな時代、おそらく六八年の反乱がとりかえしもつかなく起動させた時代へと足を踏み入れているのだ。だが七〇年代、八〇年代、九〇年代のはじめをとおしてますます明確になってきたように、この新しい時代は〔いくつかの可能性のなかから〕そのある特定の相貌〔のみ〕をあらわにしている。とはいえ、私たちが新たな時代へと足を踏み入れているということ〔その新しさを示す最小の目印としてポストモダンと呼びたい〕は、社会的地平のすべての側面が変容したということを意味しているわけではない。たとえば労働が社会的生産の現場であることをやめているわけではないし、あるいは、階級闘争が雲散霧消してしまったというわけではない。資本主義的生産はいまだ労働力の搾取をやめていないし、それどころか搾取はますます苛烈なかたちをとっていることを何人も否定しないだろう。確実なことだが、生産力の搾取の存在するかぎりで、社会的敵対も現れるだろうし、もろもろの敵対はたがいに抵抗の布置のうちに結びつきあい、オルタナティヴな力の構成へと向かうだろう。それはコミュニズム理論が直面する主要な挑戦である。この本の残りの部分で私たちはこの挑戦との対決に着手したい。この新たな時代の輪郭を描きだし、社会的敵対のもろもろの新たな現場を特徴づけ、新たな主体性の姿態を浮彫にし、新たに台頭しつつある構成的権力の諸線分を跡づけてみること、それによって私たちはこの挑戦に応じるだろう。

だがことのはじめから、プロジェクトの提起へと即座に飛躍することをもってこの課題への私たちの貢献とするつもりはない。マルクスと同様、私たちは資本の理論と実践の読解と批判から始めたいのである。マルクスはみずからの課題をスミスやリカードの読解とイギリスの工場立法の研究から着手した。これまでに私たちは、別の時代状況のなかで、法治国家から社会国家への推移を分析しながら、ケインズやケルゼンのような著述家の作品に焦点を合わせたのであった。いまここで試みたいのは、ジョン・ロールズ、リチャード・ローティ、チャールズ・テイラーらの作業の文脈のうちに、現代の国家による法的、経済的実践を読み解くことである。私たちのアプローチはこれらの著述家の教義解釈への関心など一切もちあわせない。現代の資本主義的国家-形態、その権力の布置、その搾取の仕組、その社会的敵対の生産について彼らから学びうるもの、それを見定めてみたいのだ。新たな領野の上に台頭するもろもろの社会的主体性を認識し、現代におけるコミュニズムの諸潜勢力を提示すること、このための確固たる視点が以上の作業によって与えられるだろう。

ロールズと革命

ジョン・ロールズはみずからの作業を一つの企《プロジェクト》てとして提示している。すなわち、正義と民主主義の理論のための道理ある形式的な基礎づけを確立し分節するという企てである。しかもそこで、主張の妥当性はもっぱら理念的な道徳理論、「道徳幾何学」の必然的な展開の一貫性にのみもとづかねばならない（Rawls 1971：121）。基礎づけ的契約の契機やそれが要請する手続の哲学的首尾一貫性や道徳的必然性を基盤にした社会の、正義にかなった just 基本構造の構想——この展望を受け入れるのかそれとも拒絶するのか、ロールズは私たちにこう問いかける。ロールズ批判者の多くは、永遠の相のもとの *sub specie aeternitatis* 普遍的道徳理論なるものの妥当性に疑義を呈しながら、ロールズによるこの超越論的基礎づけの試みは哲学的に不適切であると述べたてた[1]。またそのような基礎づけが隠している重大な前提に焦点を合わせる批判者もいる。いわく、合理的創設原理など、実際に社会を組織している力関係や支配関係を隠蔽するだけなのだ、と[2]。ロールズの観念論的禁欲主義への批判はなるほど的確だし必須の作業でもある。だがロールズの企てに私たちが揺り動かされ、興奮をおぼえる場所があるとしたら、それは自由《リバティ》と平等に対する彼の情熱にほかならない。議論の抽象的道筋で、この情熱は忘れ去られることもしばしばだが。それゆえ私たちは、『正義論』をロールズのいう「道徳幾何学」の本来の意図に逆らって読んでみたいのだ。つまりそれを時代と歩調を合わせた一つの政治的企てとして、国家を秩序づける実行可能な法的編成を案出する作業に関与する一つの政治的企てとして考えてみることだ。私たちはロールズを政治的に読んでみたい。つまり、ここ数十年の政治的展開の文脈を念頭におき、彼の理論が示唆する権力関係を明らかにしてみたいのだ[3]。

　私たちがロールズの著作を政治的領野の上に位置づけ、その道理的な論証のかもしだす呪縛を振り払うや、テクストは完結した一個の作品であることをやめ、幾何学的に秩序立てられた総体という見かけは崩壊する。それがしばしば衝突しあう多様な解釈を許容しうる多義的な政治的方向や展開の混合体であることがただちに認識できるのである。この章で私たちは、八〇年代、ロールズ自身の著作[4]と彼へのさまざまな批判者の著作の双方において際立って突出していた二つの解釈に焦点を合わせたい。まず第一に、ポストモダン的解釈がある。社会の差異〔格差〕や紛争《コンフリクト》から抽出された、希薄な国家の体系的な法的秩序づけを提起するのがこの解釈である。二番目に、共同体主義《コミュニタリアン》的解釈がある。これは社会的領域を国家秩序のうちへと効果的に包摂する力をもつ強力な国家の構想に帰着する。

　まず一見したところは不明瞭なポイントに着目してみよう。これによって、体系について、新たな展望を獲得することができるはずだ。テキストのいろいろな場所で、ロールズはみずからの理論を正義についての革命的命題や革命的見解表明と関連づけている。正義の諸原理を選択する営みにおいてロールズがもくろむのは、革命的契機のシミュレーション、あるいは包摂である。「自由、平等、友愛という伝統的観念は、以下のような〔正義の〕二原理の民主的解釈へと結びつけることができる。つまり、自由を第一原理に対応させ、平等を、公正な機会の均等を相伴った第一原理における平等の観念に対応させ、博愛を格差原理に対応させるのである」(Rawls 1971: 106)。フランス革命は原初状態というかたちをとり、たとえそれが合理的選択という観点から枠づけされていたとしても、社会正義の直観、顕現《エピファニー》としてたちあらわれる。〔しかし〕革命の契機は、原初状態の仮説的文脈のなかで、イメージとして凍りついてしまう。『正義論』第一部、正義の観念論の核心にあるのがこの動きのない契機である。

しかしながら第二部でロールズは、革命を前進させ、その通時的展開をシミュレートするために、フランスからアメリカの経験へと飛び移る。「四段階の継起という観念を合衆国憲法とその歴史が示唆している」(Rawls 1971: 196 n)。原初状態は同一性と諸原理の設立、すなわち独立宣言と権利章典の確立に対応する。継起の第二段階では、憲法制定議会あるいは憲法会議が召集される。そこで議会構成員は、正義の諸原理をもっともよく表明している憲法を選択するわけだ。さらに続く立法的段階では、国家《ネーション》の社会的、経済的政策が選択される。こうして最終段階では、特定の事例に法令が適用される。この継起の段階が進むにつれ無知のヴェールは少しずつ取り除かれる。裁判官や行政官が特定の事例に法を直接に適用する段にいたると、もはやいかなる情報も排除されない。このように、社会的制度の発生論的メカニズムは、アメリカ憲法の発展を追尾しながら描かれるわけだが、それは理念的で形式的理論から現実的な政治実践への複雑な連続的推移を示すべく設定されているのである。

しかし、フランスとアメリカの経験を喚起するや、ロールズはそのインパクトを鈍らせてしまう。つまり革命的契機のはらむ底深い切断は形式的構造の上に均らされてしまい、力強い実践的諸力がもたらした歴史的転位は、形式的経路《パッセージ》の内部に包含あるいは包摂されてしまうのである――要するに革命の憲法制定＝構成的権力は理念的な形式的手続のなかに規範化〔＝正常化 normalized〕されてしまうのだ。革命はもはや一個の出来事ではない。敵対の爆発は存在しないのであって、むしろ社会的抗争《コンフリクト》は安定した均衡の秩序内部へと包摂されるのである。ロールズは刷新力に富む創造的な諸力のもたらす切断を脱時間化し、それらを仮説上のあるいは理念上の契約手続へと形式化する。憲政体を定式化し、社会を解放するのは現実の社会的権力ではなく、手続の形式的動力、人民のいない depopulated 憲法制定議会である――諸制度が整備《アレンジ》されるのはここなのである。(5) 革命の共時的切断はその物質的内容を剝奪され、通時的力学にはいかなる現実的運動も与えられない。構成的＝立憲的手続きの形式的メカニズムは、ただひたすら革命の野蛮なエネルギーを飼い慣らし、自らを衝き動かすのだ。

これらのフランスとアメリカの革命の具体的な参照はロールズの議論においては偶然のものであり、付随的ですらあるかもしれない。だが正義論と民主的社会諸勢力の力や創造性のあいだの関係は必然であり核心を占めるものである。人びとの「正義感覚」という概念のうちにロールズは、社会の情熱的核、つまり自由《リバティ》、平等、博愛に対して私たちが共有する切望を認めている。私たちの正義感覚は社会のうちに潜伏する革命であり、社会を生きた総体として活性化する原動力なのである。正義の諸原理の選択やそれに続く手続の展開は、それゆえ、創設的 foundational 契機と社会の基礎的構造における革命的経験の歴史的展開の不断の再演として現れる。とはいっても、ロールズが革命的であるといいたいわけではない。彼の議論は民主主義的な憲法構成的権力という観念あるいはイメージによって支えられているということをいいたいのだ。社会改革、自由や平等へのロールズの訴えかけの背後にあるレトリカルな力はここにある。理論の核心にある、あるいは少なくとも形式体系の構造へと統合される創設的イメージとしての、民主主義革命の展望やダイナミズムなしには、正しさ〔＝法‐権利 right〕の合理主義的議論も重みを失い、企てがほのめかす熱望そのものが空回りしてしまうだろう。社会的諸力の憲法構成的権力を法システムの構成された権力へと包摂することによって、ロールズは正しさ〔＝法‐権利〕の源泉という古くからの法的問題に内在的解決を与えようと試みている。正義論は規範生産の超越論的源泉に依拠しない。システムを基礎づける、無条件な定言命法も根本規範 Grundnorm も存在しないのだ。その代わり、創造的な社会的諸力を包括的で形式化されたかたちで参照することで、ロールズは生産の内在的源泉をそなえた正しさ〔＝法‐権利〕のシステムを提示しているのである。手続の体系それ自体が生産的動力を内側に包含し、次に形式的構造内部で消失させてしまう、というわけだ（この過程については「システムの精髄――反照と均衡」で立ち返り、手短に、だがより詳細に吟味してみたい）。

しかし、私たちが理念的道徳理論の高みから下降し、ふたたび地に足をつけるや、革命の現実性を呑み込みつくし、取り込んでしまうことがそんなにたやすくはないということがわかる。ロールズの体系は消化不良の病に苦しむ運命にある。正義にかなった政体〔憲法〕の起草者としての革命という概念構成、私たちの正義感覚への信頼、自由、平等、そして友愛への私たちの情熱への信頼、これらは法システムが、創造的社会活動、マルクスのいう生きた労働の上に土台を据えているということを示唆している。しかし生きた労働は立憲主義に悲劇的なジレンマを突きつける。一方で、生きた労働は社会の構成的権力である。それは創造的で活力に満ちた場、価値と規範のダイナミックな工場としてたちあらわれる。だが同時に、生きた労働は、それがいかなるものであろうと、構成された権力、固定された構成的秩序〔＝立憲秩序〕に対しては批判を差し向ける。新たな規範の生産において、生きた労働はみずからの歩む道筋に現れる既存の規範を手当たり次第むさぼりながら、社会の死んだ構造に揺さぶりをかけるのだ。正しさ〔＝権利〕の源泉であるかぎりで、生きた労働はまさにその本質からして法に対するラディカルな批判なのである。立憲主義はこのような創造的社会活動を、野生の力、獰猛で力強い獣としてみなすべきである——ヘーゲルが指摘したように、飼い慣らされるべき獣である。

ロールズの著作やそのさまざまな解釈のなかに、一つのオルタナティヴを生みだすのもこのジレンマである。まず一つの路線がある。生きた労働の社会的諸力をリベラルな法システムからじわじわと排除しようともくろみ、結果、安定して機能的な秩序機構へいたるという展開を示す路線。だが、ここには国家の権威が必要とする社会的深みや主体的力が欠けている。それに対し、部分的にはこの第一の路線の欠陥への対応において現れる二番目の傾向がある。これは生きた労働の力を回避するのではなく、より実質的な国家構造の制約内につなぎとめ、飼い慣らそうともくろむものである。しかしこのやり方は創造的社会的諸力の有する危険で攪乱をもたらす諸権力をふたたび活用することになるわけだ。この第一の傾向をロールズのリベラリズムのポストモダン的解釈のうちに、後者をその共同体主義的展望の文脈に見いだし分析を加えてみたい。これらの多様な議論は一つの窓口である。つまりそれらをとおして眺めれば、法的秩序の領域から排除されはするが、まさにそのために不可避的にその領域のただなかにふたたび現れるという、生きた労働と構成的権力が八〇年代にたどった奇妙な旅路を見渡すことができるのである。

ポストモダン法と憲法〔＝政体構成〕における労働の亡霊

『正義論』が福祉国家政策を擁護する著作であることは、いわずもがなの事実とみなされている。この想定はロールズの著作の政治的分析にとって、ほとんど義務的ともいえる出発点なのである。ロバート・ノージックの市場に基盤をおくリバタリアン道徳理論と対照させるなら、たしかにこの主張はもっともらしい。しかしもっと詳細に検討してみるならば、ロールズ理論は近代福祉国家の諸傾向に対して曖昧で矛盾すらはらむ立場をとっていることが判明するだろう。公共政策と道徳性をめぐる争点として救済と補償の問題をたてるような配分的正義の理論を提示しているかぎりで、なるほど彼の著作は国家中心の社会保障政策を哲学的に擁護しているともいえる。たとえばロールズは配分的正義が必要とする政府の四部門を描きだしている（Rawls 1971：276-7）。もちろん、この文脈では配分はきわめて広い意味で理解される必要がある。つまり国家は、富や商品の経済的配分を推進すると同時にまた、権利、責任、義務の種別的な道徳的配分、ならびに有利と不利の直接に政治的な配分をも促進するのである。(6) このようにしてロールズは、その起源をある程度ビスマルクに帰すことのできる国家による公的扶助システムの形成という政治的趨勢を擁護し、さらにそれを道徳論の超越論的平面にまでひきあげるわけだ。つまり配分システムにおける国家の役割は、特定の歴史的文脈に位置づけられた政治的選択にではなく、哲学的原理に足場をもつ道徳的選択に基礎をおくのだ。(7) 正義にかなった社会の基礎構造についてのロールズの観点が実現を見るのは、一連の規制的制度手続によって配分をおこなう国家においてである。

しかしながら配分的機能のみがもっぱら近代福祉国家を構成する要素ではないし、主要な要素ですらない。福祉国家を規定するのは配分の領域への介入だけではない。もっと重要な点は、福祉国家が生産領域にも介入するということなのだ。この意味で、ロールズの著作は福祉国家の歴史的運動に逆らっているように思われる。ニュー・ディールとともに創始された政治諸制度、そして二〇世紀の大部分をとおして、国家‐形態の進展を支配してきたケインズ主義的、フォード主義的メカニズムは、資本主義諸社会の経済的・政治的構成の中核部に生産を位置づけていた。福祉国家は、安定した社会的、経済的発展の過程内部に、生産をくりつけねばならないのである。第三章で私たちが明らかにしようとしたのは、二〇世紀の歩みにともなう社会国家としての福祉国家の展開が、まず第一に労働の憲法化過程を含んでいたということである。労働の憲法化とはつまり、国家の法的構成の内部で生産的かつ敵対的な労働の諸力を、まさに当の構成をこの労働諸力そのものに基礎づけさせながら、仲介し秩序づけることである。いまや広く知られているように、この転換はきわめて広範にわたるものであったので、一九三〇年代あるいは四〇年代からこのかた、さまざまな国でそれは実際に新たな立憲体制を規定していた(8)。

しかしロールズはといえば、国家が労働に関与し、生産に介入する必要には目を向けない。じっさいロバート・ポール・ウルフなどは、『正義論』の主要な欠点を、ロールズが「オルタナティヴな配分のパターン〔へと専念することで〕経済における生産の構造にまともに取り組めていない」というところに求めている(Wolff 1977 : 207)。分配と同じように生産も、広い意味でとらえるなら、ウルフのこの経済的主張を拡張することができよう。つまりロールズは商品の経済的生産も正しさ〔=権利 - 法 right〕と規範の法的生産もともに等しく無視しているのだ、と。彼は経済的関係においてであれ、法的構成においてであれ、労働の根本的役割についていかなる考察も向けていない。ウルフはこのロールズの着眼範囲の限界を神秘化としてとらえている。「生産ではなく配分にのみ焦点を合わせることによって、ロールズはこの配分の真の基礎を覆い隠してしまう」(Wolff 1977 : 210)。ロールズが生産的基礎を無視するとき、彼は、伝統的政治経済学の主要な教訓の一つだけではなく、福祉国家を政治的に秩序づけるための根本原理をも破ることになる。つまり彼はリベラルな分配理論を、その生産的源泉を無視することによって、切り縮め、そして神秘化するのだ。この意味で、ロールズ理論は福祉国家の政体構成から根本的に袂をわかっているのである。労働の創設的な役割と国家による労働の管理運営の必要性を無視することによって、ロールズ理論は福祉国家を擁護するどころか、その支柱を掘り崩しているように思われる。ウルフはロールズの著作を「リベラルな福祉国家資本主義の平等主義という商標にとっての哲学的弁明」と特徴づけようとしているのだが、それゆえ彼はまたそれを、「一九世紀終わりと二〇世紀はじめのユートピア的政治経済学の伝統のうちに歴史的に」（Wolff 1977：195）位置づけねばならなかった。つまり近代福祉国家の実際の創出以前の時代にである。かくして私たちは、福祉国家の諸原理を推し進める方向とそれを廃棄しようとする方向に同時に向かう逆説的な正義論の観点へといたりついたわけだ。

ロールズが福祉国家の伝統的な経済的・法的諸原理からは一部、遠ざかっていること、それを評してウルフは歴史的後退であるとみなしているわけだが、私たちはむしろ資本主義社会の最先端の展開の一部に足並みをそろえているのだと考えたい。言い換えれば、ウルフはロールズの著作を福祉国家に先立つ時代に位置づけているのだが、私たちはそれを福祉国家のあとにくる時代のうちに位置づけたいのだ。いずれにせよ、私たちの研究のためにふさわしい問いは次のようになる。法理論において、二〇世紀のほとんどを通じて労働の概念が中心的役割を果たしていたはずなのに、なぜ今日ロールズ理論のような労働や生産へとまったく言及しないたぐいの正しさ〔＝権利－法〕についての理論が、受容されるのみならずヘゲモニーを獲得するようになったのか？ 私たちの仮説はこうだ。ロールズ理論が国家－形態の近年の変容、すなわち、社会的組織や従属の形態の変容、そしてマルクスが資本への労働の実質的包摂の局面と呼んだ資本主義的蓄積の諸条件の変容に、ロールズの正しさ〔＝権利－法〕についての理論が機能的に対応している、という事実[9]、ロールズの正しさ〔＝権利－法〕についての理論のアメリカとヨーロッパにおける成功の要因はほとんどこの事実にあるということである。要するに私たちは、マルクスが一九世紀にあっては一つの傾向とみなしていた過程、労働の資本への形式的包摂から実質的包摂へ向かう過程がいまや現実となったということ、それをロールズ理論の支配が部分的にではあるが示している、ということを主張したいのだ。

それゆえ先に進む前に、マルクスの直観の現代的意義を明確にしておく必要があるだろう。マルクスによれば、形式的包摂という第一の局面においては、資本が労働過程の指揮者あるいは監督者として介入するというかたちで、労働過程は資本のもとに包摂される、つまり資本主義的生産関係内部に囲い込まれる。だがこの配備《アレンジメント》においては、資本は労働をそれが見いだしたそのままのかたちで包摂する。資本は先行する諸生産様式において、あるいはいずれにせよ資本主義的生産の外部で発展した既存の労働過程を引き継ぐのである。つまり、労働過程は資本の領域の外部で生まれそのあとで〔資本の内部へと〕移入された疎遠な力として資本の指揮権に従属する、といったかたちで資本の内部に位置づけられるのである。この包摂が形式的であるのは、以上のような意味においてである。しかし資本は、生産の社会化や科学技術の革新をとおして、さまざまな生産の担い手のおかれた状況を変容させつつ、新たな労働過程を創造し古い労働過程を破壊する傾向にある。このように資本は特殊に資本主義的な生産様式を立ち上げるのだ。それゆえ労働の包摂が実質的であるといえるとすれば、労働過程そのものが資本内部で生みだされ、それゆえ労働が外的な力としてではなく資本それ自身に固有の内的な力として包摂されるがゆえである。もちろん、これら二つの局面の歴史的移行は、緩やかで漸進的な趨勢であり、多様な中間段階をたどる。十九世紀にあってマルクスは実質的包摂の特性を、当時の経済ではいまだきわめて小さな部分を占めていたにすぎなかった大工業生産のなかにのみ見いだしていた。休みなき技術的発展や工場の壁の外側でのこれらの労働諸過程の社会化を通じて、実質的包摂の諸特性は社会の領域の大部分を呑み込むようになる。工場‐社会は実質的包摂とともに拡大し、今日の社会的生産は特殊に資本主義的な生産様式によって支配されるというところにまでいたる。

マルクスによる二つの局面の区別が私たちの議論にとって重要であるのは、労働が社会の資本主義的な法的構成に果たすさまざまな役割を理解するための視角を提供してくれるからだ。形式的包摂の局面においては、労働は、それがいかに堅固に資本主義的諸関係のうちに取り込まれようが、本質的には資本主義的発展には疎遠＝外的なものであった。労働のこの異質性の還元不可能性のおかげで資本は、生産における二つの異なる役割を認めるよう余儀なくされる。つまり社会的富の源泉としての労働、そして社会的富の管理運営者としての資本。かくして労働の形式的包摂は法理論においては私たちが第三章で社会国家における労働の憲法化と呼んだものに照応する。あるいはそれは次のような過程といえるだろう。それは、労働というカテゴリーが権利論によって社会的価値増殖や規範生産の唯一の基準として採用される一方で、この労働を搾取する過程で生みだされた敵対を国家が和解させ懐柔するために、媒介的役割を果たす法的・経済的構造を配備するという過程である。労働は敵対的根本規範 *Grundnorm* として機能する。すなわちシステムの外部に根ざしているものの、システムを分節し正統化するための基礎として機能するような、敵対的だが必須でもある支点という役割を果たすのである。しかし実質的包摂の局面へと向かうにつれて、労働過程は、何よりもまず生産がもはや直接的で個人的な活動ではなく、直接に社会的な活動であるようなかたちで進展する、とマルクスは説明している。

大工業が発展するのにつれて、それがよってたつ土台である他人の労働時間の取得が富を形成したり創造したりすることをやめるのと同様に、大工業の発展とともに、直接的労働は生産のそのような土台として存在することをやめる。なぜなら、直接的労働は一面から見ればますます監視と制御の活動に転化されるからであるが、さらにまた、生産物がばらばらな直接的労働の生産物であることをやめて、むしろ社会的活動の結合が生産者として現れるからでもある。(Marx 1973 : 709)

さらにこの社会化された労働力はそれ自体、資本主義的生産の源泉としてのその位置を奪われると消失してしまうように思われる。

(多かれ少なかれ孤立した人間の労働とは対照的に) 社会化された労働の生産諸力の総体とそれにともなう直接的生産過程における科学 (社会的発展の一般的生産物である) の活用は、資本の生産力という形態をまとう。それは労働の生産力としては現れないのであり、資本と一本化した労働の一部の生産力としてすらも現れない。(Marx : 1024)

とりわけその技術革新の観点からすれば、資本主義的生産の源泉は個人的労働から社会的労働へと、最終的には社会的資本へと移行する。「生産過程全体が、労働者の直接的技能のもとに包摂されたものとしてではなく、科学の技術学的応用として登場する」(Marx 1973 : 699)。だからといって、労働はもはや資本主義的生産や資本主義的社会の創造的で革新的な源泉であることをやめたなどといいたいわけではない。そうではなく資本はみずからの役割を神秘化する力を新たなやり方で身につけたといいたいだけなのである。特殊に資本主義的な生産様式、すなわち実質的包摂のもとでは、労働――あるいは生産一般とさえいってもよいが――はもはや資本主義的社会組織を規定し、維持する支柱としてはたちあらわれない。生産は客観的特性を与えられる。あたかも資本主義システムはみずからの足で前進する機械、資本主義的自動機械《オートマトン》であるかのように。ある意味でこのイメージは資本の長年の夢の実現である――労働から切り離されたものとしてみずからを提示すること、みずからの動力源を労働には求めない資本主義社会を提示すること、それによって資本と労働のあいだの不断の抗争が特徴づける社会的弁証法を断ち切ること。

　生産の根本的役割が衰退するにしたがい、つまり資本主義が生産主義的モデルや労働への「物神崇拝」から「解放され」、自動機械として現れるにつれ、システムを維持するための生命線として、流通と配分の重要性は上昇する（Marx 1973：517）。流通こそが実質的包摂の局面において資本主義システムを活性化する原動力である。この高まる流通過程への依存、あるいは再生し強度を増す市場の神話を携えた「生産から流通への転位」をフレドリック・ジェイムソンは確認している（Jameson 1991：272）。自律的な市場というイメージ、資本の労働からの自律という夢は、現代の資本主義イデオロギーに、経済分析の焦点を流通へと向けるための支柱（しかし、このすぐ後に見るように、それは幻影でしかないのだが）を与えるのだ。

　資本主義経済学がもはや労働を主要な社会的生産者として想定する必要から解放されたとき、同様に法理論も労働を規範の生産の物質的源泉として措定する必要から解放される。この法理論における転換はしかし二つの点で区別される。一方で、社会的・規範的生産の源泉としての労働を無視することで、システムは敵対と不安定性の中心である場から身を解き放つ。だが他方で、それによってシステムは、基盤をなす物質的支点もまた奪い去られることになる。労働、とりわけ抽象的労働は、形式的構成と物質的構成を結び合わせる蝶番の役割を果たしてきたわけだ。つまり、労働は根本規範として機能したわけであり、そこにシステム総体がその妥当性を担保していたのだった。法理論はもはや労働を頼みにできないがゆえに、法的配備《アレンジメント》の統一性、分節、正統化の問題に対して労働に代わる解決策を発見する必要がある〔第三章の「第一の司法的帰結」を見よ〕。一つの解決策は、実質的包摂の神秘化、すなわち、資本主義的社会秩序からの生産的労働の消失を現実であるとみなし、そのうえで、法のポストモダン的構想を展開させることである——ポストモダンという意味は、規範の生産が完全な抽象の次元、シミュレーションの様式にまでひきあげられ、その結果、法システムが等価な記号の一般的相互作用、流通〔=循環〕あるいは交換のうちに存立するという事態を指す(10)。ポストモダン法は基礎づけ主義の批判、すなわち、労働のカテゴリーにおいて社会的価値増殖を基礎づけること、社会の物質的構成において形式的構成を基礎づけることへの批判としてたちあらわれる。ポストモダン的構成は生産ではなく、法システム中を経めぐる規範と権利の流通〔=循環〕に焦点を合わせるのである。

私たちはポストモダン社会を資本のもとへの労働の実質的包摂の社会として理解しているのだが、それは資本主義社会における労働の消失あるいはより適切には労働の新たな神秘化を示しているということをここで強調しておかなければならない。ポストモダニズムは弁証法の終焉を告げ知らしめている。この場合には、社会国家の政体構成における労働と資本のあいだの社会的弁証法の終焉ということである。この社会的弁証法は、最終的な綜合的契機によって束縛を受け秩序づけられた決定的/終局の〔結末のある〕弁証法ではなく、労働と資本の抗争の開かれた弁証法である。この弁証法における媒介の戯れこそが市民社会という概念を長いこと特徴づけてきた。ところがいまや政体構成からの労働の排除によってこの弁証法は崩壊してしまった。社会的生産の「基礎」としての労働は、国家のポストモダンで反基礎づけ主義的秩序によって拒絶される。もちろん、だからといって、労働が存在することをやめたとか、労働はもはや富や社会そのものの生産的源泉であることをやめたということではない。そうではなく、国家の法的秩序においては労働はそのようなものとしては認められないということである。このようなポストモダン社会の特性を念頭においてはじめて、いかにロールズの権利論がポストモダン法への豊かで可能性をはらんだ供給源として機能しうるのかを理解することができるだろう。

ロールズの正義論が流通〔=循環〕と配分へ焦点を合わせており生産を無視しているということ、そしてこの視点の向け方がシステムそのものの諸源泉の神秘化を構成していること、これらの点をウルフが指摘するにしても、彼はこの神秘化が社会的組織化の現代的局面を背景にすればいかに現実的であり機能的なものであるかについては理解していない。法のポストモダン的構想に対応するロールズの解釈、すなわちシステムの反基礎づけ主義的側面に焦点を合わせた解釈は、法的形式主義の伝統における一つの展開として位置づけるべきかもしれない——一つの展開形であるにしてもそこには質的飛躍がつくりだされてあるのだが[11]。形式主義的伝統は、つねに基礎づけの問題、規範の生産の実定的源泉という問題にとり憑かれてきた。一方で、カント的伝統における超越論的潮流は、理性の命令による権利の基礎づけというかたちでこの問題の解決を試みてきた。この根拠の合理的分節が秩序づけられた普遍的法システムを構成するのである。これらの厳密に形式的諸理論はしかしながら、恣意的で抽象的、非実際的であるとの誹りをまぬがれえなかった。他方、法的形式主義におけるもう一つの潮流は、法は市民社会を解釈するためにふさわしい分析的格子、社会形態の忠実な表象として機能しうると主張する。形式的システムはここでは物質的基礎に足場をおいており、その諸線分にそって分節される。しかしこの潮流は、一貫性を欠き変化しやすい社会の諸要素からある程度距離をとるべく苦闘しなければならない、つまり、形式的システムが法的配備の秩序を措定するために必要な相対的自律性に表象＝代表を与えるべく苦闘しなければならないわけだ。もちろん、法的形式主義のもっとも洗練された諸議論であればその多くがこれらの二つの戦略を結合している——たとえばハンス・ケルゼンは根本規範における物質的基礎を括弧入れし、それを合理的で科学的演繹でもって分節した——が、この結合あるいは媒介は基礎づけの問題に解決を与えはしない。

結局のところ、「反基礎づけ主義」権利論は形式主義的法の伝統に伏在していたこれらの傾向の十全な実現を表している。この章の次の節では、ロールズが伝統的基礎づけ主義的解決にひそむ二重の危険のはざまをくぐりぬけようと苦闘しているということを論じるつもりだ。要するに彼は、社会の物質的構成による経験的基礎づけと、理性の規則 precepts による超越論的基礎づけの双方を回避するのである。このような基礎づけを否定し、その代わりに手続の道理にかなった循環するネットワークに支えを求めること、それによってロールズは自律的でありかつ実際的な形式システムを構築する。ここで法の形式が原動力となり、規範の生産と流通の抽象的図式となる。手続という概念はこの役割を担うに完全にふさわしい候補者である。手続は運動する形式であり、動的な図式なのだ。それゆえ手続き的共和制は、私たちにポストモダン社会――生産と労働から切り離された社会的現実のシミュラークル――の基礎構造がいかに自分自身を生みだし維持しているのかを理解するための手がかりを与えてくれるのである。

システムの精髄――反照と均衡

さきほど私たちはロールズのテクストを走る緊張に着目した。ロールズのポストモダン的解釈はこの緊張を無化してしまうわけだが、実際のところそれは、『正義論』やとりわけ『政治的リベラリズム』に収められた彼の最近のいくつかの論考のうちに反響を及ぼしている。あきらかにロールズにおいて、形式的法システムの自律は、私たちの正義感覚と私たちの熟慮にもとづく信念 considered convictions から反照的均衡という観念へ、そして最終的にはシステムの安定性の概念へと広がりを見せる発展の線によって支えられている。循環性や反照は、形式的図式に対し深みや安定性を与えるのだが、それによってシステムの基礎や規範的な生産の源泉の問題は厄介ばらいされてしまうのである。基礎づけなき安定性と運動なき手続の発見、ここにシステムの精髄がある。それは社会的敵対や抗争を制度の配備から効率よく追い払ってしまう。重なりあう支えのシステムを形成し、こうしてよく秩序づけられた民主的体制の安全性を保障すること、それによって、〔かつて〕法理論の中核をなしていた生産に流通〔循環〕が取って代わるのだ。

法システムの循環性はロールズの論証方法において告知、あるいはおそらく予示されていた。彼が『正義論』で提示した「道徳幾何学」(Rawls 1971: 121) は伝統的な幾何学的展開の把握とは根本から異なっている。たとえば幾何学の作法 more geometrico での一七世紀の議論は、その妥当性を定義や公理から命題や結論にいたる演繹的提示の一方向的展開においていた。だがロールズの幾何学は、議論の出発点やその結論がたがいに前提としあうような循環形式の説明 exposition にもとづいている。私たちがこの循環性に気がついたのは、単純に、テクストの第一部におけるテーマの進行を眺めることによってである。議論は異例なまでに複雑な順路をたどって展開する。ロールズは一連の仮説的な命題から出発する。適合 adequation あるいは調整 adjustment の過程をとおして、これらの命題の仮定性が薄れ、もはや仮説的であることをやめ議論の結論を構成するにまでいたる。仮説のネットワークは、その相互支持によって「証明される」のだ。実際、理論のすべては、その諸要素が妥当でありうる以前に、設計されねばならない。つまり、論証はそれが適切に開始できる前にすでに終わっていなければならない。たとえばポール・リクールの指摘するように、正義の二つの原理は、それらが選択される状況を私たちが吟味し終える前に、定式化され（一一節）、解釈され（一二節）てしまっている。二つの原理の選択状況の完全な記述（二〇―二五節）やこの選択を正当化する論証（二六―三〇節）に出会うのほとんど一〇〇頁近くあとのことである。「それら〔二つの原理〕が真に原理であること、つまり第一原理であることを論証するだろうと思しき議論を展開する以前に、どうしてそれら〔二つの原理〕を原理として定式化でき、解釈できるのだろうか？」（Ricœur 1988：81-2）。何が原理を構成するのかということに関して、ロールズが〔あらかじめ〕特定の考えをもっていることは明白なのである。

じつのところ特定の要素が他の要素に先立つかあるいは後に来るのかを把握することにほとんど意味はない。ロールズの議論の手順は単線的な展開を拒否しているのだから。「そこで見いだせるのは単線的な議論ではなく、すでに予期されたものの漸進的な展開である」（Ricœur 1988：83）。いかなる伝統的な意味でも合理主義的幾何学とはいえないがゆえに、おそらくそれを私たちは、道理にかなった論証と呼ぶべきだろう。ロールズは合理性 the Rational と道理性 the Reasonable のあいだのカント的区別にうったえる。それによって自分の議論が形而上学的ではなく政治的なものであること、言い換えれば、超越論的な理性の秩序ではなく実践的な信念の領域にこそ理論が差し向けられていることを強調しようとしているのである（Rawls 1985：237 n. 20, 1980：528-32）。合理的展開が直線的で一方向的な運動によって記述されるとすれば、道理にかなった議論は実行可能性 feasibility の諸条件の範域内での往復運動を通じて導かれる。事実、道理にかなった論証を特徴づけるのは、運動《モーション》ではなくむしろ均衡点にまで到達するバランスをはかる手続である。要するに運動《モーション》を徐々に排除すること、ここにその特徴があるのだ。

ロールズの方法論の特殊性は次のことを示唆してくれるだろう。ロールズが理論的配備の場面で、幾何学的展開について独自の理解をしているのみならず、社会的配備の場面で、契約の展開についても独自の理解をおこなっていることである。契約論的伝統における多くの定式と同様、ロールズの契約的手続は純粋に仮説的である。だがロールズが、契約の起源と契約に参入する当事者のあいだの関係をとらえるやり方は新しいものである。原初状態における契約の場面では、人格の多元性は存在しないし、仮説的あるいは代表的人格すら存在しない。契約論の背景にあるのは、初期近代の契約論によく見られた自然状態のような、社会的差異や紛争のイメージではない。事実、ロールズの契約的手続が差異をまったく取り扱っていないことを、困惑とともに指摘する注釈者も複数存在する。つまりそれは「非相互活動的」であり、いかなる取引、交渉、そしていかなる選択すら含んでいない――要するに、それは従来の意味での契約をいっさい含んでいない――というのだ。(Kukathas and Pettit 1990: 34; Sandel 1982: 130-2) このように、まず第一に、ロールズの契約論が差し向けられるのは事実上あるいは仮説上の合意ではなく、理論的討論の条件である。「契約概念が確定した役割を担うのはこの点である。つまり、契約の概念は公共性の条件を示唆しているのであり、そして何が合意されうるかについて制限を課すのである」(Rawls 1971: 175)。かくして、「重要なのは締結されることになる実際の契約よりもむしろ、契約状況なのである」(Kukathas and Pettit 1990: 68) ように見える。同時に、契約状況の公共的性質はこの状況における行為主体を規定している。ロールズ自身は「契約」という語が多元性を含意していると指摘している (Rawls 1971: 16) にしても、原初状態に存在するのはただ一人の主体のみである。さらにこの主体が公共的であるにしても、その意味するところは、この主体が社会的平均を代表しているからというのではなく、一般的《ジェネリック》=総称的だからである。追放された社会的主体、これが、この契約状況における主体をもっとも適切に把握するやり方である。つまり知に与えられる諸限界――無知のヴェールによってイメージされる――によって、特定の社会に帰属しはするがこの社会におけるみずからの場所については無知である主体が創出されるわけだ。追放されている限りにおいて、この主体は、個別の主体からも、多数からなる主体からも、あるいは万人からなる主体からも区別された、一種のルソー的な一般的主体としてみなしうる。だが原初状態の主体がルソーによる一般意志の観念を彷彿させるにしても、次の点は留意しておく必要がある。そこで見いだされるのは、民主主義的意志の中心、あるいは人民主権の中心としての主体ではなく、むしろ論理的帰属の中心としての主体であること。原初状態の一般性を社会的主体の現実上の状態へと結びつける——しばしばルソーが一般意志を民主主義的参加の諸力へと結びつけるようなやり方で——のはまったく不適切であろう、とロールズはいう。

原初状態を、ある時点で生存するであろう人すべてをいちどきに含むような一般的集会と受けとめてはならない。あるいは、ましてや、ある時点で生存しうるすべての人からなる集会と受けとめてはならない。原初状態は、あらゆる現実の、あるいは可能な人びとからなる集会ではないのである。このどちらかの方法で原初状態を考えるとすれば、それは幻想の膨らませすぎというものだ。(Rawls 1971: 139)

こうした観点からすれば、ロールズの原初状態はおそらく、システムの基礎としての一般意志の論理的（主体的ではなく）特性をもまた強調する伝統的なヨーロッパ的立憲思想の一つの潮流（ルソーの特定の解釈に部分的には導かれながらの）にきわめて近接しているといえる。それゆえロールズ契約論の最初の要素は、追放された単一の主体を契約状況のうちに位置づけることにある。

さて、こうした条件を確定するなら、ロールズの議論には交渉や合意の手続が事実上含意されていることが認められるだろう。だがそれは人格のあいだのものではなく、契約状況において見いだされた単一の主体内部においてである。このプロセスは一方で私たちの正義感覚、他方で正義の適用可能な理論的原理のあいだの適合を見いだすことに向けられている。これらの二つの線分の収斂によって、公正な社会的協働の条件を措定し、かくしてよく秩序づけられ、正義にかなった社会の基礎構造を明示するために必要な支えが原初状態の主体に与えられることになるだろう。だが、この契約的手続に含まれた運動あるいは経過をもっと詳細に眺めてみる必要がある。ロールズは何よりもまず、私たちの正義感覚を、私たちが共有する道徳的能力として描きだしている。チョムスキー言語学における文法性

grammaticalness の感覚と同様に、私たちの正義感覚はロールズの体系において直観の役割を果たしている。すなわちロールズのいう正義感覚は、道徳的諸記号の織りなす社会的領野の根底に存する正義の構造を把握する私たちの生得的な能力のことなのだ（Rawls 1971：47）。道徳理論に原材料を与えてくれるのが私たちの正義感覚である。だがそれは必ずや道理にかなったものであるというわけではない。熟慮された判断として、つまり、「私たちの道徳的諸能力が歪曲ぬきに発揮される可能性がもっともありそうな判断」（Rawls 1971：47）として、私たちの正義感覚を示すと、ロールズの提示する正義感覚はとても洗練されている。これらの判断は私たちのもっとも揺るぎない信念を表出するものであり、最良の諸条件のもとでの私たちの生得的判断能力を反映している。それらは一種の自然な基盤substrate、すなわち、システムに対し確固たる社会的基礎を付与する「諸事実」（Rawls 1971：51）を形づくっている。天秤のもう一方の側には、もろもろの私たちの正義の概念構成を組織する、ありうる理論的記述の選択肢がある。こうして、一方では、これらの選択可能な諸原理と私たちの判断とがつき合わせられながら比較考量され、諸原理が合意を基礎にして選択される。他方、私たちの判断は選択された諸原理と合致するよう修正を加えられる。最終的にはこの振り子運動は均衡＝平衡に達するわけだ。「私が反照的均衡として示すのはこれらの状態のことである。それが均衡であるのは、最終的に私たちの諸原理と諸判断とが一致するからである。そして、私たちは、私たちの判断が従うのはどの原理かを知っており、そしてそれらの原理の導出の諸前提を知っているがゆえに反照的なのである」（Rawls 1971：20）。反照的均衡とは、道理的諸信念と合理的諸原理とがそれらのあいだの差異を調停させ、折合いをつける一種の契約のことである。原初状態で特定の正義の概念構成が選択されると推論すること。それは要するに、反照的均衡によって、特定の諸原理が私たちの熟慮された判断に一致するだろうということを意味している（Rawls 1971：138）。

この著しく抽象的な契約の観念は、人格間の差異には向かわない。だがにもかかわらずそれは、道理的な合意のなかで〔生じる〕私たちの諸信念の合理化をとおして社会的安定へと向かう運動を示唆しているように思われる。ロールズの体系が契約の進行をはらんでいるような見かけを付与するものがこれだ。しかしもっと詳細に眺めるなら、こうしたロールズの論証手続に見られるような契約手続が、完全な循環的運動から構成されているのがわかるはずだ。じつのところこの循環性こそが安定性を保証するのだ。一見したところ、次のような過程があるように現れる。まず経験的基層 subtrate（私たちの正義感覚）の内部にもろもろの差異がある、そして反照的均衡の契約を通じてそれらの差異と交渉し、かくて合意による制度的構造の構築に到達するというような過程である。先述したように、「契約」という語は当事者あるいは行為主体の多元性を内包《コノテート》しており、ここでの文脈では、契約において組織化されることになろう開かれた多元性や差異の領野を特徴づけるのが「正義感覚」という語であるように思われる。反照的均衡へと導かれる往復運動は、差異をはらんだ正義感覚のあいだで生じる何らかの裁定あるいは交渉を含んでいると誰もが考えるだろう。しかし、私たちがそこに見いだすのは次のことだ。ちょうど原初状態にただ一人の主体しかあらわれなかったように、実際には信念の多元性など存在せず、事実上存在するのはシステムにおけるただ一つの正義感覚ということである。ロールズのいう正義感覚が、現実の個人の信念あるいは欲望に関係しているなどと考えてはならないだろう。仮説的な、あるいは表象上の社会的主体ですら関係がない。ロールズの体系における正義感覚の機能を理解するためにはこのことをわきまえる必要がある。それとは反対に、正義感覚は民主主義体制の諸制度に厳格に根をおろしているのである。「仲間感情に関する人の能力が、その人の……愛着心の形成によって実現されているとすれば、そして社会の諸制度が正義にかなっていて、全員によって正義にかなっていると公共的に知られているとすれば、そのときには、この人は、自分と自分が配慮している人がこうした取決めの受益者であることを認識しているので、それに対応する正義感覚を獲得する」（Rawls 1971：491 強調引用者）。よく秩序づけられた社会においては、実際に個人に対し正義感覚を繰り返し教え込むのは諸制度である（Rawls 1971：515）。それゆえ正義感覚はシステムの外部の社会的多元性、システムに外在的な「事実」あるいはインプットとは関連性をもたない。正義感覚とは制度的構造にすでに埋め込まれた単一の信念から導きだされるものなのだ。人〔格〕のうちにある正義感覚を無視すること、その代わりに諸制度に埋め込まれた「照応する正義感覚」に焦点を合わせること、それによって理論は手っ取り早く分析を済ますことができるわけだ。

この地点では、論証の循環性は完全である。論証は安定性を揺さぶる社会的差異と対立の影響から完全に遮断されるのであるから。正義感覚は契約的手続を介して正しい社会秩序の選択に導かれ、翻って正しい社会秩序は正義感覚を繰り返し教え込むのである。リクールが方法について述べているように、私たちが目の当たりにしているのは何らかの類の運動ではなく「すでに予期されたものの漸進的な解明」にほかならない。民主主義体制あるいはよく秩序づけられた社会は契約過程の終点であるだけではなく出発点でもある。自己言及の循環運動は、システムに完全な均衡を与え、かくして社会契約という観念は同語反復へと還元される。システムはいかなる外的なインプットをも回避あるいは排除することで自律を達成せんと企てる。契約手続における交渉、弁証法、媒介の出現《アピアランス》はたんなる見せかけ《アピアランス》にすぎない。実際のところはいかなる差異もシステムの均衡を攪乱することはない。それゆえ、システムがみずからに再帰する際に達成される安定性を、反照的均衡ほどうまく描きだしているものはない。システムが権力になるぐらいまでに意のままにせりあがる、まさにそのかぎりで、体制は民主的であるのだ。

弱い主体と回避の政治

ロールズ正義論のポストモダン的解釈が私たちに差しだすのは、社会的内実をすべて吸い上げられた社会的現実のシミュレーション、人間のいない地平である。社会的シミュラークルをつうじて自己回転する機械。ある二つの構成要素——基礎なきシステムにとって本質的（逆説的にも、本質という概念がここでは排除されているように思われるがゆえに）な構成要素——が「脱中心化された」ポストモダン法機械の核としてたちあらわれる。まず第一に、システムがしばしば多元性を臭わせることがあるにしても、およそシステムが受け入れるのはみずからの境界内に収まる範囲の単一の抽象的主体のみである。ポストモダンな統一性が創出されるのは、多様体を秩序へと媒介することによってではないし、多様体を強制的に秩序へと押し込めることによってですらもない。そうではなく、システムを解放しそれによって包括的な統一性を措定するべく差異の領野から抽象する（切り離す）ことによって創出されるのである。契約状況においては、人格の多元性は存在しない。単一の人格すら存在しない。あるのは、抽象的で、非人格的な行為主体のみである。システムそれ自体が契約を選択する単一の行為主体なのである。第二に、システムにおいては無限の循環運動によって時間は否定されるかあるいは短絡される。生産がうつろな運動のメカニズムへと譲り渡されるままに時間は生産から引き剝がされる。ポストモダン的な時間は、小うるさく活気づいているような運動の幻想を与えるが、それはどこへ向かうわけでもない。以上、二つの構成要素〔抽象的主体と生産から引きはがされ方向を失った時間〕のうちに、私たちは、法的配備《アレンジメント》からの生きた労働の抹消を認めることができる。つまり、生きた労働の創造的エネルギーからなる社会的諸差異や、生きた労働の生産的動力がはらむ時間性は、法〔＝権利〕の体系には不在なのである。システムの精髄はすべての存在論的指示対象を一掃し、社会的存在者から効率よく抽象してしまう——それとひきかえに〔社会的存在者に〕純粋な当為を押しつけながら。現代の法理論にはこのようなポストモダン的要素を認めることができるというのが私たちの主張であるが、そう考えるならば資本の実質的包摂の局面において機械が果たす役割についてマルクスがもった直観は確証されるだろうし、さらに黙示録的な極限にまでその直観は延長されるだろう。機械の働きは人間労働力を完全に失墜させ、その結果、社会は人間による統制を超えた自己調整的オートマトンとしてたちあらわれる。資本の永遠の夢の一つがかなえられたわけだ。このようにして、システムは人間の判断の手を離れるかのように思われる。まさに〔ロールズのポストモダン的解釈は〕アンドロイドの正義論なのだ。

　このようなロールズのポストモダン的読解は、政治理論からSFの領域へと私たちを手引きしてくれるように見える。だがここで権力という現実的な問題に立ち返ろう。そしてロールズの著作をその理論的高みから引きずり降ろすことができるとしたら、そしてそこから現実的な社会的地勢についての手がかりを得ることができるとしたら、いかなる意味でなのか、考えてみよう。じつのところ、ロールズの最近の著作は、みずからの作業が政治的であることの意味を明確化することに照準を合わせている。ロールズによれば『正義論』での議論の主要な問題点は、それが「よく秩序づけられた社会なる非現実的な観念」(Rawls 1993 : xvi) に依存していたことにある。よく秩序づけられた社会を前提することは不可能だが、しかし、政治的手段を介してそれは達成されねばならない。リベラルな法システムが政治的であるとしたら、それが社会的諸差異に関与する《エンゲージ》、あるいは社会的摩擦を媒介するという意味においてではなく、逆に、社会的諸関係の領野から身を引き離すべく操縦するという意味でなのだ、と彼は論ずる。このような「政治」への焦点化によって前面化するもの、それは、ルールのシステムの効率性 efficiency の問題である。クカサスとペティットによれば、最近の論文における「力点の変更」がもっとも明確に現れるのは、「彼の本の第三部を中心を占めた実行可能性 *feasibility* の議論にロールズがますます依拠するようになっており、望ましさ *desirability* への考慮をそれだけ軽視するようになっている」(Kukathas and Pettit 1990: 142) ところにある。実行可能性についての議論をとおして理論はいきおい、耐久力ある社会秩序を維持できる実践的システムを発見することへと傾注されることになるのである。いまやロールズはこう強調する。「安定性の問題は政治哲学において根本的な位置を占める」(Rawls 1993: xvii)、と。こうした議論における政治的ねらいは「重なりあう合意 overlapping consensus」を定式化することである。つまり現代社会には対立しあう多様な宗教的、哲学的、道徳的 信条《ドクトリン》にもとづく諸差異がはらまれているが、それにもかかわらず〔実際に社会のなかに〕存在している合意を定式化することである (Rawls 1987: 1)。だが私たちはただちに教えられることになる。重なりあう合意という方法を実現するために必要なのは、社会的差異のあいだの関与でも調停でもなく、むしろ法システムを社会システムから引き離すことである、と。ロールズはこの戦略を「回避の方法」(Rawls 1987: 12) と名づけている。民主主義的体制にとって、社会的摩擦を回避する〔解決＝解消するのではなく〕ことができ、その回避によって社会的秩序の安定した統一性を維持することが可能になるような手続を定式化すること、ロールズが目しているのがそれだ。体制がリベラルであるということは、目的の多元性に開かれていること、秩序を実現する方法としての強制を拒絶することである。だがこれは空疎な開放性であり、不毛で茫漠たる広がりでしかない。というのも、システムは事実上それを制約づける社会的媒介変数から身を引き離してしまったのだから。秩序、調和、そして均衡が達成されるのは、社会的摩擦の諸地点をシステムの作動から排除することによってなのである。

リチャード・ローティはロールズの寛容や回避の含意を、社会的存在者の諸決定に対して完全に無関心であるという意味にまで拡大しているが、それによって彼は、この手続の本質をつかみ取り、さらに一歩先へと進めているようにも思われる。ローティにとって、ポストモダンのリベラル政治における寛容という目標のためには、社会的主体性についての希薄な概念構成が必要になる。回避という第一原理はこの目的を達成するためのメカニズムなのである。ロールズにしたがって、ローティもまた同じように、アメリカ革命の経験とアメリカ憲法を参照点としながら議論に権威づけを与えようとしている。だとしても、ここで革命が選び取られるのは、権力や創造性の源泉としてではない。たんに一つの限界として、社会的内実からシステムを隔離し防御する手段としてである。ローティの見方からすれば、近代政治理論の歴史的展開は、政治が社会から徐々に切り離されていく過程を含み込んでいる。第一の決定的ステップを成し遂げたのはジェファーソンである。啓蒙主義に鼓舞されたこの近代の革命家は、公共の事柄は宗教的信念に影響を受けるべきではなく、ただ合理的な哲学的考察によってのみ導かれるべきであると主張した。ローティによれば、ジェファーソンに続く第二の決定的ステップを成し遂げた代表的人物がポストモダニストとしてのロールズなのである。というのもロールズによれば、社会理論やルールは、宗教的問題だけでなく哲学的問題をも括弧入れする、あるいは放棄すべきなのだから（Rorty 1987：261-2）。ここでもっと詳細に吟味するなら、ローティはロールズの立場に微妙だが重大きわまりない変更を付け加えていることがわかるだろう。ローティの論考はロールズの次の命題を土台に据えている。「私たちは寛容の原理を哲学それ自体に適用する」、それによって、「「重なりあう合意」、つまり、……存続する見込みのあるすべての対立しあう哲学的、宗教的ドクトリンを包含する合意」を達成することができる（Rawls 1985：223, 225-6 強調は引用者）。ロールズによれば、「寛容の原理」とは、システムがその構造の内部に摩擦しあう観点を包含するということを意味する。しかしローティは、ポストモダン法システムが媒介あるいは調停の手段いっさいを欠いていることを認めている。それゆえここでは、包摂の言語は、微妙に、排除のそれへと転換しているのだ。つまるところ、寛容の原理を実現するための回避の方法は、包摂ではなく排除のメカニズムなのだ。そのためローティの手にかかれば、ロールズの寛容のシステムが実現されるのは社会的摩擦へのその無関心、回避によって、ということになる。(12) かくして、ポストモダンのリベラルな寛容は事実上、社会的諸差異の包摂ではなく排除に基礎をおくわけだ。

ローティはこのリベラル思想における展開を歴史化しようと心を配っている。一八世紀には安定性に対してもっとも危険な脅威となる社会的紛争の領域は〔もっぱら〕宗教であったわけだが、今日では、安定した支配＝規則のシステムを構築し維持するためにはすべての社会的摩擦の領域が回避される必要がある、というのだ。ローティは次のように述べている。今日の社会では「「イデオロギーの終焉」が促進されるであろう」し、「社会政策の議論に必要な唯一の方法は反照的均衡であるとみなされる。そうした社会が慎重な審議をおこない、もろもろの原理や直観を集約し均衡を実現しようと試みる際には、自己あるいは合理性について哲学的説明から導きだされた原理や直観は放棄されるる傾向にあるだろう」（Rorty 1987 : 264 強調引用者）。社会的差異の表現は、公共領域には関与しない問題としてひたすらに無視されるか、あるいは切り捨てられる。かくしていまや政治は、秩序や正統化に必須の均衡達成を実現すべく抽象的・社会的インプットのあいだのバランスをはかる機械的でプラグマティックなシステムとなるわけだ。私たちは神の観念のような前近代的な宗教的権威から自由にならねばならない——かつて民主主義的政治学者はそう提起したものである。それと同様にいまやローティは、主体の観念という近代哲学的権威から自由になろう、と提案している（Rorty 1987 : 264）。ここでは労働、生産、ジェンダーの差異、人種的差異、性的指向性、欲望、価値などの問題はすべて切り捨てられる。なぜなら、それらは個人的な事柄にすぎず、政治の関与するところではないのだから。民主主義は手を汚してはならない、というわけだ。ローティによればこのことは以下のような一般的立場から導かれる帰結である。すなわち、リベラルな政治理論は、社会的善のような超越論的概念、あるいは人間主体や人間活動に関する必然的・目的論的構造に基礎づけを求めないという意味で、義務論〔脱存在論〕的であるということ。彼はこの否定〔社会的善などに基礎づけを求めないこと〕が、反対物の肯定に等しいと実質的には考えている。要するに、リベラルな倫理学や政治学が超越論的・理念的秩序から必然的に導きだされるものではないということは、それらは現実の社会的諸規定の深みや重みへのいかなる参照をも拒絶する、絶対的に偶有的なものとして措定されねばならないということに等しい、ということである。社会的摩擦の主体的領野をたんに私的領域の事柄として排除かつ否定したあとで、残されたものといえば、殺菌された機械的で自己充足的な均衡の政治システムである。すでに見てきたように、ロールズの反照的均衡の概念はこの課題にふさわしいものとなるだろう。というのも、現存する人格の多元性からは切り離された見通し（つまり原初状態）に立ちながら、反照的均衡は、現存する社会システムに埋め込まれている正義感覚とこのシステムにおいてありうる諸原理との釣合いをとるのだから。自動的に平衡をもたらす法‐権利のシステムの自律がローティによる民主主義の概念構成の底流をなしている社会的差異の回避あるいは排除を可能にしているのである。

まさにローティによるロールズの解釈のうちに、法的形式主義の伝統がはらんでいた抽象〔＝切り離し abstraction〕の傾向が極端にまで推し進められているのを認めることができよう。その結果ローティによるロールズ解釈はいまやニクラス・ルーマンのシステム至上主義に類似するにまでいたるのだ。ルーマンによれば、社会は、みずから「内的全体性」を措定し、かくして環境からの閉鎖あるいは自律性を維持する自己言及的あるいはオートポイエーシス・システムとして読み取られねばならない。

> オートポイエーシス・システムは……自己組織するシステムであるばかりではない、それはみずからの構造を生産し、最終的には変容させるものではない。それらの自己言及は、それ以外の構成要素の生産にも同様にあてはまる……諸要素ですらも、つまり、少なくともシステムそれ自体にとっては分解不可能な最終的な構成要素（分割不可能なもの in-dividual）ですらも、システムそれ自身によって生産される。こうしてシステムによって単位として活用されるあらゆるものは、システムそれ自身によって単位として生産されるのである。（Luhman 1990：3, but see also 1-20, 228ff.）。

社会は自己調整的、自己組織的であるだけではなく、自己生産的でもあるようなコミュニケーションのシステムである。この循環的な自律世界において無限の反照性（鏡影）をはらんだ複雑性の問題を処理すること、これが残された唯一の課題である。システム至上主義は事実上、道徳理論において望ましさに実行可能性を優越させるというロールズの著作に含意された傾向の論理的延長線上にある。あるいはむしろ、システム至上主義は、実行可能性をシステムの文脈において唯一可能な争点とみなすことによって、この優越性を絶対的なものに仕立て上げるのだ、というべきだろうか。システムの維持をこのように焦点化するならば、社会の構成要素は弱い主体としてしか現れようがない。「このシステムの作動によって形成された世界の内部では、あらゆる具体的な個物が偶然なもの、差異をはらみうる何ものかとして現れる」(Rorty 1987：147)。リベラルな公共領域についてのこのような見方においては、システムが必然性の場を占め、その構成要素はすべて偶有的なものとされてしまう。システムは情動にあふれた社会的摩擦の場からは抽象され、すべての社会的内実を欠いた均衡機械なのである。

リベラルな統治はもはや一つの術《アート》ではない。それは科学であり、政治なき社会においてシステムの均衡を実現させるための技術的な力の計算である。ポストモダン・リベラル理論は、それが含意する「政治の欠損 deficit」によって、国家構造をむき出しの骨組、機械的な支配の骸骨にまで縮減している。だとしたら、社会における権力関係という争点を政治的問題として提起することにはもはや意味はないのだろうか？　ロールズがいったように(Rawls 1988：260ff.)、希薄な国家は事実上、中立的であるのか、あるいは中和させられるのか？　言い換えれば、それは権力の外部にあるのか？　ポストモダン・リベラルの主張の展開のうちに私たちは次の点を確認してきた。国家権力はフーコーが規律パラダイムと呼ぶものにしたがって行使されるものではないこと、国家権力は社会的相互作用の構造を照らしだし支配する「透明な社会」を形成するものでもないこと(たとえば Vattimo 1992 を見よ)。摩擦しあう諸力を秩序の境界内部へと繋ぎ止め、媒介し、組織する努力の一環として、社会的主体へと照準を合わせ従属させること――いまやそうした作業は国家権力の領分にはない、とされる。この希薄な国家はそのような関与を回避するのだ。希薄な国家の「リベラルな」政治を特徴づけるのがまさにこれだ。結局、このような議論の路線は、国家の希薄な把握を政治の希薄な把握にまで延長することになる。要するに、政治は社会的摩擦や差異に関与し媒介することをみずからの働きとせず、それらをただ単純に回避する、ということになるのである。

しかしまさにこうした回避の政治が希薄な国家のヤヌスの双貌をあらわにしてくれる。社会的調和を維持するために問題を回避する恵み深い実践が、いともたやすく悪意ある政策へと変貌するのだ。皮肉に思われるかもしれないが、〔回避の政治においては〕リベラルな寛容の観念が排除という決定的に非リベラルなメカニズムと完全に（そして逆説的に）一致する。この意味で、ポストモダン・リベラリズムのいう希薄な国家は、結局、ドイツにおけるポリツァイ学の伝統の洗練・延長としてたちあらわれる。システムが抽象や分離をおこなうためには警察《ポリス》が必要なのである。つまり支配のシステムへのインプットとして何が受容可能であるかの境界を定めるのは「薄い青線《ブルーライン》」である、ということだ。国家は差異や摩擦といった要素を切り捨てるかあるいは無視するだろう、とローティはいう。だが、現実的な権力行使の領野でこの放棄あるいは無視の操作がおこなわれると想定するなら、それは、防衛力の配備、あるいは最終的には、究極的な武力による威嚇と理解するほかはないだろう。ロールズの回避という概念やローティお気に入りの無頓着は、そのような実際上の政治の観点からとらえ返してみるや、残忍な排除的特質を帯びてたちあらわれるのだ。しかしポストモダン・ポリツァイ学 *Polizeiwissenschaft* が突きつける決定的展開といえば、いまや社会は侵入し関与する対象ではなく、分離し管理する対象であるということだ。つまり現在の社会は、規律社会ではなく、管理により鎮圧された社会であるということである（Deleuze 1992 を見よ）。ポリスの機能は、均衡機械〔機構〕上での摩擦の生起を阻止することによって、鎮圧された社会、あるいは鎮圧された社会のイメージを形成・維持することにある。社会的均衡と調和を虚構で表現した場であるディズニーランド、すなわちこの世でもっとも幸福な場所のシミュラークルが、ロス市警（ＬＡＰＤ）によって支援されていることには必然性があるのだ。無秩序がシステムに侵入してくるなる絶え間ない脅威、それゆえ警察の機能をつねにそれに対して作動させておく必要性、ローティのいう「民主主義の優越性」は事実上このようなものに足場をおいている。そいつがソヴィエトの指導者であろうと、サダム・フセイン、マヌエル・ノリエガであろうと、あるいは、ロサンゼルスのアフリカ系アメリカ人やラティーノの若者であろうと問題ではない——民主主義的システムはすべての「ならず者《サグズ》」に対して警戒怠りなくすべし、というわけだ（たとえば Rorty 1987 を見よ）。それゆえ、回避という方法は、ひそかにポストモダン・ポリツァイ学を抱え込んでいる。それは、〔理論的平面ではなく〕事実の平面で、実践的観点から、システムを潜在的摩擦の領野から切り離し、かくして効率的で管理された社会の秩序づけを可能にしてくれるのだ[13]。

すでに何度も述べたように、ロールズの著作を活気づけているのは真性の民主主義的精神であり、彼自身はここで展開したようなリベラル秩序に対する治安・警察的機能の中心性の議論をまったく快く思わないだろうことは確認しておかねばならない（たとえば Rawls 1989：4, 235 における「国家権力の抑圧的使用」に対する彼の反対を見よ）。だがローティによるロールズの解釈が〔ロールズのいう〕リベラルな権利のシステムを上述の方向性へと押しだしているのは確かだ。しかしながら、真に飛躍を果たし、この結合〔リベラル秩序と警察機能の〕をもっとも強力なかたちで提起しているのはジャンニ・ヴァッティモにほかならない。ロールズと同じくヴァッティモは、国家についてのポストモダン・リベラルの把握とホッブズのリヴァイアサンとのあいだの根本的結びつきを明らかにしている。しかしヴァッティモはそのより陰鬱で非リベラルな相貌のほうを自信たっぷりに差しだしてみせるのである。ヴァッティモはいう。「国家はまず第一に警察だという観念は、長いこと自由の発展を国家の抑圧的力の縮小としても想像してきた人びとにとっては受け入れがたいものがあろう」（Vattimo 1991）。彼の主張によれば、リベラリズムのいう希薄な国家、あるいは最小国家が含意している現実的縮減は、左翼いうところの抑圧的諸力の削減なるナイーヴな意味で受け取ってはならない。それはむしろ「本質的なものへの縮減」であり、その本質とは警察なのである。「国家が存在するのは……それが秩序を保障できる場合、そのときに限る。」かくしてヴァッティモは、弱い社会的主体にまつわるポストモダンな理論と希薄な国家のあいだの関係の、多くの場合あからさまに述べられることはないが本質的である結びつきをあらわにし、かつ称讃してみせるわけだ。警察の強制力は、それが闇のなかにひっそりととどまり続け、最終審級でのみ現れる場合であってすらも、ポストモダン・リベラル国家の秩序を保障するくさびなのである。

ネオリベラリズムの強い国家――八〇年代における危機と革命

私たちは以上のポストモダン理論のうちに、希薄であるが機能的である国家機械の台頭を見たわけである。すべての物質的・社会的内実から抽象されていて、それゆえに均衡と秩序のシミュラークルを形成することにかけてはこの上なく有能な機械がそれだ。リベラリズムの弱い社会的主体は社会的敵対に存する政治権力から切り離され、それによって、リベラルな政治術の問題は、統治〔政府〕を秩序づけるために抽象的諸力のあいだの均衡をはかるという機械的あるいは道具的問題へと単純化されてしまう。社会的行為主体《エージェント》としての国家の形象は、システムのうちに、つまり均衡メカニズムのうちに消失する。とどのつまり国家とは数ある弱い主体のなかのひとつであり、中立的な秩序の守り手にすぎないのだ。このような支配についてのポストモダン・リベラルの観点の示す、理論的完全性、摩擦なき循環性、透明な単純性にはさすがに驚きを禁じえないだろう。いま実際の政治の場面を見つめるならば、そこにもまた希薄な国家を見つけることができる。一九八〇年代のネオリベラリズムの夢としての、そしてレーガン革命のレトリックが生んだ最重要作品としての希薄な国家。ここでやや唐突ではあるが、これまでの理論についての議論の流れからはしばし離れ、リベラル諸理論を社会的現実へと引き戻し、それらがじつのところどの程度、現代国家の実践的要請や展開に奉仕しているのかを測定してみよう。

まず第一に、これまでおこなってきたロールズの解釈と八〇年代の福祉国家の危機のあいだに深い共鳴を見いださねばならない。ロールズの法理論からは生産と労働のカテゴリーが排除されていること、彼の社会契約の把握には間主体的取引あるいは交渉の役割が不在であること、これを私たちは強調してきた。ちょうどそれに並行するかのように、八〇年代には社会的・経済的安定をめざす国家の正統化および計画の方法としてのコーポラティズムや団体交渉が終焉を迎えた。福祉国家の政治経済〔学〕の伝統的三位一体――生産におけるテイラー主義、政治的計画におけるフォード主義、経済的計画におけるケインズ的志向――はもはや、政治的秩序も経済成長も保証することができない。(14)

労働者たちの過剰な要求（それが高賃金〔の獲得〕として現れようが、生産過程への不服従として、あるいは指令の社会的メカニズムの拒絶として現れようが）は弁証法的過程を切断点にまで推し進め、媒介＝調停を麻痺させた。かくして危機管理の戦略は媒介から排除へと転換する。伝統的な交渉過程の排除、そして生産の場からの労働そのものの排除という二重の排除への転換である。

ある意味では資本と労働とのあいだでのこの交渉メカニズムの排除の傾向をコーポラティズムに対抗する政治的企てともみなしうる。アメリカ合衆国ではニクソン政府が着手し、レーガン時代にある程度の実現を見たといえるだろうこの企ては、主要には二つの努力によって構成される。まず第一の努力は、労働市場の均衡を不安定化させ、取引条件を弱体化させることで、コーポラティズムを間接的に攻撃すること。緊縮キャンペーンの一環として、社会保障プログラムは削減され、失業率は上昇を容認された。社会を占める貧困層の割合の拡大と、高まる雇用の不安定性は、労働者の団体交渉の弱体化、雇用者の力の増強へと導いてゆく。（たとえばPiven and Cloward 1982 : 13を参照せよ）。反トラスト法の廃止、産業の規制緩和、民営化へ向けてのレーガン政権の努力は、労働者の立場を弱体化させ、ニュー・ディール以来さまざまなかたちで定着してきた契約均衡をつき崩すための一連の戦略に一役買った。第二に、国家によるコーポラティズムへの直接攻撃。つまり、労働者との団体交渉の完全な拒否を奨励、促進すること。ストライキが直面したのは、もはや交渉ではなく、労働者の入れ替えと強制との沈黙劇《サイレントショウ》であった。おそらくそれはPATCO（全米航空管制官組合 Professional Air Traffic Controllers' Organization）のストライキに始まり、とりわけ、イースタン航空、ニューヨーク・デイリーニュース社、グレーハウンド・バス社、キャタピラー社の労働者にまで続いている（Bowles, Gordon and Weisskopf 1990 : 125-7またより最近についてはAronowitz : 1992 1-9を見よ）。組織労働者やコーポラティズム的代表の力量は、八〇年代をとおして凋落の一途をたどる。レーガン政権が突きつけた新たな社会契約の積極的内容は漠然としたままであるが、その否定的内容についてはきわめて明確である。資本と労働のあいだでの団体交渉、あるいは媒介された均衡——社会契約はもはやこのようなフォード主義に典型的な政治的均衡調達の手段をあてにしないということだ。

労働者の有する〔資本との〕交渉相手という地位を弱体化させるための以上のような政治的メカニズムをちょうど補うようなかたちでまた、オートメーションやコンピューター化を通じた労働現場の再組織化、労働者自体の生産現場からの事実上の排除といった傾向もある。それには次のような二つの事態がともなっている。資本の流動性と、マルクス主義の用語でいえば可変資本の比率の減少、固定資本の比率の上昇の傾向がそれである。この過程のなかで、従来、資本労働のあいだに存在した均衡はさらに大きく傾くことになった。あるいは、労働者が生産過程において機械に取って代わられるとき、均衡という問題自体、ますます重要性を喪失してしまうというほうが適切かもしれない。かつては強力であったオートメーションが労働力を切りつめ、鎮圧し、敗北させるという格好の事例となったのが自動車産業の変容である。イタリアのトリノと同じく、ミシガン州フリントのようなかつて労働者の主体性や力の爆発した場所はいまや、「工場砂漠」——マルコ・レヴェッリがいうところの——と化してしまった(15)。このような事態は総じて、労働組合一般の凋落と密接に結びついていたのだった。

ポストモダン・リベラル理論における法的秩序の構成から労働のカテゴリーが排除されてきたように、ネオリベラルの実践においても労働者との取引や交渉は政治的秩序の構成からは周縁化される傾向にある。もちろん前者においては労働の排除は消極的なものとして現れる（あたかもそれはリベラル理論の空白あるいは見落としのようなのだ）だろうが、後者においては、しばしば粗暴なまでの積極的排除が押しつけられるわけだ。しかしこうした現実上の大きな開きにもかかわらず、政体構成からの労働の排除という点で一致するというところを見るなら、おそらく次のような疑問は氷解することになろう。なぜ現代の政治的文脈と、ロールズ理論、とりわけそのポストモダン的解釈、さらにはロールズ理論の法理論におけるある程度の優勢とが相容れあっているのか。逆に問うなら、ロールズ版リベラル理論がネオリベラリズムの政治プロジェクトをさらに促進することができるとしたら、いかにしてか。強調しておこう。一般的な社会的行為者としての弱い主体というイメージをとおして、社会的敵対への関与や媒介が、社会的敵対の排除あるいは分散へと力点を転換させていること。それがリベラル理論にもネオリベラルの実践にも、共通して見て取れるのである。

労働が徐々に政体構成から排除され国家の完全雇用へ向けての努力が終わりを告げたという意味では、八〇年代に福祉国家はほとんど死体《したい》と化した。だが視角を変えて、国家支出や経済的・社会的メカニズムへの国家介入という観点からすれば、福祉国家はこの時期に縮小どころか実際には肥大したといえる。国家が社会的行為者としては徐々に消失ないし解消するという意味での「希薄な」支配形態が実現するという展望と、ネオリベラリズムの企ては、規模と介入力という双方から見て国家の実質的上昇を含んでいた。ネオリベラル国家の実際の展開とはかけはなれていたのである。事実は逆であり、国家は弱くなるどころか、むしろますます強力な主体となったのだ。「自由化」は権力の脱中心化ではないし、国家の縮小でもない――あらゆる縮小が、ヴァッティモが称讃するところの「本質的」国家権力の高次での再肯定へと帰着するのだ。古典的自由主義経済学のレトリックに訴えかけてはいたけれども、国家支出（社会福祉の支給の領域においてすらほとんど）と市場活動への国家介入は実際には増大した（LeGrand and Winter 1987：148）。この意味で、福祉国家の支出構造は不可逆性の徴候であり、ネオリベラルによる攻撃への際立った抵抗を示していた（Piven and Cloward 1982：157-8）。ネオリベラリズムは経済危機に対し、国家権力の分散や脱中心化によって応答することができなかったのであり、逆に、社会的、経済的争点への権威の集中、強化を必要としたのである。予告されたはずの削減は最小にとどまる一方で、新たな領域への国家支出の拡大は、とりわけ軍事支出という点から見れば、劇的なものがあった（Bowles, Gordon, and Weisskopf 1990：130ff.）。それゆえ、ネオリベラル国家は福祉国家の構造の縮小ではなく、むしろその再方向づけ、あるいは再構造化のために作動したのである。このようにして、八〇年代のネオリベラリズムは、五〇年間の福祉国家政策が築き上げた多大の経済的権力や構造を維持しつつ、それらを異なる目的へ向けてそらすことによって、上からの革命を成し遂げていった。

国家権力を維持しかつこの再編する過程はまた、行政部門が直接に権力を領有すること、そしてそれと相補うように、司法部門を行政部門の主導権に沿うかたちで変形すること、この二つの動きを通じて、司法領域でも展開した。憲法における「レーガン革命」は最高裁や司法省、そしてすべてのレヴェルの連邦裁判所への一連の任命によって遂行された。レーガン政権のレトリックが述べたてることとは裏腹に、こうした顔ぶれのすげかえは、政治から司法を解放するわけでも、政治による汚染なしの憲法解釈という夢をふたたび実現させるわけでもなく、偏向した憲法解釈や「司法積極主義」の新たなパラダイムをもたらしただけである。つまりリベラルな司法積極主義が保守的な司法積極主義に取って代わっただけなのだ（Dworkin 1991 を見よ）。この新しい積極主義は、実際には連邦レヴェルでの訴訟のとりあげを拒絶し、諸州の管轄へと押し返しながらも、連邦主義の衣をまといながら活動したわけだ。しかしにもかかわらず、行政は、司法を介して一貫したイデオロギー的企てを追求することにかけては負けず劣らず成功したのだった。この転換のもたらした帰結がもっとも深刻にのしかかってきたのは、中絶の情報を提供する医者に課される言論統制法 gag rule から中絶の権利そのものまでにわたる、女性のリプロダクティヴ・ライツの領域であった。福祉国家の経済構造や公共支出が維持され再方向づけされたように、非イデオロギー的な希薄な国家なるレトリックにもかかわらず、強力な司法権力も温存され、新たな目標に向けて方向づけられたのだ。

肥大した強い主体としての国家、経済と司法の双方の領域における支配的な社会的行為者としての国家の再強化は、ネオリベラル国家の決定的に「非リベラル」な側面である。この「非リベラル」な側面は、近年の市民的自由の深刻な切り縮めにおそらくもっとも明確に見て取ることができるだろう。過去一〇年にアメリカが乗りだした一連の戦争を通じた――パナマ、イラクといった対外的戦争だけでなく、ドラッグやギャングに対する国内の戦争も含む――、最大の犠牲者の一つが権利章典であった。対外戦争は、とりわけ出版や集会の自由の制限によって、一時的に準戒厳令を押しつけるのだが、国内の戦争は準戒厳令を永続状態に仕立て上げるのであった。たとえば憲法修正第四条は、国家が「理由なき」探索や拘束をおこなうことを禁じているが、それは警官の権力が拡大するのと比例して切りつめられている。いまや、ドラッグやギャング関連の「プロファイル」さえあれば、市民を呼び止め職務質問する基準として充分であると、一般に考えられている。[16]だが、根拠ある嫌疑なるものが向けられるのは、特定の人種的、文化的区分に該当する人びとにほとんど限定されている。それゆえ充分な理由もなく警官に呼び止められいやがらせを加えられるのみならず、逮捕、有罪宣告、投獄される人びとのうち、人種的少数派、とりわけ黒人やラティーノの占める割合が突出しているのである（Marable 1992：12 を見よ）。したがって修正第四条への攻撃は、アメリカでの人種差別の（再）制度化にある程度、照応しているといえよう。一般的にいって、近年の権利章典の衰退は、社会的無秩序に抗すべく国家権力の増強をもくろむ伝統的連邦主義者の企てをさらに強化する役割を果たしている。それゆえ国外、国内の双方での軍事主義の上昇と、社会的警告、恐怖、人種差別への高まる訴えかけは、国家のファシズム的要素の台頭、警察国家の制度への傾向を示しているのである。法治国家 Rechtsstaat から警察国家 Polizeistaat への運動はつねに恐怖、憎悪、人種差別を通じて達成されてきたのだ。

かくしてレーガン革命が直面した中心的問題とはこうだ。真の統合と合意を形成するために、すなわち、社会的基盤を国家の秩序内部に取り込み馴致するために、社会の物質的構成のうちに自律的で強力な国家の権力の足場を与えること。このもくろみの達成のため一役買ったのが、国家介入を道徳的平面を含み込むまでに拡大する動きだ。レーガン、ブッシュ政権の放つおびただしいレトリックは、現代の危機がまず第一に経済危機であることは示唆しないし、法と秩序の危機としてすらも示唆しなかった。むしろ危機は、価値の危機、国家の方向性、道徳的基盤の危機と結びつけられたのだ。それゆえ国家介入は経済的福祉だけでなく、市民の道徳的福祉のための手段として考えられるようになった。女性の出産能力、ドラッグの使用、宗教的実践、家族の価値、性的指向性のような領域は、ますます国家が直接に包摂すべき重要地点として浮上する。国に必要なのは道徳的指導力と道徳教育である、というわけだ。ネオリベラリズム国家の強力な主体はそれゆえ、道徳的平面で国家的な道徳的統合を押しつける試みを通じて強化されたという面もあるのだ。これはネオリベラル的実践のもう一つの「非リベラルな」側面であり、とりわけ私たちが取り上げてきたリベラル理論とは両立不可能である。ロールズのリベラルな議論の文脈でいわれる、善に対する正の優越性は、そうした道徳的統合の形成を退けるスローガンなのだから。そしてこの形而上学的基礎づけ、道徳的目的論からの自由こそが、ローティのような著者のもとにリベラルな企てとポストモダンな企てが合流してしまう理由なのであるから。

要するに、八〇年代のネオリベラル的な政治的企ては、労働のカテゴリーを政体構成から排除し、取引と交渉におかれた福祉国家の社会契約の力点をずらす試みであるという点で、ポストモダン・リベラル理論と足並みを揃えてしまうといったことがわかるだろう。スリムな国家、弱い政治主体といった提起へとリベラル理論を導いたのがこの転換だ。とはいえネオリベラルの実践は、公共支出の領域のみならず、司法活動、警察活動の領域にいたるまで、社会的領野を支配する協力で自律的な主体として国家を強化し拡大することによって、完全に逆方向へと向かったわけだ。これらの大きく異なる国家の主体的形態のイメージが示唆するだろうことは、次の点である。ここまで私たちが追尾してきたポストモダン・リベラル理論の路線は、ネオリベラルの実践的な要請に応答し、さらに先へと促進するためには充分ではないということである。国家を道徳的観点（経済的観点でも、厳密に法的観点でもなく）から統合することのできる、道徳的権威としてみずからを提示するというレーガン‐ブッシュ時代の国家実践は、より適切な現代の国家‐形態の形象を把握する試みのための糸口を与えてくれるだろう。

共通善と共同体の主体

以上に示唆したような現代国家の欲求《ニーズ》を銘記したうえで、これまでの理論的議論の線へと、リベラル理論の領野へと立ち返ろう。そしてリベラル理論の展開をかつてない新たな視点から眺めてみよう。さて、私たちは八〇年代に国家が被った実践的圧力について見てきたわけだ。それをふまえてロールズやその批判者たちの作業のうちに、理論的プロジェクトとして強い社会的主体が頭をもたげているそのあり様を突きとめてみたい。ポストモダン法やそれに照応する法システムの概念構成の展開のいたるところに、私たちはロールズの議論のはらむ緊張の平板化や、彼の正義論の道具化が存在することを認めてきたわけだ。ある点から見れば、この解釈は、自由の原理から社会的内実を抜き取り、平等の原理を格差中立〔無関心〕indifferent の原理へと書き換えるものである。このような諸原理を土台にして、社会的深みや運動を否定しながら同時に秩序を保障する、形式的で手続的な枠組が確立されるわけだ。もちろん、このようなポストモダン法の独特の展開が、ロールズの見解の真意を完全に汲み尽くしているわけではないことは明らかである。

『正義論』においてロールズは、平等、博愛、共通善へと訴えることによって、社会的存在に実質的な規定や内容を与えようと倦むことなく試みている。おそらくこの傾向が絶頂に達するのは、社会的平等の促進のための仕組みとしての格差原理の命題である。ロールズがいうには、格差原理は私たちの博愛への欲望を表現する正義の原理であり、それゆえ人間の共同体をもっとも明確に基礎づけ、社会的存在をその実質的規定とともに構成するものである。ロールズの民主主義への情熱がもっともくっきりと現れるのがここだ。「よりよい状況にある人びとのより高い期待は、そのことが社会のもっとも不利な立場にある構成員の期待を改善する図式の一部として作用する場合にかぎり、正義にかなっている」(Rawls 1971 : 75)。こういえるかもしれない。格差原理を鑑みるならば、ロールズに近いのはカントの『道徳形而上学』よりもイエスの山上の垂訓のほうなのだ！　最下層の者を気遣うものに祝福あれ。格差原理は、正義についての考察を社会的現実のなかに、すなわちもっとも恵まれない者の立場のなかに基礎づける。なるほどその議論は合理的行為者の計算に足場をおいているにしても、マキシミン原理はいかにもキリスト教的な臭みを漂わせている。それによれば、私たちが複数の社会的制度配置のなかから選択をおこなうのは、最低の社会的立場におかれた場合どのような生活状況のなかでも生きていけるということを配慮して、ということなのだから(Rawls 1971 : 153ff. また Rawls 1974 を見よ)。私たちがある政体構成を選択し、かつもっとも恵まれない者の状況を改良するという優先的意図をもって政治的決定をなすとすれば——恵まれた者にとっては有利なときもあれば不利なこともある諸政策を制定しながら——、私たちは社会的平等への傾向を促進することになるし、その結果統合された強力な社会的主体を構成することになろう。

ロールズは社会的平等への傾向を一つの原理として提示しているだけでなく、それをまた、制度的配備《アレンジメント》のうちに確立しようとも試みている。格差原理は何よりもまず「公正な機会の平等」へと結びつかねばならない。彼が説明するには、ちょうど自由な市場が能力あるいは天分の不平等に基礎をおいているのと見合って、規制された市場という観念は平等な機会という観念に基礎づけられる。平等な機会の〔実現の〕ためには、特定のシステムにあらかじめ存在する不平等を正すべく、社会的相互活動への積極的な制度的介入が必要となる。たとえばロールズがいうには、

「公立学校であれ私立学校であれ、学校システムは階級上の障壁をならすように企図されているべきなのである」（Rawls 1971: 73）。それゆえ規制された市場競争の諸制度に囲まれながら、格差原理は、それが「自然のめぐりあわせ」の結果であれ、特定の社会的制度配備の帰結であれ、際立った社会的不平等――つまり「道徳的見地からは恣意的な」（Rawls 1971: 73）不平等すべて――を正すという作業に敢然と取り組むのだ。実際、道徳的見地から見て、恣意的でない唯一の不平等とは、もっとも不利な人間の利得のために寄与する不平等である。それゆえ正義の第二原理最終版は次のように落ちつくことになる。「社会的、経済的不平等は、次の二条件を満たすものでなければならない。(a)それらの不平等がもっとも恵まれない立場にある人の便益を最大化すること、(b)公正な機会の均等という条件のもとで、すべての人に開かれている職務や地位に付随するものでしかないこと」（Rawls 1971: 83）。社会を博愛によって統合しながらより高次の平等に向けて導くために、中心となって積極的役割を果たす社会的な諸制度や改革的な国家の諸装置――ロールズが心に描くのはこれである。このように理論を実践へと差し向けることで、格差原理は理論的問題と提唱活動の問題のあいだの亀裂を埋める役割を果たすわけである。

以上のような格差原理はロールズ正義論のポストモダン的解釈からはるかに隔たった場所にある。社会的不平等について、ロールズは偶然性の自由を称揚することは決してなく、逆に、残存する恣意性を改革の社会的動態をとおして排除しようと試みている。博愛という観念によって（そして博愛という観念には共通善の観念がひそんでいることとは間違いない）ロールズは、ある深みと力を備えた集合的主体を提示しているようにも思われる。恣意的格差の除去は、その〔作業の〕ために必要な社会的関係の構築へと、正義の当為に内在する社会的存在へと導かれるのだ。

しかしこの民主主義的な社会的傾向をいったん提起したあと、ロールズはそれをみずからの理論の周縁に追い払ってしまう。じつのところすでに『正義論』においても、格差原理は二重に軽視されている。格差原理は、まず第一に自由の優位性に（Rawls 1971: 250）、そして第二に正しい機会あるいは公正な機会の優位性に従属させられるのである（Rawls 1971: 392-3）。いずれにしても、格差原理の実践的力はじわじわと蝕まれており、その結果、原理がもともと抽象的なものであったにしても、その適用はますます困難になっていくのだ。[17] 格差原理とそれに照応する「マクシミン規準」はロールズの著作が最初に公刊されたとき、正義理論の議論の中心を占めていた。だが最近では、正義論体系のこの側面はロールズ自身の著作であれ、彼の批判者の著作においてであれ、ますます周縁に追い払われつつある。最初は社会改革に燃える民主主義精神とともにテクストにさっそうと現れた格差原理。それは次第に蝕まれ、こうして、格差原理が約束しているかのように思われた社会的平等への現実的傾向は、体系における影の部分にひっそりととどまっているかのようだ。

なるほどロールズ・リベラル正義論の死産した子としてのみ現れるとしても、格差原理とそれが含意する博愛的共同体への熱望がロールズの共同体主義的批判者にとっての出発点となっていることは明らかである[18]。ロールズは事実上私たちを促しているのである。社会的存在についてのリベラルな概念構成に肉づけを与え、博愛、市民的徳、共通善といった観念に意味を与えうる力あふれる主体を提示することで、みずからの思想にはらまれたこのような傾向を蘇生させ、完成させるように、と。おそらくロールズの企てへの、もっとも幅広く論議を呼んだ、そしてもっとも徹底した共同体主義者からの批判はマイケル・サンデルの『リベラリズムと正義の限界』である[19]。私たちの見解では、サンデルの企てのすばらしさは次の点にある。この二五年の政治理論の展開のなかでもっとも価値のある、そして影響力ももったアングロ・アメリカンの二つの著作、『正義論』(一九七一)とチャールズ・テイラーの『ヘーゲル』(一九七五)に正面から対峙することによって、この論争に明確な焦点を与えたということである。もちろん、サンデルがはっきりと研究の対象にしているのはロールズの著作である。だがあまり言及されることはないにせよ、テイラーも、議論総体を支える確固たる批判的観点〔の提供者〕としてロールズに負けず劣らず議論を支配している。実際、サンデルを読むことで、私たちは哲学史へと送り返された気分になる。テイラーの視座からのロールズ読解は、ヘーゲルによる有名なカント読解の反復として展開するのだ。ある人は次のように述べている。「もし現代のリベラルたちがカントを再発明するよう導かれるとすれば、リベラリズムの批判者たちはヘーゲルを再発明するよう強いられた」(Smith 1989: 4)。サンデルのヘーゲル主義的視点は、批判の土台を与えるだけでなく、一連の隠された帰結をもたらしてくれる。言い換えれば、サンデルは、みずからの分析を枠づけるためにテイラーの見解を取り上げだけではなく、これから見るように、ヘーゲルの視点を前提におくことで、ある文脈を、つまり、議論の後続するもろもろの二律背反があらかじめ決定された解決へと不可避に推移するような文脈をつくりあげるのである。すなわち、普遍的共同体の形式におけるヘーゲル的綜合。こうして、リベラリズムの希薄な主体は、主体としての国家というどっしりとした概念のなかで膨張するのである。

サンデルがロールズに対して提起した問いの核心はリベラリズムの義務論的主体の性質や能力に関わっている。彼はまず、ロールズの言説に伏在する主体あるいは自己の理論をあぶりだし、次に、道徳の抱える諸課題に対処するにその理論がふさわしいかどうかを評価しようと試みている。このアプローチによってロールズの議論は新鮮な切口を与えられ、その結果リベラルな正義論は、にわかに弱点含みで足腰の弱いものであるかのようにたちあらわれる。リベラルな主体の脆さ——サンデルの研究の主要なモチーフと関心はここに向けられている。「自己は、その議論がなされる別々の箇所において、根本的に具体性を剝奪された主体となって解体されるか、根本的に状況づけられた主体となって崩壊する恐れがある」(Sandel 1982：138)。ロールズ的主体にサンデルが与える特徴づけをより詳細に検討してみるまえに、サンデルが批判を提起するそもそもの視座をもっとふくらませて考えてみる必要がある。サンデルは近代における主体の理論を、二重の危険から脅かされている不安定な場所ととらえている。つまり彼は道徳哲学をスキュラとカリュブディスの狭間をすり抜ける一種の通路のようなものとみなすのである。一方では、主体の理論は、知的な観点を優越させ把握することで自己を見誤る可能性がある——根本的に具体性を剝奪された主体」、それゆえに根本的に自由な主体がそこから現れる。他方、過度に物質的な視座から把握することで、自己を見誤る可能性もある——ここでは「根本的に位置づけられた主体」、それゆえ規定された主体が現れる。だが、道徳理論にとってのこの中心的ジレンマ——自己をめぐって対立しあう把握——はサンデルの研究において根源的役割を担っているにもかかわらず、あまり重要視されず充分に展開させられることはない。

この主体の理論を首尾一貫して展開するために、チャールズ・テイラーの著作へと実際に帰らねばならない。ヘーゲルについての研究でテイラーは、じつに壮大で包括的な視点から問題を設定している。(1)主体の理論は近代思想の根本的領域である。⑵近代哲学、ひいては近代文明そのものを特徴づける思想や感受性には二つの相対立する主要な潮流が存在する。⑶ヘーゲルは具体化した精神としての主体の理論でこれら二つの潮流の綜合を提起する。[20] テイラーがヘルダーにもっとも一貫して現れているとする第一の潮流。それはロマン派の宇宙的な表現的統一という観念に集約される。「表現主義的観点の核心にある切望の一つは、人間は自然との合一《コミュニオン》のなかで統一さるべきであり、人間の自己感覚は生命総体、そして生けるものとしての自然との共感と一体化すべし、とするものである」(Taylor 1975: 25)。それゆえそこでは、人間は客観的世界と対立させられるのではなく、むしろ物質的な宇宙的主体の一部として包摂されるわけである。近代思想のもう一つの潮流は、カントにそのもっとも完全な定式化を、見いだすことができる。それは人間の道徳的自由という啓蒙主義的観念に焦点を合わせ、それゆえ知的で合理的な主体を押しだすのである。「私をただ合理的意志としてのみ拘束する、純粋に形式的な法によって規定されること、そこにおいて、私は、いうならば、すべての自然的配慮や動機から、そしてそれらを支配する自然的因果性からの自律を宣言する」(Taylor 1975: 31)。人間が物質的存在であるというのではなく、合理的、道徳的意志によって構成される知的な存在者であるかぎりにおいての話だが、人間の自由を根元的なものとして概念把握すること、それによって人間は自己決定的なものとして措定される。テイラーによれば、これらの二つの潮流、これらの二つの主体の概念は、現代にいたるまで依然として近代思想や文明の決定的媒介変数を構成している。ヘーゲルは誰にもまして、「カント的主体の合理的で自己立法的自由と、人間内部の表現的統一性や時代が熱望していた自然」(Taylor 1975: 539)とを結びつけることで、対立を克服しようと格闘した。それゆえに、ヘーゲル哲学は根本的な重要性をもつのであり、「いまだ失われぬ重要性」をはらんでいるのだ。テーラーの著作の最大の特徴は、主体の理論の中心性に彼が焦点を合わせたことにある。近代思想史を、いずれも完全性を欠いた(=部分的な partial)二つの主体のあいだの包括的な矛盾として読解する彼の戦略は、「根元的自由と統合的表現のあいだの統一」(Taylor 1975: 43)におけるヘーゲル的代替のための足場を準備する。というよりむしろその足場の必然性を作りだすのである。これを出発点とすれば、他の解決案がいかなるものであろうと、不完全なものにとどまるであろう。

私たちの研究にとって重要な事実、それは、サンデルがヘーゲル的視座だけでなく、テイラーのヘーゲル解釈に特有の視座をも採用しているという点にある。つまり彼はテイラーの用いる術語のみならず、彼の読解の戦略を利用するのである。近代思想の主要な問題設定を、合理的思考の自由によって規定された主体と物質的現実の諸規定に基礎づけられている主体のあいだの矛盾としてとらえ返すという読解の戦略である。この枠組みを考慮するなら、サンデルがカント的観念論の影響のもとにあるロールズのリベラルな企《プロジェクト》てに批判的であろうことは容易に予測がつく。しかしサンデルの議論はかなり微妙である。というのは彼はロールズがカントの道徳的枠組から出発することにいくつかの重要な意義があることを認めているのだから。「ロールズは、カントの義務論的な教えを保持する企てとして、恣意的であるという非難には比較的さらされることのない、英米的気質により合致した、飼い慣らされた形而上学に、ドイツ的不明瞭さを置き換えている」(Sandel 1982：13-4)。サンデルによれば、超越論的基礎づけを退けその代わりに道理的な経験主義を採用することによって、ロールズはカントの道徳論に修正を加えている。サンデルが企てるのは、ロールズのカント主義をヘーゲル的に批判するというような単純な戦略ではない。事はもっと微妙なのだ。観念的道徳論を展開するという点でロールズがカントに追随しているかぎりで、サンデルは「具体性を剥奪された主体」の「根元的自由」に対する批判を振り向けるであろう。他方、経験的で手続的な社会システムに対するカント的な超越論的基礎づけをロールズが拒絶するかぎりで、サンデルは「根本的に位置づけられた」、あるいは規定された主体への批判を振り向けるであろう。

サンデルの分析はロールズの議論の底流にひそんでいる「所有 possession の主体」、すなわち、近代の道徳理論のはらむ二重の危険を回避しようと努める主体の再構成を主要な課題としている。[21] じつのところ、サンデルはロールズ的主体を二つの近代的主体の弱い結びつきとして提示してみせるのであり、これをもって強いヘーゲル的綜合のための足場を準備するのである。自己と目的、正と善とのあいだの関係、サンデルによればリベラルな主体の複雑性はそこにある。原初状態に現れるのは、みずからの目的から切り離された、あるいはそれについて無知であり、そのおかげでカント流に、合理的で道徳的に正義にかなった選択をなしうる主体である。しかしリベラルな主体はそのもの自体としての主体ないし制約なき主体ではないし、〔ひとしなみに〕同時代の社会についての一般的知識に規定された総称的な主体ですらもない。無知のヴェールが取り払われたときそこに現れるのは、もろもろの資産・属性・利害をもった経験的主体なのである。それゆえサンデルによれば、ロールズの主体はもろもろの属性を持ち合わせてはいるが、それらによって構成されるあるいは規定されることはないのである。「自己の所有的側面とは、私の属性によって、私が決して充分に構成されることはありえないこと、つまり、私が私である属性よりも、私が有している、いくつかの属性がつねになければならないことを意味している」(Sandel 1982：20)。サンデルは、ロールズがカントのそのもの自体の基礎の貧しさを認め、テイラーに見いだしうるたぐいのヘーゲル的解決の必要を認めていると信じている。「ロールズの見解では、自己と目的の関係を説明する際には、一つではなく、二つのことが述べられなければならない。つまり、自己がその目的からいかに識別されるかと、自己がその目的といかに関連づけられるかである。前者について述べられなければ、私たちは、根本的に状況づけられた主体にとどまり、後者について述べられなければ、根本的に具体性を剥奪された主体にとどまるであろう」(Sandel 1982：54)。サンデルにしたがうなら、そこでは自己がその目的から隔てられてはいるが完全に切り離されているわけではない相対的自律性を与えられるという意味で、所有の主体は一つの解決をもたらしてくれる。要するに、主体は自由でありかつ規定されているというわけなのだ。

『正義論』はヘーゲル的企てであるという見解を首尾よく提起したあと、サンデルの批判は大きな障害に突き当たることなくスムーズに展開することになる。なぜならロールズの説明はヘーゲル的基準を満たすほど充分なものではないのだから。この観点からすれば、ロールズはつねにヘーゲル主義の弱いヴァージョンとして登場する。[22] たとえばサンデルはまず、所有の主体を真価 desert という概念との関連づけで俎上に上げることから始めている。格差原理が含意しているような財の配分を平等にすることをめざした改良主義的社会制度は、社会的真価という観念の正当化を必要としている。だが「ロールズの構想では、誰も何かに価すると適正にいわれなくなるのは、誰も何かを所有していると適正にいわれなくなるから、少なくとも、真価の観念に必要な、強い、構成的な所有の意味では、そうなるからである」(Sandel 1982：85-6)。「所有の主体」において実現する自律と具体化の結合は、あまりに弱い綜合であることが明らかになる。みずからの自律を宣言するとき、じつは、ロールズの主体はみずからの属性や目的の主張をも解消してしまうのである。

以上のような論点をはらんだ問題を眺めながらサンデルは、リベラルな主体が〔みずからが〕設立した基準にもっとかなうものになるようにするための二つの修正が必要であると考えている。第一に、主体は集合的次元、共同のアイデンティティを発見しなければならない。それが共通の資産や社会的真価についてのもっと実質ある概念を支えてくれるはずなのだ（Sandel 1982：103）。そしておそらくより重要である第二の修正。主体のもろもろの目的や属性は主体自身の内部に内面化されねばならず、この意味でそれらは主体に対して構成的であらねばならない、ということである。こうした主体の特徴づけにロールズが表だって反対の意を表明するとしても、これこそがロールズ自身の企てを理解し完成へと導くもっとも一貫性のやり方なのだ、そうサンデルは述べたてている。たとえばこれらの修正によって、無知のヴェールの背後にあるのが人格の多元性ではないということがどのような意味なのかがわかる。選択あるいは取引によってではなく、承認や法への合意によって契約をおこなう単一の主体がそこにあるということが、どういうことなのか、が。「原初状態において進行しているものは結局のところ契約ではない。間主観的な存在の自己認識に到達することである」（Sandel 1982：132）。『正義論』が事実上、自己承認を目標とするヘーゲル的な現象学的企てであるということがはっきりと理解できるのはここである。『正義論』は、たんにこの企てを充分に推し進めていないだけだ、というわけなのである。

強い「構成的」な共同体の概念把握によって、サンデルはもっと実質的なかたちで主体の綜合を提起することになる。もろもろの属性あるいは特質の所有は、存在論的観念となる。「〔社会の成員〕にとって、共同体が示すものは、同胞の市民として、何をもつかだけではなく、何であるかもであり、選択する関係ではなく〔自発的連合でのように〕、発見する愛着であり、たんなる属性ではなく、みずからのアイデンティティの構成要素である」（Sandel 1982：150）[23]。共同体の構成や正義の原理の選択〔あるいは受容〕ですら、「深い反省」と自己承認の弁証法によって定義せねばならない。「ここで問題となる作用《エージェンシー》は主意的ではなく認知的である。つまり、知的な〔あるいは探求的な〕主体が〔自己〕

理解の対象に対するように、自己は選択によってではなく、反省によって目的を手に入れる」(Sandel 1982: 152)。サンデルはロールズのカント主義を若きヘーゲルの政治的展望へ向け返しながら展開する。つまり、『精神現象学』の閾へ向けて。彼は正義の理論では実を結ぶことがなかった共通善や博愛へ向かう傾向のはらむ推力をしっかりとつかみ、それにより堅固な基礎と強力な骨組を与えようと試みているのだ。かくして「品性《キャラクター》」と「友情」(Sandel 1982: 180) によって、共同体は強い社会的主体として構成されることになるだろう。

国家の自律——道徳的福祉

さて、いったん批判的立脚点を確立し受け入れたなら、サンデルのロールズ読解の展開は驚くほどの明快さをもっていることがわかるだろう。しかしあまり明快ではないことがある。彼のリベラリズム批判に潜在する道徳的あるいは社会的オルタナティヴの展望がそれだ。リベラリズムを足で立たせるためには、共通善、アイデンティティそして共同体といった観念に実質を与えつつ正しさの理論〔権利論〕に存在論的次元を付与することが必要だ、とサンデルは強調する。社会的主体についての理論は、私たちが所有しているもののみならず、私たちが誰であるのかについても取り組まねばならない。言い換えれば、当為についての私たちの議論は存在の次元と一体にならねばならない。深い反省の過程、そこから結果する集団的自己理解は、私たちが欠いている強力なアイデンティティへむけての第一ステップである。この共同体主義的政治存在論の真の含意を探るために、しばらくこの過程を社会的視点からさらに展開してみよう。

社会的プログラムは社会的批判に足場をおいている。共同体主義者の立場からすれば、リベラリズムの危機は理論的危機であるのみならず、社会的危機でもある。つまり社会構造の同質化〔=画一化〕と断片化というかたちをとって現れるアイデンティティの危機と価値の危機がそれである。テイラーはこの危機の一つの側面を、ポスト産業的民主主義における意味を帯びた社会的分化のいっそうの欠落、そして「近代社会の増大する「無階級性」」として描きだしている（Taylor 1979：111）。リベラル・デモクラシーは共同体の基盤を破壊し、かくして強力なアイデンティティを実現することができないまま、現代の社会的主体を無力なままに放置している、というわけだ。「そんなわけで、近代民主主義に対するヘーゲルのジレンマは、もっとも単純に言い表すならば、次のとおりである。すなわち、平等と全面的参加の近代のイデオロギーは、社会の同質化に通ずると。これは人びとを自分の伝統的共同体から引き離すが、一体性の焦点としての共同体に取って代わることはできない」（Taylor 1979：116）。もしポスト産業的リベラル社会が何とか一つの統一体として現れることがあるとしても、そこに見いだしうるのはアイデンティティを欠き、それゆえ無力にとどまる未分化な同質的統一体でしかないのである。テイラーは、単一の強力な全体性として一体化を果たしうる多様な部分的共同体 partial community からなるまとまりある形成体こそが、ヘーゲルの差しだすオルタナティヴであると考えている。「近代民主政体のぜひ必要なものの一つは、有意義な区分の感覚を取り戻し、その結果その政体のもろもろの部分的共同体——地理的なものにせよ、文化的なものにせよ、職業的なものにせよ——が、ふたたびその構成員たちのために、彼らを全体に結びつける仕方で、関心と活動の重要な中心となるようにすることである」（Taylor 1979：118）。同質化は空虚な総体を生みだし、そこでは個別的なものと一般的なもののあいだには弱い結びつきしかないが、部分的共同体における社会的分化は個人と社会の全体性のあいだの強力な紐帯を鍛え上げる媒介のメカニズムを与えてくれるのだ。

リベラリズムの共同体主義的分析によれば、社会的全体性の断片化にはつねに社会的差異の同質化が相伴っている。同質化と断片化は同じ危機の二つの側面である。サンデルはアメリカ社会の断片化を歴史的観点から示唆している。リベラルなアメリカ国家の構成は、少なくともその二〇世紀的形態においては、必ずや「近代の産業的秩序による広範囲にわたる影響力を道徳的にも政治的も下支えする国民共同体の強力な感覚」（Sandel 1984：93）に足場をおいていた。総体としての国民は一貫したアイデンティティを実現せねばならないが、それは「形式的あるいは構成的〔=本質的 constitutive〕な意味で共同体に必要な共有された自己理解を養うため」（Sandel 1984：93）である。国民共同体あるいは国民アイデンティティは社会の統一を一つの総体として提示するだろうし、そして、投影された共通善のイメージをとおして、個人と集団はみずからを構成された秩序内部の部分的共同体として位置づけることができるだろう。しかし、リベラル社会の歴史的発展は国民アイデンティティや統一の基盤を浸食しさらには断片化してきた。「社会的、政治的規模がより広範囲にわたるものになるにつれ、私たちの集合的アイデンティティの関係性はますます断片化し、そして政治的生活の諸形態はみずからを支えるために必要な共通目標を追い抜いてしまうのである」(Sandel 1984: 94-5)。社会という組織体のまとまりのなさが、結局のところ国民《ネーション》の無力の原因なのである。リベラリズムが私たちに差しだすのは、その力を対内的にも対外的にも喪失した国家である。対内的には堅固な共同体を形成する能力を、対外的には他国に相対しながらみずからの目標を追求する能力を喪失してきたわけである。「経済と社会における前代未聞の役割を果たしているにもかかわらず、近代国家は効果的に国内経済を統制し、根強い社会病理に対応すること、あるいはアメリカの意志を世界のなかで効果的に発揮することができず、無力な状態におかれている」(Sandel 1984: 92)。弱いアイデンティティ、弱い国家構成《コンスティテューション》によって衰弱しつつある国家は、国内あるいは国際的場面で強力なアクターの役割を果たすことができていない。テイラーとサンデルが理論的平面で書き留めたこのような道徳的基盤の危機は、共同体主義的な社会学の著作とも確実に共鳴している。ロバート・ベラーとその仲間たちは次のように説明を加えている。「私たちが提起する根本的な問いかけ、そして幾度も私たちに投げかけられた問いかけは、いかにして道徳的に一貫性のある生活を維持する、あるいは形成するか、というものだった」(Bellah et al. 1985: vii)。

スティーヴン・スミスは、制度的・法的場面にひきつけて考察することによって、リベラリズムによる社会的批判や共同体主義者によるオルタナティヴにより具体的なかたちを与えている。リベラル社会は断片化しアトム化した。彼がいうにはそのわけは、リベラル社会の制度的構造があまりに弱体でそれゆえ社会における意味や価値についての共通感覚《コモンセンス》〔=常識〕を支えることができないためである。つまりそれは「道徳的あるいは政治的に満足のいく共同体の形態を生みだすには、あまりに基盤が弱々しい」(Smith 1989: 4)。道徳的断片化の危機を制度の不適切性がもたらすものと位置づけながら、スミスは制度的改革の戦略を一つの解決策として示唆している。ここでふたたび私たちは、共同体主義者の批判はリベラリズムの否定ではなくリベラリズムの限界を乗り越え「完成させる」試みであるということを理解することになる。それはリベラリズムの貧弱な形式的骨組に豊富な内容を与え、その権利と正義の痩せこけた体に栄養を与えるのだ。スミスがいうには、制度的、法的構造は個人の発展に適切な「倫理的内容」を授け、そして堅固な社会的共同体を形成するにちがいない。私たちは倫理的生活の諸制度を「たんに私たちの道徳的自己実現の力への制約としてではなく、そのなかで個人の力や能力を開花させることができる必須のカテゴリー的枠組みとして把握するべきだ」(Smith 1989：130)。リベラリズムの危機を乗り越える際の鍵となるのがこの制度的改革である。「国家が個人の権利の維持のための強制機構としてみなされているかぎり、リベラリズムは、市民権や公共善のような固有の意味で政治的な問題について説得力あるかたちで語ることはできないだろう」(Smith 1989：x)。

国家を異なる観点からとらえるためには、その制度的構造が実際には社会的主体に内在的であることを理解する必要がある。スミスは法についてのヘーゲルの把握を取り上げる。そこでは国家の権力は強制とはみなされず、法の支配は命令とはみなされない。命令は主体にとっては無縁あるいは外的なものである。だが法は主体に内在的であるのだ。「法とは、その適用先である主体の意志を表現している」(Smith 1989：147)。同様に、共同体主義者の法治国家Rechtsstaatは、権力国家Machtstaatとは、それが「強制力に取って代わる安定した政治制度や感情を形成する能力を有している」(Smith 1989：160)という点で異なっている。法と秩序は社会的制度が主体の形成それ自体にとっての「倫理的内容」であるがゆえに、社会的主体に内在的なのである。伝統的リベラリズムは秩序を主体に外的なものとみなす。それゆえリベラルな公的制度の役割は社会的主体の自律的形成から生じてくる対立《コンフリクト》を媒介することである。この意味で、ヘーゲル主義はより徹底し、かつ肥大したリベラル秩序を表している。それは秩序を主体に内的な生産としてとらえる。公的な制度は主体の形成自体に根本的役割を果たすからである。それゆえリベラリズムのヘーゲル的改革は主体の法律化なのである――主体は法に限界づけられている、あるいは制約されているという意味ではなく、法自体が主体に内的で、構成的であるという意味で。

国家はここでは倫理的統一体であり強力な作用因《エージェント》としてたちあらわれる。ルイス・ヒンチマンは共同体主義者によるリベラリズム批判や強い国家を支持する議論をアメリカの伝統に送り返している。その際彼は、ジェファーソンとハミルトンにそれぞれ結びつけられる理論的モデルのあいだの二律背反を取り上げている（Hinchman 1984：258-63 を見よ）。ヒンチマンがいうには、ジェファーソン主義的リベラルは、民衆の徳に信頼をおき、その結果、いわば観念や価値の自由市場、道徳性の自由放任《レッセ・フェール》によって社会的善を達成できると信じている。これこそ国家の強制なしに市民社会において発展可能な唯一の道徳性である、と。逆にハミルトン－ヘーゲルの立場は、経済的領域において市場を信頼することは可能だろうが、道徳的領域においては社会を導く「見えざる手」は存在しないと主張する。統一のとれた道徳的社会は放っておいて生じることはない。意志をもって建設されねばならないのだ。「公共善はひとりでにあるいはギヴ・アンド・テイクの利益集団政治から生じてくることはない」。それゆえに、「広範囲の公共の利益」に資する政策を追求するためには介入が必要となるのだ（Hinchman 1984：260）。スミスはこの点には同意する。リベラルな道徳の危機に対しては国家の道徳計画をもって応ずべし、というわけである。「それゆえ国家は、伝統的リベラリズムの諸形態が果たせなかった、特定の共通善の観念を明確化する責任を負わされている……国家はたんに競合する利益集団のあいだのブローカーではなく、ある生活様式、すなわち人間の繁栄の実質ある構想を促進するという積極的機能をもっている」（Smith 1989：233）。道徳性へのこのプラグマティックなヘーゲル的アプローチはケインジアン国家の再建を必要としているように思われる。ただしこのケインジアン国家においては経済的用語がすべて道徳のそれに取って代わっているのだが。道徳的計画国家（あるいは道徳的福祉国家といったほうがよいか）の介入こそが、リベラリズムによるカオス渦巻く自由市場的な価値へのアプローチがもたらす破局《カタストロフ》を回避する唯一の方法なのである。すなわち、それが主体性の大量生産、価値の一貫した共同体の発展のため必要な唯一の方法なのだ。

とすれば、国民の倫理的生活を統合するための道徳計画や国家介入の必要性を訴えるレーガン政権のレトリックに、すすんで賛意を表明する共同体主義者が実際にいるということは何ら不思議もないだろう。レーガン自身の言葉でいうと、彼の使命は「家族、労働、隣人、平和そして自由といった言葉のなかに埋め込まれている価値の共同体を分かちもつ、この国のすべての人々との新たな合意」（『ロサンゼルス・タイムス』紙二月一日号、一九八四年）を築き上げることなのだから。一九八八年と九二年の選挙キャンペーンの際、ブッシュ政権は道徳や家族の価値を焦点化したわけだが、そのことはこのテーマが脈々と受け継がれていることを明らかにしたのであった。リベラルたちがこの「保守思想にはらまれる共同体的要素」から学ぶべきことは多い、とサンデルはいう。つまり「〔レーガンの〕アピールのもっとも強力な部分は、共同体的価値——家族や近隣、宗教や愛国主義の——を喚起するところにある。レーガンは最近ではすっかり後退したかのように思われる生活様式への、つまり大きな意味に満ちた共通の生活への渇望を掻き立てた」(Sandel 1988：21)。テイラーもこのような感情との共鳴を示している。彼は、レーガンの企てに直接言及はしないものの、国民を結び合わせる新しい「愛国的同一化」の精神を提唱するわけだから(Taylor 1989：165-76を見よ)。だが、共同体主義者たちは次のようにいう。なるほどレーガンのレトリックは信頼にたるものであるとはいえ、彼の政権の政策といえば個人主義を軸としており、それゆえ「公共の徳 public virtue」を養うために充分とはいえない、と(Bellah et al. 1985：263とSandel 1988：21を見よ)。かくして共同体主義者たちの構想は、国民的な道徳共同体についてのレーガンの展望を最後までやり通すことのできるプログラムへと向かうのだ。

リベラル社会の危機への共同体主義者による批判は、『現象学』から『法哲学』への展開の線に沿うようなかたちで進んでいく。ちょうど主体の深い反省が自己理解へと導かれるように、つまり、その反省が主体を真実には何であるかの認識へと導くように、発展した人倫 developed *Sittlichkeit* もまた、私たちの社会の価値を認識し、すでに存在する秩序を成し遂げるよう私たちに強いるのである。その結果、なすべきこととどう在るかということ、要するに、当為と存在のあいだの亀裂は閉じられることになる。そこには心理的ヴァージョン、社会的ヴァージョンがあるわけだが、いずれにせよ要請されるのは変革では決してなく、ただ再認と秩序づけの過程のみである。その結果として現れる主体は(個人の意識であろうと国家であろうと)すでに存在するアイデンティティの実現＝理解 realization である。位置づけられた自律的な主体性の理論的探求と、社会や国民共同体における一貫した倫理生活の政治的探求、休みなく拡大していく弁証法的論証のなかで、異種同型の過程としてたがいに一致する。共同体主義者たちが提起する反省的で位置づけられた主体性や共同体の観念は、最終的には十全に実現した主体としての国家という命題に帰着する。

ローカルなレヴェルでとらえられた共同体は十全な意味を獲得することはありえない。共同体主義者はつねに共同体を、私たちが何者なのかを表現するものとして想定している。ただしこの「私たち」の詳細な具体化は何らなされないのだが。実際のところ、もし共同体を特定の共通性——自動車製造労働者の共同体、ゲイ男性の共同体、そして女性の共同体ですら——に足場をおくローカルなレヴェルで把握しようとすると、そこで共同体は、テイラーの言葉でいえば「部分的共同体」[24]として特徴づけられることになろう。そうした共同体は十全に実現した主体の役割を担うことはできず、ただ総体のなかでみずからの同一性を〔反省によって〕発見できるのみである。共同体の性質について明確にしようとするたびに、サンデルが国民共同体を語ってしまう理由がここにある。「私たち」を実質化する唯一の方法は、総体に同一化することを経由することなのだ——私たちはアメリカ人であり、私たちは手続的共和制の一員である、というように。このような議論においては国家は必然的なもの、共同体の唯一の本当の主体、身体化された主体性の十全な実現という含みをもつのである。「世界中を神が行進する、国家が存在するとはそういうことだ Es ist der Gang Gottes in der Welt, dass der Staat ist」(Hegel 1952: SS 258 の追記)。主体の理論にご執心の共同体主義者は、どのみち、唯一十全に実現した自律的な主体としての国家という主張にいたりつくのである[25]。

国家への社会の実質的包摂

以上、いずれもこの一五年間にきわめて卓越した役割を果たしてきたロールズの著作によって触発された二つの解釈の線をたどってきたわけである。この二つの線はいくつかの決定的な地点で分岐するのだが、その一方で、組織における労働の周縁化、社会の国家への実質的包摂を理論化するという共通の企図を共有していた。第一のヴァージョン、ロールズのポストモダン的解釈によれば、国家の法制的秩序の自律は社会的諸力への加担によってではなく、それからの抽象によって確立される。回避という政治的方法は社会的現実から法システムを分離させるわけだが、その結果、正しさ〔権利〕の問題は、抽象的インプットのあいだのバランスを、包括的《グローバル》な均衡を達成するための機械的な過程へと解消される傾向にある。社会的シミュラークルのなかの実在の様態はシステム自体の生産物なのだから、この社会の抽象的な投射は国家の内部へと自動的に包摂される。人工的で機械的という特性がポストモダン的包摂につきまとっているのはそのためである。二番目の傾向は、より実質的な解釈ではあるが、やはり同じような包摂の過程を示している。この場合には、法システムは社会から抽象されるのではなく、あらゆるレヴェルにわたって社会に浸透していると想定されている。法は国家秩序に調和させるべく社会的主体を構成するのであり、それゆえ社会は国家の配備内部の穏やかな秩序として形成される。多様な社会的主体、もろもろの「部分的共同体」は、国家自身の様態にすぎない。つまり、総体である全体的共同体によって、つまり国家によって承認されるかぎりでのみ、それらの主体、共同体はみずからを承認し、あるいは承認されるのである。この場合もまた包摂はあらかじめ所与である。というのも部分的な社会的主体は国家自身が生みだしたものにすぎないのだから。一見したところ、リバタリアンと共同体主義者のあいだの論争は法治国家の支持者と社会国家の同盟者とのあいだの歴史的紛争を反復しているだけに思われよう。しかし、もう少し考察を加えるならば、この二つの立場は同じ企て――国家内部への社会の包摂――を目標とする二つの戦略にすぎないということがわかるのだ。

マルクスは資本への労働の実質的包摂を予見したわけだが、それと同じく、この国家への社会の実質的包摂も社会的諸関係の新時代を画しており、社会理論に新たなパラダイムを要求している。市民社会の概念が、多くの近代の国家論とは異なりもはや中心的地位を占めていないということを認識するならば、この理論的状況の新しさは明らかである。市民社会の概念は政治理論の歴史のなかでじつにさまざまに用いられてきたわけだが、その複雑な展開を追跡する余裕はわれわれにはない[26]。ここでの目的のためには、ヘーゲルが市民社会概念に与えたいくつかの含意に着目するだけで充分だろう。ヘーゲルの把握によれば、市民社会は、組織されていない社会‐経済的・法的交換、敵対、紛争が表現され、かつ組織されるダイナミックな場所である。もっとも重要なのはそれが、労働力の組織化と労働組合の形成の場所であるということである（Hegel 1952：SS 250-6）。ヘーゲルはこうした組織を、関係にもたらされた個別の利害が普遍へと入り込むことができる、もしくは包摂されうるという意味で、直接に教育的であるとみなしたのである。この同じ教育的過程を、イェナ期のヘーゲルは、具体的労働から抽象的労働への運動とみなしていた（Hegel 1932 : vol. 2, 268）。その過程をとおして、単独の利害という野生の獣は、普遍的なもの内部で飼い慣らされ、その結果、その力を有益に運用できるようになる。生産過程とともに、市場における交換、法の適用と強制もまた、個別を普遍へともたらすこの教育的機能を実現する。市民社会の法的・経済的諸制度は、複数の分節線、つまり、国家がそれに沿いながら資本主義的生産と資本主義的社会関係から生じた敵対に関与し、回収することが可能になるような線を強調しながら差しだす。市民社会は国家へと引き上げる社会的弁証法を開く媒介の公共空間である。市民社会とはそれゆえ、国家の秩序とは無関係な、もしくは秩序外部に存在する特異な諸利害を包摂する場所なのである。この意味で、市民社会は形式的包摂の空間であり、国家がその諸規則に外的な社会的敵対を媒介、規律、回復する場所なのである。

しかしながら、ポストモダン理論や共同体主義の理論が示唆するように、国家はもはやみずからに外的な社会的諸力に市民社会の諸制度を介して関与することをやめている。ヘーゲルの分析において市民社会のもっとも優勢な要素であった制度的労働組合の運命を考えてみるなら、この推移は明らかである。多くの点で、二〇世紀の前半をとおして制度的労働組合は、労働と資本のあいだ、社会と国家のあいだの根本的媒介点を構成しており、団体交渉のメカニズムは、社会契約の確立と再生産において特権的地位を維持していた（第三章第3節「抽象的労働のモデルの具体化の諸条件」を見よ）。制度的労働組合やそれと同盟する政党は二重の目的に奉仕していた。労働者の諸利害が国家に影響力を行使できるように手段を与えること（それによって国家の支配を正当化するための手助けをすること）と、国家と資本による規律と管理統制を労働者に浸透させることとである。近年では、国家と制度的労働者のあいだの弁証法、さらに団体交渉のメカニズムが徐々に表舞台から姿を消しつつある（本章の「ネオリベラリズムの強い国家」の項を見よ）。実質的包摂の社会ではこの弁証法はもはや中心的役割を担っていない。資本はもはや生産の核心部で労働に関与する必要も、労働を代表する必要も感じていないのだ。社会的資本はあたかも労働者階級から解放されたように、自律的に自己再生産を繰り返しているようにたちあらわれ、労働はシステムのなかでは不可視なものとなる。実際に包摂されるものといえば、国家自身が生みだした社会のシミュラークルにほかならない。国家はもはや正統化と規律という媒介的メカニズムを必要としない。すなわち、敵対は不在（もしくは不可視）であり、正統化は同語反復《トートロジー》となるのである。実質的包摂の国家の関心はもはや媒介ではなく分離へ向かい、それゆえ社会的弁証法の場所としての市民社会は次第にその重要性を喪失してきている。衰退したのは国家ではなく、市民社会なのだ！

国家の支配に第一に活用されるものは、もはや規律的装置ではなく、管理のネットワークである。この点からすれば、ドゥルーズがフーコーに見いだした規律社会から管理社会へという現代の移行は、形式的包摂から実質的包摂へというマルクスの歴史的移行とぴったりと照応している。むしろそれは、同じ傾向の異なる側面を提示しているのである（「追伸——管理社会について」を見よ）。規律社会は市民社会の骨格もしくは背骨として機能する囲い込み《エンクロージャー》もしくは諸制度によって特徴づけられる。これらの囲い込みは、社会空間のもろもろの条線を規定しているものだ。それ以前のパラダイム、つまり主権のパラダイムにおいて、国家が社会的生産から特定の距離もしくは区別を維持している——たとえば生産への課税によって支配することで——とすれば、規律社会において、国家は、あらゆる距離を縮小させ、社会的生産を統合もしくは包摂することで——つまり課税によってではなく、生産を組織することによって——支配する。おそらく工場はこの観点からすれば、市民社会の模範的な囲い込みだろう。工場を構成する規律の装置は、工場労働者を支配と抵抗の場として服従させると同時に主体化する。この工場での社会の条理化が、〔国家に〕外的な社会的生産力の、国家の構造内部への国家による組織化と再吸収のための回路を供給する。諸制度によって規定されたもろもろの条理化〔の作用〕は、市民社会中に触手のように、もしくはドゥルーズのいうごとく、社会空間のいたるところにもぐらのトンネルのように広がるのである。

しかしながら、ドゥルーズは次のように指摘している。これらの社会的囲い込みの実践あるいは諸制度は、今日あらゆる場所で危機に陥っている、と。こうした工場、家族をはじめとする社会的囲い込みの装置の危機を、あたかも市民社会の条理化された社会的空間が平滑な自由空間にならされたかのように、さまざまな社会的障壁が社会的な空隙を残しながら徐々に崩壊している動きとして解釈する向きもあるだろう。しかしドゥルーズによれば、囲い込みの壁の崩壊については、かつては限定された領域のみで用いられていた論理のウィルスの蔓延にも似た全般化と理解したほうがよい。工場の内部で完成された資本主義的生産の論理はいまや、あらゆる形態の社会的生産を等しく包囲している。同じことはまた学校、監獄、病院など他の規律的制度にもあてはまる。社会空間は平滑であるが、それは社会空間から規律的制度が取り除かれたのではなく、管理の転調作用で埋め尽くされたということだ(28)。国家への社会の包摂はそれゆえ形式的ではなく、実質的である。つまりそれは、もはや規律や支配のための諸制度の媒介や組織をともなわないのであり、社会的生産の永続的循環回路をとおして直接に国家を作動させるのだ。市民社会の媒介的制度を概念化する際の梃子となった構造や上部構造というメタファーはもはや役に立たない。規律社会の構造を特徴づけていた交錯しあう巣穴というイメージは新しい領域には不適切だ。構造化された穴の通路ではなく、ヘビの無限の転調こそ管理社会の平滑な空間には似つかわしい、とドゥルーズはいっている。市民社会の条線という経路《パッセージ》をたどって動いていた抵抗は、この新たな支配のモデルのつるつるした表面に足場をもつことができないだろう。これはまったく明らかだ。

この新しい状況の帰結の一つは、いまやかつてなくはっきりとしているのだが、社会主義的改良主義の戦略はいかなるものであれ完全に幻想にすぎないということである。（第七章の「法的改良主義の幻想」を見よ）たとえばグラムシの広く受け入れられている解釈のなかには、いまだ市民社会を解放の空間であるとみなしているものもある。「民衆」の、あるいは「社会主義」の目標のために、国家の抑圧的諸権力を支配し統御することのできる拠点である空間こそ市民社会であるというわけだ(29)。この文脈では、グラムシの著作は、ヘーゲル的市民社会概念の一つの発展形とみなしうる。というのも彼は［ヘーゲルと同様］、市民社会という領域において開花する経済的交換のみならず文化的交換をも強調しているのだから。しかしグラムシのいう市民社会はヘーゲル的市民社会概念から直接に展開したものではなく、実際には市民社会と国家のヘーゲルにおける関係を反転させたものである。市民社会は国家に包摂されるのではなく、むしろ、みずからのヘゲモニーを国家装置へと及ぼし、それによってみずから支配のもとに国家を封じ込めるのである。それゆえ市民社会を国家に従属させるヘーゲルは頭で逆立ちしていることになる。グラムシにとって、国家は依然存続するものの、いまや市民社会において相互作用する諸利害の多元性に従属することになる。そこから帰結する政治的多元主義は、いまや民衆の意志に従属した国家の構造を維持しつつ、交換の力学の上で生い茂る社会的諸勢力の織りなす一種の文化的 - イデオロギー的自由市場となるだろう。

この解釈がグラムシ思想の真意を正しくとらえ切れているのかについての問いは脇におこう。これまでの理論にかかわる議論と世界の政治的現状分析の双方から明確だろうが、この改良主義的な政治の展望は正確な意味でユートピア的だ。それが存在しうる空間、言い換えればトポスは存在しないのだ。さきに分析した二つのリベラル理論（ポストモダンと協同主義の）は、この点についてまったく同意するだろう。彼らの現代の国家 - 形態についての理解はこの点を確証しているのだ。つまり市民社会はもはや存在しないのである。国家はいまや、社会的敵対を媒介し回収する場としてであれ、その支配を正統化する場としてであれ、もはや市民社会を必要としていない。より正確にいうなら、もし市民社会が存在しているといえるとすれば、オートポイエーシス的国家システムの循環性内部に映しだされた仮想上《ヴァーチュアル》の投影物として存在しているにすぎず、その一方で、国家にとって外的である敵対的な社会的指示対象は、回避の方法によって排除を被ってしまうということだ。要するに、市民社会は国家のうちに実質的に包摂されてしまったのだ。管理社会の平滑平面や、実質的包摂の簡潔《コンパクト》にまとまった総体は、社会主義という観念を可能にし社会主義戦略に土台を与えていた、もろもろの回路あるいは媒介的制度の頭上を飛び越えているのである。

私たちは社会主義的改良主義の不可能性を主張し、資本主義国家の権力と自律性の高まりを警告し、管理というパラダイムが徐々に台頭している状況を追跡してきた。だからといって、決して絶望を表明しているつもりはない。幾人かのすぐれた現代の理論家についての解釈をとおして試みたかったのは、現代における国家 - 形態の形象に明快な輪郭を与えることである。これは方程式の一つの側〔連立方程式の一つの式〕にすぎない。マルクスとエンゲルスはいう。「ブルジョワ的生産ならびに交通関係、ブルジョワ的所有関係、すなわちこれほど強大な生産手段や交通手段を魔法のごとく呼びだした近代ブルジョワ社会は、自分が呼びだした地下の魔力を使いこなせなくなってしまった魔法使いに似ている」（Marx 1965 : 39）。私たちは魔法使いの呪文を考察してきたわけだ。次に地下世界へと足を踏み入れねばならない。そしてその深みから解き放たれた諸力の、主体的かつ生産的相貌を把握せねばならない。

第七章　構成的権力の潜勢力

現実《リアル》の社会主義の危機――自由の空間

「現実《リアル》の社会主義」――つまりソヴィエト連邦やその他の東欧諸国に現実に存在した社会主義――が構築した統治の形態は、資本主義がその発展の過程で発明したそれと実質的に何ら異なるところはなかった。あるいは、現実の社会主義という統治形態と資本主義的民主主義の統治形態は、ただ、それが適用された資本主義の発展の局面においてのみ差異がある、というほうがより正確だ。また、現実の社会主義の統治形態は第三世界諸国の多くにとってお馴染みの統治形態と大きく異なることはなかったのである。それらの国々が西側民主主義諸大国に保護されている場合ですらそうだ――そこにあるのは「発展段階論」がよくいうような、いわゆる「発展〔開発〕の統治」に典型的な形態なのである。じつのところ、資本主義的発展という視座からするなら、現実の社会主義は成功を収めたのである。経済的発展のはずれで足踏みしていた世界の広大な部分を「ポスト産業」世界の中心部分へと押し上げ、世界市場の形成に並外れた加速を与えたのだから。それゆえ現実の社会主義の盛衰のもたらした主要な帰結の一つは、東と西のあいだの亀裂を徐々に狭めてきたという点にあった。

はっきりとさせておかねばならないが、現実の社会主義はこの経済的発展によってあきらかに深刻な社会的打撃を被った。アレクサンドル・ソルジェニーツィンが、スターリン主義のソヴィエト連邦の矯正労働収容所体制への批判を、徹底した反資本主義的見地、かつ反動的ヒューマニズムの見地からおこなったとき、彼は完全に正しかったのである。それに対し、資本主義の発展こそが経済的、政治的文明化の唯一可能な形態であると考える連中は、矯正労働収容所を全面的に糾弾することなどできないはずだ。じつは、こうした資本主義の護教論者たちが収容所を論難するとき、資本主義的蓄積の過去と、搾取と分断による収容所の現在――つまり、ヴェトナムやイラクが残したものや、資本主義的発展の影響で荒廃しきった諸地域――をともに忘れ去ることによって、彼らは途方もない歴史の粉飾を施すという危険を冒している。一七世紀の大英帝国における一連の本源的蓄積の経済的展開と二〇世紀における発展途上国の資本主義経済の離陸にいたる上昇までの経済的展開を、細心の注意を払いつつ比較対照をおこなうとき、ロストウはこのことを決して忘れていなかった。かくして、経済的発展によって被った損害という観点から見ても、二つの競合するシステムのあいだの亀裂は徐々にせばめられてきたのである。

現実の社会主義が東側と西側のあいだの亀裂を縫い合わせるという効果をもたらしたことを考えるなら、社会主義体制を全体主義というカテゴリーで解釈するやり方が一般化していることに困惑をおぼえざるをえない。国家が全体主義的であると考えられるのは、国家が生産諸力の総動員をとりつけ、さらにすべての社会的弁証法がこの動員に向けた機能となるような場合である。全体主義体制においては、市民社会は国家によって完全に吸収され、呑み込まれ、その結果、市民社会の自律的潜勢力や自由への要求も、抑圧を被るだけではなく、そもそも否認されるということになる。現実の社会主義とナチズムとは、〔西側と東側の〕共生の歴史を貫いて、二〇世紀における全体主義のカテゴリーを一身に体現するものであった。だが私たちは次の点を銘記すべきだろう。このカテゴリーの現象学的、記述的受容力はひいき目にみても疑惑なしに評価することはできない（拡張主義的戦争遂行のための成熟した資本主義経済の総動員と、経済発展を軌道にのせるための住民の総動員とを同一視するなど、実際、うわごとめいている）し、発見的価値にいたっては皆無、ということである。現実の社会主義は、まさにその自己解体の過程によって、全体主義〔を分析カテゴリーとする〕の理論家たちに見せつけた。彼らのいうように現実の社会主義とは強制収容所にまで切り縮められた市民社会などではなく、反対に、明確に分節された（たとえ支離滅裂であるにせよ）、複雑で活気にあふれた市民社会の出現、生産的で市民的なカオスの出現（いくつかの場合、絶対に斬新な出現）であって、それが開かれ、創造に富んだ、そして構成的な、もろもろの帰結やオルタナティヴを生みだしたのである、と。よしんば全体主義という概念が現実の社会主義の抑圧的特徴をわずかながらとらえているとしても、それは、現実の社会主義の特性をひとしなみに一般化してしまったし、そのためこれらの社会に真の変容をもたらした運動や創造の核心にとどくことはまったくなかったのだ。

　かくして私たちのテーゼは次のようになる。現実の社会主義は、そこにおいて市場が形成され、さらには市民社会がはなやかに活気づくまでにいたった過程、市民社会がいわば絶頂 éclat の地点にまで達するような過程であったかぎりで、市場への参入の過程を表していた。現実の社会主義とは、急速に発展しかつ肥大した、本源的蓄積の過程のための社会形態であり、資本のもとへの社会の「形式的包摂」の強力な展開、配置のことである。発展への専念を妨げ、そのための時間を多大なまでに無駄にさせた激しい対外戦争や内戦を無視するならば、現実の社会主義諸国は七〇年のあいだに第三世界から第一世界へと歩みを進めてきたのだった。いかなる資本主義国もその歴史において誇ることのできなかったような、事実上のずばぬけた成功、〔発展を〕加速させた功績、それについては資本主義者である経済学者、政治家であるならば高い評価を与えるべきである。市場や市民社会を構築するにあたって、「現実の社会主義」諸国ほど効率的に機能した資本主義は存在しないのだ。一九二〇年代の中頃から三〇年代の終わりにかけて、そして五〇年代から七〇年代の中頃にかけて、短期間のうちに、現実の社会主義諸国は周期的経済成長を経験してきた。比較の例を一つだけあげるとすれば、いわゆる小龍《ドラゴン》諸国が挙げられるだろうが、それらの国が七〇年代と八〇年代に誇った経済成長ですら、搾取のレヴェルこそより高度であったとしても、賃金レヴェル（福祉も含めた）はソヴィエト連邦と比較してきわめて低次元にとどまっていたのである。

　いまとなっては驚くべきなのか、憤慨すべきなのかはわからないのだが、一九三六年、現実の社会主義の発展のさなか、ヴィシンスキーの改革が実施され、そこでソヴィエトの法システムが、法治国家、法の支配する国家 a State of law として公式に打ちだされたことを思いだそう（Vyshinsky 1948 とりわけ Hazard による序文：vi-x を見よ）。一九一七年の後にも先にも経済学や法学の分野で、社会主義の論理に「コミュニズム」の論理を、資本主義的蓄積の論理に革命的な構成的権力を対置した人びとがいたが、この時期に生じたもろもろの巨大な政治的変化のあいだ、一貫して、ソヴィエトの指導者たちはそうした発想を「幻想」や「ユートピア」としてきっぱりと退けている。この「ユートピア主義者」たちは、収容所にあらがい闘争する（自由への欲望を熟知していた、かの死を賭した闘争において）ためにはべつの方法がある、と信じていた。ソルジェニーツィンや全体主義の理論家、さらにいえば資本主義やその勝ち誇った発展の側につく法治国家の哲学者、経済学者、政治家、法律家たちが決して知ることのなかった手段。この章で取り組みたいのは、まさにこの「知られざる」抵抗と自由の表現の手段についてである——つまりアテナイ民主主義の広場《アゴラ》の中央の祭壇の前にある「知られざる神」を再定義する試みなのである。

　私たちのテーゼは逆説的なものには見えないはずだ。じっさい、蓄積の完成とともに生じた複雑な市民社会の構築がもたらしたものとして現実の社会主義の危機をとらえるならば（そしてこのことは、疑うべくもない真理であるように思われるのだが）、ここで示してきたポストモダン時代における資本主義国家も、同じように重大な現象に直面していることがわかるだろう。ただし、一般市民の政治からの分離、民主主義国家における代表の過程、正統化の過程への参加の拒否を通じたオルタナティヴな社会的空間の定義、社会的協働の実現過程のための自己価値創出（自己価値増殖）の新たな形態や多様な地平の提起といった、市民社会の衰退の文脈においてであるが。言い換えれば、現実の社会主義の発展は、政治的で生産的なある主体性を形成してきたのであり、その主体性は、歴史的なギャップを埋め合わせながら、（東側体制の）システムの危機を、西側のそれと同じレヴェルに、すなわち同質の問題を抱えた法の支配する国家の中核に書き込んだのである。両体制の危機のただなかで、現実の社会主義の新たな市民は、成熟した資本主義における年老いた市民の分身《ドッペルゲンガー》なのだ。

　一九三〇年代に開始した、資本主義的民主主義と現実の社会主義のこの収斂は、矛盾をはらんでいたとしても単線状《リニアー》の過程であった。一面では低開発から現れたということ、他面ではコミュニズムの社会の構成ということによってソヴィエトの構成的権力の曖昧さ《アンビヴァレンス》が規定されていたのだが、その曖昧さも解消してきている——その少なくとも部分的な理由としておそらく、指導者の裏切り、大衆の愛想つかし、敵への憎悪、内戦、対外戦争、世界市場の恐喝などが挙げられるだろう。もはや移行とは、共産主義への移行ではなく、社会主義への移行とみなされ、低開発〔国〕による成熟した資本主義に対する単純な挑戦へと還元されてしまった。咲き乱れる刑罰法規と収容所体制によって、コミュニズムはユートピアへの道を放棄してしまったのである。今世紀のはじめには、ソヴィエト国家は資本主義国家の発展を先取りし、計画者国家として――革命の希望をこの先取りへと集約させつつ――たちあらわれたわけだが、今日、危機に瀕したかつてのソヴィエト国家を先取りしそれに挑戦しているのはポストモダン資本主義国家のほうである。いずれにせよ、この新たな対決の内部では、〔両体制の〕抱える問題には完全な等価性があり、そして状況の一致がある。創り直されているもの、安定化という枠組を超えるもの、それは、革命の一般的問題である。それはとうの昔に体制間の抗争とは何の関わりももたなくなっており、二つのそれぞれの社会的状況のなかで刷新されているのだが。

しかし、この移行とこの傾向的等価性を正しく評価するためには、東側と西側の双方で提起されている問題の共通の性質をもっと明らかにせねばならない。つまり私たちによるポストモダン法の分析のなかで、分離と自律のテーマとして現れたものを明確にせねばならない（第六章を見よ）。東欧における社会的闘争はシステムの危機の土台をなしており、またその動力であり、決定要因であった。東欧社会は「全体主義的」要素は乏しかったため（独裁的ではあったとしても）、その社会的闘争は社会を破局の瀬戸際にまで追いつめ、そしておそらくは革新《イノヴェーション》にまで押し上げることになった。ということはつまりこの危機を理解する手始めには、まず第一に、社会運動が新たな変則的実践、すなわち欠勤や拒否、逃走や脱出《エクソダス》によってその壊乱的力を表現したという点を認めることである。別の〔かつての〕時期に現れ生き生きと活躍しそして引き続き敗北した（たとえば一九五六年と一九六八年の）抵抗、それは拒否と脱出の大衆組織において克服しがたいものになった。〔東欧での〕抵抗が明示していたのは、伝統的な意味での実定的《ポジティヴ》な形態のオルタナティヴではなかった。闘争の有効性は自立と分離の攪乱的力、破壊する力において示されたのだった。現実の社会主義に抗して、記憶なき、イデオロギーなきコミュニズムが現れたのである。一つの大衆的協働の運動が、脱出の決断、地下の解放実践を通じて、記憶の不在のうちに組織された。減算、逃走、拒否がベルリンの壁を崩壊へと導いたのだ。官僚制組織を打ち倒し、そびえたつクレムリンを震撼させたのは、社会的なストライキであった。その中核部分を骨抜きにされ、プロレタリアの自立が脱出の形態をとったとき、体制は内破した。

社会主義理論や移行の神話が完璧に崩壊し尽くしたのはこの文脈においてである。というのもまさにそれらは、生産過程における資本主義の発展の連続的軌道に基礎をおいていたのだから。それに革命は、発展のための、権力と資本の管理運営をおこなう階級（そして／あるいはその代表）の交替のことだったのだから。この観点（まさにソヴィエト連邦ではヴィシンスキーの憲法改革で、あるいは一九四五年から四八年の諸共和国において表明された）から、革命は、国家の形式的構成（ブルジョワジー独裁）には手をつけないままに、物質的構成に変更を加えるもの（プロレタリア独裁）として法制的には表象されることができたのである。この連続性は単線的ではなく弁証法的であるという後年の主張、あるいはむしろ、正統化の社会的基礎の変更すべてが国家の性格を全体として維持したのだ、ということの（否定の交替という観点からの）力説は、たんにレトリカルな粉飾にすぎなかった。社会主義的移行についての法的な理論と実践が提示したこの後者の神秘化を、もう一つの弁証法的仮定が支えた。すなわちプロレタリアート（普遍性とヘゲモニー行使の能力を備えた）は積極的動力として、つまり改革と発展に参加する能動的主体として奉仕するのだ、という弁証法的仮定。しかしこの時点で、つまりプロレタリアートのヘゲモニーの能力が、参加の意思ではなくむしろ、自己価値創出（自己価値増殖）の自立として、その結果、分離の過程としてみずからを表現したときに、荷を積みすぎたラバはつぶれてしまったのである。このプロレタリアートが掲げるのは、輝ける社会主義の地平へと向けた移行への参加ではなく、切断である。すなわち、参加を神秘化として拒絶すること、自律を宣言すること、根本的に新たな世界を構成する意志なのである。

いま成熟した資本主義国である西側諸国で生じていることを省みるなら、情景はそれほど異なっていないことがわかる。参加の弁証法は終わりを迎えた。それは最近にいたるまで制度的労働運動と資本主義的諸制度のあいだの関係にうまい具合に表現を見出していたものであり、国家政策の変容に強力な改良主義的動力を与えていたものだ。社会的な「団体交渉」を儀礼的に反復することは、この地点では、もはやメランコリックなものでしかない。構成的均衡を弁証法的に構成する政治党派としての「右」、「左」という定義そのものが、もはや不明瞭なものとしてしか現れず、完全に無益なものとなる。改良主義の、そして民主的な社会主義への移行の最後の偶像だったケインズ主義は死んだ。経済生活と政治的代表制の双方の参加モデルは完全に粉砕し尽くされてしまった。逆説的なことに、中国はまたもやじつに身近なものとなる。分離によって権力やその暴力に抵抗する天安門とそのダンボール仕立ての自由の女神は、かつての希望の「再創設」、ケインズ・リバイバル、社会主義計画である（ありうる）よりも、私たちの状況のシンボリックな表現であり、私たちの状況により近接したものである。社会主義の破局の波は東欧諸国だけではなく、まさに民主主義的参加というテーマそのものにも覆いかぶさった。成熟した資本主義諸国においてさえ、一九一七年からこのかた、改良主義的正統化のメカニズムは、社会主義への応答として構築されたのだった（第二章を見よ）。分離の運動は国家の弁証法的定義の現時点の妥当性のみならず、その可能性そのものを打ち砕いてしまうのだ。

前章で論じたポストモダン国家の諸理論は、ケインズ理論と同様、この苦境と絡みあっている。その諸理論は、時代の移行を察知し、体系重視型の技術に頼りつつ、弱い主体に基礎をおいた均衡を模索する、という視点からその移行解釈したのだった。だがこのような把握では、実際には現実の社会主義の危機が暴きだした脱出の諸形態の揺るぎなさに直面して持ちこたえることができない。弱い正統化の実践はいまや脱出——境界横断的移動《マイグレーション》、形態変容のカオス力学、大衆的拒否——に直面している。ここでポストモダン国家の諸理論はその理論的骨組の脆弱さをあからさまに露呈させているのだ。

それでは、東欧の旧社会主義諸国と西側の資本主義的民主主義国家の双方における「社会主義を超える」運動についての、初発の認識のリズムを中断させてみよう。歴史的にも理論的にも、国家とマルチチュードの構成的権力とのあいだの弁証法の組織化のうえに構築されてきた近代国家の危機の回避、それがありうるとしたら、この弁証法を再構成しようとする国家の試みのなかだけだ。だがしかし、危機を煽動するものが構成された権力ではなく、発展を拒否し、弁証法を求めもしない構成的権力であるとき、いったい何が生じるのだろうか？　大衆が社会主義の幻影を打ち砕き、国家をものともせずに分離と自己価値創出（自己価値増殖）の一勢力としての立場をあらわにするということ、それが何を意味しているのか？　この構成的権力の台頭が（一時的）挿話でなければ暴動でもなく、持続的で存在論的、そして不可逆な性格のものであるとしたら、この破局は法と国家との関連ではいったい何を意味しているのだろうか？〔アメリカの〕建国の父たちが私たちに教えてくれているように、けたはずれの創造的エネルギーが脱出には蓄積されている。だとしたら、私たちは脱出の積極的な内実や、創造的エネルギーを新たな構成的権力として認識できるだろうか？　今日、構成的権力の行使は何を意味しているのだろうか？

現実の社会主義は、その台頭と危機を通じて、東側世界を西側世界の中核にまで運び込み、その結果、可能な自由のオルタナティヴの規定についての根本的神秘化を押し分けて進んだのである。西側と東側における現在の危機の形態は、政治的なものからの脱出として、すなわち分離や社会的自己価値創出〔自己価値増殖〕として定義される。つまるところ、脱出の積極的規定が存在するのであり、それは法制上の土俵において定義できるのだ。つまりそれは構成的権力であり、脱出の組織〔化〕であり、脱出の制度である。現実の社会主義の危機はかくして自由の空間を切り開く。そして、その自由の空間はまた、あるいは何よりもまず法治国家や資本主義的民主主義を包囲しているのである。いま私たちがなすべきことは、この新たな地勢の探求である。

ポストモダン国家の逆説

私たちはこれまで問題設定のほんのさわりを示唆しただけである。さらにこの問題設定にふみ込んでいくためには、まず、ポストモダン国家の逆説をいくつか把握しておくことが有益だろう。第一の根本的な逆説（それ以外の逆説はすべてこれに由来する）、それは、国家のポストモダン的形姿理念型においては、市民社会のヘゲモニーは市民社会それ自体の不在に奉仕するよう行使されるという事実のうちにある。先述したように、市民社会の現実的要素は死滅しつつあるにしても、そのイメージはより高次のレヴェルで再提示される。市民社会のイメージという空想の卓越を肯定するために、ポストモダン国家は実在の市民社会を構成しうるすべての社会的弁証法を取り去るのである。すべての権力関係を水平的なもの〔同格のもの〕にしてしまうことで、ポストモダン国家はすべての社会的権力を抹消し、それと同時に社会的権力が国家形式のうちにのみみずからの意味を見いだすよう強いるのである。

第六章で見たようにポストモダン国家は、その構造を構成するすべての要素の循環のうちに、〔その自己言及性によって〕もっとも完全な民主主義の地平としてたちあらわれる。これらの要素はじつに弱体であると思われるが、それゆえに制度的機能の循環の過程において、絶え間なく配置替えや再形成を被るのである。その結果、物質的構成（歴史上の憲法が前提条件としている物理的、政治的諸条件の集合としての）と形式的構成（つまり国家の法制上、司法上の構造）のあいだの弁証法的対立はすべて奪い去られることになる。類推的にいうならば、社会のなかの、ひいては国家と社会の諸組織体のあいだの均衡をめざす契約的手続の手順は、総じて枯渇してしまったとみなされる。ポストモダンの政治と法は、弁証法を奪い去り、国家形態の物質的な作用からいかなる形の危機であれ追放してしまう。こうして社会的弁証法のあらゆる現実は——あるいはたんなるみせかけすらも——消失してゆき、それに応じて、社会的なものからの政治的なものの自律は完全なものとなる。もはや市民社会は政治的なものの形象のなかでしか存在しえないのだ。このような変容はメランコリーとして（リオタール）あるいは戯れとして（ボードリヤール）経験されるかもしれないが、いずれにせよ、社会的なものの絶滅と政治的なものの全体化をもたらすのは明らかに資本主義の発展である。とすれば、ポストモダニティは伝統的マルクス主義のヴィジョンを思いもかけない奇妙なかたちで反復しているといえる。というのもポストモダニティは、成熟した資本主義社会のなかに国家の衰退を——あるいは懐柔された政治形態への市民社会の変容といったほうがよいかもしれない——見出しているからだ。

ポストモダン国家のはらむ主要な逆説は国家形態を規定するあらゆる個別の概念のうちにも反復される。システム的（あるいは新契約論的）形態で提示された国家であれ、共同体主義的形態で提示された国家であれ、ともにこのことはあてはまる——どちらの場合にも、「正統性」、「代表」そして「責任」といった諸概念は、極限まで平板化する作用に従属するのであるから。その平板化作用は、純粋に水平的なレヴェルで企てられ、それゆえ循環的な自己中心化のメカニズムへと還元されてしまう。すべての社会的弁証法は取り去られる。民主主義は実現された。歴史の終焉、というわけだ。

ポストモダンの局面における国家と法の理論において、正統性の概念は、(ヴェーバー的意味での)権力の合理化の究極の形態としてたちあらわれる。伝統的(あるいはむしろコーポラティズム的、契約的)正統性の残滓は総じて、あらゆるカリスマ的(あるいはむしろ王権的、人民投票的)特徴とともに、時代遅れとみなされる。政治思想史においては法的義務は、つねに合意と権威の媒介として構成されていた。だが法的義務は、もはや〔困難な〕問題とはなりえない。つまりポストモダンの民主的正統化は合意と権威との完全な綜合なのである。もし逸脱したあるいは敵対的な社会実践が現れたとしたら、それは犯罪行為の概念のなかにほうりこまれることになる。穏和化された社会の法の外部では、そのような活動は病理やテロルでしかない。権力について、それは民主主義的意味でのみ定義できる。それは端的に民主主義的なのだ。何も民主主義的合理性を超えないし、超えることができないのである。

同じことが代表の概念にもあてはまる。成熟した資本主義国家がこれまで知っていた大衆代表を組織するための二つのシステム、政党による代表のシステムとコーポラティズム的代表のシステムは、事実上、無力化されてきている。政党による社会的媒介によって成立する政治的代表制は、それが、(国家とは区別された現実としての)社会という場で形成され、(社会とは区別された現実としての)国家において垂直統合され、さらに(合理的行政機構とは区別される現実としての)政治家を選択するという、委任代表のメカニズムに依拠しているという意味で時代遅れと考えられている。このタイプの代表制は、資本への社会の包摂がいまだ達成されていない近代的リベラル社会には適合的であった。さらに、企業、労働組合、圧力団体などの社会的媒介による政治的代表制〔コーポラティズム的代表制〕は、それが社会や国家を単線状《リニアー》に横断する契約の仕組に依存しているという意味で時代遅れとみなされている。このタイプの代表は資本や国家への社会の包摂がいまだ形式的で不完全でしかない社会民主主義的社会に適合的である(言い換えれば、社会は資本や国家によってあらかじめ枠づけされていない)。コーポラティズム的代表はいまだ社会と国家の関係のうちに垂直の諸次元を導き入れてしまう。要するに、〔ここでは〕いまだ、ポストモダニティのようには、システム的、合理的、行政的地平のなかで政治的なものが完全に蒸発してはいない。だが、この政治的なものは消失へと向かう過程にはある。

責任の概念もこれと類似した展開をとりながら変容を被っている。正統性の概念と同時に責任概念は、いまや、完全にフラット化しかつ求心的である合理的地平上で形成されねばならない。システム的、共同体主義的意味での責任は、外部に目を向けることはない。複数の神々の登場するような、社会的規定を被った現実的あるいは倫理的地平に直面することはないのである。つまり、責任概念はシステムや共同体の内部にのみ目を向けるのであってそれは、内部領域の諸ルールにかなうかたちで措定されるのである。責任の倫理は行政的一貫性につらぬかれ、道具的論理から導かれる諸帰結によって構成されるシステムに完全に従属してしまう。それゆえ、これらすべての事例において、政治的なものの最大の力と社会的空間の極端な中和化は密接に結びついている。社会的均衡という概念は十全に実現された政治的空間を意味するものとされ、それゆえ規範的なものになる。社会的なものの政治的なものへの吸収は、社会的なものの空間の排出を意味するようになるのだ。

以上の現象についての詳細な分析は後でおこなうことにするが、これらのメカニズムのもたらす帰結について、まず代表というテーマとの関連で現時点でいくつか指摘することはできる。「社会的空間」の衰退と、現代「政治市場」の日増しに強力になる傾向——厳格な管理運営の要請に解消されるべき——はともに、代表の代替物という解答、あるいはより正確には、代表の重層決定やシミュレーションという解答を要請している。もし政治的代表制が社会における堅固な基礎を欠いたまま機能し続けているとすれば、この欠如は市民社会の力学を代替する人工的世界の構築によってカヴァーされねばならない。いわゆる情報社会の新たなコミュニケーション過程はこの目的に奉仕している。民主主義社会の展開にはおなじみのメカニズムがここでも反復されているのである。つまり、大衆による民主主義的な代表者の選択から、代表者による自分たちに投票してくれる者たちの生産への移行。高度化する世論調査の技術、監視や管理という社会的メカニズムなどを用いた社会のメディア的操作によって、権力はみずからの社会的基盤をあらかじめ描きだそうと試みる。変革の原動力を飼い慣らし、現実の複雑性を単純化することを目標とするメディアやコミュニケーションによる操作をとおして、社会は無菌のものとされる。こうして集団的アイデンティティの危機は極端にまで達する。個人主義が至高の価値として温存される一方、敵対は歴史的・社会的出来事の抑圧あるいは隠蔽に関与する代償のメカニズムによって操作される。社会は権力のリズムにしたがってダンスするよう余儀なくされる。リズムからのずれ、不協和音は、ことごとく、ハーモニーの中心部へと――そこではいかなる場合においても権力がルールを設定する――連れ戻されねばならない。合意の受動性が根本的ルールとなる。社会的空間の縮減は政治的空間に課せられた規範《ノルム》である。政治的空間が社会的出来事を生産し、その社会的出来事が社会的力学を生産し、合意を創造する。最終的には、社会的なものはコミュニケーション的重層決定や代替物によって抹消される。正統化、行政的・政治的責任といった概念はこの同じひき臼で粉々にひかれるのである。

要するに、法や国家のポストモダンな図式は民主主義を神秘化する強力な手段である。このポストモダンな図式は、権力を〔国家ではなく〕社会的なもののなかに埋め込み、さらに、市場こそが唯一の政治的なものの基盤なのだ、とうすぶいている。だがまさにそのとき、ポストモダン的図式は権力を高次の国家の形象のうちにラディカル化しているのだ。ここで私たちはさらに探求を進め、この影響力ある神秘化がいかにして可能なのかを解明せねばならない。そのために、この神秘化を生みだすもとである社会的諸基礎がいかなるものであるのか、さらに、その諸基礎がいかにこの神秘化を効力あるものたらしめているのか、考えてみよう。

ポストモダン国家の社会的基礎と現存するコミュニズムの前提条件

これらの現象の基盤には、どのような社会的変容があるのだろうか？　プロレタリアートの脱出とポストモダン的国家形態をどのようにとらえることができるだろうか？　階級組成の変容と国家形態の変容とを結びつける単一の基盤は存在するのだろうか？　このような問いに答えるためには少しばかり後退してみなければならない。そして諸階級間の闘争と社会的構成配置の変容の織りなす地勢上に浮上している現在の状況をもたらしている歴史的過程を考察してみなければならない。

近年のもろもろの変容の歴史は一九六八年の出来事の周辺に集中するだろう、と私たちは確信している。工場労働者の組織化や社会的分業に対する労働者の攻撃が絶頂に達したのがこの年だ。これまでテイラー主義的、フォード主義的、ケインズ的生産様式へと組織化されていた労働者たちは、国際的レヴェルまで拡大した断続的な闘争のうねりをとおして、両立可能性と社会総体の資本主義的再生産の均衡とを打ち砕いた。ヘーゲルの言葉づかいを再定式化すれば、一九六八年に、生きた労働という獰猛な野獣はありとあらゆる規律の限界を攻撃したということになるだろう。それゆえその生きた労働を飼い慣らすことは必須の要請となった。かくして一九六八年直後から、資本〔ブルジョワ的であろうと社会主義的であろうと、その〔資本の本拠地がある〕国家と連れだって〕と労働のあいだで新たな関係の時代が開始することになるが、その新たな時代は四つの要素によって特徴づけられる。

(1)　消費の諸規準《ノルム》はフォード主義的賃金計画から離れ、市場の法則に送り返される傾向にある。この意味で、新たなタイプの個人主義が台頭したのだといえる――再生産財の選択の場面における〔選択に関わる〕個人主義がそれだ。だがこの新たな個人主義は、生産やコミュニケーションの社会組織のもつ集団的構造――そこでこの個人主義が醸成され受け入れられる――によって強く条件づけられる。

(2)　もろもろの調整《レギュラシオン》モデルはケインジアン計画政策の基盤にあった国境を超えて拡大する。それらのモデルは多国籍的な線分にそって広がりをみせ、世界市場の隅々までにおよぶ通貨政策によって調整される。そして世界市場全体にわたって、その通貨政策による調整へと重心はますます強まっている。

(3)　労働過程は、工場のオートメーションや社会のコンピュータ化によって根本から変容を被ることになった。これまではいかなる場合でも社会の資本主義的組織化の中心を占めていた直接的生産労働はその地位を失ってしまった。

(4) このようなひとそろいのメカニズムの内部で、労働力の構成は完全に組み替えられる。労働者はもはや資本家によって生産の集合的過程へ従属させられる個人ではない。つまり彼らはすでに、社会的に生産的である一つの共同体なのである。彼らの労働の実質はますます抽象的、非物質的、知的となり、その労働形態はますます可動的、多形的となる。社会は資本の生産の必要性に完全に従属してしまうのだが、同時に、どんなときもかつて以上に、労働〔者〕の社会――社会的に結合した、自律的複合体であり、自己価値創出をおこなうような――として構築されるのである。

一九六八年以後、私たちは新たな時代、新たな労働者階級の社会的、政治的構成の時代へと足を踏み入れた。たしかに、最初に生産の領域に現れたとき、この新しい形態はいまだ一つの傾向であったのだが、その後の数年間にヘゲモニー的地位を占めるようになったのだ。新たな労働力の構成に沿った生産の新たな条件や形態は、私たちが「社会労働者」と呼ぶものの登場を可能にした。つまり、高度に発展した協働によって、社会的・生産的ネットワークのなかでたがいに結びつく、物質的労働活動と非物質労働活動の混淆体として特徴づけられる主体である。(1)

「労働の拒否」の周囲に糾合した長期にわたる労働者の闘争と社会闘争の局面が、この新たな社会関係の時代の開始に先行している。この拒否は、次のようなかたちで表明された。(1)大規模工業の規律や賃金体系に従属した労働への個人による拒否。(2)テイラー主義的工場の抽象的労働と、フォード主義的な社会関係のシステムに統制された欲求＝必要性の体制《レジーム》とが取り結ぶ関係に対する大衆的拒否。(3)ケインジアン国家がコード化する社会的再生産の法則の全般的拒否。私たちが突入した歴史の危機的地点を理解するためには、闘争の積極的内実や、闘争のなかで積み上げられた「拒否」の蓄積を考察せねばならない。言い換えれば、それ以前の危機の時代と同じく（第二章を見よ）、またもや資本主義は、もろもろの社会的闘争を自分なりに解釈することによって、生産様式の再構築の展開の方向や道筋を発見したのだ。資本主義は労働者階級による拒否を解釈し、この拒否の性格に適合した応答として新たな生産様式を組織しようと試みたのだった。

実際、この新たな時代の資本主義の再構築の過程は次の三つの応答によって特徴づけられる。⑴個人的な労働の拒否に対して、資本は工場にオートメーションを導入した。⑵アソシエーション的な労働の協働的関係を切断する集団的拒否への応答として、資本は生産的社会関係のコンピューター化を推し進めた。⑶社会的な賃金規律の全般的拒否への応答として、資本は企業を特権化する貨幣のフローによって統制された消費の体制を導入した。だがこうした資本主義の変貌が新たな時代を決定づけるわけではない。新たな時代を定義するものはむしろ、その遂行が強力に錯綜した複合的性質を備えている場合にですら、この再構築が、ポスト産業的生産のバランスのとれた統合を取り戻すことに成功することはないという事実である。一九六八年以前に生産的大衆がおこなった拒否の激しさ、そしてこの拒否の社会的あるいは直接に政治的な舞台への登場、それらは再構築の時代にいたってもいまだ消えることがない。現代のポスト・フォード主義的、ポスト・テイラー主義的、ポスト・ケインジアン的な産業の再構築は決して結末を見いだすことはないのだ。こうした現代の再構築がこれまでの資本主義の再構築の局面に経験された――たとえば一九三〇年代に専門労働者から大衆労働者への移行の時代に経験されたような――強力さに匹敵するほどの均衡を生みだすのに成功することはない。[2] 資本主義的再構築と、労働者階級の新たな構成、すなわち新たな社会化された労働力のあいだの不調和、これが新たな時代を輪郭づけているのである。

それゆえ、（敵対しあう多様な諸主体がそこにおいて関係しあう形式としての）生産様式の展開の現状のうちに、私たちが「コミュニズムの必要条件」と呼ぶ一連の動きを描きだすことができるだろう。それを基礎にしてはじめて私たちは、資本主義的支配関係からの労働者の脱出とポストモダン的な国家形態とをともに理解することができるのである。コミュニズムの必要条件は、そこにおいてみずからの労働を搾取される人びとが、労働に抗する闘争の帰結や傾向を縒り集めるような、生産様式内部での集団的決定である。高度に発展した社会においては、労働過程内部と制度内部の双方に、これらの必要条件がおびただしく存在する。もし私たちがさきに述べたように、現実の社会主義がみずからのシステムに残存する資本主義のために死んだということが本当だとしたら、資本主義社会はコミュニズムを先取りする諸要素を接合することによってのみ生きながらえるように思われる。しかし私たちはこの明白な事実を一つの傾向と規定すべきなのだろうか？　資本主義的生産様式内部で蓄積されてきた集団的闘争が、法‐政治的構造と社会経済的構造の双方にもたらしたこれらの帰結に対して、私たちは「必要条件」さらには「コミュニズムの必要条件」という名を与えるべきなのか？　これらの現象を、以上のような見地からとらえることが適切だと私たちが考える理由は、それらの現象が、集団性、不可逆性、敵対と危機の動態という三つの属性によって構造的に規定されているように思われるからだ。私たちが解読している傾向はこれらの三つの特徴から帰結する。ちょうど運動が動力から帰結するように——そしてここには目的論的な要素は何もない。私たちが集団的諸決定について語るとき、そこでは次のことが含意されている。労働者の群《マルチチュード》れは、とどまることなく徹底したものとなるコミュニケーションと協働（労働、利害、言語）のカテゴリーをとおして結合する、ということ。私たちがその集団的諸決定を不可逆とするのは、それらが、これまでに不可避なものとなってきた社会生活の諸条件を、破局の状態においてすら構成しているかぎりでのことである。このように、歴史的な集団的凝集の一要素が、深部からの制度的契機となり、矛盾にみち、摩擦しあう一群の集団意志が存在論的なもの、存在の一部となる。しかしこれらの諸決定は、存在論的に確固たる場合ですら、矛盾をはらみつづける。搾取に抗する闘争は、諸決定を生みだすのと同時に、それらを横断することをやめない。闘争は諸決定を開いたままにするし、システム総体の地平上に潜在的危機を提示しさえもするのだ。

福祉国家の諸制度のうちに、〔コミュニズムの〕必要条件が働いている基本的事例を見いだすことができる。これまでの章で論じてきたように、福祉国家の社会的制度は社会的闘争が生みだしたものであった。つまり社会的闘争が、制度的妥協によって、国家がその中核に、しばしば国家自身に敵対する場合すらある組織された集団的利害の代表を受け入れるよう強いるのである(3)。絶えずより包括的になっていく集団的利害の圧力のもとで、社会的収入の平等主義的再分配へと向かう傾向を促進するべく配備されるこの代表は、確固たる制度的現実と化してきた。削減＝縮小に対するこれらの制度的現象の抵抗は、そこにことのはじめから貫通していた権力諸関係の網の目によって繰り返し生じる利害摩擦によって、そして逆説的にも当の制度自身の惰性によって、さらに強化された。要するに、システム総体を横断する諸装置の包括性の一つの効果＝帰結がこれなのである。ネオリベラル反革命の二〇年間のさなかにある資本主義諸国に、私たちはこうした不可逆性を見いだしてきた（第六章、「ネオリベラリズムの強い国家」）が、同時に私たちはそれを現実の社会主義の危機のうちに認めることもできるのである。政治学や市民法、憲法の研究はこれらの現象に直面して、伝統的形式主義を放棄し、分析的手続よりも闘争と制度の絶え間なき相互浸透のほうに重点をおくことによって、みずからの科学的規則を書き換えねばならなかった。そこから帰結する管理の力学が、社会的なものと政治的なものの交換可能性と区別不可能性に特権を与える地勢上に押しつけられた。こうして政治学は、個別的・集団的主体の社会的可動性とその主体たちに由来する諸帰結についての制度的存在論のあいだの交錯に限定される――統治の諸過程はこの基礎のうえに足場をおいている。包括性と硬直性はここではしっかりと結びつく。社会的生産や再生産のシステム総体を変容させてしまうリスクをはらまない統治活動は存在しない。これはまさに危機を休むことなく再開する運動であり、高まりゆく矛盾の連続を規定する運動なのだ。結局のところ、制度的レヴェルに不可逆なかたちで根をおろしている集団的諸利害のはらむ決定的矛盾を解消できるのは、集団的手段によってのみである。

古典派経済学やその批判者の言葉を用いれば、この生産様式の発展局面では、必要労働率を巧みに操縦する試み、あるいは統御する試みはすべて、社会的に強化された固定資本の再生産費用のなかに舞い戻ってくるということができる。かくして、この硬直性は不可逆なのである。たしかにこの主張はマルクスの分析を超えている（おそらくそれを、傾向という彼の概念のうちに見いだすことはできるにしても）。しかし、ネオリベラルであれネオ・ケインズ主義であれ、現代の経済思想の方がもっとこうした主張からは遠い。これらの学派においては、すべての社会的・経済的要因の可動性は、多かれ少なかれ集約的な〔激しい〕形態において、統治の条件として想定される。しかし政治制度批判の観点から、それゆえ福祉国家分析の観点から、私たちの主張を翻訳すれば次のようになる。ただ資本の集団的管理運営によってのみ社会的再生産の統治は可能になるのだ、と。実際の話、資本の存在諸条件はもはや潜在的であるばかりでなくあからさまに集団的である。つまりもはやその諸条件は単純に集合的資本の抽象化〔分離〕に結びついているだけでなく、集団的労働者の経験的で歴史的な存在の一部なのだ。

福祉国家とその不可逆性はそれゆえ、（一見したところ、現実の社会主義のいくつかの根本的諸規定の不可逆性と同様に）

資本主義の発展における逸脱ではない。それとは逆に、福祉国家とその不可逆性は、制度的レヴェルにそのものとして認められるような、新たな社会的協働の現実的な島々、新しくかつ強度の生産の集団的諸条件を構成しているのである。それゆえ福祉国家が存続する、ただそれだけのことが、リベラル民主主義国家に不断に危機を引き起こすのである。それゆえまた、この不可逆性は現存の国家形態に絶えず切断の力学を切り拓く。というのも、福祉国家の諸規定は、社会的合意に必須であるばかりでなく、経済的安定性の条件でもあるからだ。福祉国家の諸規定がコミュニズムの積極的な必要条件であるというのだろうか？　単純にそう考えるのはばかげているだろう。しかしそれらは国家のリベラルなあるいは社会主義的な管理運営のシステム上の基軸を、永続的に不安定化させる不可避の必要条件なのである。それらは受動的革命の必要条件なのである。

だが、労働の形態や現代における組織の展開のうちに見定めることのできるコミュニズムの必要条件のほうはもっと重要である。二番目の現存する必要条件は労働する主体による生産的協働の新たな諸能力のうちに認められる。従来の資本主義の展開の局面、すなわち、本源的蓄積と「マニュファクチュア」の局面（旧体制の国家が政体構成的に見て代表している）と、続く「大工業」の局面（自由主義的形態から社会民主主義的形態へと展開を見せた近代民主主義的国家、そして東欧においては発展のリズムを加速させた社会主義的国家形態の双方が政体構成的には代表している）において、資本主義の歴史とその歴史的美点を特徴づけるのは、継続的な労働の抽象の過程であった。もっとも身近な時代に労働力の抽象化の過程を規定していたのはテイラー主義である。フォード主義は生産機構内部に国家（とその公共支出）の基礎を配置することによって、この抽象的主体性を、集団的な消費の交渉メカニズムにうまく組み込んだのだ。それからケインズ主義が社会的必要労働と剰余価値の比率の進歩的図式を提起した。それによって敵対しあう社会的主体のあいだの絶え間なき妥協を組織するという、国家の途方もない任務は成し遂げられることになる。だが今日、組織労働の領域ではこれらの関係は放棄された。じつのところ、一九六〇年代と一九七〇年代の闘争の展開のなかで、労働の抽象化はその主体的次元を超えていき、壊乱の領野へとあふれだしたのだった。労働の抽象化を超えていくだろう経済的再構築によって、この新たな主体を客観的な労働過程の一つの特徴として組み込んでしまうこと、それが闘争の展開に応答して資本主義が試みたことであった。
今日、私たちはこの再構築の過程のただなかにある。テイラー主義からポスト・テイラー主義への、フォード主義からポスト・フォード主義への移行において、主体性や生産的協働は労働過程の結果ではなく諸条件として配置される。生産と消費のあいだのフォード主義的関係は、生産の論理、流通の論理、生産物の価値実現を最適化するために、内在化 internalized されてきた。新たな大量生産は、たしかに完全なフレキシビリティを必要としているし、同じように、労働者階級の「自己形成」は生産と流通の直接的要素へと還元されねばならない。しかしこの過程においては、生産の効率性は、事実上、労働者階級の自律と自己活性化に従属している。おびただしい変種をともなった日本型モデル、そして全世界でこのモデルが享受している繁栄は、結局のところ労働者の主体性の直接に価値創出〔価値増殖〕する機能をかつてなく明確に承認したに等しいだろう。それとはまったく対照をなしているのだが、テイラー主義がヘゲモニーをふるった時代には、主体性はただ敵対的な逸脱要素としてのみ認められたのだった。労働の組織化内部における主体の生産的機能の〔ポスト・フォード主義における〕この受容が、いくつかの決定的条件なしにはありえないということはまったく疑いえない。この〔労働者の主体性の〕生産的機能が承認されうるとしても、それは資本主義的観点からのみなのである。つまり、産業の統合の観点から、そしてサンディカリスト的形態と階級的形態の双方において、伝統的労働者の主体の否定という観点からのみ承認されることができたのだ。しかし労働者の主体性の変容が引き起こした決定的に積極的な変更を否定できるのは救いがたく過去〔栄光に満ちた時代とみなされるかぎりの過去だが〕にしがみつく連中だけだ。新たな労働者の形象は、一九六〇年代と一九七〇年代の闘争が一巡したあとにやってきた歴史的敗北の結晶である。だがそれにもかかわらず労働過程や協働の場面においてすでに、新たな労働者の形象は高度の集合的主体性の強化を露呈させている。

否定すべくもない受動的諸側面を見逃さないならば、私たちは労働の協働の進展を、抽象的労働力の敵対から集団的労働力の具体性——いまだ敵対的ではないが主体的に能動的な——へとたどることができるだろう。労働者階級はその日々の存在のなかで、抽象的敵対の地勢上に協働の価値——以前の局面に経験された——を維持してきた。今日では、この協働の主体的活動は、労働過程の内部へと、まるで潜伏しているかのようなかたちでもたらされている。矛盾は先鋭的であり、再構築の過程が展開するにつれて激化する以外に途はない。一般的に見て次のように結論できるだろう。生きた労働は資本主義的事業のなかに資本主義的指令から独立して組織される、と。この協働が指揮権のうちにシステム化されるのは、事後的に、しかも形式的にのみなのだ。生産的協働は起業家《アントレプレナー》的機能に先立ち、独立して配置される。それゆえ、資本は労働力を組織する役割のみならず、労働力の自律的自己組織化を取り込みかつ管理運営する役割においても現れる。資本の進歩的機能が終わりを迎えたというのはこの意味でのことである。

この場合にもまた、資本に組み込まれた労働だけしか生産的なものと認めることができない古典派経済学（その批判者も含めて）の立場をはるかに超えた場に私たちはいる。興味深いことに、すべての経済思想の学派がこのポスト・フォード主義の前代未聞の真理──生きた労働は資本主義的労働組織とは独立に組織されるという──の周りを無力なまま旋回している。レギュラシオン学派におけるように、この新たな趨勢がきちんと把握されているように思われる場合もある。だがそんなレギュラシオン学派ですら、さらに先へと足を踏み入れ、展開をとげた敵対についての理論によって産業的統合の理論の反転状況を把握することはできずにいる。あいもかわらず偏狭な客観主義でもって、「即自的」な生きた労働が「即自的かつ対自的」な労働者階級へと変容を果たすための奇跡的力を待ち望み続けている経済学者もいる──あたかもこの変容が現実に生じている過程ではなく、神秘的出来事であるかのように。他方で、一九七〇年代初期にはじまった（それゆえ再構築と並行した）危機の永続性を説明できるただ一つの領野から理論を遠ざけるのは、この過程についての知性でもあるのだ。そのただ一つの領野とは、そこで労働の政治的解放の過程が生じる場である。あらゆる価値生産が蓄積されるのはここであり、ここにおいてのみである。資本主義的起業家の形象は外在的・寄生的活動へと撤退している。そして外在性、寄生性の度合は増大する一方なのである。それゆえ最終的には、集合的資本家は危機に介入することができない。従来は、労働の抽象化の展開と生産諸力の社会的協働の諸過程の形成は、生産的・政治的資本主義機構の発展がもたらしたものであった。ところが現在、協働は資本主義機構に先立って発展の自律的条件として配備される。社会の資本主義的生産と再生産の組織に訪れた新たな時代。それはみずからの大衆的自律、独自の自律的な集団的価値創出（価値増殖）の能力、つまり資本に超えでる自己価値創出（自己価値増殖）を主張する労働する主体性の台頭によって支配されているのだ。

コミュニズムの三番目の必要条件を分析するためには、私たちは主体性の領野へと直接におもむき、生産様式の変容過程の受動的側面とこの過程のなかに息づく潜勢力のあいだのより高次の結びつきに触れねばならない。周知のように価値創造の諸過程はもはや工場労働には集中しない。工場の社会に対する専制支配、すべての価値形成過程の交錯する場所に工場が占める地位は消失しつつある。ということは直接的生産的な（男性、肉体、賃）労働の客観的中心性も消失しつつあるということだ。資本主義的生産も、それに抵抗する諸力も、工場を囲む壁のなかに閉じこめられてはいない。これらの明白な事実を認めるからといって労働価値説を否定することにはならない。それとは逆に、その機能の根本的変容をとらえる分析によって、労働価値説の妥当性をふたたびとらえかえすことを意味しているのである。付け加えれば、いわゆるポスト産業社会では搾取は私たちの経験からは消えてしまったなどとうそぶきながら、搾取の現実を欺くことにもならない——逆に、今日、搾取の実践がまとっている新たな諸形態を位置づけることである。ということはつまり、階級闘争の新たな諸布置を特定することである。何よりもまず、このことは、次のように自問することにもつながる。すなわち、変容は搾取の性質ではなく、搾取の拡大や搾取が遂行される場の性質に関わっているのではないか、と。結果として生じる搾取の性質の変容をほとんど量から質への推移としてみなしうるとしたら、この地平上においてのみのことである。

新たな生産様式の根本的性格は、主要な生産力が技術‐科学的労働であるという事実にあるように思われる。それが社会的労働を統合する包括的で質的に優越する形態であるかぎりで。言い換えれば、生きた労働は何よりもまず次のようなものとして現れる。抽象的で非物質的労働（質との関係で）として、複雑で協働的な労働として（量との関係で）、より知的・科学的なものとなっていく労働として（形態との関係で）。これは単純労働に還元できない——逆に、人工言語、サイバネティックな附属肢の複雑な接合体、新たな認識論的パラダイム、非物質的諸決定、コミュニケーション機械などが、技術‐科学的労働において収斂しており、その度合もますます高まっていくのが見て取れよう。

この労働の主体、すなわち社会的労働者は、サイボーグであり、機械と有機体との混淆体である。それは休むことなく物質的労働と非物質的労働のあいだの境界を横断するのだ。(4) この労働者の労働は社会的なものと規定されるべきだ。というもの、生気に満ちた生産と再生産の過程の一般的諸条件が彼らの統制の下におかれているからであり、彼らに適応する形でモデル化されなおしているからである。社会総体が、この生きた労働の新たな布置によって価値生産過程のうちに投下され、再構成される。まさにこの過程内部では搾取が消滅してしまうように見える地点までに、あるいはこういったほうがいいかもしれないが、搾取は現代社会にあってどうしようもなく後進的である地域にのみかぎられた事態であるように見えるほどまでに。しかしながら、この見かけはたやすく雲散霧消してしまう。なるほど現実の場面では資本主義の権力は生きた労働の新たな布置を劇的に管理する。ただしこの管理は外部からしか行使できない。〔かつてのような〕規律的なやり方で、新たな労働の布置に侵入することは許されないのだ。こうして、搾取の矛盾はきわめて高次のレヴェルへと転位する。そこでは主要に搾取される主体（技術‐科学的主体、サイボーグ、社会的労働者）は、その創造的主体性こそ認められるものの、創造的主体性が表現する力の運用といった面では管理されてしまうのだ。この指令のきわめて高次の地点から、矛盾が社会総体へとあふれだす。そして、搾取の社会的地平総体が、あらゆる自己価値創出（自己価値増殖）の要素を——それが生じるどのレヴェルにおいても——敵対的関係の内部に配置することで統合する傾向にあるのは、この指令のきわめて高次の地点との関連でのことである。

かくして抗争は、まさに技術‐科学的な生きた労働が労働する集団知性 intelligensia、すなわちサイボーグとハッカーの大衆化された特質であるがゆえに、社会的なものとなる。しかしこの「集団知性」は、再構成された前衛でも主導部門でもない。むしろそれは、社会的生産の織りなす範囲《スペクトラム》を水平に横切り、さまざまな生産部門に拡大する特質であり主体性である。かくして、〔技術‐科学的労働者より〕他の搾取を被っているすべての社会的諸階層による労働の拒否へむけたあらゆる努力が、敵対的な仕方で、技術‐科学的労働と同一化し、それへむけて収斂する傾向があるがゆえに、抗争は社会的なものとなる。新たな文化的モデルや新しい社会運動が、かつての労働者の主体性に取って代わって、この流れのうちに構成される。かつての労働による解放は、賃労働や肉体労働からの解放に取って代わるのだ。もう一つ、この抗争が社会的であることの理由がある。それは、この抗争がいよいよ一般言語〔学〕的領域上に——あるいは主体性の生産領域の上といったほうがよいかもしれない——位置づけられるからである。社会的労働者の領域では、資本主義的指令のための余地はない。資本が獲得した空間といえば、言語——科学的言語と日常言語の双方——の管理の空間にすぎないのだ。とはいえ、ここは無視して済むような空間ではない。それは正統な強制力の独占によって保証されているし、間断なく速度を上昇させながら息もつかせずに再組織されているものなのだ。しかし過去や現在の労働者の主体性をこじんまりとした全体主義的地平へと包摂し切り縮める作用を土台にして展開する資本主義によってこの加速は促されているわけだが、それは決してうまくいくことはない。この最高度の包摂においては、服従した言語と生きた労働によって生産される言語のあいだの対立は、独裁と自由のあいだの対立としてますます明確に描きだすことができるだろう。

今日、私たちがこれまで歴史的に経験してきたような資本主義的発展の弁証法が崩壊したように見えるとしたら、それはなぜなのか？　その問いへの回答は、現象学に支えを求めた以下の主張を基礎にして定義される。すなわち、つまり資本がアソシエーション的な生産的労働への指令権を社会労働者に譲り渡す、そうした地点においては、もはや発展の綜合は不可能であるということ。社会的労働者は、完成した弁証法的運動として理解された資本主義の発展という観点からは、もはや理解できないような主体性を生みだしはじめている。古い形のそれであれ新しい形のそれであれ、組織された資本主義的搾取に対する拒否は、もろもろの空間——アソシエーション的な生きた労働が自律的にみずからの生産的能力を表現するような空間——を切り拓いてきた。指令権が息を吹き返す可能性があるかぎり、指令権から自己価値創出（自己価値増殖）が積極性を高めながら遠ざけられるような空間である。それゆえに、資本主義的指令権の組織的働きはますます寄生的なものとなるのだ。社会的生活の再生産はもはや資本を必要としない。資本主義的生産様式の発展において先立つどの時点においても、資本は協働の形態に支配を及ぼしていた。協働の形態が資本に内属しない場合でも、つまり資本が直接に協働を強制しない場合にも、事実上、協働の形態は搾取形態の一機能＝函数であった。このような機能を土台にしてはじめて、つまり資本による生産の調和的総合《オーケストレーション》を通じてはじめて、労働は生産的労働として規定されえたのである。本源的蓄積期においてすら、つまり、その時期に資本は、〔自分とは無関係に〕すでに存在する労働のアソシエーションの諸形態のあいだの協同関係に働きかけたり、それを強制したわけだが、そのような場合ですら資本は生産過程の核心に位置していた。この局面のあいだに押しつけられた協働の形態は、すでに形成されていた伝統的な労働主体のあいだの紐帯を解体することを意味していた。とはいえ、現代において状況は完全に変貌をとげている。協働、あるいは生産者のアソシエーションは、資本の組織化能力とは独立に措定される。労働者の協働や主体性は資本のもくろみの外部で接触点を見いだすのである。資本はたんなる捕獲装置、幻影、偶像にすぎなくなる。潜在力の展開のオルタナティヴな基礎を構成するだけでなく、事実上、新たな構成的創設を表象＝代表する自己価値創出〔自己価値増殖〕のラディカルで自律的な諸過程が、その周囲を旋回するのだ。脱出、すなわち、この新たな主体性の空間的運動、時間的可動性は、押しとどめることのできない抵抗の根本的形態となる。脱出は構成的権力として――新たな社会の構成として――表象＝代表される地点にいたるまで前進をつづけるだろう。

あと残されたことは、国家のポストモダン的規定をもう一度考察しなおすことである。私たちがここまでに描きだしてきたもの〔社会的労働者の構成的力〕を知的には承認しつつ、実践的には否認する、こうした働き――要するに効率のよい神秘化――のうちにポストモダン国家が足場をおいていること、そのありようを眺めてみる必要があるのだ。ポストモダン国家はもはや労働を組織できない資本主義の寄生的組織である。ポストモダン国家はもはや市民社会の諸制度を通じて労働者に働きかけ規律を課すことができない。それは虚構を現実に置き換える国家にほかならない。社会的パラダイムの転換は国家の形象を決定しているのであり、その国家の形象においては、大衆の自己価値創出〔価値増殖〕と集中された権力の指令のあいだのあらゆる関係の不在、要するに二つの主体の決定的分離〔という現実〕に権力の自己求心的神秘化が置き換わっているのである。

近代性内部のさまざまなオルタナティヴについての考察

ポストモダン国家であれ社会主義体制の崩壊を生き延びた国家についてであれ、ひとまず現在の国家形態の分析から離れてみよう。その代わりに、新しく不可逆な出来事のように現れているだろう、この実際の近代国家のパラダイム転換が、いかに長期の歴史的展開によって準備されていたかに着目してみよう。現在の刷新は近代性の器のなかで育まれていた。危機の絶え間ない調停＝媒介のメカニズム、近代性はこれを自分自身の定義として認めていたのだが、現在の刷新はこのメカニズムからの切断を通じて生まれてきたのである。

近代性は西洋合理主義の単線状の展開のことではない。それは西洋理性の運命ではないのだ。多くのポストモダニスト、国家学者の俗流ヴェーバー主義、唯物論的弁証法を奉じる実証主義的マルクス主義にとってにはきわめて親しいはずの運命としての近代性という規定は、だが、誤りである。それとは逆に、私たちがこの研究で練り上げようと試みている視座からすれば、近代性は永遠に未完の永続的革命の歴史である。この矛盾含みの発展においては、自由な生産諸力の発展と資本主義的生産関係の支配とのあいだにはつねに二者択一が存在した。ルネサンス革命からこのかた、近代性とは、生産諸力の並外れた〔政治的〕解放 liberation、人間活動のあらゆる超越論的運命からの〔人間的〕解放 emancipation と特徴づけられてきた。それに対立させられるのは、収奪の強制、私的な富、道具的合理性である。マキアヴェッリの言葉に翻訳するならば、「力量《ヴィルトゥ》」の普遍性が、「運命《フォルトゥナ》」の専制的個別特殊性に対立させられるわけである。スピノザの言葉に翻訳するならば、マルチチュードのポテンチア〔力能〕が、国家のポテスタス〔権力〕に対立させられる。近代合理主義は科学的進歩を基礎にして記述可能な連続性のことではない。それはもろもろの合理性の矛盾をはらんだ産物である。歴史や生それ自体の構成における人間的協働の生産的能力を強調する人びともいれば、権力の秩序やこの権力の再生産へとむけられた社会的分業の組織化の方を強調する人びともいる。近代性はこの闘争の内側で、すなわち、人間の運命それ自体への、さらに自由と従属への、この論理的で倫理的な闘争の内部で定義されるべきである。そのもっとも成熟した形態においては、これは弁証法として、現実の場面でいえば、絶え間なくより包括的で実効的なものになる権力組織の諸構造を構築するために自由を道具的に利用するシステム的形態として定義される。大衆の、つまりアソシエーション的な労働の集団的な構成的権力が、構成された権力へと押しつける絶えざる摩擦、弁証法とはその摩擦を超越論的に代替すべくおしきせられたものなのである。弁証法は近代性を危機状態として理解するが、そうだとしても、その危機状態は超越論的に昇華されているのだ。

それに対して、私たちは危機へと立ち戻らねばならない。そこでは〔弁証法の差しだす〕超越論的解決の有効性が休みなく掘り崩されていることを認めることができるはずなのだ。私たちは政治についての近代形而上学を参照せねばならない。というのもこの領域が近代性の定義それ自体の未決性をその多様な形象のうちに把握させてくれるだろうからである。マキアヴェッリからホッブズ、スピノザからルソー、ヘーゲルからマルクスにいたるまで展開してきた国家論において、近代性はまさに次の二つの路線のあいだの選択肢として現れる。一方には歴史においてまさに展開のさなかにある生産的社会化の過程に唯一ふさわしい政治形態が民主主義（その絶対的観点から理解された）であるとみなす路線がある。他方には、超越論的領域（それが主権の神性であろうと、法的一般意志の非人格性であろうと、弁証法的絶対者であろうと）に、人間の協働の生きた生産性を没収しようともくろむ路線がある。この論理上の闘争は現実上の闘争である。協働と民主主義が実際に対立するのは、指令権と主権に対してである。近代において、超越論的な選択肢――権威主義的国家の形をとろうがリベラル国家の形をとろうが――の勝利は、歴史をつらぬく根源的危機を排除することにいまだ成功していない。なるほど敗北続きではあるものの、にもかかわらずもう一つの選択肢は存在をやめていないのだ。それは灰のなかからふたたび頭をもたげることをやめないものであるし、資本主義の近代主権国家の発展に還元不可能な不連続性を刻み込んでいるのである。主権の路線の勝利は、総じて、協働に対してつねにそれまで以上に大きな空間を与えるよう余儀なくされた。ある革命から次の革命にいたるまで、近代性の危機的〔批判的〕過程がその選択肢において上演されていた。資本の勝利すべては、みずからに対する本質的な選択肢としてのアソシエーションの生きた労働に対して、より大きな空間を妥協し譲らねばならなかったのである。社会主義革命はこの過程の象徴的でありかつ絶頂を表している。つまりここでは生産的大衆は民主主義ではなく主権を譲渡されたわけだ——そしてこれは東欧の社会主義にも西側の社会民主主義にも同じくあてはまることだ。結局、今日、近代性の危機において時代の基調にあるのは、主権に対抗する民主主義である。この危機は近代性を否定するわけではない。そうではなくその潜勢力の一つ、すなわちその生きた生産的選択肢を決定的に解放するのである。ポストモダン国家は、それが構成された権力と主権を新たな装いをもって擁護するものであるかぎりで、対価を支払うことなくみずからの危機の規定的条件を承認しようとする資本主義の試みである。つまりそれは負け戦の帰結を回避しようという試みなのだ。現実にはこの危機のなかで、もう一つのポストモダンが、すなわち、生きた労働の〔権〕力、内在性とその論理の直接性のうちにみずからを展開する力を認める協働の生産性が解き放たれる。これは大衆の自律性であると同時に、生産的で政治的主体性の集合なのである。

近代性の歴史とそれをさまざまに把握する試みによってこの選択肢の理解が可能になるわけだが、にもかかわらず、民主主義的、生産的、協働的な選択肢が解放されるだろう出来事つまり決定的地点を把握することは困難であるように思われる。私たちの見解では二つの社会的爆発に注目すべきだ。まず六八年の爆発。それは西側世界を震撼せしめ、現在の資本主義の再構築を起動させた。そして二〇年後の八九年の爆発。それはソヴィエト連邦の再構築の過程を通じて社会主義世界を打ち倒した。これらの出来事においては、近代性の歴史の四分の三が圧縮して表現された。二つの理念上の選択肢のあいだの断絶を露呈させ、新たな政治的主体、つまり、非物質的労働によって組織され協働によって生産的となる社会的プロレタリアートという新たな政治的主体の台頭を決定的に白日のもとにあらわにすることによって。したがって、この新しい主体は自由である能力のある、つまり、主権なしに——すなわち自由を組織する政体構成なしに——民主主義を実行できる主体である。というのも自由はつねに構成的権力なのであり構成的権力であることをやめたことはないからである。またこの主体には、みずからを自由に形成できる集団的合理性の能力についてで転倒を施した神秘化は不要である。というのも合理性が経験されるのは協働や集団的自由の条件の不断の構成においてであるから。マキアヴェッリは共同の民主主義の運動を描きだした。スピノザはあらゆる超越的規範から解き放たれた完全に内在的な絶対的統治として民主主義をとらえた。マルクスは歴史についての諸著作において、とはいえとびぬけて『経済学批判要綱』で、すでにヘゲモニーを獲得している労働力の知的協働のうちに新たな政治的主体性を認めていた。数世紀をつらぬいて現れるこのような着想は決してユートピアなどではない。新しい政治的主体性はつねに現実の主体性のうちに、ただしつねに打ちまかされてきたわけだが、探し当てられたのだ。しかしながら、今日、それは潜在的に勝利したものとして現れる。

抑圧的な選択肢はみじめなものだ。それはあからさまに虚偽的なわけだし無益なものだ。それについては誰が見ても明らかなのである。それでは、マルチチュードが存在論的に組織されるとき、指揮権が支えるのはどのような善〔＝財〕なのか？

存在論と構成

私たちは社会主義的移行なる概念と歴史的発展の弁証法的進歩という観念が終わりを告げたことを述べ、またその歴史を通じて近代国家の正統化の基盤を不安定化させてきた選択肢を定義してきたのだった。そこでここでは、私たちの方法論的諸原理をふたたび取り上げなおし、理論的武器庫のストックをふたたび吟味してみなければならない。私たちの武器のなかに、分離のなかで構成をおこなう方法は存在するだろうか？　集団的主体性と社会的関係の構成を非弁証法的に捉える理論は存在するのだろうか？　これらの考察はこの三〇年間にわたって反ヘーゲル主義の旗印のもとに発展してきたさまざまな理論の政治的意義の考察へと直接につながっている[6]。近代性の核心に、私たちは弁証法に対するオルタナティヴを構成し、オルタナティヴな政治的方法論のための開かれた領野を与えてくれるラディカルな批判の伝統――スピノザやニーチェからフーコー、ドゥルーズにいたるまでの――を見出すことができるのである。

これらの伝統は、弁証法の否定的運動に抗しながら、肯定的な構成の過程を提示する。こうして構成の方法論は、全体性という弁証法的観念の批判、歴史的発展についての単線的把握や目的論の批判、共通善の超越論的提示の批判、中心化した権威の主体へと個別の自律的主体性を包摂してしまうことへの批判という点にかけては、リベラルな哲学的伝統の方法論と共有している。おそらくリベラルな政治理論のもっとも重要な共通の教義は、社会の目的は決定不能であり、それゆえ社会の運動はその成員の意志に開かれ続けているというものである。この意味で、肯定的構成の方法論とリベラリズムの方法論は、ともにオルタナティヴな発展、オルタナティヴな目的へと開かれた理論を提示しているのである。

だがこの類似性は、実際には、そのことで共通の敵をもつという事実以上の含意をもつわけではない。目的論のリベラルな政治的・道徳的拒否と、善に対する正の優越の肯定は、とりもなおさず存在論を哲学的に拒否することに帰着する。というのも存在論それ自体に、善の超越論的規定とあらかじめ構成された人間活動の構造が備わっていると想定されているからだ。かくして、目的の多元性へと開かれてリベラル社会を支えうる唯一の哲学的立場として提出されるのが「義務論〔脱存在論〕」なのである。これはリベラリズムとポストモダンの政治理論のあいだの事実上の収斂を示す一つの地点である。しかしこのようなやり方で論証を進めるリベラルとポストモダンの思想家は、実際には、存在論と社会的目的論との必然的結びつきについてのプラトンやヘーゲルによる主張をあまりにも安易に受け入れてしまっている。なるほど、彼らの二元論の拒否の姿勢は決して無視できないのだが、それにしても彼らは対立極をなすはずの立場を肯定する方向へとあまりに性急に動いてしまうのだ（この点に関してはフーコー（Foucault 1984：42-5）における「啓蒙の「恐喝」」の拒否を見よ）。理念的で必然的な存在の秩序を拒絶するということは、根源的な偶然性を受け入れよということではない。存在論的ヴィジョンが社会を保守的で閉じられたものとみなしているとしても、そのヴィジョンの拒絶が、義務論的ヴィジョンを要請するというわけではない。社会における目的の開放性を肯定するためにこうした極端への飛躍する必要はないし、存在論を簡単に葬り去る必要もないはずだ。先立つ節で論じたように、近代形而上学と政治〔学〕の伝統は一枚岩のブロックではない。それは自身の内部にラディカルな選択肢を含み込んでいるのだ。

この構成的選択肢を認識するためには、フーコーが私たち自身の歴史的存在論と呼ぶものから出発しなければならない。つまり、私たちはいかにして知の主体として構成されるのか、いかに私たちは道徳的行動の主体として構成されるのかを問う社会的存在の構成の系譜学からはじめねばならない（Foucault 1984：45-9）。存在論は基礎づけの理論ではない。それは私たちが存在に浸されていること immersion についての、そして存在の間断なき構成についての理論である。ハイデッガーは存在をもちきたらす作用、つまり、隠れなさ（アレーテイア）のうちに、あるいはむしろ、彼が立て組み（ゲシュテル）と呼ぶ、集める‐試み challenging-gathering のうちに位置づけた（Heidegger 1977：10-23 を見よ）。しかしながら私たちの存在論の構想は、このような存在論的過程という発想を把握する必要があるし、（あらかじめ形成された秩序のいかなる可能性も回避しつつ）存在の進歩的構成という真に創造的側面を導きだす必要がある。私たちの存在についての観念は不連続的なものの生産、予見できないもの、出来事に対して開かれていなければならない。スピノザが概念を共通観念として定義したとき、彼はそれを唯名論的観点から現実を知るための手段の構成とみなしていたわけだが、またこの論理的構造のうちにアレンジメント assemblage、プロジェクトとしての存在の成長へと導かれる通路を認めていた。現実の名前を構成することは、その内部で存在が、*cupiditas*（生きることへの貪欲さ）から協働への移行を、そして存在の生きた源泉との合体を育くむような、そのような認知空間を構成する。主体的アレンジメントは、論理学においてと同じく科学や芸術においてもまた、存在における私たちの成長の媒介変数、存在そのものの成長の媒介変数を構成している。あたかも世界が、個別的で集合的な特異性の上に確立されるもろもろの思考、行為、直観の集合――個別的で集合的な特異性はみずからの欲望や〔権〕力をとおしてそれを組織する――を基盤にして、破壊されたり再構成されたりするかのようなのだ。現実の不透明性は完全に消し去られるわけではない。ユートピアの時代ははるか昔のことである。だが、共《ザ・コモン》との関係で主体を、超越論的なものとの関係で共を、想像力との関係で超越論的なものを、倫理的構成との関係で想像力を配置する過程は、ユートピア的ではなくむしろきわめてリアルなものだ。なるほどローティがいうように、民主主義は哲学よりも根本的なものかもしれない。だがそれは、哲学の普遍性に対抗して、偶発的で相対主義的な基準の方を押しだすという意味でではない――逆に、それは、存在する主体の欲望や実践の存在論的重みを肯定し、共同体、協働、集産主義の構成の倦むことのない縮減不可能な過程をとおして、この社会的存在を発展させるからである。存在論は民主主義の展開であり、民主主義は行為の一線分、存在論の一実践である。

こうして、構成についての存在論的理論の命題は、政治理論の言説の大半を支配している因習的な一群の選択肢を粉砕してしまう。もしリベラルと共同体主義者、あるいはモダニストとポストモダニストのあいだの論争の枠にそれを位置づけるとすれば、この構成の理論は中間にあるとみなさねばならない。決して妥協ではなく論争の条件に異論を提起するという意味においてである――それは事実上、論争を位置ずらししてしまうのだ。おそらく私たちがもっとも明確に構成という政治的方法論を認めることのできるのは、批判的マルクス主義の分析においてである。構成の問題は、まず一九七〇年代にはじめてマルクス主義者の議論の一部を占めるようになった。労働者階級の自己形成に方法論的焦点を合わせていたE・P・トムソンの著作に集約されるイギリスの伝統において、ドイツではハンス＝ユルゲン・クラールの著作において、またイタリアでは新たに台頭してきた労働者主義の伝統において、構成の問題はコミュニズム的民主主義のプロジェクトと労働者階級や生産的労働の変容の分析との新たな綜合として提起されたのであった(7)。いずれの伝統においても、弁証法的方法論総体（とりわけ伝統的形態での弁証法的唯物論の方法論）の拒絶には次のような試みがともなっていた。すなわち、資本主義システムの変革の原動力のみならず、何よりもまず、資本主義システムへの歴史的で具体的、かつ断固としたオルタナティヴの構成を闘争の展開のうちに見いだす努力である。

二つの探求を構成する問題設定の線は、同時に始動させられた。まず第一の線は、社会主義への移行についての言説の批判、すなわち社会主義をコミュニズムへむけての一発展段階ととらえることをともなう言説に対する批判の線である。現実の社会主義への政治的批判は、この観点からすれば、成熟した資本主義諸国における社会民主主義批判と同程度重要なものである。社会主義への移行は、この観点からすれば、資本主義的発展の一ヴァリエーション以外の何ものでもない。二番目の問題設定は移行のテーマ系の積極的要素を取り戻す意図をもっている。方法論的議論がこの地点に到達するのは、生きた労働の力を富の唯一の基礎、欲望の表現の唯一の形態、民主主義的構成の唯一の手段として考察することによってである。生きた労働が非物質的労働として、とりわけ協働の力として、そして主体化の強力な残余として認識されるとき、包括的な方法論的観点はコミュニズムのパースペクティヴとして照らしだされうる。コミュニズムは、協働する非物質的な生きた労働の生産性に外在的な担い手を必要としない。要するに移行は国家を必要としないのである。一九七〇年代の批判的マルクス主義は、移行の問題にただ一つの回答を与えた。移行のために頼るべきものはない、あるのはただ構成の力、構成的権力のみである、と。コミュニズム社会の法制的形態は、いかなる場合にもブルジョワ法の投影や残存ではありえない――それらは、新たな構成的権力の構築体でのみありうるし、それらは、闘争のうちに顕現するものと等しきもの、担い手となる特異性からなる民主主義のなかで、そして集団性の構築的関係のなかで行使されるものと等しきものなのである。

新たなマルクス主義的方法論のこの最初の大衆的実験は、一九七〇年代以降敗北してしまったが（政治的領域においてであって理論的領域においてではない）、構成の方法論は政治哲学においてさまざまな立場や文脈で持続的に発展してきた。「私たち自身についての存在論的歴史」や、そこに含まれうる先述のような哲学的‐社会的探求は、多くの著者の作品を、倫理的・政治的プロジェクトへと導いてきている。社会的存在の構成のメカニズムについての分析は、私たちが存在論的構成の過程へと介入する無数の可能性を提示してくれる。つまり、いかにして、どの程度、私たちが自分たちを主体として構成できるのか――私たちが主体として構成される様式を認識することは、それを理解することへと導いてくれるのだ。ドゥルーズとガタリは特異な主体のノマド的運動、脱領土化する欲望の流れ、内在的な一貫性の諸平面における政治的アレンジメントの過程を跡づけてきた（Deleuze and Guattari 1987 : eps. 351-500 を見よ）。これらの構成する諸力は、国家機械による捕獲のための地層化された空間、領土化の装置を決して完全に逃れることはない。だがそれらはにもかかわらず、国家の構成された世界に絶え間なく揺さぶりをかけ、自分自身の自由な活動、構成的権力の創造性や刷新とともに作動するのである。主体的アレンジメントはみずからの社会的組織化のメカニズムを、つまり、もっぱら内在的な社会的平面からのみ導きだされる、下からの特異な共同体のメカニズムを構成する。社会的諸身体は［たがいに］解き放たれ、あらかじめ決定された社会的諸形態の地層を破壊し、自分固有の目的を発見し、みずからの構成を発明する――そんな事態が生じる絶対に水平的な社会的平面。主体的アレンジメントはこのような民主主義のヴィジョンを提起するのである。水平的社会とは、破壊や分解とともに実践的創造や組成を促進する開かれた場である。こうした政体構成のモデルは諸〔勢〕力の一般的集合〔総会 general assembly〕であり、内在的な社会的平面総体の絶対的で平等な内包である。つまりスピノザが好んでいったように、民主主義とは絶対的な統治形態なのである。

世界はひっくり返ってしまった――決定的に。闘争においてよりも危機においてこそよりよく認識できるはずだ。私たちの存在を包囲している権力の鉄の檻は、生産性なき寄生的ブルジョワジーの手にみずからすすんで権力を委ねることによって、自分たち自身によって作り上げた代物ではないか、と。私たち自身が編み込むことのできる存在論的縫い糸の構成のただなかに、直接に存在へと投げ込まれる理論的であるとともに実践的でもある方法論の一般的性格を私たちは見つめるのだ。現実の存在論的構成は私たちにとって明確になった。その基準に達するまでに構成されていないものすべては不明確になった。明確性と不明確性の割合はこの時点では、私たちの希望を、あるいはよりよくいえば、私たちのコミュニズム的欲望を、構成的知性や生産的想像力へと預けることのできる私たちの能力に依存している。

暴力の実践的批判

こうして見れば、現代の政治的地平の分析のために役に立つ理論的手段がじつに豊かでヴァラエティに富んでいることが、はっきりと浮き彫りになるだろう。だが現代の政治的実践に開かれたもろもろの可能性の地平は私たちに対して決して明快に定義されているわけではない。その一方で誰の目にも明らかなことがある。市民社会の衰退とともに、伝統的な集団的抵抗の回路はもはや以前と同じようには機能していないことである。例をあげれば、工場での大量生産の危機と分散とともに、産業的労働組合運動はわずか二五年前には備えていたはずの大いなる力の大部分を失ってしまった。このことは誰もが同意するだろう。学校や教会などのそれ以外の市民社会の諸制度においても、あり方や程度は異なるにしても、同様の現象を見いだすことができる。一般的に見て、規律的市民社会の諸制度の平板化には、それと同程度、抵抗の制度的諸形態の平板化がともなっている。管理社会の平滑平面へ向けての移行とともに、伝統的に敵対の場であった制度はかつての場所からひきはがされ、その平滑平面の凍った表層をよろよろとすべり続けている始末なのだ。伝統的な集団的社会実践の構想は、この新しい文脈において再考を強いられている。

実践的レヴェルで現代の闘争の形態を眺めてみよう。伝統的諸制度の消失による政治的実践の可能性の地平の収縮とともに、いまや残された活動はたった二つの柱にかぎられるように見える。つまり非暴力とテロリズムである。この二つの選択肢を突きつけられたうえ、テロリズムが自殺的で不毛であることを考えるなら、総じて活動家が非暴力の道を選び取っていることは理解しやすい。たとえば湾岸戦争の際、合衆国の左翼活動家のあいだで主流だったのは非暴力行動の言説である。この言説は、ゆるやかにではあるが、マハトマ・ガンディやマーティン・ルーサー・キングの思想に基盤をおき、六〇年代の反人種隔離運動、ヴェトナムや中米における戦争への抗議、反核運動の経験をみずからの源泉としている。公共秩序のシンボリックな過程を中断させ混乱に陥れる（たとえば徴兵センター、連邦政府機関の建物、核実験場などへの入場を阻止すること）抗議者。そしてその行動のなかで犠牲となる抗議者（警官によって、ただ受け身のまま逮捕されたりいやがらせを甘受すること、あるいは殴打されることすらある）。非暴力言説に足場をおく行動の抗議形態は、こうした光景をメディアの前にさらすことを目標にしている。このような混乱がシンボリックであるという意味は、その行動が直接の効果ではなく行動がもたらす表象という間接的効果をまず第一に考慮しているという点にある。労働者のストライキが、あげうべき利潤に打撃を加え、極端な場合は国民経済を危険に陥れることによって、現実に経営者や国家に直接の経済的・政治的圧力を行使するのとは対照的に、こうした非暴力行動の成果は、ある主張への大衆的支持を間接的に導きだすこと、政府の活動や政策に対し大衆の批判を促す――こちらのほうがより頻繁に見受けられるのだが――ことにある。要するに非暴力行動の目標はメッセージを送ることにあるのだ（それゆえ非暴力行動はメディアへの露出の機会を奪われるとほとんどその意義を失ってしまう）。

この非暴力についての言説は、市民社会崩壊以後の二つの密接に相関した社会的実践の問題、すなわち権力の問題と暴力の問題を投げかけている。非暴力行動のパースペクティヴが提起した権力の概念はきわめて曖昧である。それが足場をおく暴力の拒否は、〔権〕力そのものの拒否とあまりにたやすくに混同されてしまっている。実際のところ、非暴力行動はその活力〔力〕を、主要には無力なものへの共感にともなう憤激という道徳的反応を喚起することによって引きだしており、それゆえ彼らの犠牲者化をメディアに表象させることに力点がおかれる。非暴力的抗議者――たいていの場合彼ら自身は犠牲者ではないのだが――は、無力な人々の味わっている不条理な苦境を表象＝代表すべく、あえてみずからを犠牲者の立場におく。〔殴られて〕足どりの不確かな抗議者のからだをひきずり連行する警官というメディア・イメージ。それは別に存在する犠牲者化の場面（たとえば、エルサルバドルあるいはバグダッドの爆撃）を表象＝上演するドラマたらんと意図されている。逆説的なことに、そうした活動は無力さの表象のはらむ道徳的力につけこみ利用しようとする試みである。この意味で、非暴力行動はテロリズムの鏡像イメージなのだ。テロリズムもまた象徴的身ぶりによって作動する。テロリズムもまたメディア表象を通じてメッセージを送ることを目標としている。だがテロリストの活動が表象させようとしていることは逆の事態である。つまり、自分の権力と、その敵、国家の無力さである。表象の平面は、対立する極として非暴力行動とテロリズムの双方を内包しているのだ。

非暴力行動の言説が投げかける以上の問題と密接に結びついた二番目の問題がある。それは暴力批判とその基礎に据えられた正義についての信条である。暴力はその本性からして不正義であり、それゆえ非暴力は正義であると想定するこの伝統には明らかに強力な水脈がある。この水脈のうちには、ガンディ、トーマス・マートン、そしてマーティン・ルーサー・キングのような人びとの思想に見てとれるように、まぎれもない宗教的要素が含まれている。このような道徳的見地においては非暴力活動家の清廉潔白さに重点が注がれねばならない。それによって彼らが正義の側にあることが保証されるのだから。たとえばガンディは激しく主張した。非暴力を選ばねばならない理由は、それが政治的に有効だからではなく（それゆえ有効でないとみなされた場合には放棄してよいというわけではない）、それが正しいからであり、それゆえいかなる状況やいかなる人生の場面においても普遍的に適用できるからなのだ、と。暴力に手を染めていない純粋さを示すこの態度はアメリカのさまざまな活動家のコミュニティに〔しばしば宗教的含意は共有しないで〕広く浸透している。またその態度が、ダイエット、映画鑑賞、性的関係などのようなさまざまな営みに行き渡ったいわゆる政治的公正の態度とうまくかみあっていることもしばしばである。この観点からすれば、いかなる暴力の形態も本質的に不正義ということになり、抗議者が暴力を行使するならば、みずからが対立しているはずの国家とものと同じ種類の道徳を共有するということになろう。

理論的レヴェルから見れば、自分をまったく暴力のかやの外においた場所からなされる暴力批判はどっちみち当てになるようなものではない。ところが、暴力は私たちの世界や私たち自身に深く染み込んでおり、それゆえ容易には身を引き離しがたい、という観点から暴力の諸形態の探求におもむいた作家は数しれない。たとえばジェイムズ・ボールドウィンやフランツ・ファノンは人種という場面、マルクスは階級、イヴァン・イリイチは貧困、キャサリン・マッキノンはセクシュアリティという場面で、それぞれ暴力を問い返した。みずからと暴力とを無関係であるかのように考察できるという想定のもとでとらえられた暴力の条件など、じつに貧しいものでしかないだろう。要するに私たちの暴力との共謀性は、私たちの社会的存在条件であるということだ。さらに付け加えるなら、暴力と不正義が道徳的に等価であるとみなし続けることはとても難しい。唯物論の伝統は長いこと、世界の本質である〔権〕力の行使を一つの形の暴力であるとみなしてきた。スピノザやニーチェのような人びとにあっては、生そのものが暴力を内包しているのであり、そうだとすれば、権利、正しさ、善といった観念を、私たちの〔権〕力の行使という文脈の外で考えようとしても無意味であろう。考えたとして、そこから出てくるものといえば、せいぜい生を否認する、あるいはもっと狭くいえば私たちの〔権〕力を否認する一種の道徳あるいは禁欲主義しかありえない。この種の表象の政治にはらまれるルサンチマンこそ、みずからが断固として反対しようとしている当のものに自分自身も一緒になって飛び込むことで、まさに非暴力とテロリズムを結びつけるものにほかならない〔かくして、テロリズムに対する非暴力的観点からする批判が弱いのには二つの理由がある。まずそれが、暴力総体に反対しようとするあまり、テロリズムの暴力に固有の性質をとらえそこねてしまうこと、そして遂行的な実践とその目的のあいだに外在的関係を想定することによって、表象の政治の平面で根本的にテロリズムと密通していることである）。

このように理論的文脈においてはとうてい擁護できないにもかかわらず、非暴力行動が近年活動家集団にはば広く浸透してきたその理由はうなずける。何よりもまずそれは市民社会の衰退に帰因する正統な政治的活動形態の欠乏の症候なのだ。市民社会の諸制度は政治的異議申し立てと多様な形の正統な政治的暴力に対して回路を与えていた。もっとも顕著な例は制度的労働組合に認められていたストライキ権である。アメリカでは一九三〇年代のワーグナー法や全国産業復興法によって決定化された団結権、スト権をもって、労働組合は暴力行使を法的に認可された国家外部の最大の制度となった。市民社会の制度総体が水路づけしていた政治的異議申し立ての形態のなかには、何からのかたちでの暴力の正当化も内包されていた。だが市民社会の衰退とともに、暴力的な政治的異議申し立てを正当化していた構造も同様に衰退している。その結果、いまや、いかなる異議申し立ての暴力も正当化不能であるようにたちあらわれる。一方に非暴力行動、他方のテロリズムという二つの極のあいだの荒れ果てた場所、ここが異議申し立ての実践の地平であるかのようなのだ。この二つの受け入れがたい立場のあいだには、いかなる余地も残されていないかのようだ。

政治的実践と暴力という観念は、より豊かな可能性をはらんだ異なる平面へと向かうために、再考の必要にせまられている。暴力批判は事のはじめから生活、あるいは私たちの世界における暴力の諸境界を画定する操作として考えられるべきではない。そうではなく内在的な視点から暴力や権力行使のなかのさまざまな差異を見分ける努力として考えられるべきである。権力を批判しながら、フーコーは繰り返し力説している。自分は権力関係なき社会をめざすべく論じているのではなく、あらゆる権力を問いに付さないではじまらないような分析を目指して論じているのだ、と。「私はあらゆる権力形態が受容不能であるというのではなく、いかなる権力も必然的に受容可能あるいは受容不可能というわけではないと述べているのだ。これはアナーキズムである。しかしいまやアナーキズムは受け入れがたいがゆえに、私はそれをアナルケオロジー anarcheology と呼びたい――それは権力を必然的に受容可能と考えない方法のことだ」（Foucault 1980）。フーコーのアナルケオロジーを方法論的基礎として用いよう。そうすれば暴力を必然的に受容可能あるいは受容不可能と考えることなく、暴力を内在的に腑分けしながら私たちの生における暴力のさまざまな形態や諸審級をしっかりとまなざす、そのような暴力批判を構想しはじめることができるはずだ。

これこそヴァルター・ベンヤミンが暴力批判に着手したときの精神にほかならない。ベンヤミンによると〔暴力のなかの〕峻別の基準は暴力と法の関係のうちにある。私たちがこの世界で経験している主要な暴力形態は、法措定機能あるいは法維持機能の二つの機能のうちのどちらかに奉仕しながら法と密接に結びついている。さまざまな国家装置（警察、軍隊、裁判所など）はすべて、これらの機能のどちらかあるいは双方に包含される。だが、国家に対抗する暴力あるいは国家の目的とは異なる目的を達成する数多くの暴力の形態も包含されてしまう。これらの形態の暴力はまた、それが現在の法を破壊する新たな法であるとしても、法の措定をもくろむ。「手段としての暴力はすべて、法を措定するか、あるいは法を維持する。二つの賓辞のいずれをも要求しないような暴力は、みずから効力を放棄しているのだ」(Benjamin 1978: 287)。この暴力の形態を正当化する論理は、手段の目的への、原因の結果への関係づけを要請する。だがベンヤミンはここで、因果性ということでその形態すべてを念頭においているわけではない。そうではなく、特殊外在的関係——原因に外的な結果、手段に外的な目的——にある因果性のことを示唆しているのだ。このタイプの暴力は活動（暴力）とその表象（法）のあいだの外在的関係の構築を含意している。ベンヤミンはこの法措定的暴力と法維持的暴力に神話的暴力という名を与えている。ここで神話という概念は、表象のもつ支配的効果をとらえるために用いられている。

ベンヤミンに、どうしたら法措定的暴力や法維持的暴力とは異なる種類の暴力を把握できるのか、という問いが持ち上がってきたのは明らかだろう。目的にとって外在的な手段ではない暴力はどのようにして把握可能だろうか？　非表象＝非代行的なあるいは表象＝代行不可能な暴力をいかに考えることができるか？　ベンヤミンは国家の統制下におくことをめざす革命運動という概念と、国家権力を完全に破壊し法とのあらゆる関係をも拒絶することを求める運動という概念のあいだの差異を出発点に据えている（Benjamin 1978: 291-2）。後者の暴力形態、革命的暴力は、みずからに外在的な何ものもめざさないという意味で「直接的」あるいは「純粋な」ものである。しかしこのオルタナティヴな暴力の形態としてのアナーキズムの命題は、ただ否定的な定義を主張するのみだ。そこでベンヤミンはこの二番目の暴力の形態を神的暴力という用語でもって積極的にとらえようと試みている。「神話的暴力はたんなる生命に対する、暴力それ自体のための、血の匂いのする暴力であり、神的暴力はすべての生命に対する、生活者のための、純粋な暴力である」(Benjamin 1978 : 297)。神話的なものは法を遂行し、かくして生の支配を意味するのみだ。神的暴力は法の外部で、生けるもののかたちで、即自的に直接的な仕方で、生を表現する。「しかし拒絶されるべきものは、一切の神話的暴力、法措定の——支配の、といってもよい——暴力である。これに仕える法維持の暴力、管理される暴力も、同じく拒絶されねばならない。これらに対して神的な暴力は、神聖な執行の印章であって、決して手段ではない……」(Benjamin 1978 : 300)。私たちはこの神的暴力を構成的権力と呼ぶ。

マルチチュードの構成的実践はみずからの力のほかには目的をもたない。この実践はパフォーマンスではない。つまりこの実践は、みずからの効果のための表象を求めはしないし、メッセージを送るためにエネルギーを注いだりもしない。このオルタナティヴな実践は表象＝代行の平面とは完全に区別された平面を活動の場とするのだ（構成的実践はそれゆえ、テロリズムのパフォーマンスに対するもっとも強力で正鵠を射た批判のための道具を与えてくれる）。こうした構成的実践はみずからがなしうることに内在し、それゆえそこから分かたれることのない力を措定すると、ドゥルーズならいうだろう。要するに手段と目的は直接的な因果性の内在的関係において措定されるのだ。構成的実践がしたがう唯一の論理、それはマルチチュードの力の拡張的リズムである。この実践はまさにその野蛮な活動が存在を破壊し構成するというスピノザ的意味で神的である[8]。自分自身の力を肯定するという点で、それは純粋で表象不可能である。構成的実践こそ、まさに私たちがさきにコミュニズムの必要条件において台頭しつつあるとみなしたものにほかならない。国家の秩序の課す拘束からのマルチチュードの脱出、それは表象不可能な共同体の行進のことだ。科学技術的、非物質的、感情的労働を通じた社会労働者の生産的協働は、構成的権力を活気づける自己価値創出（自己価値増殖）のネットワークを創造する（このテーマについてはのちに構成的主体の系譜学という観点からもう一度展開したい）。

ポストモダン国家の規範的展開と強化

私たちは今日存在しているコミュニズムのオルタナティヴに対する潜勢力の理論的、実践的基礎にいくつか、肉づけを与えてきてみたのだった。さて、それをふまえて現代の国家形態の分析へと舞い戻ってみよう。ポストモダン国家は、近代性、規範性、主権の弁証法的概念構成の発作的形象としてたちあらわれる。ポストモダン国家は、永続的な危機を克服するその努力のうちに、近代の昇華として現れるのだ。

ポストモダン国家の逆説についての分析で、私たちはすでに次のような事態が進行していることを強調してきた。(1)正統化の概念が主権や規範的生産の集権化した求心的な基準に連れ戻されること。(2)同じように、政治的代表という観念が、シミュレートされた代表のカテゴリーに還元されてきていること。(3)責任の概念や実践はシステム主義によって強化されるようになるという意味で、ますます機能的なものとなること。このポストモダニティの社会的基礎（そしてそれを解釈し、かつ、それによって生みだされもするポストモダン国家）についての分析をもとにして、私たちは次のようなテーゼをあえて掲げてみることもできるだろう。ポストモダン国家は政体構成の根本規範として、すなわちみずからの現実を正統化する機能的基礎として分離を絶対化するのだ、と。ポストモダン国家は近代性の弁証法的概念の発作的形象として現れる。というのも規範性と主権において、ポストモダン国家は、弁証法の中断を――それを昇華したり置き換えたりするフィクションをとおして――究極にまで推し進めるからである。要するにポストモダン国家は国家の社会からの分離を、そんな分離など存在しないとうそぶきながら組織するのである。先述した市民社会の衰退は、まさに、結合組織、すなわち国家を生産的な社会的諸力へと結びつけるために機能してきた媒介の網《ウェブ》の目の衰退のことである。市民社会の衰退とともに、この分離は不可避のものとなる。このような分離と、分離など存在しないというフィクションとが結合していること、この過程がポストモダニティとその国家のカテゴリーを規定するものなのだ。

ポストモダニティの構成の物質的基礎は、それが政治上の、統治上の現実であるかぎりで、資本はもはや社会的生産とまったく関係をもたないという事実から帰結するものである。社会的生産との関連でポストモダン国家を概念化すれば、指令権による商品生産と定義できよう。言い換えれば、〔政治〕経済学批判の観点からすれば、ポストモダン国家は、ケインズ主義国家の定義（経済計画策定と調整＝規制による商品生産。需要と供給、賃金と投資の等価性。資本主義国家と組織された労働力のあいだの改良主義的関係）を超えるのみならず、近代国家の一般的定義（労働の搾取を通じた商品生産）をも超えている。ポストモダン国家はみずからの社会的生産についての利害を外在的観察者として措定するのであり、その唯一の関心は、自律的な社会的生産が、指令の条件、あるいはむしろ、社会に対する純粋に自律的な裁量の権力としての国家や資本の再生産の諸条件を再生産する（あるいは再生産するよう強いられる）という事実に向けられる。

さて、政治経済学批判のカテゴリーから国家形態批判のカテゴリーへと論点を移し、ポストモダン国家の構造の変容を批判的に眺めてみよう。そうするとそこで作動している傾向がはっきりと見てとれるだろう。新たな国家の形態——あるいはこういうべきか、国家と社会のあいだの物質的分離の関係の新たな形式的構成——は、国際法の領域上に市場の新たな共同の秩序形成のうちに、国内の憲法のうちに、そして社会法のうちに、傾向上は同質的な仕方で表象されている。いずれの場合にも、台頭する傾向は同じ形式的諸特性を示している。

国際法は新秩序として提示される。グローバルな指揮権の統合の過程は、その大部分が経済的規範の押しつけ（主要には世界銀行と国際通貨基金〔ＩＭＦ〕による）によってもたらされているわけだが、まず第一には第一世界と第三世界の資本主義諸国にあてがわれ、最終的には現実の社会主義の危機以後、真にグローバルな規模に拡大することになった。ロシアと旧ソヴィエト連邦の世界銀行とＩＭＦによる受け容れは最後まで残されたパズルの断片のうちの一つである。第一、第二、第三世界への経済的指揮権はいまや、グローバルな政治的指揮権として現れるだろう。形式的に平等な主体の権利と理解される国際法は完全にひっくり返されてしまった。経済的規範の適用がそれをたっぷりと弱体化させ、腐食させたからである。世界レヴェルでの資本の介入の権利は、国際的経済組織の権力によって見せつけられたのちに、政府によるあるいは政府によらないプログラム〔進歩のための同盟〔Alliance for Progress ケネディ大統領によって提案された反共的ラテンアメリカ開発援助協定〕のような〕の人道主義的関心の背後に覆い隠されてしまったわけだ。しかしその介入の権利はいまや法制的権力として措定されうるだろう。国際関係の契約的構造は法制的な生産の単一の源泉、つまり、そこで法的指揮権が資本主義的論理と同時に戦争手段の最大限の集中を組織できるような源泉へと送り返される。資本の求心的指揮権の、民衆の政治的・社会的組織からの、闘争や構成的権力の特異な表現からの、分離はここでは極端にまでいたる。国際法の基盤や新世界秩序の論理は、一方で世界市場を調整する資本主義の必然性によって、他方で、致命的な核軍備の権力〔あらゆる人間にとって致死的な〕によって表象される。世界は法的に統合された。啓蒙、*Aufklärung* の夢――ああ、まさに目的の異質性！――は立派に実現されてしまったのだ。「指令権を通じての商品生産」というカテゴリーがここまで完全に実現された時代はこれまでなかったはずである。国際秩序はグローバルな指揮権を通じて生産組織と分業の双方を国際的規模で再生産している。こうした過程が、警察の一手段や行政の一機関となることで、法的に調整＝規制されることはかつてなかった。核の権力は神聖さ、つまり、生と死の最終的決定、新世界秩序に行使される権力を表現している。社会との弁証法からの権力の分離がここまで法外な時代はなかった。単一の統治〔政府〕システムと単一の政体構成の正統化、代表、責任は、新世界秩序の内部でそれらが占める地位との関連においてのみ規定される。法的根本規範の中心の位置ずらしが、形式的であれ物質的であれその側面すべてにおいて新たな法制的秩序づけの空間性を規定している。さらに指揮権〔指令〕と自己価値創出〔価値増殖〕のあいだの、国家と社会との、資本とプロレタリアートのあいだの分離のルールの絶対的支配／優越を介して、その新たな空間は特徴づけられている。国際的・国内的法的アレンジメントの多元性という点から規定される膨大な一連の帰結がもたらされているのはこの事実に由来している。つねに中心を占めるのは生産的社会からの指揮権の――強制的となりつつある――分離なのである。

市場の共同による確立が一躍前面におどりでている事態は、すでにヨーロッパではかなり展開を見せている国家を超えた連携の歴史的過程のなかだけでなく、旧ソヴィエト連邦やアメリカ諸国での自由貿易地域の確立の過程で進行中の超国家的存在の再構成配置のなかでも見られることだ。だがしかし「自由市場」の確立が経済的指揮権の拡散あるいは脱中心化をもたらすことはない。指揮権の枠組の新国際秩序への展開という視座からすれば、諸共同市場はたがいに不可欠の対話相手であり、グローバルな組織の必要不可欠のヒエラルキー的諸水準であるとみなしうるのだ。中心化された指揮権が、これらの新たな国際的諸主体のあいだの関係を規定している政治的、法的ヒエラルキーや連結のありようを指図する。これら主体間の協働のプロジェクトが設立される際の形態はあらかじめ中央によって決定済みなのだ。この指揮権は民主主義という政治的規範を押しつける反面、それをいざ〔実際に〕適用するとなるとそのいかなる可能性も拒絶するような類の、テクノクラート的調整＝規制や道具的合理性というかたちをとる。共同市場では既存の政治的現実や経済構造の統合の過程を、仮借のないテクノクラート的機構が支配する。テクノクラート的規範性は民主主義的正統化が備えるあらゆる動態に優先させられるか、あるいはそれを排除してしまう。民主主義的正統化の場所に資本主義の利害が居座ることになるのだ。つまり法の妥当性あるいは望ましさといった領域が法の実行可能性、有効性へと従属してしまうわけなのだ。正当化されるのはテクノクラート的予測であり、それがあらゆる民主的な政治的統制を排除してしまう。要するに、テクノクラート的調整＝規制が政治的規範に取って代わるのである。

国内の憲法の領域にも類似の現象を見てとることができる。そこでも新国際秩序の優越性や新たなテクノクラート的資本主義支配を確認できるのだ。議会はますますあからさまな仕方で、人民主権の委譲された場となりつつある。つまり、決定する諸権力はいよいよ露骨に議会をまたぎこえつつあるし、政府の執行機能や重要人物へと集中する傾向にある。じつのところ、執行的・行政的手続の優越性が、規範の保障主義的、一般的、抽象的定義に押しつけられるにつれて、法の形態そのものが変容を被りつつある。議会の活動が限定される一方で行政組織が拡大するということの事態は、以下の二つのパースペクティヴから見てとることができよう。まず第一に、議会の意思決定が、政治的・経済的・軍事的権力に比して依存的あるいは従属的位置におかれていること。テクノクラート的権威の命ずる新たなルールや新世界秩序の警察力、それが共同利益集団の国内での動きを支配しているのである。第二に、政府機構は、特定の争点、特定の事例について、行政機関の介入をますます受け入れるようになっており、抽象的・一般的規範の生産を脇に追いやっている。こうして民衆を代表する諸機関は二つの絶え間なく高じつつある圧力によって制約、またはは従属させられているのであり、またその度合も高まりつつある。その圧力の一つは外部から、つまり新世界秩序からやってくる。もう一つは内部から、行政的要求からやってくる（いうまでもなくアメリカの場合、この二つは一致している）。これらの圧力のいずれも、法の演繹的で厳格な概念構成の枠組のうちでは対処することができない。法の生産の源泉は、それゆえ、どんどん人びとの主権（人民主権）の所在地から離れていくのである。たとえ、高度に複雑な諸紛争が、技術的諸規範、行政の継続性のルール、世界市場の主権的諸決定に訴えかけることによって、しばしば単純化されかつ解消されるにしてもである。これについては二つの例を持ちだすだけで充分だ。まずは一九七〇年代にはじまった公共支出の危機。最初は大都市の貸借対照表の、続いて福祉国家の国家予算の危機として現れた。二番目に、一九八〇年代の初頭にはじまった第三世界の債務危機。いずれにせよ、民主的、大衆的な諸勢力――しばしばそれは国会において広範にわたって代表されていた――は、意思決定の場の移動によって抑圧された。世界市場のルールや国際的介入の有機的組織体のほうを好み、他方で抑圧的な諸規範（公共支出の削減や債務の再整理のような）についての決定を社会的労働の調整＝規制をおこなう行政機構の権威の傘のもとで提示するような意思決定の場の移動である。規範的・法的な意思決定の身の丈はぐんと伸び、その適用の枠組も拡大した。だがそれと同時に、その有効な働きはまるで破壊的な影のように行政的介入のじつに些末なメカニズムに向けられているのである。人民主権に委譲された場や構成的秩序づけの持続的生産は、こうした指揮権の締めつけの論理によって不遜なまでにつらぬかれているし踏みにじられている。それらに残されたものといえば、「民主的メディア」によるコミュニケーション風のシミュレーションが美学的装いでもっておおいかくそうともくろむ空疎な骨組のみである。

最後に、社会法においてはポストモダン国家の新しい形態、あるいはむしろ国家と社会の物質的関係の新たな形式的構成は、以上のような抑圧的諸展開の集中としてだけではなく、新たな潜勢力の場としてもたちあらわれる。じつのところすべてが生まれ回帰する場所はここだ。つまり、社会的闘争、階級闘争の場、近代国家がみずからの発展の手段を見いだした場であり、みずからの危機に出くわした場でもある。また権威についての根本的決定や、分業、富の分配について、さまざまな主体が相争う場である。ここでは一方の技術的な規範や権威、他方で社会的な集団的〔団体〕交渉のあいだの対立が絶頂にまで達するようになる。「社会契約」の二つの側面——アソシエーション的契機と権威主義的契機——がもっとも明確なかたちで分離するのもここである。社会的富の源泉としての労働力の活動の否定による（労働社会として把握された）市民社会の否定——根本的地点はここにある。あたかもマルクス以前に回帰するかのように、ポストモダン国家において労働はふたたび市民社会の謎となる。資本のもとへの社会の実質的で完全な包摂は、社会関係のおりなすシステム総体にまで反響を及ぼす——社会関係の混濁として、すなわち搾取関係の崩壊あるいは枯渇として。法的観点からすれば、資本主義的再生産の法則は、そのもっとも抽象的でもっとも規範的な側面において自然なものとなる。貨幣が法的規範に取って代わる。市民社会は行政機構に、純粋に技術的でありただひたすら技術的な、協働の再生産的保証のシステムに還元される——現在あるのと同じかたちでの社会関係の再生産へと向けられたシステムである。絞り込んでいえば、法は二つの形態で現れる。再生産の過程の規範性を規制する手続的規範の集合としてか、あるいは生産過程の正常性をふたたび安定化させるための例外的ルールの集合としてか。手続と例外性のはざまで、市民社会の法制的存在それ自体が否定され、正統＝合法な権威の形成の手段として市民社会が法制機構に参与することも否定される。ポストモダン国家においては、従属する者と指令をくだす者のあいだの社会の構成的状態の分離は完全なものになる。古代的、伝統的な権威の定義がそうであったように（そしてこの点でポストモダニティは驚くべきことにプレモダンのようにも見えてしまうのだ）。近代国家がそうした根本的分離の地点にまで達したことはかつてなかったし、そうした洗練をきわめることで根本的分離を押しつけるにふさわしい規範的条件を獲得したこともなかった。法的レヴェルで直接に能動的主体を社会的主体として認めることから規範的な関係を手続化することにまでいたるケインズ主義国家の法的革新は、法の形成や失効の手続的技術を社会的・契約的場から行政国家の場へと手際よく移動させる緊急政策や例外的介入による壊滅的一撃によって、失墜しまた宙づりにされている。社会的主体の弱体化にともなって社会の行政的アレンジメントの再強化が進んでいる。それは手続的とみせかけているが実際にはシステム的である。社会法において、ポストモダン国家はその名に値する真の警察国家として現れつつあり、一方、警察は最高の行政機構として現れている。

法的改良主義の幻想

だがしかし、社会法についての考察の冒頭で述べたように、この社会法の展開が一貫しかつ全体主義的であるとしても、それはまた新たな潜勢力をも切り拓いている。つまり、矛盾にみちた社会空間を排除することによって、法システムのあらゆるレヴェル、法システムの組織するあらゆる関係の内部にいたるまで、社会法の展開は矛盾それ自体を法システムへ向けて書き込みなおしているのである。自己価値創出〔価値増殖〕と特異性の出現とともに現れる、社会的主体性の無政府的・コーポラティズム的な分散、型にはまらないアイデンティティの探求、腐敗やマフィア活動の上昇——これらすべてがこの〔矛盾の書き込みなおしの〕地点にないまぜになってたちあらわれ、脱出や再領土化に適合していると同時に矛盾してもいる暴力的な強奪や圧力によって、法システムをその全体にわたって悩ませている——まさに診断不能の痙攣といった事態である。資本のもとへの社会の実質的包摂は社会を国家から切り離す。つまり、包摂されるものといえば、社会的諸力の現実的平面から分断された市民社会のシミュラークルであり、それは国家自身が生産したものにほかならないのである。しかしそれと同時にこの分離は、社会のあらゆるレヴェルの矛盾に国家を直面させるのだ。

ポストモダン国家がみずからの構造に埋め込まれた矛盾の集合総体を制しながら発展することによって直〔線的〕に規定されるこの枠組こそが、現代の法学の大部分が照準をあわせている焦点である。法学の進歩的潮流——それは私たちの関心を惹きつける唯一の潮流なのだが——の試みは、法と国家の脱社会化のもたらす諸帰結に抵抗することや、それによってポストモダニティの政体構成内部に社会が法を再領有できるような空間を再構築することに向けられている。だがこの企てが現実に達成可能かどうかは、すぐには明らかではない。私たちが描きだしてきたような状況にあって、はたして有効な法的改良主義を構想することは可能なのだろうか？　あるいは現代の状況を考え併せるならば、すべてのオルタナティヴで改良主義的な法制上の努力は完璧に幻想となるのだろうか？　この問いに答えるために、現代の法学を四つの潮流に区分し——だんだんラディカルになっていくような順番で——その作業を考察したいと思う。すなわち、(1)民主主義的進化論派、(2)ネオ・マルクス主義的ネオ・コーポラティズム学派、(3)脱構築的アプローチ、(4)批判的アプローチ。

民主主義的進化論派の動きの中心はヨーロッパである。第二次大戦以来、この潮流を形成する諸学派は、以下の二つの根本問題について、ヨーロッパの法思想の改良主義的潮流を代表してきた。(1)ファシズム体制から立憲国家構造への移行、(2)戦後に労働界の新たな自由な組織化から台頭してきた再生した諸勢力（サンディカリズム的、社会主義的）と、立憲国家とのあいだの妥協、という問題がそれだ。この法思想の潮流の核心にあるのは反ファシズムという推力だが、それは民主化の一つの直接の要素であり、さらに社会的地平をも含み込む法的地平、行政的地平の弁証法を拓く手段でもあるものとしてとらえられてきた。社会的地平は（この歴史的枠組みにおいては）社会的平等主義のための変革の源泉として定義される。この視座からすれば、市民権と自由は平等や連帯の権利と齟齬をきたすべきではない。こうして法思想の論理は、法理学的方法からインスピレーションを受けることになる。法学的方法は進歩的傾向によって促進されるべきだと信じられているのだ。こうして、この諸学派は第二次大戦後のヨーロッパの福祉国家の維持や発展において重大な役割を果たすことになった。それゆえこれと同一平面上に、法社会学の発展や憲法上・行政上の権利の理論があるとみなしてよいだろう。[9]

近年では、民主主義的進化論派は法の規範的側面と社会学的側面の循環に焦点を合わせることで、近代的立憲国家、法治国家からポストモダン国家への変容に対応している。言い換えれば、この視座は、ある時代が決定的に終わったとみなすことをみずからの前提にしている。つまり、社会学的事実（法が認める市民の主張）は、それが形式的に憲法に準拠した構造に挿入されたあとではじめて法的に有意味であると考えうる、とされた時代の終焉である。法の進化はいまやつねに新たな社会学的事実（市民の主張）の登場とこれらの事実の制度化のあいだの機能的連続性の内側から把握されねばならない。規範的なメカニズムは社会的に開かれている。国家はそれを保障し、行政は休みなくそれを説明し、形式化〔公式に承認〕せねばならない、というわけだ。

ネオ・マルクス主義的ネオ・コーポラティズム学派もまたヨーロッパの法理論展開のうちに重要な位置を占めている。戦後マルクス主義法理論が最初に生まれたのは一九二〇年代のソヴィエトでの論争からである。それは社会主義社会における権利の性質についての議論に由来していた（エフゲニー・パシュカーニスはスターリン主義国家構造に対するコミュニストの側からの批判を象徴する理論家であり、一九六八年あたりに復活したのはまず彼の見解であった）。このパースペクティヴからすると、権利の構成、それゆえ権利理論それ自体が、国家の死滅や、つねにより広大で効力あるものになっていく主体的な公的権利の確立を指向していることになる。[10] しかし一九七〇年代には、マルクス主義的権利論の革命的推力は潰えてしまった。一九八〇年代の危機、そしてこの時期の知的意識を特徴づけるコミュニズムの展望の全般的退潮とともに、ネオ・コーポラティズム的潮流が根づきはじめる。マルクス主義の危機という視座からすれば、ネオ・コーポラティズムの論理は次のように説明できよう。革命というプロジェクトへの推進力を維持してきた組織や社会的勢力がたとえ退潮したとしても、階級関係の現状を変化させることに利害＝関心を持つ主体もいまだ存在する（少数派、契約、妥協などを基盤にしてでも）。すなわち、プロレタリアートのヘゲモニーが終わりを迎え、そしてプロレタリアートがもはや多数派の立場を押しつけることができないにしても、いまだある種の労働者の抵抗がいまだ存在しうるのである。実際に存在し、それゆえ少数派主義的方法によってであるにせよ、多元主義的立憲体制において法システムの発展を条件づけることのできる諸主体に足場をおく抵抗がそれである。「組合《コーポレーション》」という言葉（これは一般に労働者の組合を指す）は過去の遺物といった感もあるが、象徴的には強力な抵抗の感覚を提示しているし、リベラルな体制における諸勢力の弁証法を条件づける「恵まれないdisadvantaged」階級の能力を暗示している。数多くの多様な社会集団が、ネオ・コーポラティズムのうちに、みずからの個別の権利への要求を表明し、法〔理〕学体系に関与するための土俵を見いだしたのはこのためである。[11]

ポストモダン国家の形成に対応しながら、ネオ・マルクス主義的ネオ・コーポラティズム学派は民主主義的進化論派の視座のうちにはらまれていたものと同じ前提、すなわち、ポストモダン国家の構造の制度的連続体のなかの法的規範のダイナミックな把握から出発した。しかし、変革の力学のための、国家の規範的なアレンジメントのための均衡の中心点を考察する民主主義的進化論学派とは異なり、ネオ・コーポラティズム学派は変革の主体的性格と、そしてそれゆえに、主体を規定し主体による要求を組織する契約関係内部に規範的な均衡点を見いだす必要とを主張した。階級的視点からの社会の記述（ネオ・マルクス主義学派の出発点）が説得力を喪失しているとしてもそれが必ずしも社会的主体の契約的・相互的構造の弱体化を含意しているわけではない。コミュニズムが終わったにしても史的唯物論は生きている、こう彼らは述べているようにも思われる。フーゴ・ジンツハイマーからニュー・ディールの進歩派法律家にいたるまで、彼らによって法的改良主義の動力とみなされていた労働者階級の改良主義がその歴史的限界に達したとしても、社会的主体（利害によって組織された法的要求の担い手としての）という原動力は、法制上の発展や、さらに重要なことには憲法のシステム的均衡が実践的にはそこに委ねられ、理論的にはそこを参照にして有効なものになるであろうというような場所でありつづけている。

　これらの二つの法学的立場がポストモダン国家における新たな法の布置についての問いへの取りかかりにすぎないことは、これまでの分析から明らかだろう。二つの立場ともに、形は異なるものの、社会と国家の狭間に法的規範の理論の可能性を見ている。両派ともに、この狭間のポストモダン的再構成が、純粋にシミュレートされたものであることを認識していないのだ。依然として伝統的な法的改良主義の概念構成のもとで、基礎が導きだされているわけだ。社会学的現象と規範的現象の混同は規範的なものの社会的なものへの還元の帰結ではなく、逆に、規範的なものの内部への社会的なものの包摂の産物である。もろもろの事実、価値、社会的主体の流通の総体的決定不可能性は、それらの「価値」を決定しかつ規範を生みだす国家の独占的権力を否定するどころか肯定し強化するのである。規範の振舞いの社会と国家のあいだの相対的振幅は、システムの均衡の規定（それゆえ規範的な特質を決定し、規範的な性格を動かそうという可能性）が国家という重心へ向けて集中することを決して妨げることはない。その振幅がダイナミックになるにつれて、ますますポストモダン国家の政体構成は、国家に内在する均衡、資本の再生産に対する指揮権の論理に内在する均衡となるのである。民主主義的進化論派やネオ・マルクス主義的コーポラティズム学派はこうしたパースペクティヴからすれば、法制上の取引の場《マーケット》についての時代遅れの理論ということになる。この取引の場は、この地点では、個別のそして集団的主体の自由のシミュラークル、国家が授ける市民社会の空疎なイメージでしかない。それゆえ私たちは純粋で単純な神秘化の領域上にいるのだ。法学は市民社会の自律を偽っている、つまり、国家の自律ということを鑑みれば存在しないし存在するはずもない市民社会の法的力や規範的な力があるかのように偽っているのだから。これらの学派は幻想の上に築かれている——ポストモダン国家が始動させている本質的な変容を忘却あるいは無視しながら、伝統的な法や国家の概念構成を支えている幻想である。

ポスト構造主義的法学のさまざまな潮流はこのような法的改良主義の倒錯を否定しているが、これまで見てきたようにその見解は正しい。しかし、それらが改良主義の平面や、それに由来する神秘化効果から法理論を脱出させ、法理論に新たな力強い規則を与えることができるかというと検討の余地がある。脱構築的法理論と批判法学の実践者はともに、法解釈や実践の学派あるいは方法として一緒に括られることをつねに拒否しているが、彼らの著作のほとんどすべてがラディカルな反形式主義に共通の出発点をおいている。[12] ためしに、二つのアプローチを結びつける共通の初発の企てを私たちの分析のために利用してみよう。この二つのアプローチを統合する共通のプログラムは、テクストと文脈《コンテクスト》、つまり規範のシステムと社会的・政治的表現の織物＝生地のあいだに、支配的な法的概念構成において措定される距離を認識することを含み込んでいる。彼らがいうには、文脈の外部には、あるいは解釈から自由な意味は存在しない。言い換えるならば、すべての法的形態や活動は社会的・政治的枠組内部に分かちがたく埋め込まれているとみなさねばならない。[13] 法のテクストとその文脈のあいだに法的形式主義が措定している距離の脱構築あるいは壊乱は、脱構築的アプローチと批判法学的アプローチの双方を規定する第一の作業である。

これらのアプローチはある批判的条件を提起している。思うにそれは、ポストモダン国家の法制的性質を脱神秘化する過程を促進させるために必須のものである。多くの場合、テクストや規範的体系の自律を脱神秘化させることによって、これらの学派の著者たちはポストモダン社会の現実的な構造に適切な規定を与え、かくしてテクストと文脈、規範的なものと社会的なもののあいだのとどまることのない循環――実際にあらかじめ提示されていない場合でも幻想である――の根源的な方法論的な否定を差しだそうと骨を折っているのである。この方法論的な否定の過程で批判的観点が実効的なものになる。規範的なものの専制から離脱した文脈の自律性、そして国家から独立した新たな社会的表現の空間を規定しようとの努力が、現実的な可能性としてたちあらわれるのだ。新たな（そしてこの地点では不可能な）規範的なプロセスを規定するという幻想はない。単純に新たな自由の地平を主張するという着想によって、この企ては達成される。この観点からしたら、法的規範の理論それ自体、根本から疑問に付されることになる。社会的なものを規範的なものに翻訳する可能性そのものに疑義が投げかけられるのである。そして社会的なものに比して規範的なものがつねに欠損しているという事態が肯定されるのだ。

民主的進化論とネオ・コーポラティズム的概念構成が主要には大陸的な閉じた法システム内で提起されているのに対し、ポスト構造主義的、脱構築的パースペクティヴは、主要には開かれた（つまり、法理学的）司法構造をもったアングロサクソン諸国で法的方法論に影響を与えようと試みられているのは偶然ではない。閉じた法システムの伝統のある国では、法研究におけるポスト構造主義的パースペクティヴは――哲学レヴェルではポストモダン・システムに抵抗したとしても――実定法の領域外で措定される法的人間学の仮定として追い払われてしまう。こんな状況では、ヨーロッパの法的ポスト構造主義はしばしば自然法論に類似したものとして現れるか、あるいは、批判としては有効だが、法定的《コンストラクティヴ》＝構築的領野では無効な、オルタナティヴな現象学的法制的領野のようなものとして現れる。逆に、開かれた司法構造をもった国々では、「リベラルな」脱構築主義的潮流は実定法の領域へと流入をはかっている。この文脈においては、規範のシステムは歴史的に多義的であり、その源泉のシステムは持続的に開いており、解釈の方法は潜在的には法定的＝構築的であると考えられている。このパースペクティヴにおいては、オルタナティヴな論理の根本的策略が生きており、それは社会的なものと規範的なものの完全な反転可能性あるいは交換可能性のポストモダン原理を把握し、積極的に利用している。この批判的ラディカリズムは、健全な回復剤であり、法思想の泥沼に吹く一服の涼風なのである。

しかし構築的法プロジェクトの可能性に直面するまさにそのときに、私たちは脱構築と批判法学のさまざまな傾向をいっしょくたにグループ分けしようとする試みを放棄せねばならないのだ。一般的にいって、各グループを規定する要素を一方が他方に向ける批判によって画定するなどということはもっとも安易なやり方である。脱構築への批判者はいう。脱構築にできることは、ただ、権利と正義の問いに懐疑的なシニシズムを差し向けることのみであり、それゆえみずからの方法論のおかげで実定的＝積極的で法定的＝構築的な正義や社会変化へのいかなるアプローチもできないでいるのだ、と。[14] 他方、批判法学は次のように責められる。彼らが法定的＝構築的あるいは再決定的＝再構築的プロジェクトを試みるとき、それはみずからの批判的で反形式主義的な前提を覆してしまっているのであり、非文脈的なもの、超越論的なもの、基礎づけ的なものなどといった諸観念をふたたび導き入れてしまっているのだ、と。[15] しかしこうした特徴づけや区分では充分ではない。方法論的レヴェルで障害に突き当たっているかにみえる脱構築主義者もいるように思われるが、他方、脱構築の名のもとにおこなわれている作業の決して無視できないだけの部分が実際に正義の実定的＝積極的な法定＝構築（あるいは再決定＝再構築）をめざし、社会変化を引き起こそうともくろんでいる。批判法学の仲間とともにこの脱構築主義者の試みが直面する主要な問いは、ラディカルな批判によって伝統的問題設定がもはや維持できないということが明らかにされた後、構築的プロジェクトを提示するあるいは認識する土俵をいかにして発見するか、というものである。この地点で超越論的あるいは神秘的立場を含む自然権の（しばしば宗教的な）概念へと退行してしまう者もいる。[16] だが社会運動や制度をまなざすもっと生産的アプローチもある。脱構築的あるいは批判的技術によって同定された、あるいは、オルタナティヴな社会運動の現象学によってはっきりと浮き彫りになる新たな法制的社会空間、それは制度的文脈のなかに挿入される。その文脈は、翻って法学が歴史的パースペクティヴから引き離し（その積極的な系譜学のヴァリアントを開示しつつ）、解釈的観点から再構築使用を試みる、そんな制度的文脈である。私たちに近しい言葉を用いるなら、このラディカル－リベラル法学の試みを、系譜学による規範の領域の脱構築と、新たな集団的制度的アレンジメントによるその再構成のプロジェクト、とまとめることができよう。

これらの構成的プロジェクトが、その後に座礁するとすれば、その理由は一般的に言って、分離の性質が充分に把握されていないか、あるいはオルタナティヴな構成的運動の力が適切に把握されていないかのどちらかであるようだ。私たちは次のことを銘記する必要がある。ポストモダン国家が社会と国家のあいだ、アソシエイティヴな諸主体の生産的能力と国家によって解釈された資本主義の指令のあいだに打ち立てる分離は決して受動的なものではなく能動的である、と。要するに、国家が社会を生産し、社会の実践や振舞いを生産しているということだ。こんな状況では、社会的オルタナティヴ、ないしは系譜学的に刷新された一種の自然法〔そこではたんに自然ではなく諸運動の歴史的自然＝性格が基礎を構成するだろう〕に訴えかける類の、古きよき批判的虚構は完全に幻想である。それがみずからの活動を提示する場である市民社会は端的にもはや存在しない。あるいはむしろ、事実上存在するのは国家によって投影された市民社会のシミュレーションであるというべきだろうか。開かれた立憲主義の歴史それ自体が、そしてこの土俵で創出されたもっとも強力な枠組が、私たちをして批判的プロジェクトのリベラルで社会主義的な側面を捨て去るよう強いている。つまりマディソン的多元主義もあるいはジェファーソン的ポピュリズムですら、ハミルトン的中央集権主義、言い換えれば国家の集権化の垂直的作動や、それに対応する、規範の生産的中枢における構成に有効な抵抗を与えることには決して成功しないということだ。こうした生産的圧力が絶頂に達するのがこのポストモダン国家の時代なのである。自分自身の支えとして社会的諸権力を前提とするチェック・アンド・バランスのメカニズムによって、構成的均衡が決定される——かつての憲法理論〔政体理論〕が私たちに教えてくれたような、そんな時代ははるか昔に去ってしまった。ポストモダン国家においては、社会的諸権力がシミュレートされるという意味で均衡はあらかじめ構成される。もはや主権の厳重な求心的強制、すなわち、規範への社会的合意を規範として生みだす国家の能力を回避できるような諸権力のメカニズムは、それが垂直的モデルであれ水平的モデルであれ、あるいは斜線的諸次元を参照したところで存在しない。国家の規範的な生産は、特定の規範あるいは規範の集合の生産に批判を加えるだけのオルタナティヴの可能性をすべて破壊してしまった——残されたのは、規範を形成する能力それ自体へと向けられた批判である。このラディカルな批判だけが唯一、現実的な分離の状況を説明できる。

それ以外にも袋小路が見て取れる。この根源的な他性が敏感に察知されたとしても、オルタナティヴなポジションに特有の権力を認識し損ねており、それゆえ批判的無力に陥ってしまっている者もいる、ということである。マルチチュードの立場から正義の問題を投げかけ、権利の体系を批判するとき、決して私たちは周縁化された人びとあるいは無力な人びとと連帯した者としてみずからを想像すべきではない（そうした構想は象徴的解決を提起しながら不可避に表象の領域にとらわれたままで終わるように思われる）。私たちはマルチチュードをあるいはサバルタンとして、より正確には被搾取者として把握できるだろうが、マルチチュードはつねにすでに権力の座《ポジション》にあるのだ。しかしマルチチュードが備える力は国家権力とは質的に異なる力である。法制的、規範的な体系への差異の哲学の厳格な適用は、マルチチュードの特異性、代表＝表象不可能な共同体の認識へと直接に結びつく。言い換えれば、根源的他性の主張は、強者に対する弱者の大義の提唱の問題ではないし、第三権力の介入要求の問題でもない（現時点ではそれは、改良という完全に幻想である考え方である）。あるタイプの〔権〕力をあるタイプのそれに優越させ肯定する問題なのである。つまり国家の構成された権力に対抗してマルチチュードの構成的権力を肯定すること。真のオルタナティヴであれば、主体性のオルタナティヴな生産や権力のオルタナティヴな生産をもっぱら唯一の中核的問題として措定しないはずがない。批判的パースペクティヴは社会運動や台頭する主体性の系譜学を、実在する秩序への改良主義的圧力としてではなく、新たな構成的力の要素＝境位として把握せねばならない。

かくして「現実の社会主義」の決定的危機とともに、さまざまな変種をともなった法制的社会主義やリベラル改良主義の冒険もまた終わりを告げた。もはやこのタイプのオルタナティヴが有効と考えうる余地はない。権力のシステムは、グローバルには世界市場に、国内的には主体性の社会的生産に、きわめてハイ・レヴェルの指揮権を及ぼしているために、みずからを分離させ自律的に新しい社会秩序を正統化できているほどなのだ。私たちは適切で再構築的な法制的パースペクティヴをふたたび獲得することができる。そのために必要なのは、ただ唯物論的な形而上学な近代性の母胎、そしてそのラディカルな人間学的諸オルタナティヴへと回帰すること、かくしてポストモダンの秩序をその構造の形成やその力の強化の場で批判を加えることのみである。ポストモダン国家における分離の社会的諸次元を解釈し直すこと、それによってのみ、私たちは主権の自律に抗して分離のうちに措定される主体性の生産のメカニズムを把握することができる。法制的国家の全体にわたる批判を提示する強力な主体は構成的主体である。この主体は分離の平面でラディカルで有効なオルタナティヴを提起するのである。

構成的主体の系譜学

近代思想史の内部では、規範的な線――ポストモダン的な法やその国家についての把握はその最後のいらだった表現である――に抵抗しつつ、構成的、リバタリアン的、生産的な線が息づいてきた。それは休むことなく一連の問いを投げかけるのだ。主権の外部で、分離した自律的実体としての共同体を構想することは可能かと。マルチチュードの基礎としての一なるものの必然性を追い払ってしまうような法、政治理論はありうるのか？　それゆえ一なるものをマルチチュードがみずからを表現する単純な表層として想定する法、政治理論はありうるだろうか？　今日、私たちがここまで描いてきたような状況においては、資本主義の危機と社会主義への移行の終焉の双方は明白な事態であった。これらの問いがふたたび舞台の中心に浮上してくるのはまさにここだ。現実に蔓延する危機のカオスは、基礎づけの、不断の基礎づけ直しの、原則への回帰の、絶対的起源の地点へむけて政治的推論の再開を強いているように思われる。見たようにこの意味では、倒錯した果てしなき循環＝流通に新たな意味を押しつけようとするだけでは充分ではない。意味を再構成するための唯一の可能性は、それを新たに再構成することで、過程を基礎づけなおす可能性である。ここでの問題は改良主義は不可能であることを示せば足りるようなものではない――改良主義は不可能であるだけではなく、退屈な繰り返し、倒錯、貧困でもある。国家はもはやイロニーとしてですら擁護不可能である。他方、構成的、リバタリアン的、生産的線がいまやヘゲモニーを握っているとして、そして――認識論的領域と法的領域の双方において――これのみが出来事に意味を与えることができるとして、この線が息づきうごめいていることをどのようにして示せばよいのか？　それが理論的路線やプロジェクトであるのみならず、主体や力でもあることを認めることがいかにして可能なのか？　構成的権力が政体構成を打ち立てるや必然的にみずからを否定するのだというような考えときっぱりと手を切ること、そしてもはや自分自身と分かたれず、それ自身、政体構成であるような構成的権力を認識することが、現時点でいかに可能なのか？　私たちが提起してきたポストモダン国家の解釈における決定的要素は、いまやこのオルタナティヴを積極的に構成する可能性へむけて迷わず進んでいく。

私たちが問題への応答の定式化にはじめて着手できるのは、ふたたび社会的領野へと足を降ろし、そこで、現代のポストモダン世界で作動している構成的主体の系譜学を描きはじめてからである。この主体は労働する主体である——すなわち創造的で生産的、肯定的主体である。その社会的存在〔形態〕についてはさきに非物質的労働の主体的綜合と生産の協働的本質についての考察において輪郭を描いておいた。私たちが現代社会に見いだす発展においては、生産的労働は、労働自体の外部に措定されうる協働へのいかなる強制からも独立して、意味の完全に内在的な社会的次元を提起する傾向にある。労働のいやます非物質的次元によって、労働する協働の結節点とネットワークは社会的生産の核心部分に配置されることになる。かくして生産的協働の組織者という伝統的役割を離れた資本は、捕獲装置の形態をとる傾向を帯びる。生産的社会的労働はいかなる直接的資本主義的指令から離れてますます自律へ向かって歩んでいる——さらに国家の規範性によって表現される間接的な労働への資本主義的指揮権の形態からはもっと明確に身を引き離しつつある。それゆえ資本や資本主義国家は、本質的に自律的な社会的生産の流れを捕獲し、管理する役割に徹することになる。その結果、国家が最大限に自律的で分離的な形態で主権を押しつけるや、主権という観念の社会的あるいは弁証法的機能は時代遅れで空疎なものに見えてくるのである。二つの自律は分離しており、そのあいだには共通する部分は何もない。不断に社会の生産性を規定している生産的労働と、非生産性の形象として分離された指揮権（あるいは主権）、それらを結びつける紐帯はほどけてしまったのだ。

ポストモダン的主権の諸次元と手を切った新たな主体の構成の問題に関して、社会の批判的分析が私たちに提示する最初の応答はまたもや分離、つまりこの主体が生まれる自律的な場を強調するよう私たちに示唆を与えてくれる。だがこうした考察のうちには、この主体がみずからを表現する場を探すことをせず、むしろ表現がとる形態を強調する応答もある。この形態は、今日、社会的価値増殖の範型を提示している非物質的で協働的な生産性に存在論的に適応したものにちがいない——存在論的に適応したとは次のような意味である。すなわち、それが適切に主体の〔権〕力と単独性を把握しているということ。この主体の形態はあらゆる規範的な布置に先立つ、あるいはむしろそれを排除する——規範的な布置の効力を動的で開かれた絶えざる制度的過程のなかでポジティヴに抹消することで——生産的、非物質的、協働的形態である。もし規範的なものが存在論的なもののあとに続き、そして存在論的なものが絶対的内在性であるとすれば、規範性の分離など（そしてその自律的現存など）ありうるわけがない。あるとしたらそれは、神秘化、欺瞞、誤解として、あるいはせいぜいよくて古い諸権力の残滓としてのみである。それゆえ法の規範的性格も長続きすることができないだろう。規範性はもはや行為の限定の枠組としては存在しえないのだ。行為が規定され限定されるのは、行為それ自体の、構成的で社会的に意義ある、協働的なダイナミズムとの関連においてのみである。

規範性の要求を破壊すること——私たちはこの目標に接近できるし接近をはじめねばならない。社会的な協働主体がみずからを表現する制度的過程へ規範性を還元すること。規範性の還元が可能となり、制度性の再活性化が現実的なものになるのは、この手段によって、あるいはより適切には存在論的基礎によってである。ひとたびこれらの条件が実現するや、私たちは表層的で平坦な地平の上に立っているのに気づく。そこには生産的力の特異な表現の無限性とそしてまた協働のネットワークの無限集合が現れる。この肯定的で歴史的な地平を超えうるものは何もない。この平面では、一なるものはマルチチュードである。主体の歴史的多元主義の、主体の自由な生の、ただ一つの基盤は形而上学的一元論である。自由の一元論的地平で、こうした多元性の生命を展開できるとしたらいかにしてか？　自由を超えた何ものも自由に対して命令＝秩序を課することができないとしたら、いかにして自由を肯定できるのか？

この地平上で、みずからの分離、生産性に付け加えて、新たな主体はさらなる表現の契機を生みださねばならない。それは生産の内的秩序の構想を、社会の構成的ネットワークの集合を表現しなければならない。だが、いかにすれば、これらの表現が構成的に首尾一貫したものたりうるのか？　マルチチュードが効率のよい絶対的地平を構成できるとしたらそれはいかにしてか？　この問いはマキアヴェッリ、スピノザをはじめ彼らに続く無数の人びとによって、つねにマルチチュードや搾取される階級の立場から提起された問いである。マキアヴェッリ、スピノザ、そして彼らに続くすべての人びとが、闘争のただなかで考案した応答は、この「マルチチュード」という名は民主主義の名にほかならない、というものである。平等者の民主主義、すなわち主体の生産的能力の絶対性、権利と義務の絶対的平等性、権利の実質性の上に基礎づけられた民主主義である。多くの人びとがこれらの原理に民主主義を絶対的に基礎づけようと試みてきたが、ほとんど成功してこなかった。社会の分離あるいは自律と社会の生産性という概念に加えて、さらに私たちは、この問題設定に取り組むための三つ目の概念をもっている。それは「構成的権力」である。この概念は自律と社会の生産性を生産的労働の市民権のうちに結びつけるものだ。言い換えれば、新たな社会の協働する非物質的主体は本質的には構成的権力をとおしてみずからを表現する。構成された権力に対する構成的権力、特異な主体性としての構成的権力、生産性と協働としての構成的権力、それは問いを投げかける。それは社会のうちにいかに位置づけられるのか——そしてそれ自身の創造性をいかに展開できるのか?

かくして民主主義は構成的権力として現れる。あらゆる権力の委譲を退ける特異な主体たちのマルチチュードが表現する力がそれだ。構成的権力はマルチチュードのプロセスの外側に存する基礎はいかなるタイプのものであれ排除する。みずからの協働的活動をあらかじめ規定しあるいは限界づけるだろう人間の単独性へと存在論的に刻み込まれた、超越論的基礎も自然法のいかなる形も存在しない。協働的特異性の創造的自由が表現される固定された論理的形式は存在しないし、つねに新たな共棲の仮説や協働のアレンジメントを構成する可能性を押し止める限界は存在しない。マルチチュードの日常的経験から自覚的に構成されるものに外在する目的性が、歴史的で構築的な人間活動の自由に押しつけられることを、構成的権力は拒絶する。かくして、構成的権力は基礎なしの、論理的限界あるいは現実的限界なしの、目的論なしの民主主義である。一なるものは事実上マルチチュードであり、マルチチュードの生は民主主義である。それゆえ共和政体や法そのものが手続に還元される。手続に先立つものはなにもない。要するに、強制力の独占は諸主体の集合に、その活動のうちにある主体に、帰属する。そして彼らの手続的同意の総体へと帰属するのだ。力の行使の正当化が可能になるのはこの枠組においてのみである。構成的権力は民主主義的コミュニケーションであり、その内部で社会の再生産のための諸制度が不断に形成され、創り直される。

この分析や視座は生産的社会の真の自己形成に根ざしている。主体たちが、外的指令の必要なしに富、知識、協働の自律的生産者となるとき、主体たちが生産や社会的再生産をみずから組織するとき、そんなときに、彼ら自身の力に外的な包括的主権的〔権〕力が存在すべき理由は何もない。それらの構成を妨害するもの、あるいは新たな主体の構成的権力の意味を指令するものは、それが何であれ存在する理由はないのだ。この状況にあって、マルチチュードの生を組織する制度的過程は、必ずやマルチチュード自身の生に内在する。構成的権力は、民主主義をその定義からつき崩してしまうことなしに理解するための、ただ一つの形態である。

私たちはユートピアを提示しているのではない。私たちの分析と探求は、それを促している政治的意志と同様に、構成的過程としての民主主義というこの定義が、踏破されるべき通路であること、諸主体からなるマルチチュードはみずからの制度を構築すべきであることを充分認めている。加えて私たちは、構成的権力の解放、それゆえ民主主義の現実的な構成的過程が、構成された権力の破壊と不可分に並行していることを知っている。つまりマルチチュードの憲法＝政体的、社会的、経済的隷属状態の実質上の足場を破壊することと不可分に並行しているのである。まさにこの過程が目的論的なものではなく、自由の条件の持続的で形而上学的な構築であるがゆえに、解放の過程と破壊の過程のあいだの関係は機械的ないし否定的に補いあうわけでもないことを知っている。実際、内在的な構成的権力を、主権的な構成された権力から分かつ区分においては、もはや弁証法は存在しない。否定弁証法ですら存在しないのだ。マルチチュードの構成的過程を特徴づけるのは生産的脱出である。つまり協働の制度的構築と構成の追求は、構成された権力の消滅過程から独立している。これらの二つの線は統御不能な他性として世界の地平上を運動するのである。にもかかわらず二つの独立した過程が、たがいに直面することになる契機があるだろう。というのもポストモダン国家のその存在論的準拠対象の真空状態への内破は、破壊と死の契機をもって世界総体を脅かすだろうから。この脅威が無力化される保証はない。いずれにせよ、マルチチュードによる民主主義の構成はこの死の影において展開する。この死の影は――そのヘゲモニー的権力を生みだした言語やコミュニケーションのコードを破砕し、出来事が特定化されるよう要求することで――構成の過程を前進させ加速させる。私たちはすでに展開している革命を生きているのであり、死の脅威のみがそれがあらわになることを妨ぎとめるのだ。ポストモダン国家の力についての譫妄とマルチチュードの民主主義の構成のあいだに弁証法——唯一可能な弁証法——が存在するとするならば、それはこの死の脅威のうちにこそ存在する。

ここはおそらく、自律、生産性、拡大された民主主義的多元性を身にまとって現れた後、新たな主体の系譜学が決定的に与えられる地点である。言い換えれば、死に直面して主体は、その有限性とともに生を活気づける生への窒息不能な欲望をあらわにする。有限性の力はそれゆえ死に、有限性自体に抵抗するこの抹消しがたい闘争のなかにあらわになる。この集団的存在において、新たな主体はみずからの限界——いつも堅牢ではあるが新たな主体がつねに超えゆく必要のある限界——に直面しつつ活動の自律と生産性を理解＝内包するのだ。

今日、この破局の仮定において、コミュニズムが蘇生する——社会主義あるいは成熟した資本主義が自由の通路を解釈できるという幻想をはぎとられたラディカルな構成性の原則への回帰において。近代性の諸選択肢を切断＝分割し、この切断に含意された命を賭したリスクを選択すること、それによってのみ自由は実現可能である。このディストピアの選択の外部、構成的過程の自律、生産性、多元性における人間の構成性のこの刷新の外部では、いかなる法制的秩序づけも不可能である。構成的権力とは、この過程である——つまり潜勢力の表層における絶対的内在性にほかならない。超越的でありうる唯一の力は、あらゆる力で満たされた、人間の有限性の力である。その場、つまりまさに有限性において、構成的過程の形態と構成的権力の主体が一致するのだ。

原註

I

第一章　批判としてのコミュニズム

（1）Bobbio 1987b を参照せよ。同書には Negri 1987 も収録されている。

（2）ハンナ・アーレントは、自然と必要性という観点から「労働 labor」、人（作）為に関わる「仕事 work」、多元性あるいは社会性に関係する「活動 activity」の区別を提起している（Arendt 1958：77ff.）。だが私たちにとってこれらの用語的区別は無用のように思われる。というのも、一般的に言えば、社会的諸実践はこれら三平面のすべてを同時に横断しているからである。言い換えれば、自然と人為、公的と私的などの区別は安定的ではなく、むしろ連続的流動にあるからだ。したがって私たちのテクストでは、「自然的」欲求 needs、「人為的」欲望 desire、そして社会的諸関係へと向かう諸実践に、同等に、言及するだろう。

（3）社会的実践のモデルとしての行為性の典型的提起については Butler 1990：128-9 を参照。意味作用あるいは言説的諸実践に焦点を当てる分析の多くは、ラクラウとムフ、また究極的にはジャック・デリダから着想を得ているようである。

（4）マルクスによる自己価値創出（自己価値増殖）の諸過程の分析は、基本的には『経済学批判要綱』に含まれている。私たちは、このテクスト本書におけるいくつかの論点に関わって、この概念に立ち戻るだろう。『経済学批判要綱』における自己価値創出（自己価値増殖）という概念についてのより拡張された分析については、Negri 1991 を参照。

（5）ダイアン・エルスンは、マルクスの著作における「労働価値説」に注意深い理論的説明を与えている。彼女は「私の議論はマルクスの労働価値説の対象が労働であったことを示すことである。それは、価格が現実に現れる理由の説明を捜し求め、それが労働に基因することを発見することではなく、むしろ労働が現実に採る形態の論拠、またその政治的帰結とは何かを理解すること」である、と述べている（Elson 1979：123）。

（6）何よりもまず Hartsock 1985：234-40、Rose 1983：73-90、Di Leonardo 1987：440-53 を参照。

(7) この場合でもまた、女性労働および家事労働の研究が生産的労働と再生産（生殖）労働についてのマルクス的区分を適用できないことを照射する多くの研究のうちの一つの道筋であったことが明らかとなる。たとえば Eisenstein 1979：5-40 および Dalla Costa 1972 を参照。第五章で私たちは、とくに英国の経済学者のあいだで盛んな「生産的労働」というマルクスの範疇がはらむ問題をめぐる論争に取り組むだろう。Lebowitz 1992：100-3 は、生産的労働についての論争における「一方向性」が提起した諸問題についての明快な要約を与えている。最後に、現代の社会的状況に関わるマルクスの分析のいくつかの中心的範疇の再検討の必要性については、Negri 1992：78ff. を参照。

(8) たとえば Kergoat 1991：71-85 を参照。フランスにおける女性労働者の闘争の具体的なあり様における「諸実践の内的論理」および彼女たちの内部で生まれた主体的なその形象化についてのより一般的な展開については、Kergoat 1982：esp. 107-31 を参照。

(9) Haraway 1991 はすでに多くの分野の研究者によって異なった方向性で取り上げられている。一例として Olalquiaga 1992：10-17 を見よ。第七章で私たちは、サイボーグと社会的労働者との関連を練りあげるだろう。

第二章　ケインズと国家の資本主義的理論

(1) ロシア革命以降のロシア以外における労働組合運動や政治運動が、本質的には、「自己管理」にもとづいていたという意味で同質であり、これらの運動が大衆的性格を帯びたときでさえも、一般的には労働貴族によってその〔政治的〕表現を与えられ、率いられていた。Bologna 1972 はこうした運動の同質性を規定することに専心している。こうした問題の一般的紹介については、Ryder 1966、Pribicevic 1955、Draper 1960、また Caro 1964 も参照せよ。

(2) たとえば、ある産業部門の大企業がアメリカ合衆国におけるニュー・ディールに対して浴びせかけた非難について、考えてみればよい。

(3) これはアメリカ合衆国における労働者階級の闘争に妥当する。第一次世界大戦直後の数年間におけるアメリカ合衆国の労働者階級とヨーロッパのそれとの行動形態をつらぬく一つの同質性については、*Operai e Stato* に収録されたセルジオ・ボローニャとジョルジ・ラウィクの論文（Bologna, Ferrari-Bravo, Gambino, Gobinni, Negri, Rawiek 1972）を参照。一九一四年から一九二〇年にかけてＡＦＬの組織人員は二百万から四百万へと増大し、一九三〇年代にいたるまで労働組合は圧倒的な組織人員数を誇ったが、それらの有益なデータについては Berstein 1960 と Domenico Demarco et al., eds., *Mouvement ouv-*

riers et dépression économique（『労働運動と経済恐慌』〔出典不明〕）に収録されているガレンスンの論文を参照（pp. 124-43）。

（4） この段階におけるケインズの政治的目的は、資本主義的システム擁護の二潮流を再統合することであった――それに関わって言えば、この擁護はドイツを梃子としてのみ組織されえた。この視点は、ケインズの政治的思考における一つの基本的な要素として残存し続ける。一九二二年、『条約の改正』でケインズは、「ドイツの未来はいまや東側とそのあらゆる再起の希望へと向かい、その野心は確かにそうした方向へと向かっていくだろう」というアイディアをうんざりするほど繰り返している。彼の「親ドイツ主義」への嫌疑は、最近のマントーによる批判にいたるまで（Mantoux 1946）、多くのケインズ批判をもたらしたが、その「親ドイツ主義」は、彼の批判者たちがかつて理解しようとして持ちだした説明以上に多くの深い階級的意義をもっている。それはワイマール期ドイツにおけるブルジョワ的な政治的思考の最良の部分と完全にパラレルなアプローチを提出している。たとえば、当時のマックス・ヴェーバーに同一の直観を発見することは困難ではないだろう（Mommsen 1959：280ff.）。またケインズは、決してヴァイマール期の知識人や彼らの政治集団へのシンパシーを隠そうとはしなかった。『人物評伝』収録されている「敗れた敵、メルヒオル博士」でケインズは、擁護と見紛うほどの論調で、このサークルについての像を与えている（Keynes 1933a）。

（5） こうした問題についての良質な理解についてはLekachman 1964：1-10を参照。論理的には充分理解できることだが、ハロッドによる聖人伝は同意している（Harrod 1951）。ポール・サミュエルソンにとって『一般理論』への路は「回心の路」であった（Samuelson 1964）。

（6） とくにOhlin 1925a；1925bを見よ。

（7） これはRobinson 1964：34に引用されたケインズの見解である。

（8） この著著の書評でケインズは、平和会議におけるチャーチルの路線の正しさを認めているが、また同時に、チャーチルがソヴィエト革命の中心的な重要性を把握することに失敗したという、決して軽くない、批判をも加えている。すなわち、チャーチルは「適切な関連において見た場合のこの事件の重大な意義を、正しい見通しにおいて洞察する――あるいは少なくとも見通しのうちにおく――ことができず、偶発的な挿話から本質的なものを解き分けることもできない。……彼自身、レーニンの偉大さに対しては賛辞を呈したとはいえ、彼にとってのボルシェヴィキとはたんに愚劣な極悪非道にすぎない」と述べている（Keynes 1933b：72-3）。

（9） ケインズの伝記作家は、正しくも、英国における政治的出来事が一九二〇年代ケインズの展開へ与えた絶え間ない刺激の効果を強調している（Harrod 1951：331ff.；Robinson 1964：41ff.）。

（10）ケインズにとって問題がどのように表れたかについては、Robinson 1964：41ff. および Napoleoni 1972 を参照。

（11）Pribicevic 1955 に加えて *Operai e Stato* に収録された一九二六年の英国におけるゼネストについてのマウロ・ゴッビーニ Mauro Gobbini の論文を参照せよ。

（12）Harrod 1951：375ff. 参照。

（13）「しかし、もしわれわれの中央統制によって、できるかぎり完全雇用に近い状態に対応する総産出量を実現することに成功するなら、古典派理論は、その点以後、ふたたびその本領を発揮するようになる」（Keynes 1936：378）。

（14）『人物評伝』に収録されている論文「人間ニュートン」でケインズは、ケンブリッジの物理学者や数学者に秘密主義的で魔術的な契機を見いだすとともに、こうした側面を勝利を収めた彼の啓蒙主義的な側面と比較することによって、この魔術的側面と啓蒙主義的側面が共存すると同時に、前者がより大きな本来性を有する科学的思考のモデルへと、何とかたどり着こうとしている（Keynes 1933c）。実際、創造的天才は非合理な関心によって持続的な創造をなしうるのである。ニュートンを魅了したもの、それは彼が依然として宇宙を一つの謎として見ることの正当化を何としてもやり遂げようと努力することであった。こうしたニュートンのイメージが、何ほどケインズ自身の科学的展開についての自覚を規定しているか、などということを問うてみるのも一興である。

（15）この長い論争についての適切な理解については、Harrod 1951：338ff. 参照。

（16）ケインズがこれらの結論に到達したときの政治的および文化的な雰囲気についての優れた説明については、Sweezy 1964b を参照。また彼はこの問題をより広い視野からも議論している（Sweezy 1953：189-96）。

（17）一九二六年に書かれたエッセイ「自由主義と労働党」および「自由放任の終焉」でケインズは、とくにゼネスト以後に現れた政治的必要性に言及しつつ、こうした視点に特別な強調を与えている（Keynes 1931d：1931b）。

（18）こうした論点および一九三〇年代の経済分析における他の多くの側面に関わってここで依拠している考察については、Arndt 1963 を参照。

（19）アメリカ社会にとって、こうした問題全体の経済的危機の心臓部における重要性については、Schlesinger 1957：51, 90 を参照。なお重要なデータについては Filene 1967 も参照。

（20）Keynes 1936：99-104, 218-20, 322-5 を参照せよ。早くとも一九三〇年五月一〇日には、ケインズは『ネーション』誌掲載の論文で事態の重大さを警告していたことに注意せよ。彼は次のように書いている。「事実――とはいえ大衆にはまだ認識されていない一つの事実は、われわれがいまきわめて激しい国際的な崩落の底にあるということである。しかもこの崩落はかつて経験したうちでもっとも厳しいものとして歴史にその地位を占めるだろう。この規模の不況からわれわれを救い上げるには、公定歩合のたんなる受動的変更だけでなく、きわめて積極的で断固たる政策が必要」である（この論文は、Harrod 1951：398 に引用されている）。

(21) こうした関連から、レダウェイはケインズ理論への国家の導入についての優れた分析を提示している。とくに優れている点は、彼の分析が国家出動の「構造」的な性質を強調していることである（Reddaway 1964）。後に見るように、この点でケインズの経済分析が新たな国家形態の定義にとってとくに重要となる。

(22) ブルドーは、経済計画という展望の内部では、いかに未来が現在へ吸収され、統合されるかについての、おそらくもっとも優れた分析を提起した。また彼は憲法的な権利‐法の概念がもつ重要な含意をも明らかにした（Burdeau 1965）。

(23) 正しくもレダウェイは、経済的生活への国家の内面化が、とりわけ投資という点に関わって、いかに生ずるかについて記している。その機能は、最終的には、直接的に生産的である（Reddaway 1964）。

(24) ケインズ自身と彼の学派がこうした状況を分析するために費やしたあらゆる努力にもかかわらず、最高の分析はマルクスの「社会的資本」の構成についての分析であることは言うまでもない（Marx 1967a：103ff.）。

(25) 「社会的帰属」を焦点とする資本（の分析）については、マルクスにおける循環過程の三図式を再度参照せよ（Marx 1967：chaps. 1-4）。

(26) Sweezy 1964a；1964b はこの論点に適切な強調をおいている。

(27) 有効需要の概念については、Keynes 1936：23-32, 55, 89, 97-8, 245-54, 280-9 で定義が与えられ、展開されている。

(28) 全システムの相互依存性については、とくにケインズ「正統派」の解釈者たちによって立証されている。そうしたことについての論評については Harrod 1964 を見よ。

(29) ハーバラーは次のように書いている。「分析におけるケインズの主要な貢献は（賃金の硬直性という）かの仮定がもつ含意を解明したことにある。ケインズの理論的体系は……この賃金の硬直性に本来的に依拠しており、それはいまやほとんど一般的に認められているところである。もしこの仮定がなければ、ケインズの体系は簡単に崩壊してしまうだろう。あるいは、別様に表現すれば、それは『古典派』的体系と緩く呼ばれている体系からみずからのそれを区別するような、示差的で差異的な質を失っていた」だろう、と（Haberler 1964：291）。

（30）例としては、次の定義で充分であろう。すなわち「総需要関数は、いろいろな仮定的な雇用量を、それらが生みだす産出量から得られると期待される売上金額に関係づけるものである。そして有効需要は総需要関数の上の一点であって、供給側の条件と結びついて、それが企業者の利潤期待額を最大にする雇用水準に対応しているために有効となっている」（Keynes 1936：55）。

（31）なぜなら「貨幣の重要性は、本質的にそれが現在と将来とを結ぶ連鎖であることから、生ずるから」である（Keynes 1936：293）。

（32）これまでの「諸章の目的の一つは……全体としての物価の理論を価値の理論と密接に関係づけることであった。経済学を一方における価値および分配の理論と、他方における貨幣の理論とに分けることは、私の考えでは誤った分類」である（Keynes 1936：293）。したがって「私は、次のような古典派以前の学説に同感である……〔すなわち〕すべての物は労働によって生産され」る（Keynes 1936：213）。他方スウィージーは、ケインズが「経済生活を歴史的状況の抽象と捉え、したがって社会運動への科学的な導きの糸を与えることが本来できない新古典派的な接近の限界を決して乗り越えることができなかった」と述べ、こうした類のあらゆる仮説に異を唱えている（Sweezy 1964b：299）。

（33）こうした点に関連して、『一般理論』の諸結論は典型的である。これらの結論は、システムへの深い称賛に満ちている。たとえば彼は、問題を「具体的に考えてみても、現存の経済体制が現に利用されている生産要素を著しく誤って用いていると考えなければならない理由は見当らない」と書いている（Keynes 1936：379）。無罪とされた資本主義と個人主義、金利生活者の安楽死、自由と効率性、団結と保守、労働強化と自由――これらすべてが、繰り返されるスローガンであった。これらを寄せ集めて一つの統合的なイメージである包括的イデオロギーの内容とすることは決して困難なことではないだろう――みずからの方法に価値自由を権利請求する正統派のケインズ派経済学者にとっては、消化不良を引き起こしてしまうには充分だとしても。

（34）ケインズの分析についての厳密な解釈、とくに実質賃金と貨幣賃金との連関の問題に関わるそれについては、Champernowne 1964a；1964b が基本的である。

（35）Keynes 1936：353-58 の記述からもわかるように、ケインズは、彼の預言者／指導者シルヴィオ・ゲゼルへの奇妙な共感（控えめにいって）にもとづいた貨幣利子率の廃絶というゲゼルの仮説の支持にとどまらず、貨幣に取って代わるスタンプ付き貨幣というゲゼルの提案（あるいは彼の忠誠慰撫的な治療）への好意的な考察までをも表明するにいたっている。そうした幻想はしばらく措くとしても、資本の限界効率をゼロにするという理論についてのケインズの言明は、そのもっとも高度に科学的でイデオロギー的な形態を示している（Keynes 1936：220-1）。

（36）『一般理論』がマルクスについて言及しているのは、たった二回であり（Keynes 1936：32, 355ff.）、それもおそらくはマルクスについての不適切な知識をさらけだす程度の簡単な扱いになっている（いずれにせよ、『人物評伝』でケインズは「マルクス主義についてはあまり詳しくない」ことを認めている）。また十月革命とソヴィエトのプロレタリア国家についてのケインズの判断は非常に皮相、卑俗である（Keynes 1933b：63-7；Keynes 1931c：253-71, 312-7）。これらの事例から見ると、そこには科学者というよりも、むしろ、証券取引所の投機屋ケインズがいる、と私は考える。こうした投機屋ケインズという見方、ケインズそのひとにおける他の諸点と同様程度に本質的なそうした視点から見れば（ハロッドの伝記では彼の投機屋的な能力が高く評価されているが）、次の言明は完全に理解可能となる。すなわち「時代遅れの経済学の教科書——これが科学的に誤りであるだけでなく、現代世界にとって何の興味も適用性もないものであることを、私はよく知っている——を批判の許されないバイブルとして推挙するような教義を、どうして私は受け入れることができようか。魚より泥を好むために、どのような欠点があろうとも、生活面で優れた素質をもち、全人類の進歩の種子をたしかに携えているブルジョワジーやインテリゲンツィアよりも上位に、粗野なプロレタリアートの地位を高めるような信条を、どうして私が採用できるだろうか」（Keynes 1931c：258）。

（37）ケインズにとりわけ強い影響を与えたものは、リベラルで人道主義的な急進主義の伝統であったように見受けられる。ケンブリッジにおけるその主要な唱道者はトーマス・グリーンであった。グリーンの政治思想や彼の政治理論の基調が示す、しばしばユートピア的な含意については、Redman 1964 を参照。

（38）貨幣の拒否とその「信用流通のさまざまな形態による置き換え」が、まさにこうした資本の社会化によって可能となることが、マルクスによって証明されている（Marx 1967b：606-7）。

（39）「すでに見たように、資本の蓄積の増大は資本の集積の増大を含んでいる。このようにして、資本の力、すなわち社会的生産条件が現実の生産者に対して独立化され資本家において人格化されたものが増大する。ますます資本は資本家をその行使者とする社会的な力として現れ、この力は一個人の労働がつくりだせるものに対してはもはや考えられるかぎりのどんな関係ももたないのであり、——しかも、それは疎外され独立化された社会的な力であり、この力が物として、またこのような物による資本家の力として、社会に対立するのである」(Marx 1967b：264)。

(40) Harrod 1951：445-50 および Einaudi 1959：83 を見よ。

(41) さきに示した諸論攷において、シュレジンジャー、ホーフスタッター、そしてエイナウディは、とくにニュー・ディールがケインジアンに忠実であったわけではないということに気づいている、だがしかし同時に、彼らはこれら二つの経験を基礎づける政治状況の客観的交錯については認めている。これは強調されておくべき点である。

(42) ホーフスタッターがアメリカの新たな改良主義の段階的特徴と理解した、この新たな労働組合主義者の内容は、決して、ニュー・ディールにおける資本主義的実験の急進性を損ねはしない。むしろそれはその固有な形態を強調しさえするだろう。ホーフスタッターがそうした実験のなかに認識した「社会民主主義的な色彩」は、それゆえに、労働者階級の視点とは無縁である（Hofstaddter 1962：305-8）。

(43) さきに引用したそれほど重要ではない著作における文言をしばらく措くとしても、次の事実には考察を加えておくべきであろう。それは、『一般理論』それ自体が、とくにその結論部分は、完全に非合理的で悲観主義的なものの見方から導きだされたと思われる歴史哲学についての考察に満ちている、という事実である。ケインズにあっては、限界主義にもとづく経済学特有な「合理性」に対する攻撃が、固有そして逆説的に、合理性一般への弾劾となっている。すでに一九二〇年代初期にロバートスンが記しているが、さまざまな現代「主義」contemprary "ism" の非合理な結論を受諾する用意がすでにできていたことを、それは示している。

(44) この問題全体については Emmanuel 1966 を参照。

(45) アメリカ合衆国における三七年危機についてのこうした解釈については、Arndt 1963：688-70 を参照。

第三章　憲法における労働

(1) 第三条第二項、パート二には「市民の自由と平等を制限し、人間としての完全なる発展と国家の政治的、経済的、社会的な組織への全労働者の実効的参加を阻碍する経済的かつ社会的な障碍を除去することは共和国の義務である」と書かれてある。また第四条には「全市民にとっての働く権利とこの権利を実効的にするための諸条件の助長を共和国は諒とする」と書かれてある。イタリア憲法の完全な英語訳については、Blaustein et al. 1992：vol. 8 を見よ。

(2) こうした解釈を支持する多くの著者のなかでも、Azzariti 1948：82ff.、Cereti 1949：112、Crosa 1951：82、Ballador-

Pallieri 1953：353 を参照。

（3） ここでは、この希望が、しばしばそうであったにせよ、しかしいつもたんなる反動的な激情の再燃の結果であるとは言えないことを、私たちは強調せねばならない。こうした傾向に関わるいくつかの問題の展開については、Negri 1977a を見よ。フランス憲法の一九五八年改正が、これらの目的のための国家組織の再構造化を配置するにあたって、少なくとも形式的には、一九四六年憲法のイデオロギー的な前文を残しておいた点に注意しておこう。フランスのレジスタンス運動とこの憲法改正における秩序づけとの連続性については、『フランス政治科学評論 *Revue Française de Science Politique*』の新憲法特別号に掲載された Wahl 1959 を参照。

（4） 編年史的な順序で言えば、これらの命題は Giannini 1949-50, 1951 によって提起された。とくに Navarra 1953：145ff. は労働者主義者にとっては重要である。

（5） Giannini 1949-50 および Mortati 1954：188-9 を参照。

（6） ここでの私は、エルンスト・フォルシュトッフ Ernst Forsthoff の研究の中心的論題に言及している。次節で注意深く考察することにしたい。

（7） 「一九世紀思想における革命的切断」については、「労働」概念について広範な論点を提示している Löwith 1964 を参照せよ。同様の論点を同様の視線から議論しているものとしては Marcuse 1978 も参照せよ。

（8） マルクスの「社会的資本」形成についての分析は、おもに『資本論』第三巻で展開されている。私たちは以下でこれらの命題についてより詳しく議論することにしよう。

（9） ここで私は、意識的に、Mortati 1940 の第一章で設定された枠組みを採用した。そこでは、ハンス・ケルゼンの研究が批判的な実証主義の代表的作品として、ロマーノとシュミットの著作が現実主義的潮流の代表として、それぞれ挙げられている。またクリサフッリにおけるこの枠組みの再定式化については Crisafulli 1961：vol. 1, 104-20 を参照。

（10） Mortati 1940：chap.2 を見よ。また Jellinek 1964：262ff. も参照せよ。

（11） フランコ・ピエランドレイは、秩序化の物質的構成における事実と規範性の内在性について、より展開された分析を提示している。豊富で適切な文献とともに Pierandrei 1953：esp. 334ff. を参照せよ。

（12） イタリアでは権力についてのこの形式的概念が長い伝統をもち、パレート、モスカそしてミケルスらのいわゆる社会学派で、その頂点を極めたことを記憶に留めておくことが有益である。事実、この学派はまったく同一の矛盾に悩まされている。

しかし、この学派が、実際、現時点で「支配的な政治的権力」ついてのその定義を相対主義の極致にまで推し進めているモルターティの研究に直接的影響を与えていると仮定する理由は存在しない、と指摘するには注意深くあらねばならない。

(13) この概念は、戦間期における中央ヨーロッパ諸国における憲法の基本的特徴である (Schlesinger 1953)。

(14) たとえばジュゼッペ・グロッソは次のように書いている。「経済的事実へ法的規範を適切にあてはめることがはらむ問題は、二つの異なった視点から理解することができる。第一は経済的必要性に関連し、それは経済的解決と思しきものに向かっている。第二は、立法者によって手段として望まれているという意味での経済的な要素を組織化するという目的に向かっている」、と (Grosso 1955：811)。またこの方法論的代替案は、経済学におけるいわゆる権利 - 法の定義の曖昧なあり方を示している。この主題について広範な文献を含んでいるアッローリオの次の見解を見よ。たとえば彼は、経済(学)の権利 - 法の領域は「定常的な発展におけるこれら物質的なことを支配する規範の解釈か……あるいは適切な改良主義的な政治の定式についての解釈についての研究」である、と述べている (Allorio 1956：1211)。

(15) ヴェーバーの批判の直接的対象がシュタムラーの形式主義的提議であることは偶然ではない。しかし私たちは、ヴェーバーのこの批判がエンゲルス的な「上部構造」の問題の概念化——すなわちマルクスでは決して問題とされなかった問題であり、マルクス主義のある種の側面に存在する絶望的なスコラ主義、とくに第二インターナショナルとスターリン主義の潮流にとってのみ「常識」とされ、延命している問題——に結びついている諸問題にのみ、関心をもっている。

(16) こうした認識はもっとも憲法主義的な理論に共通する特徴である。一九〇六年以前にイェリネックは、たとえば『憲法改訂と憲法改変 *Verfassungsänderung und Verfassungswandlung*』で、この必要性を感じていることを充分に示している (Jellinek 1906)。ピエランドレイは、イェリネックの分析をイタリア憲法に関連させている (Pierandrei 1953：338)。いずれにせよ、後に私たちは、本章の「ブルジョワ的権威理論モデルの批判」と題された節で、この問題に立ち戻るだろう。

(17) 法治国家と社会国家の関係については豊富な文献が存在するが、ここでは二人の著者の研究から引用するに止めよう。Forsthoff 1956：551ff. および Ascarelli 1956：59-60 が、それである。

(18) Forsthoff 1956：553-4, 560 および Ascarelli 1956：59-60, 65 を参照。

(19) こうした局面の歴史的記述については Lyon-Caen 1951 と Giannini 1951 を参照。

(20) Lyon-Caen 1951 と Giannini 1951 は、この第二の局面についても詳細な議論を与えている。

(21) リオン＝ケーンは、労働権の「過渡的」あるいは「不安定」な特徴を強調している (Lyon-Caen 1951：78)。次いで彼は、カピタン＝アンドレイ、アミオー、スチェレ、モッセ、ルーアスト、デュランなどの他のいくつかの定義に反対し、労働権の合理的基礎の分析に考察を加え、その発展のさまざまな局面に共通しながらもしかしとくにもっとも最近の局面で特徴的な、資本主義国家における権利‐法の全構造と首尾一貫する労働権を確立しようとしている（Lyon-Caen 1951：esp. 81）。彼の結論は、非常に要約的で、ときとしてイデオロギー的でさえあるが、基本的に正しい。

(22) この点に関わって以下の二つの関連する事実を理解するには、コーポラティズムの概念とそのシステムからイタリア憲法によって設えられたシステムへの移行に言及するだけで充分である。労働者の闘争の諸局面は、その時期や変革を決定する労働関連の諸立法の発展に直接的に結びつけられていること、そして最近のイタリアの歴史から見れば、工場での自由の獲得の追求によって団結の自由を再獲得する行為が、労働者の闘争の直接的な結果であること（資本がそれらの獲得物を引き続きどのように使おうとも）、という二つの事実がそれである。いずれにせよ、「労働憲章」のシステムとイタリア憲法によって設えられたシステムとの基本的な差異についてはMazzoni 1956：esp. 1226-7を参照。

(23) この点についてはHorvath 1934-5が意義深い。たとえば、ホルヴァートは、「権利‐法の源泉とは、二つの状態あるいは状況をつなぐ移行過程、そうした流動状態とその背後における〔両者の〕不分割性から明らかな確実性への経路における、権利‐法それ自体にほかならない」と主張している。これは、絶対的に観念論的な見解であることは明らかであり、それは、論文集『実定的権利の諸源泉の問題 *Le problème des sources du droit positif*』にホルヴァートの論文とともに公表された他の諸論文にも反映している。しかし、現実的な哲学的前提に実体的に基礎づけられている他の諸見解が同様の体系的な幻想をともなう源泉概念を創造することに終始するという指摘は興味深い。たとえばDjuvara 1934-5、あるいは非常に異なった傾向のもとで議論しているPergolesi 1943：esp. 1-28を参照せよ。一連の実証的な研究を検討するために、私たちは、漸進主義理論との関係で、後にペルゴレシに立ち戻ることにしよう。

(24) この議論の一事例についてはSwoboda 1934を見よ。ここでは、その要素の均衡（調和）と位階（自由から社会への）をともなった源泉システムは、合理的地平にそくして法規主義が構成する一連の制御原則によって構成される、とみなされている。スウォボダの見解が新カント派的基礎を有することはまったく明らかであり、そうした理論の哲学的前提を一般的に示すことにもまた役立っている。

(25) 当該期イタリアで有益かつ注意深く準備された権利‐法の源泉という主題についての法学文献の評価については、Carlassare Caiani 1961を見よ。彼女は、権利‐法の基礎が根本的な現実への実体的に均質的な依拠の核心において生起する区別を明らかにしながら、一般的には、ここで私が提示した見解に対立する見解を採っている。また彼女は、これらの著者たちによって提起されたハンス・ケルゼンへの厳しい批判の意味をも明らかにしている。しかし、私たちの目的にとっては、その一般的な命題を理解するだけで充分である。

(26) Bobbio 1946：52 および Carnelutti 1936：vol. 1, para. 25 を参照。

(27) ボッビオは、源泉の二つのタイプについて、次のような定義を与えている。私たちは「(生産的) 源泉の定義にもとづいて源泉を考えるが、それによって法的規範、また認識的源泉から派生する法的規範でさえも、義務的な力を帯びる。……私たちは認識的源泉を法的規範の知識を産み出す源泉と考える」とボッビオは書いている (Bobbio 1946: 61)。カルラッサーレ＝カイアーニは「認識的源泉を規則についての知識を可能にする様式、生産的源泉からみずからを導きだす様式と理解する」と付け加えている (Carlassare Caiani 1961：45)。この問題一般については Codacci-Pisanelli 1947 を参照。

(28) 二元論については、モルターティが詳細に議論している (Mortati 1940：35ff.)。厳密に社会学的な意味で、クーリシェール自身は、二元論のだらだらとした和解を引き続き要求しながらも、厳密にも「憲法的な権利における源泉の多数性」を自然にともなう根本的な憲法的配置の多数性を主張している (Koulicher 1934-5)。

(29) 生産的源泉と認識的源泉との区別の起源が正典的な規範性をもつことは偶然ではない (Codacci-Pisanelli 1947：230-2)。それは、権利‐法の源泉が直接的に崇高だからこそ、それはその表現の「記録」を確定するという問題でもある。したがって私たちは本質的基底 *fontes essendi* と認識的基底 *fontes cognoscendi* との区別にたどり着いていることになる。これは、この区別がどのように国民精神の神秘的発展の諸効果の表現にとって適切となりうるかを説明する。結局、観念論的な理論家たちの体系への狂気じみた執着がこの区別に魅せられたことが偶然ではないことだけは確かだろう。

(30) 私たちが知っているこうした主張のもっとも明確な宣揚は Crisafulli 1960 に含まれている。またこの論題については Crisafulli 1961：vol. 1, 192ff., 285ff. を参照。

(31) 源泉の危機という現代的問題における基本的な機制は、『実定法の源泉についての諸問題 *Le problème des sources du droit positif*』と『G・ジェニーの幸福の法原についての論考輯成 *Recueil d'études sur les sources du droit en l'honneur de G. Geny*』の両書で示されている。特徴的なことは、源泉の危機が、法令主義の危機、言い換えれば、源泉としての法の排他性という教条の危機および法実証主義の伝統的な理論に反対する一連の新たな諸源泉の認識として、これらのテクストに提示されていることである。

（32）法実証主義の再構築についてはNeuy 1951を参照。

（33）この過程の一般的叙述については、フォルシュトッフの研究に加えて、すばらしいBallerstedt 1953およびGuarino 1962を参照。

（34）憲法にもとづく法、とくに権力の分割に関わるこの見解の事例についての重要な分析については、Balladore-Pallieri 1952を参照。戦後におけるさまざまな法的配置の比較論についてはCheli 1959を参照。最後に行政法に関してはForsthoff 1951を参照。これは、私たちの見解では、現代の問題構制についてのもっとも鋭く包括的な概論である。

（35）法の主権という教条の消滅過程は、権利 - 法の源泉をめぐる論争ばかりでなく解釈をめぐる論争を介してもまた展開したことを記憶しておこう。しかしここではこの論争に立ち入らない。

（36）ここでも「生命の他の環境におけるそれと同様、諸集団の形成と強化また集団の諸関係である適切な社会的諸関係の確立を惹起するものは、抗争それ自体である。たしかに抗争は、集団間の諸関係から発展するが、しかし集団の諸関係は同時に抗争からもまた展開する。また労働管理をめぐる論争が、はじめからそうした特徴をもっているというよりも、集団間抗争へと進展するといったほうがより精確」である（Kahn-Freud 1954 : 194）。

（37）Kahn-Freud 1954 : 202ff. およびGiugni 1960 : 11-12を参照。

（38）この点に関してはBogs 1956 : 1-9, esp., 5を参照。ボッグスが、これらの諸前提から出発しながら、フォルトシュトッフによって提起された社会国家と同一の定義に逢着していることは驚くに当たらない。

（39）この点を肯定する多くの研究のなかでも、とくにProsperetti 1955を参照。この研究は、ある種の私的契約主義の傾向を主張しているにせよ、非常にすばらしい。

（40）Sinzheimer 1934-5を参照。それはこの議論の要約を提示しており、ギュルビッチなど「社会権」学派との隣接性を示している。

（41）戦間期に展開された社会主義的な改良主義の重大な曖昧さをも示しているこの過程は、Schlesinger 1953によって完全に把握され、描きだされている。

（42）たとえば、集団契約について一時もてはやされた次の定義を見よ。すなわち「集団契約は……契約という身体と法律という精神との異種混合である。契約的なメカニズムは、主観的権利を超越し、当事者間の法的関係を超える力を作動」させる（Carnelutti 1928 : 108）。

(43) たとえば、Santoro Passarelli 1961：264-5 を参照。また Mazzarelli 1957：103-4 も参照せよ。

(44) 『経済法 *Diritto dell'economia*』収録されたアスカレッリの優れた論考を見よ（Ascarelli 1956：1254）。

(45) 以下の論文がそうした立場を明確に示している。すなわち「労働関係は……純粋にまた単純に制度的な諸関係ではなく、少なくとも正常な状況では、先行する契約的合意に依拠することが避けられない制度的な関係」である（Miglioranzi 1953）。

(46) 基本なものとしては Weber 1968：vol. 1, 319ff.、Merkl 1937：104ff.、Miele 1943 を参照。

(47) （国際的展望から見られた）権利 - 法の「脱中心化された」創造については、Kelsen 1939：266ff. を参照。また、国内的また国際的な合意交渉から手続的な制度化への移行については、Guarino 1962：56-9 を参照。

(48) 労働概念と（隠されたまたは暗示的な）搾取諸関係の条件との関係については、Marx 1959：esp. pt. 1 を参照。

(49) ケルゼンの諸見解と彼以前に根本規範について論じた多くの著者の見解との比較は、ケルゼンの著作の重要性を証し立てるに充分である。これらの他の著者たちの論議では、「根本規範」は、法的秩序化の命令性の条件を例示しながらも、しかし、一般的に抽象的な意味が与えられているにすぎない。たとえば W. Jellinek 1964：27 を参照。

(50) メルクルの古典的著作、とくにそこでのその行政と行政的機能についての定義を参照（Merkl 1937：1-44）。また行政法理論については、とくに Merkl 1937：177ff. を参照。彼の思想についての優れた分析については Bonnard 1928 を参照。

(51) この点については、Wehr 1931 が重要な貢献を示しているように、私たちには思われる。

(52) まさにこれらの労働権の形成の歴史的運動が、結果的には、労働の多様な、しかし法的規律といった諸規制に結びついた、近代憲法に含まれていることが見いだされることは、偶然ではない。おそらくイタリア憲法はこうした点の範例であろう。Mortati 1954：160ff., 180ff. と Giannini 1949-50 を参照。

(53) こうしたプロジェクトは、英国における労働関連立法とそれをめぐる論争を緩和する戦略として、もっとも完全に適用されてきたように思われる（Grandi 1959）。

(54) 法的視点から見て、この点に関わるもっとも示唆的な提案は Herz 1958 によって提出されている。ヘルツの分析は、労働権的なアプローチの限界を超えでることにもっとも早く成功しており、そうした「過程」が国家の命運へと導入される永続的な要素を把握している。

(55) こうした視点から言えば、したがって、契約の拡大というテーマは、再構成の必然性が抗争の強度〔内包〕に直接的に比例するかぎり、「過程」の普及というテーマと逆転した類似性をもっている。こうした点についてのすばらしい分析については、Reinhardt 1957 を参照。
(56) 私たちの見解によれば無用な、だがある種の人びとによってなされている、それらの区別のための努力を無視して、ここでは「計画」、「プログラミング」などの用語を互換的に使用することにする。
(57) 私たちはすでに、国家それ自体の形態にとっての計画的な意思決定を国家が引き受けることの重要性についての文献を引用しておいた(Crisafulli 1951 : 163 ; Prediéri 1963 : 35ff., 323ff.)。
(58) 政党間抗争に焦点を当てた類似的な分析についてはNegri 1977a を参照。
(59) 労働組合の私的あるいは公的な法的特徴についての論争の事例については、Esposito 1954 : 151-79 と Mortati 1954 : 197 との活気に満ちた論争を見よ。この形式における論争がいかに近年その重要性を失い、その代わりに国家の計画化された機能という図式における組合の状況的あり方に関わって規定されなおしたかを明らかにしているものとしては、Predieri 1963 : 437ff. を参照。
(60) Mengoni 1958 : 694-99 は、企業制御という問題の分析から、権威をもって、こうした結論を提示している。
(61) Ross 1946 を参照。とくに権利の源泉の理論における二律背反について説いた第V部第二―四節および実効性の理論における二律背反を説いた第Ⅲ部第二―三節を参照せよ。私たちが興味をもつ二律背反は、源泉理論の場合、ロスが提起する、統一と多数性との二律背反という第三のそれである。実効性理論について言えば、私たちは第二のそれにもっとも興味をもっている。すなわち命令としての法的規則における実効性と仮説的な判断としての法的規則における実効性との二律背反である。
(62) Tammelo 1963 および Battaglia 1955 : esp. 513-4, 517 を参照。これら二つの著者が異なった地点から出発し、ときには対立しさえしながら、両者はともに命令主義理論の再興を宣言するにいたっている。
(63) この見解は、北欧学派にそのもっとも明確な表現を与えられている。たとえば Olivecrona 1942 を参照。論文「法の命令理論における現代的展開」でタンメロは、北欧学派、英国、また最近、ヘアのような分析的哲学者によって提出されることが多くなっている、規範的判断の性質に関わる見解の合致に焦点を当てている。
(64) マルクスは彼の時代の人びとにこの事実を想起させている。それが、危機理論と利潤率の傾向的低落に関わる彼の思考側面の研究がなぜ重要なのかの理由である。

II

第四章　コミュニズムの国家論

（1）Institut für Gesellschaftswissenschaften beim ZK der SED, ed. 1967 と Institut für Gesellshaftswissenshaften beim ZK der SED, ed. 1971、Gündel et al. 1967、Comité Central du PCF, ed. 1971 を参照せよ。

（2）ジェルジ・ルカーチは『歴史と階級意識』中で明確に合法性の諸メカニズムの構造的・客観的強度を示した。

（3）国家独占資本主義論の批判については、Wirth 1972、および Ebbinghausen, ed. 1974 : esp. 45-97, 98-136 を参照せよ。

（4）それゆえ、社会主義諸国家において国家独占資本主義論によってふるわれる恐ろしい抑圧的効果が存在した。Wirth 1972 : 27ff. を参照。

（5）Wygodski 1972 を参照。ただし、まず Wirth 1972 中のヴィルトによって引用された諸文献を参照せよ。

（6）この点で興味深いのは、一九七四年のフランス共産党大会を包囲した論戦を考察することである。七四年の大会では、労働者階級の組織により密接に結合した諸セクターによって国家独占資本主義論に対する（それゆえ党の指導路線に対する）新しい反対派が登場した。アルチュセール左派は、アルチュセール自身の正統性《オーソドキシー》としてとらえられていたことを攻撃しつつ、この論争的提起の解釈を推し進めた。エティエンヌ・バリバールの「剰余価値と社会諸階級」(Balibar 1974) を見よ。

（7）一般的には、Guastini 1974 を見よ。

（8）Miliband 1970 および Haupt and Leibfeld 1971 も参照せよ。

（9）この方法論については、Althusser and Balibar 1970 および Althusser 1969 を参照せよ。

（10）国家形態に関する理論については、Leibholz 1965 を見よ。

（11）アルチュセールの方法論の批判については、Rovatti 1937 および Rancière 1974 を見よ。

（12）「マルクス的パースペクティヴからの」グラムシの市民社会論批判については、Bobbio 1987 を参照。

（13）この期間にイタリアで登場したラディカルな雑誌では、『クラッセ・オペライア（労働者階級）』誌（一九六四―六七年）、『コントロピアノ（対抗平面）』誌（一九六八年―）、『ポテーレ・オペライオ（労働者権力）』誌（一九六九―七三年）、そして『イル・マニフェスト（宣言）』誌の月刊版を参照。*Classe Operaia* 1964-67 ; *Contropiano* 1968- ; *Potere Operaio* 1969-73 ; *edizione mensile d' Il Manifesto.*

（14）残念ながら、この問題構成のより新しい諸分析が手に入っていないため、私たちはここで再度 Marx 1973 と Marx 1977

を参照せざるをえない。

(15) Krahl 1971 および Bergmann et al. 1968 を見よ。

(16) とりわけ、Bachrach and Baratz 1970 のピーター・バックラックやモートン・バラッツおよび Schattscheider 1960 の E・E・シャットシャイダーといった、いわゆる悲観主義学派の著者たちを参照。

(17) この方法論的枠組からのこれらの現象の階級的本性についての外在的分析は、Huffschmid 1969 を見よ。

(18) Agnoli and Brückner 1967、Agnoli 1970；1969 を参照。

(19) 私たちの分析と彼の分析とのあいだのいくつかの重要な方法論的差異にもかかわらず、アルチュセールは同様の問題構成に突き当たり、それを Althusser 1971 中で同様の仕方で解明している。

(20) この批判は、Sardei-Bierman et al. による分析に負うところ大である。

(21) Altvater 1973、Flatow and Huisken 1973、および Wirth 1977「国家独占資本主義論批判にむけて」を参照せよ。

(22) この方向での最初の数歩は、イタリアにおいては、Serafini, ed. 1974 や Ferrari Bravo, ed. 1975 のような著作によって刻まれた。

(23) イタリアの論者たちに加えて、この主張に関する注目すべき例外には、E・P・トムスンとハンス＝ユルゲン・クラールが含まれる。第七章、「存在論と構成」を参照せよ。

(24) Bologna et al. 1972、および Wee, ed. 1972 を見よ。

(25) Shackle 1967、Arndt 1963、Hansen 1983；1941 を参照。

(26) 決意主義の運命については、Schwab 1970、および Freund 1965 を見よ。

(27) 国家計画の危機については、O'Connor 1973、Brachet 1974、Dubois 1974、Cogoy 1973 を参照。

(28) イタリア共産党の根本的姿勢表明に加えて、Cafagna 1971 を参照。

第五章　国家と公共支出

(1) 第四章、「国家の構造的分析の諸展開——危機論における国家」でのこの研究文献の評価を参照。ジビレ・フォン・フラトウとフレールク・ユイスケンによる論文は、とりわけ、ドイツにおいて大きな論争を巻き起こしている。以下を参照。Reichelt 1978、Hochberger 1974、Gerstenberger 1978。

（2）ディヴィッド・ヤッフェは、マネル〔トロツキストのマルクス経済学者エルネスト・マンデルの誤り〕の著作に従いながら、この主張をおこなっている。Yaffe 1973；1972 を参照せよ。また、ヨアヒム・ヒルシュもこの両義性に陥っているように思われる。Hirsh 1974：esp. 95-7 を見よ。しかしながら、ヒルシュの仕事は、マルクス主義的国家論を推し進める多大な貢献を表現しており、私たちはそれをより詳細に考察するだろう。

（3）多くの論者が近年、Rosdolsky 1977 における『経済学批判要綱』の解釈について、とりわけ「資本一般」の概念に関して、留保を表明している。たとえば、Schwarz 1974 を参照せよ。これらの論者たちによれば、ロスドルスキーは、単純な論理的一範疇としての「資本一般」と、論理的範疇ではなく歴史的範疇である、競争が作用し始めるレヴェルとしての「資本一般」とを区別することに失敗しながら、マルクスによる科学的抽象の異なるレヴェルを混同している。マルクスの分析の中心的な諸局面の基盤上で『経済学批判要綱』のさまざまな研究を評価することは、たしかに必要なことであるし、ロスドルスキーの著作のいくつかの文章は実際改定されるべきだが、管見では、これは、マルクスの思想にとって根本的な概念である「資本一般」のロスドルスキーの概念化に関わる問題ではない。ロスドルスキーは、この概念が今日になってようやくその現実の有効性へアプローチされはじめた傾向的範疇であるという事実を明らかにしているのである。その一方で、シュワルツはマルクスの思想における論理的諸範疇と歴史的諸範疇の関係性の真価を全面的に認めてきたようには思われない。〔ハートによる英訳用語では comprehensive capital となっている語は Kapital-verhaupt に対応しており、一方ロスドルスキーの英訳では Kapital-verhaupt と Kapital im Allgemeinen に対応している。ドイツ語でのこの二つの述語は同じ「資本一般」という語で訳されうるし、実際双方が近くに並べられて論じられている箇所が『経済学批判要綱』中（「固定資本と流動資本」の章）に存在する（『資本論草稿集2』四一九頁）が、もちろんそこには種差性も存在している。〕

（4）この危機に関するアメリカ合衆国での研究文献はすでに膨大なものになっている。Bachrach and Baratz 1970、および Piven and Cloward 1982 にのみ言及することを寛恕されたい。

（5）一般的にこれらの問題については、O'Connor 1973：esp. 9, the final chap. を参照。

（6）オコンナーは、クラウス・オッフェによる国家の政治的諸構造の分析の基盤の上でこれらの区別を展開させてきたのだろう。これらのテーマの展開については、Offe 1972：27ff., 123ff. および Offe 1984：57ff を参照。

（7）マルクスによる生産的労働の規定は、彼の後期著作を貫いて、首尾一貫した一連の文章においておこなわれている。たとえば、次を参照。Marx 1973：266-73, 293-5, 304-18, 699-716、Marx 1977：643-4、Marx 1969：152-304。

（8）同じくGough 1972、Harrison 1973、Fine 1973、およびBullock 1973；1974を参照。
（9）私的蓄積における公債〔国債、借款〕についての探求と結論を見よ。
（10）家内労働の領域への生産的労働の概念の拡張は、イギリスの経済学者たちのあいだでの論争においてとりわけ興味深い論点を明らかにしてきている。Harrison 1973および、Gough and Harrison 1975を参照せよ。
（11）ヨアヒム・ヒルシュが確信をこめて主張するには、社会化の諸過程と現代国家のあいだに、本来的な連続性が存在する。Hirsh 1974：esp. 89, 91, 93, 103を参照。この論の線上ではAgnoli 1975のとりわけ「資本の国家」と題された章を参照。
（12）この領域での国家行政によって設定された諸困難に直面したとき、第四章で論じたクラウス・オッフェの著作、すなわちOffe 1972およびOffe 1984を念頭におくことは役に立つ。オッフェの社会学的・構造的客観主義とドイツでのこの分野に対する「危機論」の肯定的な貢献の評価については、Esser 1975を見よ。
（13）Negri 1988；1974を見よ。
（14）ヒルシュは、政治科学の根本的諸問題と生産の社会化の根本的諸敵対に対する計画理論に言及する試みの非常に明確な実例を提供している。Hirsch 1974：esp. 85, 128-30を見よ。
（15）西独で展開した、いわゆる「計画論争Planungsdiskussion」に寄せられた諸論文は、この「否定的」意識性を証言している。Hirsch 1974：88, 93-4がこれらの出典の書誌を載せている。
（16）Rosdolsky 1977：282ff.の、ロスドルスキーによるマルクスの賃金論の批判的再構成を見よ。
（17）この分析の拡張については、Negri 1976を参照。
（18）たとえば、Weissbach 1975でH・J・ヴァイスバッハによって提供された、ドイツの状況に関する資料を参照せよ。
（19）この展開は、Agnoli and Brückner（1967）においてヨハネス・アニョーリとペーター・ブリュックナーによって予測されていた。一般的に、政治科学の再定置とこの領域上での権力の諸実践については、Offe and Narr, eds. 1975を見よ。
（20）機能主義の諸理論に関しては、Bobbio 1975を参照。ドイツとアメリカでの理論的展開について詳細は、ニクラス・ルーマン（Niklas Luhmann）とウィラード・ハースト（Willard Hurst）の著作を参照。
（21）コミュニズム的パースペクティヴからのこの現象の分析については、非常に両義的ではあるが、Seifert 1974を見よ。
（22）このことについての有益な研究が、Emenlauner, ed. 1974における一群の若いドイツの論者たちによって提示されている。とくに重要なものは、オッフェの危機論に論争を挑んでいる、Krämer-Badoni 1974である。

(23) ここで言及しなければならないのは、一九三〇年代にフランツ・ノイマンが『民主主義的および全体主義的国家』(Neumann 1957) 中に書いたドラマティックな文章である。同様に興味深いのは、アルフレート・ゾーン＝レーテルが『ドイツ・ファシズムの経済と構造』(Sohn-Rethel 1978) でこれらの問題にあてている分析と註釈である。

(24) これらのテーマ全体について、そしてなかんずく階級構成の主題の再構築と諸欲求の弁証法については、Negri 1976 を見よ。

(25) 次を参照。Theobald 1966、Goldthorpey et al. 1968-9、Runciman 1966。

(26) Negt 1968 を参照。「教育」に関する彼の諸著作は、イタリアにおいて一五〇時間労働者教育の法制化をめぐる論争をとりまいていた、さまざまなイデオロギー的立場の集合体を鼓舞した。

(27) ドイツの論者たちのあいだで、階級構成をめぐる議論がふたたび起こってきていることは興味深い。とくに、Eckart et al. (—) を参照せよ。

(28) Offe 1977 の序章を参照せよ。

(29) これらの論点に関しては、Rödel 1972、Rolshausen 1975、および Mendner 1975 を参照せよ。

(30) Vahrenkamp, ed. 1973、とりわけ Sohn-Rethel 1973 を見よ。

(31) 「生産的潜在力」をここで語る際、スウィージー＝バランによる、彼らが「過少消費」の理論において定式化したような、「剰余」の概念を暗示しているわけではない。私たちの概念はまったく異なる方向を指している。

(32) 政治科学の用語法で提示された、計画策定モデルの規定については、Cohen 1969 を見よ。

(33) ここで、Kaldor 1966 と Morishima 1973 という、独創的な貢献を念頭においておくことは有益である。

(34) Cambridge Political Economy Group 1975 におけるケンブリッジ政治経済学集団によって進められた哀れを誘う諸提案を見るだけで充分である。

(35) 社会主義諸国については、Damus 1973 を参照。ソヴェト連邦での計画過程からもこの「強制された管理」は生じているということを労働者の諸闘争の報告から私たちは知っている。たとえば、Holubenko 1975 を見よ。資本主義諸国における同様の現象については、Häussermann 1974 を参照。

(36) Offe 1974、Feiburghaus and Schmid 1974、Ehlert 1975、および Ronge 1975 を見よ。

(37) Gerstenberger 1975 を参照。「二重の労働市場」は近年の現象ではないが、一九七〇年代にそれは転換して、労働市場の分割のための積極的な政治戦略となった。Boeringer and Piore 1975 および Freiburghaus and Schmid 1975 を見よ。

(38) クラウス・オッフェの最新の著作である Offe 1975 においては、彼の構造主義的概念と階級的パースペクティヴは均衡の新たなレヴェルに達したように思われる。それは、社会化の諸過程に固有の敵対の諸契機がより力あるものとして表現されることができるという点での均衡である。

(39) Roth 1974、および Bolbrinker 1975 を見よ。

(40) Sohn-Rethel 1972 を参照。ゾーン＝レーテルの著作については、Sohn-Rethel 1973 に加えて、Sohn-Rethel 1978；1971a；1971b を見よ。

(41) 一九七〇年代のイタリアにおける「労働の自主削減」の記述については、Cherki and Wieviorka 1980 を参照せよ。総じて、イタリアのこの時期の政治的諸実践の範囲については、セミオテクストの『アウトノミア――ポスト政治的政治』全体を参照のこと。

(42) 大衆的労働者から社会的労働者への歴史的前進の分析については、Negri 1988 を参照せよ。

III

第六章　ポストモダン法と市民社会の消滅

(1) ロールズの道徳理論の観念論哲学あるいは普遍主義哲学的アプローチに対する批判は数多い。たとえば Waltzer 1981：393 を見よ。私たちが後に示すように、ロールズ自身はこうした「形而上学的」アプローチには異議を唱えている。彼はみずからの著作の解釈を道徳理論から政治理論の方へむけて誘導しようと試みているのである。

(2) たとえばキャロル・ペイトマンは、ロールズの契約は、原初状態の構成に論理的に先立つ性的契約を前提としているのであって、彼は女性の社会的従属を保証することによって平等についての論証を省略しているのだときわめて説得力あるかたちで論じている。Pateman 1988：esp., 41-3 を参照せよ。

(3) ロールズがみずからの正義論を、道徳論としてのみとらえるべきではない、あるいは主として道徳論であるとすらとらえるべきではなく、むしろ政治論とみなされるべきであると主張するとき、そうしたアプローチを実際には招き入れている (Rawls 1985：224；1993：xiv-xxx を参照せよ)。『正義論』の出版以来公表された論文のうち、その多くにおいて、ロールズは理念的な理論であるという位置づけを強調しなくなり、みずからの議論に、より実践的で政治的な基礎づけを与えようと試みている。しかし彼は、政治を社会的摩擦の問題を取り扱う必要はなく、単純にそれを回避しうる領野として把握しているように思われる。私たちはこの章の後半、「弱い主体と回避の政治」と題した節で詳細にこの問題に立ち返りたい。

（4） クカサスとペティットは八〇年代のロールズの作業のうちに二つの傾向を見いだしている。一つにはヘーゲル的傾向である。それは私たちが部分的に共同体主義的解釈に結びつけたものだ（Kukathas and Pettit 1990 : 143-8）。他方で彼らは、効率 efficiency と実行可能性の問題へのプラグマティクな転換を見てとっている。それは私たちの読解における、システムのポストモダン的解釈に該当する（148-50）。ロールズの最近の著作における転換について、もう少し異なったより詳細な分析については、Galston 1989 を見よ。その大部分が八〇年代に執筆され、いまでは『政治的リベラリズム *Political Liberalism*』に収録されたロールズの諸論文については後にまた触れたい。

（5） ロールズの議論は、憲法制定議会のような現実の政治制度に依拠することで強力になるのだが、ところが彼は現実を放棄し、みずからの議論が原初的なもののたんなる抽象的シミュレーションにすぎないと主張する。たとえば、「以上で述べてきたことは、原初状態を、ある時点で生存するであろう人すべてを包摂する一般的集会 general assembly と受けとめてはならないことを示している。あるいは、ましてや、ある時点で生存しうるすべての人からなる集会と受けとめてはならない。原初状態は、あらゆる現実の、あるいは可能な、人びとからなる集会ではないのである。私たちがどちらかの方法で原初状態を考えるとすれば、幻想をあまりに大きく広げてしまうことになる」（Rawls 1971 : 139）。もし私たちがこのアナロジーを字義どおり受け取り、原初状態に現実の人間たちの構成する一般的集会を置き換えてみるとしたら、正義論はその装いをいかに変貌させるだろうか、想像してみよう！

（6） 分配概念の幅広さはロールズが「基本財 primary good」という語に与えた幅広さに対応している。この点を指摘したのは、ポール・リクールである（Ricœur 1988 : 79-80）。

（7） この意味では、ロールズの著作はヴィルヘルム・ヴィンデルバントやハインリッヒ・リッケルトのような理論家が提示したような新カント派的道徳理論の一九世紀的、二〇世紀的伝統に忠実に従っている。

（8） イタリア憲法の事例については私たちは第三章で詳細に検討を加えた。ブルース・アッカーマンはニューディール立法の確立やそれに照応する憲法上の実践 constitutional practices の変容の時代に、社会的諸勢力の「デュアリズム」が合衆国憲法にもたらした並行する転換を指摘している。Ackerman 1991 : 47-50, 103-30 を参照せよ。

（9） 資本への労働の形式的包摂から実質的包摂への移行について、マルクスによるもっとも詳細な説明については、『資本論』

Vintage 版の第一巻への補追として収められた、Marx 1977：948-1085, esp., 1021-40 を参照せよ。また Marx 1973：704-9 も参照のこと。マルクスにおける包摂の過程についての詳細な分析は、Negri 1984：113-23 を参照せよ。

(10) ポストモダニズムを生産主義モデルからの解放、記号の自由な戯れあるいは流通のヘゲモニーと特徴づけるやり方は何らめずらしいものではない。ジェイムソンの著作に加えて、Baudrillard 1975：esp., 111-29 を参照せよ。

(11) さきに私たちは、ロールズの著作と新カント派的道徳理論の伝統のあいだの反響に注目したわけだが、ここでは新カント派的形式主義の伝統とも親和性が見いだせる。形式主義的論理や理性の一種の図式主義を強調するのがその伝統である。この伝統に属する主要な人物に Hermann Cohen, Paul Natorp がいる。

(12) もし『正義論』だけを取りあげるなら、ローティがロールズの議論を歪曲といってよいほど拡張していることに異議を唱えたくなろう。実際、ローティのテーゼと歴然と矛盾するいくつかの文章をこのテクストに見つけだすことができる。たとえば「良心および思想の自由は、哲学的あるいは倫理学的懐疑主義や、宗教的・道徳的関心への無関心にも根拠を求めるべきではない。正義の諸原理は、一方の教条主義や不寛容と他方の宗教や道徳性を単なる選好とみなす還元主義の狭間に適切な道筋を定めるのである」(Rawls 1971：243)。しかし、それに続くロールズの諸論文 (Rawls 1985, 1987, 1988, 1989) では、彼の立場は明瞭さを失い、いくつかの点ではローティの読解を支持しているのである。ロールズの作業におけるこうした局面についての要約と分析については、Kukathas and Pettit 1990：133-41, esp., 148-50 を参照せよ。

(13) この「回避の方法」と、都市開発や九二年のロサンゼルス暴動との関連で経験的分析をおこなったものとしては、Hardt 1992 を見よ。ロサンゼルスの建築や土地のアレンジメントは回避と排除のあいだの実際の［実践的］関係を探求するためのとくに明確な事例を与えてくれる。Davis 1990：esp., 223-63 を見よ。

(14) 福祉国家的三位一体——テイラー主義、フォード主義、ケインジアン——の近年における崩壊についての研究は膨大すぎてここで挙げることは不可能である。Piore and Sable 1984 を見よ。

(15) トリノのフィアット工場の事業再編《リストラクチュアリング》の歴史については、Revelli 1989 を見よ。バンジャマン・コリアもまた産業オートメーションのもたらす帰結について、そしていわゆる生産の日本的モデルについてすぐれた研究をおこなっている。Coriat 1990, 1991 を参照せよ。

(16) 最近の麻薬戦争がもたらした市民的自由、とりわけ憲法修正第四条の切り縮めについての有益な議論は、Stephen Saltzburg, "Another Victim of Illegal Narcotics：The Fourth Amendment." を見よ。マイク・デイヴィスは Davis 1990：

265-322で、ロサンゼルス市警によるギャング戦争が市民的自由にもたらした帰結について論じている。

(17) 格差原理の実行可能ないくつかの事例にちょっとだけ目をとめてみても、提唱活動《アドヴォカシー》という観点から提示される場合その実践的無力は明らかである。マイケル・サンデルはアファーマティヴ・アクション政策の文脈で格差原理に評価をくだしている。格差原理が平等についての理論的ヴィジョンを豊富化するとしても、社会的不平等を是正する制度的機構のための実践的基礎としては不適切であることを示すためである。格差原理は社会的資産の共同所有という発想を頼みにしているものの、共同体という概念に基盤をおいていないし、それゆえ社会的真価 desert の実際の政策決定についての論争にはいかなる実践的効力も与えることができない、そう彼は論じている(Sandel 1988 : 135-47、そしてより一般的には第二章を見よ)。だがおそらくはるかに意味深長な事例がある。それはロールズが、みずからの理論的血色不良を改善してくれようジョン・M・ケインズの思想を引き合いに出しながら格差原理の戦略的な裏づけを与えようとした箇所である。ロールズがいうには、一九世紀の終わりから二〇世紀のはじめにかけて、「資本の急激な集積と、すべての人の一般的生活水準を、大なり小なり、着実に高めていったのは、まさに富の配分の不平等であった。ケインズの見解によれば、資本主義システムの主たる正当化の口実になるのがこの事実である……ここでの本質的ポイントは、その前提が正しいものであろうとなかろうと、ケインズの正当化は、もっぱら労働者階級の生活状況の改善するということを根拠にしてのみなされうるということである」(Rawls 1971 : 299)。優越性についての一連の議論によって正義の体系における社会的平等の問題が周縁化されたあと、不平等を再生産する一般化されたシステムが正当化され合理化される――そしてさらに悪いことに、それはもっとも恵まれない人間の名のもとに支持されるのだ! ここでは、一連の順位づけをとおして、ロールズが体系《システム》の緊張を首尾よく排除し、民主主義的で平等主義的傾向を単なる外観へと還元しているのが読みとれる。

(18) 共同体主義を一つの運動あるいは学派と呼ぶにはあまりに多様な現象である。だがロールズやリベラル社会理論の特定のヴァージョンへの批判者として考えるなら、それは一定のまとまりをもっているといえる。権利の形式主義的把握、道徳の個人主義的基礎、そこから帰結する弱い社会的主体性といったテーマ群と対照させるならば、共同体主義者の関心はくっきりと強力で、堅固たる理論的立場としてたちあらわれるはずである。六〇年代終わりから七〇年代初期というロールズの執筆の時代では、道徳理論における論争は福祉国家的リベラリズムと保守主義的リバタリアニズムのあいだの応酬に集約される。だがそれ以来、議論の焦点は権利のリベラル理論と徳や共通善という共同体主義的観念のあいだの対立へと根本的に転換した。しかしそれをもって共同体主義者を反リベラルと考えてはならない。共同体主義の立場が批判者として現れるのは、それがリベラリズムを否定するということではなく、リベラリズムを「完成させる」という意味でのことである。ちょうどカントの批判者としてのヘーゲルが観念論の体系を完成させたように。

(19) この議論で私たちが焦点化するのはマイケル・サンデル、チャールズ・テイラー、そしてとりわけ共同体主義のヘーゲル的ヴァージョンである。とはいえこの顔ぶれが代表的だからというのではなく（じつのところ、このような多様な学者集団において代表的立ち位置《ポジション》をとりだすのは困難だ）、そこにロールズやリベラル理論へのもっとも確固たるそして充分に表明された批判を見いだすからである。共同体主義者の領域を、彼らの哲学的先駆者でもって特徴づけている人は数多い。たとえば、テイラーによって触発されたヘーゲル学派、アラスデア・マッキンタイアーが代表するアリストテレス学派、クエンティン・スキナーが主導する市民的共和主義の路線。これは手っ取り早くまとめたにすぎないが、必ずしもはっきりと分類できるわけではないがために、ミスリーディングかもしれない。たとえばマッキンタイアーは彼自身すぐれたヘーゲル学者であり、Macintyre 1984 でのアリストテレス読解はヘーゲルの多大なる影響を被っている。テイラーは市民的共和主義の熱烈な主唱者という顔ももっている。（たとえば Taylor 1989 : 165ff. を参照せよ）それゆえ私たちがここで示した共同体主義のヘーゲル的ヴァージョンの読解は、決してそれらが代表的と主張することはできないものの、少なくとも共同体主義のそれ以外の方向性にも光を当てることはできよう。しばしば共同体主義者として紹介されるそれ以外の学者たちも、彼らは必ずしも自身をそう名乗っているわけではないものの、ロバート・アンガー、ロバート・ベラー、ウィリアム・サリヴァン、マイケル・ウォルツァーがいる。文献に関しての有益であると思われる批判的レヴューについては次のものがある。Mouffe 1987、Gutmann 1985、Walzer 1990、Sandel 1984、Taylor 1989、Rosenblum 1989。

(20) テイラーはこの問題設定を Taylor 1989 でかなり複雑なものにしている。彼はかなり幅広い歴史的時期を考察の対象にしており、多数の理論家を取り扱い、さらに彼の措定する歴史的諸潮流に多大のニュアンスを与えている。とりわけ、ヘーゲルはもはや近代的地平の支配的人物としては取り扱われていない。だがこうした転換にもかかわらず、テイラーの議論は、近代性の中心的プロジェクトして表現的統合の主体と冷徹な理性の主体のあいだの綜合に焦点を合わせていることには変わりはない。

(21) こうした特徴づけがロールズの提示と適合するかどうかについては議論の余地がある。サンデルによる所有の主体についての読解は Pogge 1989 第二章が注意深く批判している。

(22) クカサスとペティットもまたロールズの著作に、古典的な保守的側面を見いだしながら、そのヘーゲル的傾向について指摘している。「ロールズ哲学のヘーゲル的性格は、彼が自分の企図を、何か合理的な理想のイメージに従って社会を改造しようとする努力としてではなく、それの公的政治文化にあるいくつかの（道理にあった）直観に潜在している諸原理を引きだすことで、自由民主主義的なアメリカを理解しようとする企てとして、理解することの内にあるのである」（Kukathas and Pettit 1990：145）。

（23）　チャールズ・テイラーも、ロールズのいう道徳が存在論への配慮を欠いており、それを現代の道徳哲学一般の領域にまで拡張しているというこの批判に共鳴している。「この道徳哲学は何が善であるのかではなくおこなうのが正しいかという点に焦点を合わせる傾向がある」（Taylor 1989：3 また 88-9 も参照）。

（24）　むろん、これが「共同体」という語を用いる唯一の方法であるわけではないことを銘記すべきだ。たとえば、マルコムXの言説において、「黒人共同体」（テイラーなら部分的共同体と特徴づけるだろう）がある程度の自律あるいは分離の可能性をもって強力な主体として措定される例を考えてみよ。この問題については次章で立ち返りたい。

（25）　道徳理論と政治理論におけるこの傾向は、テーダ・スコチポルの著作の周囲に集まる比較政治学の研究とまったく合致している。歴史社会的アクターとしての国家の（相対的）自律性をスコチポルは、規範的あるいは政治的価値ぬきの経験的調査の方法論的公理として提起している。国家が社会的諸〔勢〕力から自律的であるべきかそうでないか、国家は主要な社会的アクターであるべきか否か、彼女の作業は決して問うことはない。彼女の主張は、国家を自律的主体と考えることによって、社会の歴史的変容についてのよりよい説明モデルが構築できるのではないか、というものにかぎられる。スコチポルによれば、国家の自律性の命題は政治的問題ではなく、経験的データと照らしてテストされ証明されうる科学的研究という政治的に中立の問題なのである。もしこの主張を受け入れるにしても、スコチポルの作業と、国家は自律的で主要な社会的アクターであらねばならぬというヘーゲルの命題とは相互的に支えあう関係にあると感じざるをえない。スコチポルの立場についての要約としては、Skocpol 1985 を見よ。

（26）　政治理論の歴史における市民社会の概念についてのより詳細な議論については、Negri 1989：169-76；1991：136-43 を見よ。Bobbio 1987 もまたこの点で有益である。

（27）　逆説的にも、実質的包摂はつねに根本的分離を内在させている。実質的包摂の過程で包摂されるのは、外的ではなくシステムに固有のものである。この過程はシステムに外的なものに関与するメカニズムをシステムから剝奪し、それによってシステムの自律あるいは分離を高めるのである。第七章では何度か実質的包摂と分離のあいだの結びつきに立ち返るつもりである。

(28) ドゥルーズとガタリは社会空間の平滑化が社会的条理化を終わらせるのではないと慎重に指摘している。逆に、平滑化の過程のなかでは、社会的条理化の諸要素は「もっとも完全でもっとも過酷なかたちで」(Deleuze and Guattari 1987：492) ふたたび浮上してくるのである。ある意味では、封じ込めの危機は、社会のハイパー区分化《セグメンテイション》を生じさせる、あるいはそれと重なりあうのである。

(29) さきに私たちは六〇年代と七〇年代に、とりわけイギリスとフランスで普及しネオ・グラムシ派的国家理論については論じておいた(第四章、「理論の現段階——ネオ・グラムシ派のヴァリエーション」の項を見よ)。同様のネオ・グラムシ派的パースペクティヴの簡潔でアップデートした再提起については、Jessop 1982 を見よ。だが八〇年代と九〇年代に、より浸透の度合を増したグラムシ派は、「ポスト・マルクス主義」ヴァージョンである。おそらくそれの典型例は、Laclau and Mouffe 1985 であろう。

第七章　構成的権力の潜勢力

(1) 社会的労働者の概念についての詳細な展開については、Negri 1989 を見よ。

(2) 労働主体のヘゲモニックな形態が「専門労働者」から「大衆労働者」へと移行する、三〇年代における資本主義の再構築についての分析は、第二章を参照せよ。

(3) 社会的闘争の帰結としての福祉国家の諸制度という見方は、近年では厳しく批判されると同時にまた強力に擁護されている解釈である。主要な批判をおこなっているのは、社会的アクターとしての国家の自律性に基盤をおく国家中心的解釈を提起しているテーダ・スコチポルの周囲に結集する研究者グループである。たとえば次の共同作業、Evans, Rueschemeyer, T. Skocpol, eds 1985 を参照せよ。ニュー・ディール期における合衆国での福祉政策や制度の確立についての近年の論争はこの点でじつに示唆的である。この論争に寄与した一連の論考としては次のものがある。Block 1977、Skocpol 1980、Goldfield 1989 そして Skocpol and Fingold 1990。福祉国家は民主主義的階級闘争の産物であるとするテーゼにもとづいた理論的パースペクティヴの簡潔かつ明快な説明として、Mishra 1990：114-6 を見よ。

(4) ダナ・ハラウェイによる Haraway 1991 は非物質的で技術 - 科学的労働の主体についての理論的展開にとって含意に富んだテクストである。この新たな労働主体はまた、きわめて高次のレヴェルで科学的知と生産的能力を統合するさまざまな社会運動のうちに認めることができる。女性の身体の生物医学的取り扱いに抗する女性運動と、病の調査と処遇に抵抗するエイズ・アクティヴィズムはそうした運動のなかの二つの実例である。Epstein 1991 そして Treichler 1991 を参照せよ。

（5） アントニオ・ネグリは Negri 1991；1999 において近代性に潜伏する持続的な摩擦を分析している。とりわけハイデガーの思想との関連において、スピノザが近代性にどう関わっているのかについてのより簡潔な論考としては、Negri 1991-2 を参照せよ。

（6） とくに現代フランス思想に関わる反ヘーゲル主義の一般的問題設定を練り上げたものとしては、Hardt 1993：esp., ix-xv を見よ。

（7） イギリスでは、私たちは主要には Thompson 1963 を念頭においている。ドイツでは Krahl 1971、そして Roth 1974 を参照せよ。イタリアの労働者主義の主要テキストについては、Tronti 1966 や『奪回された革命 *Revolution Retrieved*』で翻訳されているネグリの諸論文がある。イタリアの労働者主義に対する有益な手引としては、Cleaver 1979：51-66、Ryan 1989：46-61、そして Negri 1989 へのヤン・ムーリエによる「序文」（Moulier 1989）を参照せよ。

（8） ジャック・デリダはベンヤミンのいう「神的暴力」を解釈しながら、人間から神的なものを分離しようと試みている。彼は「神的暴力」を、「人間に接近不可能」だとか「〈完全な他者〉」といった純粋に神秘的な言葉で提示している（Derrida 1992：55, 57）。だがベンヤミンのいう神的なものは、人間の領域を貫通する領域として読解することが有益であるように思われる。つまり、もし神的暴力が何よりもまずユダヤ的観念（神秘的暴力のギリシャ的特性に対立する）として読解されるべきというデリダの興味深い示唆を受け入れるとしても、私たちはデリダが好んでいるように思われるエマニュエル・レヴィナスではなく、スピノザの異端的ユダヤ主義の線に沿ってそうしたいのだ。

（9） ヨーロッパの民主的進化学派については膨大な文献が存在する。これらの学派には多様な政治的傾向が含まれている。そこにはリベラル - 進歩的、労働主義的 laborist、サンディカリスト、改良主義カトリック、民主的社会主義者、そして（主要には地中海沿いのヨーロッパ諸国における）改良主義的な共産主義的パースペクティヴが含まれている。この伝統上の主要なテキストとしては次のようなものがある。Burdeau 1966-86、Loewenstein 1957、Forsthoff 1964、Mortati 1969、Dahrendorf 1959。地中海ヨーロッパにおける改良主義的コミュニズムの潮流の例としては、Massimo-Severo Giannani と Giuseppe Guarino の著作を見よ。

（10） 多くのヨーロッパの雑誌がこれらの主題を展開し結局汲み尽くしてしまった。とりわけイタリアにおける『法 - 権利批判

Critica del diritto』誌、フランスでの『法 - 権利批判 *Critique du droit*』誌、ドイツでは『法 - 権利と階級闘争 *Recht und Klasenkampf*』誌がそうだ。

(11) ネオ・マルクス主義的、ネオ・コーポラティズム的な法的諸傾向のすべてを網羅した適切な文献目録を挙げるのは不可能なことだろう。英語で手に入るいくつかの著作を挙げれば充分だと思う。法理論におけるマルクス主義の危機と、さまざまなかたちで社会主義運動の神話以後にあらわれた社会的紛争そして／あるいは抵抗の主体のコーポラティズム的再定義のあいだを媒介することに役立つような著作である。たとえば、Miliband 1969、Macpherson 1973；1977、Habermas 1975、クラウス・オッフェ『福祉国家の諸矛盾 *Contradictions of the Welfare State*』、Giddens 1979、Held 1987、Laclau and Mouffe 1985。

(12) 批判法学と脱構築の双方の出発点としてのラディカルな反形式主義については、Unger 1986：9-11。そしてFish 1989の「イントロダクション――反形式主義の道をくだる」を参照。デリダはまた、Derrida 1992：8-9において、脱構築のプロジェクトと批判法学のあいだの根本的両立可能性を指摘している。

(13) こうした議論をおこなっている文献には事欠かない。いくつかの代表的事例を挙げてみよう。Fish 1989：4、Kelman 1981：670、Kennedy 1979：210。

(14) シニシズムとの非難から脱構築を擁護すること、脱構築は実のところ正義や社会変化について積極的に発言できること、これがカルドーソ法学校で組織され、ドゥルシラ・コーネル、マイケル・ローゼンフェルド、デヴィッド・グレイ・カールソンらの編集により『脱構築と正義の可能性 *Deconstruction and the Possibility of Justice*』というかたちで公刊された会合の存在理由《レゾン・デートル》であった。編者によるイントロダクション（Cornell, Rosenfel and Varlson eds. 1992：ix-x）、そしてコーネルによるエッセイ、Cornell 1992：esp., 69-70 を見よ。正義は脱構築のプロジェクトの核心にある、あるいは「脱構築は正義である」という主張については、Cornell 1992：32ff. を参照せよ。そのアプローチはコーネルのものとはまったく異なっているのだが、マイケル・ライアンもまた脱構築的法学を実質的あるいは物質的正義のプログラムを前進させるものとみなしている。「それゆえ脱構築的な法批判にはオルタナティヴな法システムが含まれている。もはや理念的代替物に限定されえない参照物を追尾しながら、それはオルタナティヴな経済的、社会的であらねばならない」（Ryan 1989：198）。

(15) 批判法学に対してなされる、みずからの批判的前提に違背しているとの批判については、Fish 1989：226, 496-7 を参照せよ。

(16) たとえばスタンリー・フィッシュは次のように述べている。ロベルト・アンガー版批判法学における構成的プロジェクトは結局のところ宗教的である、つまり「救い redemption」は神学的ではあっても政治的ではない」(Fish 1989 : 46、だが一般的には第一八章「アンガーとミルトン」を見よ)。マイケル・ライアンは「形而上学的・神学的理解の様式がアンガーの社会理論に息を吹き込み、さらにその明白な限界のもととなっている」(Ryan 1989 : 183)。宗教あるいは神的なものに訴えかける傾向はまたデリダの正義の取り扱いのうちにも認めることができる。この点については、『法の力』におけるベンヤミンの「神的暴力」の読解や権威の神秘的基礎という彼の観念のなかにさきほど私たちは見てきた。

訳者あとがき

本書は、Antonio Negri & Michael Hardt, *Labor of Dionysus : A Critique of the State-Form*, Minneapolis, University of Minnesota Press, 1994 の全訳である。ようやく日本語で届けることができるようになった本書をもって、現在にいたるまでのアントニオ・ネグリの革命運動・社会運動にかかわる主要な著作（共著のものも含めて）はほぼ翻訳が出揃うこととなった。

さて、ネグリに関しては、『転覆の政治学』（小倉利丸訳、現代企画室）、『構成的権力』（杉村昌昭・斉藤悦則訳、松籟社）、『マルクスを超えるマルクス』（清水和巳他訳、作品社）などで密度の濃い紹介がすでになされている。また、ハートに関しては、『ドゥルーズの哲学』（田代真他訳、法政大学出版局）および『〈帝国〉』（水嶋一憲他訳、以文社）に詳しい。そのため、ここでは屋上屋を重ねるような言及を避けて、本書の位置づけと批判的論点とを述べておきたい。

本書『ディオニュソスの労働』は、ネグリの他の著作と少しばかり色合いを異にしている。それは次のような理由によるものだ。

つまり本書が、一九六〇年代に書かれた政治論文（第Ⅰ部）から、七〇年代におけるそれら（第Ⅱ部）、そして九〇年代に入っていからのハートとの協働にもとづく新たな模索の諸論考（第Ⅲ部）という、三十年強の長きにわたる思考の結果からなっていること。

気をつけなければならないのは、本書に結実したネグリの三十年間はけっして直線的につながっているのではないという点である。

第Ⅱ部と第Ⅲ部の見えないはざまには、国家的危機を契機としたアウトノミア運動の高揚から後退、「赤い旅団」の〝理論的指導者〟というフレーム・アップによる投獄、獄中からの国会議員立候補と当選、議員特権による出獄とその後のフランスへの亡命、敗北の総括と新たな可能性の模索にかたどられたフランスでの生活、といったネグリにとっての大きな変転があった（このあたりの事情については『未来への帰還』杉村昌昭訳、インパクト出版会を参照されたい）。

この変転の期間には、自らの『経済学批判要綱』読解の核心を体系だてた『マルクスを超えるマルクス』、亡命者をとりまく政治的緊張にみちながらも希望を願い求めるフェリックス・ガタリとの共著『自由の新たな空間』（杉村昌昭訳、世界書院）の出版がさしはさまれている。

さらに、ネグリとハートが強調するのは近代性の展開がこの変転の期間に断絶し、彼らのいう「ポストモダニズム」への決定的なシフトが起こったことである。それは一九八九年をメルクマールとする、「既存社会主義ブロック」の崩壊を基調低音としながら進行した、歴史的転機である。

こうした転機を反映して、本書の第Ⅰ部・Ⅱ部から第Ⅲ部への間にははっきりと質的な違いが存在する。そしてその違いのありようは、さまざまな面に表出している。

最初の二つのパートは地下活動で回覧するものを含む、中核的活動家（いわゆるカードル）を第一の読者と想定した政治論文からできあがっている。ハートの融通無碍な英語訳にあってもそれらの論文にそなわった文体の硬さはぬぐい去られてはいない。さらに、論文という形式においては端正さを欠いているものもある。

たとえば第Ⅰ部の第三章をみてほしい。これを十分に意を尽くした論考と呼ぶことはむずかしい。明快な指針をともなった結論が導き出されているわけでもない。この章はアクチュアルな問題と格闘しているネグリが経験した困難を如実に表現している。そのために、記された思考の行程にはいくつもの曲がり角があり、きわめて難解である。イタリア語の原文でもことは同様だ。英語版テクストへの訳をおこなった共著者マイケル・ハートに訳者の一人が確認したところ、ハート本人も原テクストの難解さを述べたうえで「とりあえず英語に訳した」という回答（?）をもらうことになった。

いい加減、と言うなかれ。変革をめざす社会運動の具体的過程において、論議のためにこの論考は書かれ、まさしく論議の場に投げ込まれたのである。その意味でアカデミズムの観点からすれば未完成以外のなにものでもないこの論文は、理論作業を重視する活動家のあいだでの集団的な批判と検討の「たたき台」として提起されたノートととらえても差し支えないと思われる。だがしかし、あくまで方向性のレヴェルではあっても、批判的な協働のもとに検討されるべき主題はきちんと叙述の核におかれつづけている。

また、ここで言及される論文や著作が西欧のものに集中する傾向があることに、読者は気づくことだろう。これはネグリをその一員とするイタリアの階級闘争（とくにイタリア新左翼）が有していた、たたかいの交流の中で相互に批判しあいながら問題を共有しようとしていた西欧諸国内での左派ネットワークをその基盤としているものである。その姿勢は、第Ⅰ部・第Ⅱ部をつらぬいている。

こうしたありようが第Ⅲ部になると根底から変化し、想定上の読者の範囲は、非物質的労働――とりわけ知識労働や情報労働――にたずさわる多くの人びとへと開かれることになる。ネグリおよびハートがその知的格闘の中身を届かせようとする対象は、変革をになう新たな諸主体である。それらの主体は、「マルチチュード」とここでは名づけられ、潜在的な主体としての多数の人びとを含み込む。そして「マルチチュード」を生きる彼ら・彼女らにあてられた論考は、理論的な質の高さを保持しながらも、平明で柔軟な叙述であろういう試みが繰り返されている。

第Ⅲ部では、批判的言及の対象も、西欧からアメリカ合衆国の政治哲学へと重心をシフトする。このシフトがハートとの協働の文脈から要請されたものであるのは、理解に難くない。また、空前の矛盾をかかえこみながら、危機を慢性化することで生き延びるように変質したアメリカ資本主義のプレゼンスも指摘しないわけにはいかない。そればかりでなく、第Ⅱ部までのような批判的参照関係を維持することがむずかしくなった、一九七〇年代末から八〇年代をつうじての西欧におけるラディカルな左翼の「鉛の時代」が、そこに影をおとしていることも見落としてはならないだろう。

さらにそれを規定するようなマクロな事態の変化がある。ミッテラン社会党政権があらわにしたその資本主義的限界や、チェルノブイリ原発事故、「既存社会主義ブロック」の崩壊などなど……。いずれにせよ「従来のやりかた」を繰り返すことはすでにできなくなっていたのである。

その意味で、第Ⅲ部において問われているのは、革命的主体の集団的再興を新たな時代の具体的な諸文脈において真っ向からとらえようという課題なのである。しかしその課題は、結果として敗北におわったとはいえ、第Ⅰ部においても第Ⅱ部にあっても、第Ⅲ部とは異なる文脈におけるそれぞれの危機的状況のさなかで、追求されてきたものにほかならない。

このように本書は、第Ⅰ部・Ⅱ部の地平をふまえながらも、第Ⅲ部でその内容をみずからアップデートし、状況の変容にそくした変更・修正がくわえられている。このことはたしかに紆余曲折の結果であるかもしれない。だがそれは同時に、さまざまな次元での革命をめぐる真摯な思考のオーケストレーションと呼ぶことができるものを生み出してもいる。

そしてその思考のオーケストレーションは、並ぶものがないユニークさにみちている。

最初の論文が書かれたときにはすでに、中華人民共和国の人民公社は国家的主軸をなしており、ユーゴスラヴィアの協同組合社会主義はソヴィエトとは異なる路線を着々と歩んでいた。しかしネグリ（とハート）はそのような類の現実に対して、いっさい妥協せず、ましてや拝跪することなどけっしてない。

本書で展開される思考のもっとも重要な力は、妥協や途絶を峻拒するそうした強靭なラディカルさの持続に存している。「社会主義」と呼ばれた地獄の体制を緊張感をもって地獄の奥底に追いやり、搾取をゆるさない徹底した自由に結びつく新たな可能性をのびのびと提起することができているのも、この持続するラディカルさに由来している。

さて、本書では『〈帝国〉』、『マルチチュード』（市田良彦・水嶋一憲監修、幾島幸子訳、日本放送出版協会）において展開されることになる基本的な問題設定と論点のほぼすべてが提示されている。

たとえば、第Ⅰ部で展開されているのは、ラディカルで動的な絶対的民主制としての共和制の問題である。同様に第Ⅱ部での公共支出を賃金の問題として読み替える観点は、言うまでもなく社会的賃金の問題設定であり、第Ⅲ部においては国家の枠組みを超克する「構成的権力」の諸問題や、「マルチチュード」、「非物質的労働」などの論点が前面におしだされる。その意味で『〈帝国〉』、『マルチチュード』を『資本論』とするならば、本書はその二冊に対する『経済学批判要綱』をはじめとした草稿群にあたるテクストにほかならない。

そのような質と並行して、本書はネグリ（とハート）の思考を現代思想の圏域における重要なひとつとして考えることを可能にした著作である。それはマイケル・ハートとの出会いをつうじて実現された、ネグリのジル・ドゥルーズへの接近を一大契機としている。

ドゥルーズの『記号と事件』（宮林寛訳、河出書房新社）には、『前未来《フチュール・アンテリウール》』誌のメンバーとしてのネグリによるドゥルーズへのインタヴューがおさめられている。たがいに異例な思考者であるこの二人のあいだのやりとりは、ハートの仲介によってはじめて可能なものであった。

このインタヴュー中でネグリは、初々しいと言ってもよいほどの熱を込めて、「不正を一掃する革命的な生成変化はありえないか」とドゥルーズに尋ねている（ドゥルーズはさらっとかわしながら答えているのだが）。これは「生成変化」を主体性の相のもとに読み取るという、ネグリの一貫した姿勢がもたらした独自の観点によるものだろう。

しかしこのようにドゥルーズさらにはフーコーといったネグリと同時代のフランス思想を主体性論の問題圏で読み解くのは、ネグリ個人の志向にとどまるものではない。そうした傾向性はイタリアにおける左派の広範な知的土壌にもとづいている。その土壌から生みだされ、提起されたものが、『〈帝国〉』や『マルチチュード』へとつらなるユニークな問題設定と論点を支えているといっても過言ではない。この点をぬきにしてネグリたちの思考を現代思想の諸潮流のなかに位置づけることは不可能であろう。

つづいて以下に、本書が提起するさまざまな論点のなかで、ふたつの問題にしぼって述べておきたい。

まずは第I部における「法的コミュニズム」をめぐって。

この部分で展開されているのは、ブルジョア法批判をつうじた、革命的な法の可能性である。模索されているのは、「既存社会主義」の圧制とはまったく異なる根本法である。それはプロレタリアート自身によって設定された原理と原則すなわち革命法（革命的憲法）の理にもとづく自己統治にほかならない。

そしてこの革命法は、究極的な res publica（共通のもの）である。つまり別の言葉にすれば、それはラディカルで動的な絶対的民主制としての共和制であり、『〈帝国〉』や『マルチチュード』で「共《ザ・コモン》」として提起されているものなのだ。

このパートで基本的な定式としてふまえられているのは、一九二〇年代のソヴィエトにおける法理論論争の中心的なひとりであった、エフゲニー・パシュカーニスの考え方である。

パシュカーニスは、『経済学批判序説』で述べられたマルクスの方法的前提をそのまま理論法学に導入することで、法の一般理論の場としての近代ブルジョア社会の構造をあぶりだそうとした。

彼がとりいれたマルクスの方法的前提とは次のようなものである。

ブルジョア社会は、もっとも発展した、もっとも多様な、歴史的生産組織である。それゆえ、それの諸関係を表現する諸範疇は、それの編成の理解は、同時に、すべての滅亡した社会形態の編成と生産諸関係との洞察を可能にする」。それは、ブルジョア社会がこれらの社会諸形態の残片と諸要素をもってきずかれたものであって、そのうちの部分的にまだ克服されていない遺物がこの社会のなかで余命を保っていたり、ただの予兆にすぎなかったものが成熟した意義をもつものにまで発展していたりする、等々だからである。人間の解剖は、猿の解剖のためのひとつの鍵である。反対に、より低級な動物種類にあるより高級なものへの予兆は、このより高級なもの自体がすでに知られているばあいにだけ、理解することができる。こうしてブルジョア経済は、古代その他の経済への鍵を提供する。しかしそれはけっして、すべての歴史的な区別を抹消して、すべての社会諸形態のうちにブルジョア的形態を見るような経済学者たちの方法でではない。〔……〕そのうえ、ブルジョア社会自体が発展の一つの対立的形態にすぎないから、以前の諸形態の諸関係は、ブルジョア社会においては、しばしばまったく萎縮した姿で見いだされるか、あるいはまた、まったく変わりはてた姿で見いだされるかするにすぎない。（資本論草稿集翻訳委員会訳『マルクス　資本論草稿集』第一巻、大月書店、一九八一年、五七―八頁）

社会構成体の不可欠な要素として現在社会をおりなす、「過去の諸社会」の「萎縮した姿」「まったく変わりはてた姿」のさまざまな形態がかかえる本質的な差異を理性的認識によってえぐりだすこと。そして、それを概念化することをつうじて、現在に組み込まれた過去の社会の諸力を概念的に再構成し批判の対象へと転じること。その一連の作業がここには描かれている。そうして導き出されたブルジョワ社会への理論的・歴史的批判は、ブルジョワ社会の後に来るべき社会を構築するための導きの糸としてとらえられる。

パシュカーニスはじつに誠実にこの方法にしたがって分析をおしすすめ、さらにマルクスの『ゴータ綱領批判』とレーニンの『国家と革命』に依拠して次のように考えた。

価値・資本・利潤などの資本主義的な範疇は社会主義への発展的移行によって死滅する。だがそれは価値・資本・利潤などについての「新たなプロレタリア的諸範疇」の登場を意味するものではない。それとまったく同様に、ブルジョワ法の諸範疇（諸形態）の死滅は、プロレタリア法の新しい範疇によってとりかえられることを意味するものでは絶対にない、と。後に彼は粛清されるが、ここにはその遠因となったラディカルな「法の死滅」が構想されている。

このパシュカーニス的な問題設定からすれば、新しい権力が制定・公布する法のもとでの新しい法的秩序を無邪気に言祝ぐことは決定的に避けられなければならない。その新しい権力がどれほど素晴らしい革命的主体によるものであってもである。なぜなら、「新しい法」への自然発生的な賛美までをもふくむ「法フェティシズム」には、過去へと完全に断絶すべき「ブルジョワ法の世界観」による断絶しがたい強力な影響がおよんでいるからである。

この点からすれば、「パシュカーニスの定式を採用・発展させた」（本書三六頁）と述べるネグリとハートの立論を肯定的にうけとめることはどのようにすれば可能なのだろうか。絶対的な民主制としての共和制（それは国家を越える国家でありうる）であればよいのだろうか。問題は提起されたばかりなのである。

もう一点は、非物質的労働の主体性にかかわる論点である。

資本の側にとっても、労働者＝マルチチュードの側にとっても、非物質的労働が可能にする知識資本・情報資本にかかわる敵対はもっとも核心的なものになっている。そして労働者＝マルチチュードにとって肯定的な価値増殖である自己価値創出をたしかなものにすることが、焦眉の課題として登場している。ネグリとハートの論からすぐに得られるこの論点に異議はない。

だが、労働者＝マルチチュードの自己価値創出がどこかで資本の側に転倒させられる巧妙なメカニズムが今や構成されているのではないだろうか。そしてそのメカニズムのもと、現在の資本主義のグローバルな包括力によって転覆の契機が剝脱されてしまう状況は、主体性の確固たる構成を簡単にゆるさないだろう。つまり、肯定的に主体性をとらえようとする著者たちの姿勢はよしとしても、彼らの叙述は楽天的にすぎるのではないか、ということだ。なぜこうした不確かさがあるかというと、現在の資本主義の批判的解明が不十分であるからではないか。

現在の条件からすれば、国際金融市場に端的に表現されるグローバル化した架空資本による支配を考察の対象とする必要があるだろう。その状況をもたらした利子生み資本形態は『経済学批判要綱』においては十分に展開されていない重大な対象であり、『要綱』主義者ネグリの現状分析の弱さがあらわになる論点でもある。

さて、マルクスは利子生み資本（としての貨幣貸借）を次のようにとらえていた。すなわち、「貨幣または商品が貨幣または商品として売られるのではなく、自乗において、資本として、自分を増殖する貨幣または商品価値として、売られるのである」（『マルクス資本論草稿集』第七巻、大月書店、一九九五年、四〇八頁）。自乗というのは、いったん売られた貨幣あるいは価値が、めぐりめぐって自分を増殖させながらもとに戻ってくることをいう（銀行から借りた金に高い利子をつけて返さなければならない現実、下記のG－G′が「自乗」である）。

こうした把握のうえで、利子生み資本の特徴は「物が今では資本として現われ、資本が単なる物として現われ、資本制的な生産過程および流通過程の総結果が物に固有な属性として現われるという形態」（同右）にあるとされる。つまり利子生み資本における「資本の物化」である。

この資本の物化についてマルクスは、利子生み資本の範式G－G′を、G－W－G′という資本の生産過程と流通過程の統一をもとにして次のように考えていた。

> G－G′。われわれはここに資本の最初の出発点、すなわち定式G－W－G′における貨幣が両極G－G′（このG′はG＋ΔGである）に縮約化されたもの、より多くの貨幣をつくりだす貨幣、を見いだす。それは、没感性的な［具体性を欠く］概括に収縮された、資本の最初の一般的な定式である。それは、完成された資本、すなわち、生産過程と流通過程との統一であり、それゆえ一定の期間に一定の剰余価値を生み出す資本、である。このことが、利子生み資本の形態においては、生産過程と流通過程とに媒介されずに、直接に現われる。資本は、利子の、自己自身の増殖の、神秘的で自己創造的な源泉として現われる。物（貨幣、商品、価値）が、いまや単なる物としてすでに資本であり、資本は単なる物として現われる。総再生産過程の結果が、物におのずからそなわる属性として現われる。（資本論翻訳委員会訳『資本論』第Ⅲ巻a、新日本出版社、一九九七年、六六四頁）

貨幣としての資本という物象同士の間の社会的関係G－W－G′が、利子生み資本の場合では媒介の位置からぬぐいさられてしまい、G－G′という両極に整約されてしまうわけである。つまり関係が消されてしまうのだ。そのことによって、われわれの前にあらわれる資本は物へと転化してしまい、資本の総生産過程の成果がそうした物（となった資本）それ自体に「おのずからそなわる属性」、つまり自然的属性として現象するというのである。

資本という物象が物へと転化してあらわれ、資本の総生産過程の成果がその物の自然的属性としてあらわれるということの事態は、いったいどのような状況を生みだすのか。

経済的三位一体範式をめぐって、直接的生産過程と流通過程の統一にかかわる分析に移る箇所での叙述が、それを明らかにする手がかりを提出している。

しかしさらに現実的生産過程は、直接的生産過程と流通過程との統一として、新たな諸姿容を――そこでは、ますます内的連関の脈絡が消えうせ、生産諸関係が互いに自立化し、価値の構成諸部分が互いに自立的な諸形態に骨化する、そのような新たな諸姿容――を生み出す。（『資本論』第Ⅲ巻b、一四五五―六一頁）

人間に資本の姿がどのように見えるか（姿容）、その認識がここでは描かれている。それは、内的関連の脈絡を失い、互いに自立し、ただの骨格と化したバラバラのかたちであらわれてくるというのである。

利潤の一部分は、他の部分に対立して、資本関係そのものから完全に引き離され、賃労働の搾取という機能からではなく資本家自身の賃労働から発生するものとして現われる。これに対立して、次には利子が、労働者の賃労働にも資本家自身の労働にもかかわりなく、それ自身の独立な源泉としての資本から発生するように見える。（『資本論』第Ⅲ巻b、一四五七頁）

剰余価値の形態の自立化と、それにともなって分子化されただけでなく何の力の外挿もないままに自己運動をつづけるような仮象が登場する。そうした状況がここでは描かれている。そのすぐあとにマルクスは社会的諸関係の物化を「素材的な生とその歴史的・社会的規定性との直接的な癒着」（『資本論』第Ⅲ巻b、一四五八頁）と規定している。このことを考えあわせると、その癒着のもとで、生きた労働の質、さらに直接的に生産された諸商品の使用価値にかかわる自然的属性は、まるで搾取とも剰余価値とも無関係であるばかりか、相互に無関係な物として立ち現れてくるのである。

この段階にあっては、人間が実感できる次元において資本はそのものとしては登場してこない。それが具体的に感知できるのは何らかの政治経済的プロジェクトをつうじて組織される労働においてである。だが、その現われは資本との「無関係」において露骨な搾取をすでに示さないものとなっている。つまり、資本の側からの敵対のメカニズムがまったく新しい次元での高度なステルス能力をそなえてしまったのだ。

そのため、生きた労働が、資本との「無関係」によって、そのまま「生きた労働と思われる活動や実践」に転じてしまう。この変質の結果として登場するのは、最高度に洗練され発展した搾取がきわめて巧妙におこなわれる場にほかならない。かつては考えられなかった、新たな搾取をめぐる事態がそこかしこで起こるわけである。非物質的労働がこの惑星のすみずみにまで拡がっている現在は、このような時代なのだ。物象化の力がきわまり、疎外さえも物象化されて、敵対が彼方に遠ざかってしまったように感じられる時代なのである。

では、そのただなかで、内在的に敵対を前面化し、生きた労働を真にわがものにするためにはどうしたらよいのだろうか。

これらの論点への問いは、いちゃもんをつけるために発されているわけではない。また、それらに今すぐ白黒をつけるべきだと主張するものでもない。問うことは考えることである。そして考察を呼び込む問いは読みから生みだされ、新しい問題設定へとつながる道筋の共有をもとめる。

ネグリとハートが言うように、肯定的であれ否定的であれ、可能性へと開かれた能動的な力の理による発露を批判と呼ぶならば、本書の読者は読みをつうじてまさしく批判の協働へと自らを導いていることになるだろう。その協働は、もっとも否定的な在り様の中に、もっとも肯定的な潜在可能性を見出し、その可能性を現実のものにするための不可欠な基盤である。そしてその基盤を打ち立てていく作業はつねに「これから」なのだ。

本書の翻訳を企画してから、ほんとうに長い時間が経ってしまった。訳者それぞれがかかえていた事情がときにネガティヴな相乗効果を生んでしまったにしても、翻訳作業の遅れについては弁解の余地はない。我慢強く待ってくださった皆さんに謝罪するとともに、心から感謝したいと思う。

訳の進め方は、序文と第I部を長原、第II部を崎山、第III部を酒井がまず担当し、その後に相互に訳文を検討した上で修正意見を出し合うという形式をとった。内容に関して述べると、原テクストではひとつの概念で記されているが、いくつかの訳語があてられうる表現も多々存在している。そうした表現に対しては、できるかぎりひとつの訳語を選ぶように努めた。また、索引は原書の形式をふまえながら、内容に即して少しばかり拡充してある。作成にあたっては、緊急の（それも担当外の）仕事であるにもかかわらず人文書院編集部の伊藤桃子さん、松岡隆浩さん、そして井上裕美さんの多大な協力を得た。地獄で仏とはこのことである。ありがとう。

最後になるが、担当編集者の松井純さん（現在は平凡社）の存在ぬきにこの翻訳はありえなかった。彼の貢献はどれほど強調してもしきれない。彼は超人的な忍耐力を発揮して、倦むことなくわれわれ翻訳者のダメさ加減に付き合ってくれた。そのおかげで、訳者の無意味な「労働の拒否」によってシシュポスの労働に化してしまった作業も、ようやくこうしてその結果が日の目を見、批判を浴びることが可能になったのである。

二〇〇八年春

訳者を代表して　崎山政毅

追記：この「あとがき」の最終的な仕上げのただなかに、来日が予定されていたネグリが法務省によって入国を拒否されたという、突然の知らせが飛び込んできた。日本に向かう飛行機に搭乗する数十時間前に、政治犯であることの「証明書類」を提出せよ、さもなくば出入国管理法でヴィザを発行しない、というきわめて理不尽な命令が在仏日本大使館の法務官僚から出されたということである。日本という国家がみずから腐敗の程度を示してくれたとはいえ、あまりの愚かさにあきれてものが言えない。

ネグリからは、「日本の友人の皆さんへ」と題された以下のメッセージが届けられている。

皆さん、

まったく予期せぬ一連の事態が出来し、私たちは訪日をあきらめざるを得なくなりました。この訪日にどれほどの喜びを覚えていたことか！　活発な討論、知的な出会い、さまざまな交流と協働に、すでに思いをめぐらせていました。

およそ半年前、私たちは国際文化会館の多大な助力を得て、次のように知りました。EU加盟国市民は日本への入国に際し、賃金が発生しないかぎり査証を申請する必要はない、と。用心のため、私たちは在仏日本大使館にも問い合わせましたが、なんら問題はありませんでしたし、完璧でした。

ところが二日前の三月一七日（月）、私たちは予期に反して査証申請を求められたのです。査証に関する規則変更があったわけではないにもかかわらずです。私たちはパリの日本大使館に急行し、書類に必要事項をすべて記入し、一式書類（招聘状、イベントプログラム、飛行機チケット）も提示しました。すると翌一八日、私たちは一九七〇年代以降のトニの政治的過去と法的地位に関する記録をそれに加えて提出するよう求められたのです。これは遠い昔に遡る膨大な量のイタリア語書類であり、もちろん私たちの手元にもありません。そして、この五年間にトニが訪れた二二カ国のどこも、そんな書類を求めたことはありませんでした。

飛行機は、今朝パリを飛び立ち、私たちはパリに残りました。

大きな失望をもって私たちは訪日を断念します。数カ月にわたり訪日を準備してくださったすべての皆さん（木幡教授、市田教授、園田氏――彼は日々の貴重な助力者でした――、翻訳者の方々、諸大学の関係者の方々、そして学生の皆さん）に対し、私たちは申し上げたい。あなたたちの友情に、遠くからですが、ずっと感謝してきました。私たちはこの友情がこれからも大きくなり続けることを強く願っています。皆さんの仕事がどれほど大変だったかよく分かります。皆さんに対しては、ただ賛辞があるばかりです。

パーティは延期されただけで、まもなく皆さんの元へ伺う機会があるだろう、と信じたい気持ちです。

友情の念と残念な思いを込めて……

二〇〇八年三月一九日　パリにて

ジュディット・ルヴェル

アントニオ・ネグリ

（市田良彦訳）

今回の弾圧は、直接的にはこの初夏に予定されているG８サミットに彼が与える「悪影響」を抑止することが目的であることは明らかだ。だがそれだけではない。国境を越えた社会運動の結合と連帯を「テロリズム」や「越境的組織犯罪」などと規定し自由をおしつぶそうとする圧迫が、ますます強まっている。

著者をわれわれがほんとうに歓迎できるようになるには、たたかいのさまざまな回路をつくりだし結び合っていく批判と実践が不可欠であることは、言うまでもない。

索引

人名関連索引には関連事項も含まれる。相互に参照されたい。
また事項については，語句がなくても内容を示している頁は拾った。

人名関連索引

ア行

アッカーマン，ブルース　Ackerman, Bruce　418n(8)
アッローリオ，エンリコ　Allorio, Enrico　176, 406n(14)
アニョーリ，ヨハネス　Agnoli, Johannes　78, 205
アルチュセール，ルイ　Althusser, Louis　36, 412n(6)(11)(19)
アルトファーター，エルマー　Altvater, Elmar　212-3, 227
アーレント，ハンナ　Arendt, Hannah　397n(2)
イリイチ，イヴァン　Illich, Ivan　372
ヴァッティモ，ジャンニ　Vattimo, Gianni　305
ヴィシンスキー，アンドレイ　Vyshinsky, Andrei　339, 342
ウルフ，ロバート・ポール　Wolff, Robert Paul　284-5, 289-290
エプシュタイン，スティーヴン　Epstein, Steven　30
エルスン，ダイアン　Elson, Diane　397n(5)
エンゲルス，フリードリッヒ　Engels, Friedrich　35, 191, 202-3, 214, 226, 234　↔マルクス
オコンナー，ジェイムズ　O'Connor, James　209, 232-3, 236-8
オッフェ，クラウス　Offe, Claus　204-7, 210-2, 237, 414n(6), 417n(38)
オリーン，ベルティル　Ohlin, Bertel　53

カ行

ガタリ，フェリックス　Guattari, Félix　→ドゥルーズ
カルラッサーレ＝カイアーニ，ロレンツァ　Carlassare Caiani, Lorenza　408n(27)
カント，イマヌエル　Kant, Immanuel／カント哲学　Kantianism　116, 290-2, 315-321
クカサス，チャンドラン　Kukathas, Chandran　とペティット，フィリップ　Pettit, Philip　299, 418n(4), 422n(22)
グラムシ，アントニオ　Gramsci, Antonio　36, 195-8, 261, 331-2
クラール，ハンス＝ユルゲン　Krahl, Hans-Jürgen　367
クリサフッリ，ヴェツィーオ　Crisafulli, Vezio　177
クーリシェール，A・M　Koulicher, A. M.　408n(28)
ケインズ，ジョン・メイナード　Keynes, John Maynard　37, 216-220
　『一般理論』『雇用・利子および貨幣の一般理論』　*General Theory*　59-72, 75
　ケインジアン　Keynesianism　257, 306-7, 342-3, 347-51
　——の自由放任（レッセ＝フェール）経済批判　critique of laissez-faire economics　47-8, 53-5, 59-60, 67-8

——の十月革命論　on the October Revolution　50-55
有効需要　effective demand　67-9, 75-6
ケルゼン，ハンス　Kelsen, Hans　146-151, 219-20, 290
ゴフ，イアン　Gough, Ian　238-9

サ行

サンデル，マイケル　Sandel, Michael　315-323, 326-7, 420n(17)
ジウーニ，ジーノ　Giuni, Gino　176
ジェイムソン，フレドリック　Jameson, Fredric　288
スヴォボダ，エルンスト　Swoboda, Ernst　407n(24)
スコチポル，テーダ　Skocpol, Theda　422n(25), 423n(3)
スターリン，ヨシフ　Stalin, Iosif　35, 185, 337
スピノザ，バルーフ　Spinoza, Baruch　34-5, 362-4, 366, 372, 393-4
スミス，スティーヴン　Smith, Steven　323-5
ズラッファ，ピエロ　Sraffa, Piero　217-8
セー，バプティスト　Say, Jean-Baptiste；セー法則　Say's Law　56-8, 64
セラフィーニ，アレッサンドロ　Serafini, Alessandro　195-6
ソルジェニーツィン，アレクサンドル　Solzhenitsyn, Aleksandr　337, 340

タ行

デイヴィス，マイク　Davis, Mike　420n(16)
テイラー，チャールズ　Taylor, Charles　315-8, 321-3, 326
テイラー，F・W　Taylor, F. W.; テイラー主義　Taylorism　306, 349-51, 354-5
デリダ，ジャック　Derrida, Jacques　424n(8)
ドゥルーズ，ジル　Deleuze, Gilles　330-1, 375
—とガタリ，フェリックス　Guattari, Félix　78, 368
トムソン，E・P　Thompson, E. P.　367
トロンティ，マリオ　Tronri, Mario　33, 36, 201

ナ行

ナポレオーニ，クラウディオ　Napoleoni, Claudio　217

ハ行

ハイデッガー，マルティン　Heidegger, Martin　35, 366
パシュカーニス，エフゲニー・B. Pashukanis, E. B.　36
ハーバーマス，ユルゲン　Habermas, Jürgen　203
ハラウェイ，ダナ　Haraway, Dana　423-4n(4)
バラン，ポール　Baran, Paul　とスウィージー，ポール　Sweezy, Paul　185
パンツィエーリ，ラニエーロ　Panzieri, Raniero　201
ヒルシュ，ヨアヒム　Hirsch, Joachim　208-9, 237, 415n(11)(14)
ヒンチマン，ルイス　Hinchman, Lewis　324-5
ファノン，フランツ　Fanon, Franz　372
フィッシュ，スタンリー　Fish, Stanley　426n(16)

マ行

ラ行

事項索引

ア行

カ行

サ行

タ行

ナ行

ハ行

マ行

ヤ行

ラ行

引照文献

Ackerman, Bruce. 1991. *We The People: Foundations.* Harvard University Press, Cambridge.

Agnoli, Johannes. 1970. "Die bürgerliche Gesellschaft und ihr Staat." *Das Argument*, Berlin, no. 6.

——. 1969. "Strategia rivoluzionaria e parlamentarismo." *Sviluppo economico e rivoluzione.* De Donato, Bari.

——. 1975. *Überlegungen zum bürgerlichen Staat.* Wagenbach, Berlin.

Agnoli, Johannes, and Peter Brückner. 1967. *Die Transformation der Demokratie.* Voltaire Verlag, Berlin.

Allorio, Enrico. 1956. "Intervento al convegno degli amici del diritto dell'economia." *Diritto dell'economia*, no. 3, pp. 1198-1213.

Alquati, Romano. 1974. *Sindacato e partito.* Edizioni Stampatori, Turin.

——. 1975. *Sulla FIAT e altri scritti.* Feltrinelli, Milan.

Althusser, Louis. 1969. *For Marx*, translated by Ben Brewster. Vintage Books, New York.

——. 1971. "Ideology and State Ideological Apparatuses." *Lenin and Philosophy.* Monthly Review Press, New York.

Althusser, Louis, and Etienne Balibar. 1970, *Reading Capital*, translated by Ben Brewster. New Left Books, London.

Altvater, Elmar, 1973. "Notes on Some Problems of State Intervention." *Kapitalistate*, no. 1, pp. 96-116, and no. 2, pp. 76-83. A shorter version appears as "Some Problems of State Intervention," in *State and Capital*, edited by John Holloway and Sol Picciotto, University of Texas Press, Austin, 1978, pp. 40-42.

Arendt, Hannah. 1958. *The Human Condition.* University of Chicago Press, Chicago.

Amdt, Heinz Wolfgang. 1963. *Economic Lessons of the Nineteen-Thirties.* F. Cass, London.

Aronowitz, Stanley. 1992. *The Politics of Identity: Class, Culture, Social Movements.* Routledge, New York.

Ascarelli, Tullio. 1956a. "Intervento." *Diritto dell'economia*, no. 3.

——. 1956b. "Ordinamento giuridico e processo economico." *Rivista trimestrale di diritto pubblico.* A. Giuffrè, Milan.

——. 1980. *Autonomia: Post-Political Politics.* Semiotext(e), vol. 3, no. 3.

Azzariti, Giuseppe. 1948. "La nuova costituzione e le leggi anteriori." *Foro Italiano*, vol. 4. Rome.

Bachrach, Peter, and Morton Baratz. 1970. *Power and Poverty.* Oxford University Press, Oxford.

Balibar, Etienne. 1974. "Plus-value et classes sociales," *Cinq études du materialisme historique.* Maspero, Paris.
Balladore-Pallieri, Giorgio. 1952. "Appunti sulla divisione dei poteri nella vigente Costituzione." *Rivista trimestrale di diritto pubblico.* A. Giuffrè, Milan, vol. 2.
———. 1953. *Diritto costituzionale.* A. Giuffrè, Milan.
Ballerstedt, Kurt. 1957. "Über wirtschaftliche Massnahmegesetze." *Festschrift zum 70. Geburtstag von Walter Schmidt-Rimpler.* C. F. Müller, Karlsruhe.
Balzarini, Renato. 1957. *Studi di diritto del lavoro.* A. Giuffrè, Milan.
Baran Paul, and Paul Sweezy. 1966. *Monopoly Capital: An Essay on the American Economic and Social Order.* Monthly Review Press, New York.
Bettaglia, Felice. 1955. "Alcune osservazioni sulla struttura e sulla funzione del diritto," *Rivista di diritto civile.* CEDAM, Padua.
Baudrillard, Jean. 1975. *The Mirror of Production.* Telos Press, St. Louis.
Bellah, Robert, Richard Madsen, William Sullivan, Ann Swidier, and Steven Tipton. 1985. *Habits of the Heart: Individualism and Commitment in American Life.* University of California Press, Berkeley.
Benjamin, Walter. 1978. "Critique of Violence." In *Reflections.* Schocken Books, New York.
Benvenuti, Feliciano. 1952. "Funzione amministrativa, procedimento, processo." *Rivista trimestrale di diritto pubblico,* A. Giuffrè, Milan, vol. 2, pp. 118-45.
Berardi, Franco (Bifo). 1980. "Anatomy of Autonomy." *Autonomia: Post-Political Politics.* Semiotext(e), vol. 3, no. 3, pp. 148-71.
Bergmann, Uwe, Rudi Dutschke, Wolfgang lefèvre, and Bernd Radehl. 1968. *Die Rebellion der Studenten oder Die neue Opposition.* Rowohlt, Hamburg.
Bernstein, Irving. 1960. *The Lean Years: A History of the American Worker, 1920-1933.* Houghton Mifflin, Boston.
Blank, Hans Joachim, and Joachim Hirsch. 1967. "Vom Elend des Gezetzgebers." In *Der CDU-Staat. Analysen zur Verfassungswirklichkeit der Bundesrepublik,* edited by Gert Schäfer and Carl Nedelmann, Suhrkamp Verlag, Frankfurt, vol. 1, pp. 133-75.
Blaustein, Albert, and Gisbert Flanz, eds. 1992. *Constitutions of the Countries of the World.* Oceana Publications, Dobbs Ferry, N. Y.
Block, Fred. 1977. "The Ruling Class Does Not Rule: Notes on the Marxist Theory of the State." *Socialist Revolution,* no. 33, May-June, pp. 6-28.
Bobbio, Norberto. 1987. "Gramsci and the Conception of Civil Society." In *Which Socialism?* University of Minnesota Press, Minneapolis.
———. 1975. "Intorno all'analisi funzionale del diritto." *Sociologia del diritto,* no. 1.
———. 1946. *Lezioni di filosofia del diritto.* Giappicelli, Turin.
———. 1987. *Which Socialism?* University of Minnesota Press, Minneapolis.
Boeringer, Peter, and Michael Plore. 1975. "Unemployment and the 'Dual Labor Market'" *The Public Interest,* no. 38.
Bogs, Walter. 1956. "Autonomie und verbändliche Selbstverwaltung im modernen Arbeits-und Sozialrecht." *Recht der Arbeit,* vol. 9, Beck, Munich.
Bolbrinker, C. J. 1975. *Klassenanalyse als Organisationsfrage.* Focus Verlag, Giessen.

Bologna, Sergio. 1972. "Composizione di classe e teoria del partito alle origini del movimento consiliare." In *Operai e Stato*. Feltrinelli, Milan, pp. 13-46.

Bologna, Sergio, Paolo Carpignano, and Antonio Negri. 1974. *Crisi e organizzazione operaia*. Feltrinelli, Milan.

Bologna, Sergio, Luciano Ferrari-Bravo, Ferruccio Gambino, Mauro Gobbini, Antonio Negri, and George Rawick. 1972. *Operai e Stato*. Feltrinelli, Milan.

Bonnard, Roger. 1928. "La théorie de la formation du droit par degrés dans l'œuvre d'Adolf Merkl." *Revue du droit public*, vol. 35. Paris, pp. 668-96.

Bowles, Samuel, David Gordon, and Thomas Weisskopf. 1990. *After the Waste Land: A Democratic Economics for the Year 2000*. M. E. Sharpe, New York.

Brachet, P. 1974. *L'Étant-Patron. Théories et réalités*. F. Cujas, Paris.

Bullock, P. 1973. "Categories of Labour Power for Capital." *Conference of Socialist Economists Bulletin*, London, Fall.

——. 1974. "Defining Productive Labour for Capital." *Conference of Socialist Economists Bulletin*, London, Fall.

Burdeau, Georges. 1965. "Le plan comme mythe." In *La planifuation comme processus de décision*. Colin, Paris.

——. 1966-86. *Traité de Science Politique*. 10 vols. Librairie générale de droit et de jurisprudence, paris.

Butler, Judith. 1990. *Gender Trouble: Feminism and the Subversion of Identity*. Routledge, New York.

Cacciari, Massimo. 1975. "Lavoro, valorizzazione e 'cervello sociale'" *Aut-Aut*, nos. 145-46, January-April, pp. 3-40.

Cafagna, Luciano. 1971. "Classe e Stato nello stato di transizione leninista." *Politica e Diritto*, nos. 4-5, pp. 503-29.

Cambridge Political Economy Group. 1975. "English Crisis, Causes and Remedies." *Leviathan*, Düsseldorf, no. 3.

Cardoso, Femando Henrique. 1974. "Althusserismo o marxismo? A proposito de concetto di classe in Poulantzas." In *Sul concetto di classe*, edited by Fernando Henrique Cardoso and Nicos Poulantzas. Feltrinelli, Milan, pp. 53-72.

Carlassare Caiani, Lorenza. 1961. "Sulla natura giuridica dei testi unici." *Rivista trimestrale di diritto pubblico*. A. Giuffrè, Milan.

Camelutti, Francesco. 1936. *Sistema di diritto processuale civile*. 3 vols. A. Milano, Padua.

——. 1928. *Teoria del regolamento collettivo dei rapporti di lavoro*. CEDAM, Padua.

Caro, Gaspare de. 1964. "L'esperienza torinese dei consigli operai." *Classe operaia*, vol. 1, no. 1, January.

Cereti, Carlo. 1949. *Corso di diritto costituzionale*. G. Giappechelli, Turin.

Champernowne, D. G. 1964a. "Expectations and the Links between the Economic Future and the Present." In *Keynes' General Theory*, edited by Robert Lekachman. St. Martin's Press, New York, pp. 174-202.

——. 1964b. "Unemployment, Basic and Monetary: The Classical Analysis and the Keynesian." In *Keynes' General Theory*, edited by Robert Lekachman. St. Martin's Press, New York, pp. 153-73.

Cheli, Enzo. 1959. "L'ampliamento dei poteri normativi dell'esecutivo nei principali ordinamenti occidentali." *Rivista trimestrale di diritto pubblico.* A. Giuffrè, Milan, vol. 9, pp. 463-528.

Cherki, Eddy, and Michel Wieviorka. 1980. "Autoreduction Movements in Turin." In *Autonomia : Past-Political Politics.* Semiotext(e), vol. 3, no. 3.

Churchill, Winston. 1923-31. *The World Crisis.* 6 vols. Butterworth, London.

Cleaver, Harry. 1979. *Reading Capital Politically.* University of Texas Press, Austin.

Codacci-Pisanelli, Giuseppe. 1947. "Fonti di cognizione e fonti di produzione." *Rivista italiana per le scienze giuridiche.* E. Loescher and Co., Rome, no. 1, pp. 224-71.

Cogoy, Mario. 1973. "Werttheorie und Staatsausgaben." In *Probleme einer materialistischen, Staatstheorie,* edited by Claudia von Braunmühl et al., Suhrkamp Verlag, Frankfurt.

Cohen Stephen S. 1969. *Modern Capitalist Planning : The French Model.* Harvard University Press, Cambridge.

Comité Central du PCF, ed. 1971. *Le capitalisme monopoliste d'Etat.* Editions sociales, Paris.

Coriat, Benjamin. 1990. *L'atelier et le robot.* Christian Bourgois, Paris.

———. 1991, *Penser à l'envers : Travail et organisation dans l'entreprise japonaise.* Christian Bourgois, Paris.

Cornell, Drucilla. 1992a. *The Philosophy of the Limit :* Routledge, New York.

———. 1992b. "The Philosophy of the Limit : Systems Theory and Feminist Legal Reform." In *Deconstruction and the Possibility of Justice,* edited by Drucilla Cornell, Michel Rosenfeld, and David Gray Carlson. Routledge, New York, pp. 68-91.

Cornell, Drucilla, Michel Rosenfeld, and David Gray Carlson, eds. 1992. *Deconstruction and the Possibility of Justice.* Routledge, New York.

Crisafulli, Vezio. 1951. "Appunti preliminari sul diritto del lavoro nella Costituzione." *Rivista giuridica del lavoro,* Rome, pp. 161-63.

———. 1952. *La Costituzione e le sue disposizioni di principio.* A. Giuffrè, Milan.

———. 1960. "Gerarchia e competenza nel sistema costituzionale delle fonti." *Rivista trimestrale di diritto pubblico.* A. Giuffrè, Milan, vol. 10, pp. 775-810.

———. 1961. *Lezioni di diritto costituzionale.* 2 vols. CEDAM, Padua.

Crosa, Emilio. 1951. *Corso di diritto costituzionale.* Unione tipografico-editrice torinese, Turin.

Dahrendorf, Ralf. 1959. *Class and Class Conflict in Industrial Society.* Stanford University Press, Stanford.

Dalla Costa, Mariarosa. 1972. "Women and the Subversion of the Community." In *The Power of Women and the Subversion of the Community.* Falling Wall Press, Bristol.

Damus, Renate. 1973. *Wertkategorien als Mittle der Planung. Zur Widersprüchlichkeit der Planung gesamtgesellschaftlicber Prozèsse in der DDR.* Politladen, Erlangen.

Davis, Mike. 1990. *The City of Quartz : Excavating the Future in Los Angeles.* Verso, London.

Deleuze, Gilles. 1992. "Postscript on the Societies of Control." *October,* no. 59, pp. 3-7.

Deleuze, Gilles, and Félix Guattari. 1987. *A Thousand Plateaus : Capitalism and Schi-*

zophrenia, translated by Brian Massumi. University of Minnesota Press, Minneapolis.

Derrida, Jacques. 1992. "Force of Law : The 'Mystical Foundation of Authority.'" In *Deconstruction and the Possibility of Justice*, edited by Drucilla Cornell, Michel Rosenfeld, and David Gray Carlson. Routledge, New York, pp. 3-67.

Di Leonardo, Micaela. 1987. "The Female World of Cards and Holidays : Women, Families, and the Work of Kinship." *Sings*, vol. 12, no. 3, pp. 440-53.

Djuvara, Mircea. 1934-35. "Sources et normes du droit positif." *Le problème des sources du droit positif.* Annuaire de l'Institut de Philosophie du droit et de sociologie juridique, first session, Sirey, Paris, pp. 82-101.

Draper, Theodore. 1960. *American Communism and Soviet Russia.* Viking Press, New York.

Dubois, Pierre. 1974. *La mort de l'État-Patron.* Editions Ouvrières, Paris.

Dworkin, Ronald. 1991. "The Reagan Revolution and the Supreme Court." *The New York Review of Books*, Jury 18, pp. 23-27.

Ebbighausen, Rolf, ed. 1974. *Monopol und Staat. Zur Marx-Rezeption in der Theorie des staats-monopolistischen Kapitalismus.* Suhrkamp Verlag, Frankfurt.

Eckart, Christel, et al. "Arbeiterbewusstsein, Klassenzusammensetzung und ökonomische Entwicklung. Empirische Thesen zum 'instrumentellen Betwusstsein.'" *Gesellschaft*, no. 4, pp. 7-64.

Ehlert, Willl. 1975. "Politische Planung — und was davon übrig bleibt." *Leviathan*, Düsseldorf, no. 1.

Einaudi, Mario. 1959. *La rivoluzione di Roosevelt.* Einaudi, Turin.

Eisenstein, Zillah. 1979, "Developing a Theory of Capitalist Patriarchy and Socialist Feminism." In *Capitalist Patriarchy and the Case for Socialist Feminism*, edited by Zillah Einsenstein. Monthly Review Press, New York, pp. 5-40.

Elson, Diane. 1979. "The Value Theory of Labour." In *Value : The Representation of Labour in Capitalism*, edited by Diane Elson. Humanities Press, Atlantic Highlands, N. J., pp. 115-80.

Emenlauer, Rainer, ed. 1974. *Die Kommune in der Staatsorganisation.* Suhrkamp Verlag, Frankfurt.

Emmanuel, Arghiri. 1966. "Le taux de profit et les incompatibilités Marx-Keynes." *Annales, économies, sociétés, civilisations*, vol. 21, A. Colin, Paris, pp. 1189-1211.

Engels, Friedrich. 1969, *Anti-Dühbring.* Progress Publishers, Moscow.

Epstein, Steven. 1991. "Democratic Science? AIDS Activism and the Contested Construction of Knowlege." *Socialist Review*, vol. 21, no. 2, pp. 35-64.

Esposito, Carlo. 1954. *La Costituzione italiana.* CEDAM, Padua.

Esser, Josef. 1975, *Einführung in die materialistische Staatsanalyse.* Campus Verlag, Frankfurt and New York.

Euchner, Walter. 1967. "Zur Lage des Parlamentarismus." In *Der CDU-Staat. Analysen zur Verfassungswirklichkeit der Bundesrepublik*, edited by Gert Schäfer and Carl Nedelmann. Suhrkamp Verlag, Frankfurt, vol. 1, pp. 105-32.

Evans, P., D. Rueschemeyer, and Theda Skocpol, eds. 1985. *Bringing the State Back In.*

Cambridge University Press, Cambridge.
Fabra, Paul. 1969. "25 ans après Bretton Woods." *Le monde de l'économie*, July 8.
Fauvel-Rouif, Denise, ed. 1966. *Mouvements ouvriers et dépression économique*. Van Gorcum, Assen.
Fechner, Erich. 1956. *Rechtsphilosophie*. Mohr, Tübingen.
Ferrari Bravo, Luciano, ed. 1975. *Imperialismo e classe operaia multinazionale*. Feltrinelli, Milan.
Filene, Peter G. 1967. *Americans and the Soviet Experiment 1917-1933*. Harvard University Press, Cambridge.
Fine, Ben. 1973. "A Note on Productive and Unproductive Labour." *Conference of Socialist Economists Bulletin*. London, Fall.
Finzi, Roberto. 1970. "Lo Stato del capitale, un problema aperto." *Studi Storici*. Rome, no. 3.
Fish, Stanley. 1989. *Doing What Comes Naturally: Change, Rhetoric, and the Practice of Theory in Literary and Legal Studies*. Duke University Press, Durham, N. C.,
Flatow, Sybille von, and Freerk Huisken. 1973. "Zum Problem der Ableitung des bürgerlichen Staates." *Probleme des Klassenkampfs*, no. 7, pp. 83-153.
Forsthoff, Ernst. 1956. "La Repubblica federale tedesca come Stato di diritto." *Rivista trimestrale di diritto pubblico*. A. Giuffrè, Milan, vol. 6.
———. 1951. *Lehrbuch des Verwaltungsrechts*, vol. 1. C. H. Beck, Munich and Berlin.
———. 1964. *Rechtsstaat im Wandel: verfassungsrechtliche Abhandlungen, 1950-1964*. Kohlhammer, Stuttgart.
———. 1955. "Über Massnahme-Gesetze." *Gedächtnisschrift für Walter Jellinek*, edited by Otto Bachhof, Isar Verlag, Munich.
Foucault, Michel. 1980; "Du Gouvernement des Vivants." Course given at the Collège de France, January 30, cassette recording available at the Bibliothèque du Saulchoir, Paris.
———. 1984. "What is Enlightenment?" In *The Foucault Reader*, edited by Paul Rabinow. Pantheon Books, New York.
Freiburghaus, Dieter, and G. Schmid. 1974, "Techniken politischer Planung: vom Markekalkül zum Plankalkul?" *Leviathan*, Düsseldorf, no. 3.
———. 1975. "Theorie der Segmentierung von Arbeitsmärkten." *Leviathan*, Düsseldorf, no. 3.
Freund, Julien. 1965, *L'essence du politique*. Sirey, Paris.
Galgano, Francesco. 1974, *Le istituzioni dell'economia capitalistica*. Zanichelli, Bologna.
Galston, William. 1989. "Pluralism and Social Unity." *Ethics 99*, pp. 711-26.
Gerstenberger, F. 1975. "Produktion und Qualifikation." *Leviathan*, Düsseldorf, no. 2.
Gerstenberger, Heide. 1978. "Class Conflict, Competition, and State Functions." In *State and Capital*, edited by John Holloway and Sol Picciotto. University of Texas Press, Austin, pp. 148-59.
Glannini, Massimo-Severo. 1951. "Profili costituzionali della protezione sociale," *Rivista giuridica del lavoro*, Rome.
———. 1949-50. "Rilevanza costituzionale del lavoro." *Rivista giuridica del lavoro*, Rome,

no. 1, pp. 1-20.
Giddens, Anthony. 1979. *Central Problems in Social Theory: Action, Structure, and Contradiction in Social Analysis.* University of California Press, Berkeley.
Giugni, Gino. 1960. *Introduzione allo studio dell'autonomia collettiva.* A. Giuffrè, Milan.
Goldfield, Michael. 1989. "Worker Insurgency, Radical Organization, and New Deal Labor Legislation." *American Political Science Review,* vol. 83, no. 4, December pp. 1257-82.
Goldthorpe, John H., David Lockwood, Frank Bechhofer, and Jennifer Platt. 1968-69. *The Affluent Worker.* 3 vols., Cambridge University Press, London.
Gough, Ian. 1972. "Marx's Theory of productive and Unproductive Labour." *New Left Review,* no. 76, November-December.
——. 1975. "State Expenditure in Advanced Capitalism." *New Left Review,* no. 92, July-August.
Gough, Ian, and J. Harrison. 1975. "Unproductive Labour and Housework, Again." *Conference of Socialist Economists Bulletin,* London, February.
Grandi, Mario. 1959. "La risoluzione delle controversie di lavoro in Gran Bretagna." *Rivista di diritto del lavoro,* Milan, vol. 11, Part I, pp. 42-104.
Grosso, Giuseppe. 1955. "Distinti complessi giuridici e varietà di rapporti fra norma giuridica e fatto economico." *Diritto dell'economia.* A. Giuffrè, Milan.
Guarino, Giuseppe. 1962. *Scritti di diritto pubblico dell'economia e di diritto dell'energia.* A. Giuffrè, Milan.
Guastini, Riccardo. 1974. *Marx, dalla filosofia del diritto alla scienza della società.* Il Mulino, Bologna.
——. 1971. "Teoria e fenomenologia dello Stato capitalistico." *Politica del diritto,* December no. 6, pp. 781-806.
Gündel, Rudi, Horst Heininger, Peter Hess, and Kurt Zieschang. 1967, *Zur Theorie des staatsmonopolistischen Kapitalismus.* Akademie-Verlag, Berlin.
Gutmann, Amy. 1985. "Communitarian Critics of Liberalism." *Philosophy and Public Affairs,* Summer, pp. 308-22.
Haberler, Gottfried. 1964. "Sixteen Years Later." In *Keynes' General Theory,* edited by Robert Lekachman. St. Martin's Press, New York, pp. 289-96.
Habermas, Jürgen. 1975. *Legitimation Crisis,* translated by Thomas McCarthy. Beacon Press, Boston.
——. 1962. *Strukturwandel der Öffentlichkeit: Untersuchungen zu einer Kategorie der bürgerlichen Gesellschaft.* Luchterhand, Berlin.
Hansen, Alvin Harvey. 1941. *Fiscal Policy and Business Cycles.* Norton, New York.
——. 1938. *Full Recovery of Stagnation?* Norton, New York.
Haraway, Donna. 1991. "A Cyhorg Manifesto: Science, Technology, and Socialist-Feminism in the Late Twentieth Century." In *Simians, Cyborgs, and Women: The Reinvention of Nature.* Routledge, New York.
Hardt, Michael. 1993. *Gilles Deleuze: An Apprenticeship in Philosophy,* University of Minnesota Press, Minneapolis.
——. 1992. "Los Angeles Novos." *Futur antérieur,* Paris, nos. 12-13, pp. 12-26.

Harrison, J. 1973. "The Political Economy of Housework." *Conference of Socialist Economists Bulletin*, London, Winter.
——. 1973. "Productive and Unproductive Labour in Marx's Political Economy." *Conference of Socialist Economists Bulletin*, London, Fall.
Harrod, R. F. 1951. *The Life of John Maynard Keynes*. Macmillan, London.
——. 1964. "Mr. Keynes and Traditional Theory." In *Keynes' General Theory*, edited by Robert Lekachman. St. Martin's Press, New York, pp. 124-38.
Hartsock, Nancy. 1985. *Money, Sex, and Power: Towards a Feminist Historical Materialism*. Northeastern University Press, Boston.
Haupt, H. B., and Stephan Leibfried 1971. "Anmerkung zur Kontroverse Poulantzas-Miliband." *Kritische Justiz*, vol. 4, no. 2.
Häussermann, H. 1974. "Die administrative Organisation als Problem politischer Innovation." *Leviathan*, Düsseldorf, no. 2.
Hegel, G. W. F. 1932. *Jenenser Realphilosophie*. 2 vols. Meiner, Leipzig.
——. 1977. *Phenomenology of Spirit*, translated by A. V. Miller. Oxford University Press, Oxford.
——. 1952. *Philosophy of Right*, translated by T. M. Knox. Oxford University Press, Oxford.
Heideggar, Martin. 1977. *The Question Concerning Technology*, translated by William Lovitt. Harper and Row, New York.
Held, David. 1987. *Models of Democracy*. Stanford University Press, Stanford.
Herz, Ernst. 1958. *Anspruch und Norm in Arbeitsrecht*. Bund-verlag, Cologne.
Hinchman, Lewis. 1984. *Hegel's Critique of the Enlightenment*. University of Florida Press, Gainesville.
Hirsch, Joachim. 1973. "Elemente einer materialistischen Staatstheorie." In *Probleme einer materialistischen Staatstheorie*, edited by Claudia von Braunmühl et al. Suhrkamp Verlag, Frankfurt, pp. 199-266.
——. 1970. *Wissenschaftlich-technischer Fortschritt und politisches System. Organisation und Grundlagen administrativer Wissenschaftsforderung in der BRD*. Suhrkamp Verlag, Frankfurt.
——. 1974. "Zur Analyse des politischen Systems." *Gesellschaft*, vol. 1, pp. 78-131.
Hochberger, Hunno. 1974. "Probleme einer materialistischen Bestimmung des Staates." In *Gesellschaft. Beiträge zur Marxschen Theorie*, vol. 2. Suhrkamp Verlag, pp. 155-203.
Hofstadter, R. 1962. *The Age of Reform*. Jonathan Cape, London.
Holubenko, M. 1975. "The Soviet Working Class: Discontent and Opposition." *Critique, Glasgow*, Spring.
Horvath, Barna. 1934-35. "Les sources du droit positif." *Le problème des sources du droit positif*. Annuaire de l'Institut de Philosophie du droit et de sociologie juridique, first session, Sirey, Paris, pp. 132-42.
Huffschmid, Jorg. 1969. *Die Politik des Kapitals, Konzentration und Wirtschaftspolitik in der Bundesrepublik*. Suhrkamp Verlag, Frankfurt.
Institut für Gesellschaftswissenschaften beim ZK der SED, ed. 1971, *Der Imperialismus der BRD*. Verlag Marxistische Blätter, Frankfurt.

——. 1967. *Imperialismus heute. Der staatsmonopolistische Kapitalismus in Westdeutschland.* Dietz, Berlin.

Jalée, Pierre. 1972. *Imperialism in the Seventies*, translated by Raymond and Margaret Sokolov. Third Press, New York.

Jameson, Fredric. 1991. "Postmodernism and the Market." In *Postmodernism, or, the Cultural Logic of Late Capitalism.* Duke University Press, Durham, N. C.,

Jellinek, Georg. 1964. *Gesetz und Verordnung, staatsrechtliche Untersuchungen auf rechtsgeschichtlicher und rechtsvergleichender Grundlage.* Scientia Verlag, Aalen.

——. 1906. *Verfassungsänderung und Verfassungswandlung.* O. Häring, Berlin.

Jellinek, Walter. 1964. *Gesetz, Gesetzesanwendung und Zweckmässigkeitserwägung.* Scientia Verlag, Aalen.

Jessop, Bob. 1982. *The Capitalist State.* Martin Robertson, Oxford.

Kahn-Freund, Otto. 1954. "Intergroup Conflicts and their Settlement." *British Journal of Sociology*, vol. 5, pp. 193-227.

Kaldor, Nicholas. 1966. *Causes of the Slow Rate of Economic Growth in the United Kingdom.* Cambridge University Press, London.

Kelman, Mark. 1981. "Interpretative Construction in the Substantive Criminal Law," *Stanford Law Review*, vol. 33, no. 591, April, pp. 591-673.

Kelsen, Hans. 1945. *General Theory of Law and State*, translated by Anders Wedberg. Harvard University Press, Cambridge.

——. 1939. "Théorie du droit international coutumier." *Revue internationale de la théorie du droit.* R. M. Rohrer, Brunn, new series, vol. 1, pp. 253-74.

Kennedy, Duncan. 1979. "The Structure of Blackstone's Commentaries." *Buffalo Law Review*, vol. 28, no. 205.

Kergoat, Danièle. 1991. "L'infirmière coordonnée." *Futur antérieur*, no. 6, Summer, pp. 71-85.

——. 1982. *Les Ouvrières.* Editions Le Sycomore, Paris.

Keynes, John Maynard. 1931. "Am I Liberal?" In *Essays in Persuasion.* Macmillan, London.

——. 1933. "Dr. Melchior : A Defeated Enemy." In *Essays in Biography.* Macmillan, London.

——. 1919. *The Economic Consequences of the Peace.* Macmillan, London.

——. 1931. "The End of Laissez-Faire." In *Essays in Persuasion.* Macmillan, London.

——. 1933. *Essays in Biography.* Macmillan, London.

——. 1931. *Essays in Persuasion.* Macmillan, London.

——. 1936. *The General Theory of Employment, Interest and Money.* Macmillan, London.

——. 1931. "Liberalism and Labour." In *Essays in Persuasion.* Macmillan, London.

——. 1933. "Newton the Man." In *Eassys in Biography.* Macmillan, London.

——. 1922. *A Revision of the Treaty.* Macmillan, London.

——. 1930. *A Treatise on Money.* 2 vols. Harcourt, Brace and Company, New York.

Koulicher, A. M. 1934-35. "La multiplicité des sources, en droit constitutionnel." *Le problème des sources du droit positif.* Annuaire de l'Institut de Philosophie du droit et de

sociologie juridique, first session, Sirey, Paris, pp. 208-27.
Krahl, Hans-Jürgen. 1971. *Konstitution und Klassenkampf: Zur historischan Dialektik von bürgerlicher Emanzipation und proletarischer Revolution.* Verlag Neue Kritik, Frankfurt.
Kråmer-Badoni, Thomas. 1974. "Krise und Krisenpotential im Spätkapitalismus." In *Die Kommune in der Staatsorganisation*, edited by Rainer Emenlauer. Suhrkamp Verlag, Frankfurt.
Kukathas, Chandran, and phillip Pettit. 1990, *Rawls: A Theory of Justice and its Critics.* Stanford University Press, Stanford.
Laclau, Ernesto, and Chantal Mouffe. 1985. *Hegemony and Socialist Strategy: Towards a Radical Democratic Politics*, translated by W. Moore and P. Cammack. Verso. London.
Lebowitz, Michael. 1992. *Beyond Capital: Marx's Political Economy of the Working Class.* Macmillan, London.
LeGrand, J., and D. Winter. 1987. "The Middle Classes and the Defence of the British Welfare State." In R. E. Goodin and J. LeGrand, *Not Only the Poor.* Allen and Unwin, London.
Leibholz, Gerhard. 1965. *Staatsformen.* Walter de Gruyter, Berlin.
Lekachman, Robert, ed. 1964. *Keynes' General Theory: Reports of Three Decades.* St. Martin's Press, New York.
Loewenstein, Karl. 1961. *Beiträge zur Staatssoziologie.* Mohr, Tübingen.
——. 1957. *Political Power and the Governmental Process.* University of Chicago Press, Chicago.
Löwith, Karl. 1964. *From Hegel to Nietzsche*, translated by David Green. Holt, New York.
Luhmann, Niklas, 1990. *Essays on Self-Reference.* Columbia Univercity Press, New York.
Lukács, Georg. 1971. *History and Class Consciousness*, translated by Rodney Livingstone. MIT Press, Cambridge.
Luxemburg, Rosa. 1955. *Ausgewählte Reden und Schriften.* 2 vols. Dietz, Berlin.
——. 1966. *Politische Schriften.* Europa Verlag, Vienna.
Lyon-Caen, Gerard. 1951. "Fondamenti storici e razionali del diritto del lavoro." *Rivista giuridica del lavoro*, Rome.
MacIntyre, Alasdair. 1984. *After Virtue: A Study in Moral Theory.* University of Notre Dame, Notre Dame.
Macpherson, C. B. 1973. *Democratic Theory: Essays in Retrieval.* Clarendon Press, Oxford.
——. 1977. *Life and Times of Liberal Democracy.* Oxford University Press, Oxford.
Mantoux, Étienne. 1946. *The Carthaginian Peace, or the Economic Consequences of Mr. Keynes.* Oxford University Press, London.
Marable, Manning. 1992. "Black America: Multicultural Democracy in the Age of Clarence Thomas and David Duke." Open Magazine Pamphlet Series, Open Media, Westfield, N. J.
Marcuse, Herbert. 1978. "Über die philosophischen Grundlagen des wirtschafts-wissen-

schaftlichen Arbeitsbegriffs." *Arcbiv für Sozialwissenschaft und Sozialpolitik.* H. Laupp, Tübingen, 1933. no. 3. Reprinted in *Schriften*, vol. 1, Suhrkamp Verlag, Frankfurt, pp. 556-94.

Marx, Karl. 1977. *Capital*, vol. 1. Vintage Books, New York.

——. 1967. *Capital*, vols. 2 and 3. International Publishers, New York.

——. 1940. *The Civil War in France.* International Publishers, New York.

——. 1959. "Critique of the Gotha Program." In *Basic Writings on Politics and Philosophy*, edited by Lewis Fener. Anchor Books, Garden City, N. Y., pp. 112-32.

——. 1964. *Economic and philosophic Manuscripts of 1844.* International Publishers, New York.

——. 1963. *The Eighteenth Brumaire of Louis Bonaparte.* International Publishers, New York.

——. 1973. *Grundrisse.* Vintage Books, New York.

——. 1969. *Theories of Surplus Value*, Part I, translated by Emile Burns. Lawrence and Wishart, London.

Marx, Karl, and Friedrich Engels. 1976, *The German Ideology.* Progress Publishers, Moscow.

——. 1965. *Manifesto of the Communist Party.* Foreign Languages Press, Peking.

——. 1942. *Selected Correspondence.* International Publishers, New York.

Mattick, Paul. 1969. *Marx and Keynes: the limits of the mixed economy.* P. Sargent, Boston.

Mazzarelli, Bruno. 1957. *La norma collettiva nella teoria generale del diritto* A. Giuffrè, Milan.

Mazzoni, Giuliano. 1956. "Intervento al convegno degli amici del diritto dell'economia." *Diritto dell'economia*, Milan.

Mediobanca, ed. 1968-1972. *La Finanza pubblica.* 2 vols. Mediobanca, Milan.

Mendner, J. H. 1975. *Technologische Entwicklung und Arbeitsprozess.* Fischer, Frankfurt.

Mengoni, Luigi. 1958. "Recenti mutamenti nella struttura e nella gerarchia dell'impresa." *Rivista delle società.* A. Giuffrè, Milan, pp. 689-724.

Merkl, Adolf. 1937. *Allgemeines Verwaltungsrecht.* J. Springer, Vienna and Berlin.

Miele, Giovanni. 1943. "Profilo della consuetudine nel sistema delle fonti di diritto interno." *Stato e diritto*, vol. 4, no. 1, pp. 24-29.

Miglioranzi, L. A. 1953. "Il rapporto di lavoro nella sua evoluzione." *Scritti giuridici in onore di Antonio Scialoja*, vol. 4. N. Zanichelli, Bologna, pp. 291-306.

Miliband, Ralph. 1970. "The Capitalist State: Reply to Nicos Poulantzas." *New Left Review*, no. 59, January-February, pp. 53-60.

——. 1969. *The State in Capitalist Society.* Basic Books, New York.

Mishra, Ramesh. 1990. *The Welfare State in Capitalist Society.* University of Toronto Press, Toronto.

Mommsen, Wolfgang J. 1959. *Max Weber und die Deutsche Politik, 1890-1920.* Mohr, Tübingen.

Morishima, Michio. 1973. *Marx's Economics: A Dual Theory of Value and Growth.* Cambridge University Press, London.

Mortati, Costantino. 1954. "Il lavoro nella Costituzione." *Il diritto del lavoro*. Milan, pp. 149-212.
———. 1940. *La Costituzione in senso materiale*. Milan.
———. 1969. *Istituzioni di diritto pubblico*. CEDAM, Padua.
Mouffe, Chantal. 1987. "Le libéralisme américain et ses critiques." *Esprit*, March, p. 100-114.
Moulier, Yann. 1989. "Introduction." In *The Politics of Subversion: A Manifesto for the Twenty-First Century*, by Antonio Negri, translated by James Newell. Polity Press, Cambridge, pp. 1-44.
Müller, Wolfgang. 1967. "Die Grenzen der Sozialpolitik in der Marktwirtschaft." In *Der CDU-Staat. Analysen zur Verfassungswirklichkeit der Bundesrepublik*, edited by Gert Schäfer and Carl Nedelmann, Suhrkamp Verlag, Frankfurt, vol. 1, pp. 14-47.
Müller, Wolfgang, and Christel Neusüss. 1975. "The Illusion of State Socialism." *Telos*, no. 25, Fall, pp. 13-90. A shorter version appears as "The 'Welfare-State Illusion' and the Contradiction between Wage Labour and Capital," in *State and Capital*, edited by John Holloway and Sol Picciotto, University of Texas Press, Austin, 1978, pp. 32-39.
Musil, Robert. 1988. *The Man Without Qualities*. 3 vols. Picador Classics, London.
Napoleoni, Claudio. 1972. *Economic Thought of the Twentieth Century*. Wiley, New York.
———. 1974. "Sulla teoria della produzione come processo circolare." In *Il dibattito su Sraffa*, edited by Franco Botta. De Donato, Bari, pp. 37-62.
Navarra, A. 1953. "Le speranze (sinora) deluse." *Rivista di diritto del lavoro*, Milan, pp. 139-57.
Negri, Antonio. 1962. *Alle origini del formalismo giuridico*. CEDAM, Padua.
———. 1991. "L'antimodernité de Spinoza." *Les Temps Modernes*, no. 539, June, pp. 43-61. An Italian version appears in *Spinoza Sovversivo: Variazioni (in) attuali*, Antonio Pellicani Editore, Rome, 1992, pp. 129-51.
———. 1988. "Archaeology and Project: The Mass Worker and the Social Worker." In *Revolution Retrieved*. Red Notes, London, pp. 203-28.
———. forthcoming. *Constituent Power*. University of Minnesota Press, Minneapolis.
———. 1988. "Crisis of the Planner-State: Communism and Revolutionary Organisation." In *Revolution Retrieved*. Red Notes, London, pp. 94-148.
———. 1992. "Interpretation of the Class Situation Today: Methodological Aspects." In *Open Marxism*, vol. 2, edited by Werner Bonefeld, Richard Gunn, and Kosmas Psychopedis, Pluto Press, London, pp. 69-105. Also appears as "Twenty Theses on Marx: Interpretation of the Class Situation Today," *Polygraph*, no. 5, 1992, pp. 136-70.
———. 1987. "Is There a Marxist Doctrine of the State?" In Noberto Bobbio, *Which Socialism?* University of Minnesota Press, Minneapolis, pp. 121-38.
———. 1977. "Lo Stato dei partiti." In *La forma Stato*. Feltrinelli, Milan, pp. 111-49.
———. 1984. *Marx Beyond Marx: Lessons on the Grundrisse*, translated by Harry Cleaver, Michael Ryan, and Maurizio Viano. Bergin and Garvey, South Hadley.

———. 1988. "Marx on Cycle and Crisis." In *Revolution Retrieved.* Red Notes, London, pp. 47-90.

———. 1974. "Partito operaio contro il lavoro." In *Crisi e organizzazione operaia.* Feltrinelli, Milan.

———. 1989. *The Politics of Subversion: A Manifesto for the Twenty-First Century*, translated by James Newell, introduction by Yann Moulier. Polity Press, Cambridge.

———. 1976. *Proletari e Stato.* Feltrinelli, Milan.

———. 1988. *Revolution Retrieved.* Red Notes, London.

———. 1977. "Rileggendo Pasukanis: note di discussione." In *La forma Stato.* Feltrinelli, Milan, pp. 161-95.

———. 1991. *The Savage Anomaly: The Power of Spinoza's Metaphysics and Politics*, translated by Michael Hardt. University of Minnesota Press, Minneapolis.

Negt, Oskar. 1968. *Soziologische Phantasie und exemplarisches Lernen.* Europäische Verlagsanstalt, Frankfurt.

Neumann, Franz. 1957. *The Democratic and the Authoritarian State.* Free Press, Glencoe, Ill.

Neuy, Erich. 1951. *Das rechtsphilosophische Relativismusproblem in der Sicht des Neupositivismus.* Dissertation, Mainz.

Nietzsche, Frederick. 1967. *The Will to Power*, translated by Walter Kaufman. Vintage Books, New York.

Nuti, Domenico Mario. 1974. "Economia volgare e distribuzione del reddito." In *Il dibattito su Sraffa*, edited by Franco Botta. De Donato, Bari, pp. 261-71.

O'Connor, James. 1973. *The Fiscal Crisis of the State.* St. Martin's Press, New York.

Offe, Claus. 1975. *Berufsbildungsreform. Eine Fallstudie über Reformpolitik.* Suhrkamp Verlag, Frankfurt.

———. 1984. "Crisis of Crisis Management: Elements of a Political Crisis Theory." In *Contradictions of the Welfare State.* MIT Press, Cambridge.

———. 1971. "Dominio politico e struttura di classe." *Rassegna Italiana di Sociologia*, vol. 12, no. 1, pp. 47-82.

———. 1977. *Industry and Inequality: The Achievement Principle in Work and Social Status*, translated by James Wickham. St Martin's Press, New York.

———. 1974. "Rationalitätskriterien und Funktionsprobleme politisch-administrativen Handelns." *Leviathan*, Düsseldorf, no. 3.

———. 1972. *Strukturprobleme des kapitalistischen Staates, Aufsätze zur politischen Soziologie.* Suhrkamp Verlag, Frankfurt.

Offe, Claus, and Wolf-Dieter Narr, eds. 1975. *Wohlfahrtsstaat und Massenloyalität.* Kiepenheuer und Witsch, Cologne.

Ohlin, Bertil. 1925. "Mr. Keynes'Views on the Transfer Problem." *The Economic Journal*, vol. 39, September.

———. 1925. "The Reparation Problem." *The Economic Journal*, vol. 39, June.

Olaquiaga, Celeste. 1992. *Megalopolis: Contemporary Cultural Sensibilities.* University of Minnesota Press, Minneapolis.

Olivecrona, Karl. 1942. *Der Imperativ des Gesetzes.* Munksgaard, Copenhagen.

Paci, Massimo. 1973. *Mercato del lavoro e classi sociali in Italia.* Il Mulino, Bologna.
Panzieri, Raniero. 1972. *La ripresa del marxismo-leninismo in Italia*, edited by D. Lanzardo. Sapere, Milan.
Pashukanis, Eugenii. 1978. *Law and Marxism : A General Theory*, translated by Christopher Aurther. Ink Links, London.
Pateman, Carol. 1988. *The Sexual Contract.* Polity Press, Cambridge.
Pergolesi, Ferruccio. 1943. *Saggi sulle fonti normative.* A Giuffrè, Milan.
Pierandrei, Franco. 1953. "La corte costituzionale e le 'modificazioni tacite' della Costituzione." *Scritti giuridici in onore di Antonio Scialoja*, vol. 4. N. Zanichelli, Bologna, pp. 315-62.
Piore, Michael, and Charles Sabel. 1984. *The Second Industrial Divide.* Basic Books, New York.
Piven, Frances Fox, and Richard Cloward. 1982. *The New Class War.* Pantheon, New York.
———. 1972. *Regulating the Poor.* Random House, New York.
Pizzorno, Alessandro. 1967. "Sul metodo di Gramsci (dalla storiografia alla scienza politica)." *Quaderni di sociologia*, vol. 16, no. 4, Turin.
Pogge, Thomas. 1989. *Realizing Rawls.* Cornell University Press, Ithaca.
Poulantzas, Nicos, 1973. *Political Power and Social Classes*, translated by Timothy O'Hagan. New Left Books, London.
———. 1965. "Préliminaires à l'étude de l'hégémonie dans l'Etat." *Les Temps Modernes*, nos. 234-35.
———. 1969. "The Problem of the Capitalist State." *New Left Review*, no. 58, pp. 67-78.
Predieri, Alberto. 1963. *Pianificazione e costituzione.* Edizioni di comunità, Milan.
Preuss, Ulrich Klaus. 1973. *Legalität und Pluralismus, Beiträge zum Verfassungsrecht der BRD.* Suhrkamp Verlag, Frankfurt.
Pribicevic, Branko. 1955. *The Shop Steward Movement in England.* Oxford University Press, Oxford.
Prosperetti, Ubaldo. 1962. "Lo sviluppo del diritto del lavoro in relazione alle modificazioni della vita economica." *Rivista di diritto del lavoro*, Milan, vol. 14.
———. 1955. "Preliminari sull'autonomia sindacale." *Rivista di diritto del lavoro*, Milan, vol. 7, pp. 158-68.
Pucelle, Jean. 1965. *La nature et l'esprit dans la philosophie de T. H. Green.* 2 vols. Nauwelaerts, Louvain.
Rancière, Jacques. 1974. *L'ideologia politica di Althusser.* Feltrinelli, Milan.
Rawls, John. 1971. *A Theory of Justice.* Oxford University Press, Oxford.
———. 1987. "The Basic Liberties and Their Priority." In *Liberty, Equality, and Law*, edited by M. McMurrin. Cambridge University Press, pp. 1- 88. (Essay originally published in 1982.)
———. 1989. "The Domain of the Political and Overlapping Consensus." *New York University Law Review* 64, pp. 233-55.
———. 1987. "The Idea of an Overlapping Consensus." *Oxford Journal of Legal Studies* 7, February pp. 1-25.

——. 1985. "Justice as Fairness: Political not Metaphysical." *Philosophy and Public Affairs*, vol. 14, no. 3, Summer, pp. 223-51.
——. 1980. "Kantian Constructivism in Moral Theory." *The Journal of Philosophy* 88, pp. 515-72.
——. 1993. *Political Liberalism*. Columbia University Press, New York.
——. 1988. "The Priority of Right and Ideas of the Good." *Philosophy and Public Affairs*, vol. 17, no. 4, Fall pp. 251-76.
——. 1974. "Some Reasons for the Maximin Criterion." *American Economic Review* 64, pp. 141-46.
1934. *Recueil d'études sur les sources du droit en l'honneur de François Geny*. Sirey, Paris.
Reddaway, W. B. 1964. "Keynesian Analysis and a Managed Economy." In *Keynes'General Theory*, edited by Robert Lekachman. St. Martin's Press, New York, pp. 108-23.
Redman, John R. ed. 1964. *The Political Theory of T. H. Green*. Appleton Century Crofts, New York.
Reichelt, Helmut. 1978. "Some Comments on Sybille von Flatow and Freerk Huisken's Essay 'On the problem of the Derivation of the Bourgeois State.'" In *State and Capital*, edited by John Holloway and Sol Picciotto. University of Texas Press, Austin, pp. 43-56.
——. 1970. *Zur logischen Struktur des Kapitalbegriffs bei Karl Marx*. Europa Verlag, Vienna.
Reinhardt, Rudolf. 1957. "Die Vereinigung subjektiver und objektiver Gestaltungskräfte in Verträge." *Festschrift zum 70. Geburtstag von Walter Schmidt-Rimpler*. C. F. Müller, Karlsruhe, pp. 115-38.
Revelli, Marco. 1989. *Lavorare in FIAT*. Garzanti, Milan.
Reviglio, Franco. 1975. "La crisis della finanza pubblica (1970-1974): indicazioni per una diagnosi e una terapia." *Rivista di diritto finanziario*, no. 1.
Ricoeur, Paul. 1990. "John Rawls: de l'autonomie morale à la fiction du contrat social." *Revue de Métaphysique et de Morale*, no. 3, pp. 367-84.
——. 1988. "Le cercle de la démonstration." *Esprit*, no. 2, pp. 78-88.
Riva Sanseverino, Luise. 1948. "Il lavoro nella nuova Costituzione italiana." *Il diritto del lavoro*. CEDAM, Padua, second edition.
Robertson, Dennis Holme. 1920. "Review of *The Economic Consequences of the Peace*." *The Economic Journal*, March.
Robinson, E. A. G. 1964. "John Maynard Keynes 1883-1946." In *Keynes' General Theory*, edited by Robert Lekachman. St. Martin's Press, New York.
Rödel, Ulrich. 1972. *Forschungsprioritäten und technologische Entwicklung*. Suhrkamp Verlag, Frankfurt.
Rolshausen, Carl. 1975. *Wissenschaft und gesellshaftliche Reproduktion*. Suhrkamp Verlag, Frankfurt.
Ronge, Volker. 1975. "Entpolitisierung der Forschungspolitik." *Leviathan, Düsseldorf*, no. 3.
Rorty, Richard. 1990. "The Primacy of Democracy to Philosophy." In *The Virginia Statute of Religious Freedom*, edited by Merrill Peterson and Robert Vaughan. Cam-

bridge University Press, Cambridge, 1987, pp. 257-82. Reprinted in *Reading Rorty*, edited by Alan Malachowski, Basil Blackwell, New York, pp. 279-32.

———. 1987. "Thugs and Theorists: A Reply to Bernstein." *Political Theory*, November pp. 564-80.

Rosdolsky, Roman. 1977. *The Making of Marx's 'Capital,'* translated by Peter Burgess. Pluto Press, London.

Rose, Hilary. 1983. "Hand, Brain, and Heart: A Feminist Epistemology for the Natural Sciences." *Signs*, vol. 9, no. 1, pp. 73-90.

Rosenberg, A. 1967. *Histoire du bolchevisme.* Grasset, Paris.

Rosenblum, Nancy. 1989. Introduction to *Liberalism and the Moral Life.* Harvard University Press, Cambridge. pp. 1-17.

Ross, Alf. 1929. *Theorie der Rechtsquellen, Ein Beitrag zur Theorie des positiven Rechts auf Grundlage dogmenhistorischer Untersuchungen.* F. Deuticke, Leipzig and Vienna.

———. 1946. *Towards a Realistic Jurisprudence*, translated by Annie Fausboll. Munksgaard, Copenhagen.

Roth, Karl Heinz. 1974. *Die "andere" Arbeiterbewegung und die Entwicklung der kapitalistischen Repression von 1880 bis zur Gegenwart.* Trikont Verlag, Munich.

Rovatti, Pier Aldo. 1973. *Critica e scientificità in Marx.* Feltrinelli, Milan.

Rowthorn, Bob. 1974. "Skilled Labour in the Marxist System." *Conference of Socialist Economists Bulletin*, London, Spring.

Runciman, W. G. 1966. *Relative Deprivation and Social Justice.* University of California Press, Berkeley.

Ryan, Michael. 1989. *Politics and Culture: Working Hypotheses for a Post-Revolutionary Society.* Johns Hopkins University Press, Baltimore.

Ryder, A. S. 1966. *The German Revolution.* Cambridge University Press, Cambridge.

Saltzburg, Stephen. 1986. "Another Victim of Illegal Narcotics: The Fouth Amendment." *University of Pittsburgh Law Review*, vol. 48, no. 1.

Samuelson, Paul A. 1964. "The General Theory," In *Keynes' General Theory*, edited by Robert Lekachman. St. Martin's Press, New York, pp. 315-30.

Sandel, Michael. 1988. "Democrats and Community." *The New Republic*, February 22, pp. 20-23.

———. 1982. *Liberalism and the Limits of Justice.* Cambridge University Press, Cambridge.

———. 1984a. "Morality and the Liberal Ideal." *The New Republic*, May 7, 1984, pp. 15-17. Also published as the Introduction to *Liberalism and its Critics*, edited by Michael Sandel, Basil Blackwell, Oxford, pp. 1-11.

———. 1984b. "The Procedural Republic and the Unencumbered Self." *Political Theory*, vol. 12, no. 1, pp. 81-96.

Santoro Passereill, Francesco. 1961. *Saggi di diritto civile.* Jovene, Naples.

Sardei-Biermann, S., J. Christiansen, and K. Dohise. 1973. "Class Domination and the Political System: A Critical Interpretation of Recent Contributions by Claus Offe." *Kapitalstate*, no. 2, pp. 60-69.

Schattscheider, E. E. 1960. *The Semi-sovereign People.* Holt, Rinehart and Winston, New

York.
Schlesinger, Arthur M., Jr. 1957. *The Crisis of the Old Order 1919-1933*. Houghton Mifflin, Boston.
Schlesinger, Rudolf, 1953. *Central European Democracy and Its Background; Economic and Political Group Organisation*. Routledge and Paul, London.
Schwab, Geoge. 1970. *The Challenge of the Exception*, Duncker-Humbolt, Berlin.
Schwarz, W. 1974. "Das 'Kapital im Allgemeinen' und die 'Konkurrenz' in ökonomischen Werk von Karl Marx. Zu Rosdolskys Fehlinterpretation der Gliederung des 'Kapital.'" *Gesellschaft*, no. 1, pp. 222-47.
Seifert, Jürgen. 1974. *Kampf um Verfassungspositionen. Materialien über Grenzen und Möglichkeiten von Rechtspolitik*. Europäische Verlagsanstalt, Frankfurt.
Serafini, Alessandro. 1970. "Gramsci e la conquista dello Stato." *Compagni*, vol. 1, nos. 2-3, May-June, pp. 39-40.
——, ed. 1974. *L'operaio multinazionale*. Feltrinelli, Milan.
Shackle, G. L. S. 1967. *The Years of High Theory: Invention and Tradition in Economic Thought, 1926-1939*. Cambridge University Press, Cambridge.
Sinzheimer, Hugo. 1934-35. "La théorie des sources du droit et le droit ouvrier." *Le problème des sources du droit positif*. Annuaire de l'Institut de Philosophie du droit et de sociologie juridique, first session, Sirey, Paris, pp. 73-79.
Skinner, Quentin. 1984. "The Idea of Negative Liberty: Philosophical and Historical Perspectives." In *Philosophy in History*, edited by R. Rorty, J. B. Schneewind, and Q. Skinner. Cambridge University Press, Cambridge, pp. 193-221.
Skocpol, Theda. 1985. "Bringing the State Back In: Strategies of Analysis in Current Research." In *Bringing the State Back In*, edited by P. Evans, D. Rueschemeyer, and T. Skocpol. Cambridge University Press, Cambridge, pp. 3-37.
——. 1980. "Political Response to Capitalist Crisis: Neo-Marxist Theories of the State and the Case of the New Deal." *Politics and Society*, vol. 10, no. 2, pp. 155-201.
Skocpol, Theda, and Kenneth Fingold. 1990. "Explaining New Deal Labor Policy." *American Political Science Review*, vol. 84, no. 4, December pp. 1297-1315.
Smith, Steven. 1989. *Higel's Critique of Liberalism: Rights in Context*. University of Chicago Press, Chicago.
Sohn-Rethel, Alfred. 1972. *Die ökonomische Doppelnatur des Spätkapitalismus*. Luchterhand, Darmstad.
——. 1978a. *The Economy and Class Structure of German Faschism*, translated by Martin Sohn-Rethel. Free Association, London.
——. 1978b. *Intellectual and Manual Labor: A Critique of Epistemology*. Humanities Press, Atlantic Highlands, N. J.
——. 1971. *Materialistische Erkenntnistheorie und Vergesellschaftung der Arbeit*. Merve Verlag, Berlin.
——. 1973. "Technische Intelligenz zwischen Kapitalismus und Sozialismus." In *Technologie und Kapital*, edited by B. Vahrenkamp, Suhrkamp Verlag, Frankfurt.
——. 1971. *Warenform und Denkform, Aufsätze*. Europa Verlag, Vienna and Frankfurt.
Sraffa, Piero. 1960. *Production of Commodities by Means of Commodities*. Cambridge

University Press, Cambridge.

Sweezy, Paul M. 1964a. "The First Quarter Century." In *Keynes General Theory*, edited by Robert Lekachman. St. Martin's Press, New York, pp. 305-14.

———. 1964b. "John Maynard Keynes." In *Keynes'General Theory*, edited by Robert Lekachman. St. Martin's Press, New York, pp. 297-304.

———. 1953. *The Present as History*. Monthly Review Press, New York.

Swoboda, Ernst. 1934. "Les diverses sources du droit : leur èquilibre et leur hiérarchie dans les divers systèmes juridiques." *Archives de philosophie du droit*, Sirey, Paris, nos. 1-2, pp. 197-207.

Tammelo, Ilmar. 1963. "Contemporary Developments of the Imperative Theory of Law, A Survey and Appraisal." *Archiv für Rechts-und Sozialphilosophie*, vol. 41, nos. 2-3, pp. 255-77.

Taylor, Charles. 1989. "Cross-Purposes : The Liberal-communitarian Debate." In *Liberalism and the Moral Life*, edited by Nancy Rosenblum. Harvard University Press, Cambridge, pp. 159-82.

———. 1975. *Hegel*. Cambridge University Press, Cambridge.

———. 1979. *Hegel and Modern Society*. Cambridge University Press, Cambridge.

———. 1989. *Sources of the Self : The Making of Modern Identity*. Harvard University Press, Cambridge.

Theobald, Robert. 1966. *The Guaranteed Income : Next Step in Economic Evolution?* Doubleday, Garden City, N. Y.

Thompson, E. P. 1963. *The Making of the English Working Class*. Vintage Books, New York.

Treichler, Paula. 1991. "How to Have Theory in an Epidemic : The Evolution of AIDS Treatment Activism." In *Technoculture*, edited by Constance Penley and Andrew Ross. University of Minnesota Press, Minneapolis.

Tronti, Mario. 1966. *Operai e capitale*. Einaudi, Turin.

Unger, Roberto. 1986. *The Critical Legal Studies Movement*. Harvard University Press, Cambridge.

Vahrenkamp. B., ed. 1973. *Technologie und Kapital*. Suhrkamp Verlag, Frankfurt.

Varga, Eugen. 1969. *Die Krise des Kapitalismus und ihre politischen Folgen*, edited by E. Altvater. Europäische Verlagsanstalt, Frankfurt.

———. 1968. *Politico-Economic Problems of Capitalism*, translated by Don Danemanis. Progress Publishers, Moscow.

Vattimo, Gianni. 1991. "Senza Polizia Non C'è Uno Sato." *La Stampa*, September 22.

———. 1992. *The Transparent Society*, translated by David Webb. Polity Press, Oxford.

Vyshinsky, Andrei. 1948. *The Law of the Soviet State*, translated by Hugh Babb, introduction by John Hazard. Macmillan, New York.

Wahl, Nicholas. 1959. "Aux origines de la nouvelle Constitution." *Revue Française de Science Politique*, no. 1, pp. 30-66.

Walzer, Michael. 1981. "Philosophy and Democracy." *Political Theory 9*, pp. 379-99.

———. 1990. "The Communitarian Critique of Liberalism." *Political Theory*, February, pp. 6-23.

Weber, Max. 1968. *Economy and Society*, edited by Guenther Roth and Claus Wittich. 2 vols. University of California Press, Berkely.
Wee, Herman van der, ed. 1972. *The Great Depression Revisited: Essays on the Economics of the Thirties*. Marinus Nijhoff, The Hague.
Wehr, F. 1927-28. "La doctrine de M. Adolphe Merkl." *Revue internationale de la théorie du droit*, vol. 2, pp. 215-31.
——. 1931. "La notion de 'processus juridique' dans la théorie pure du droit." *Studi filosofico-giuridici per Del Vecchio*, vol. 2. Società tipografica modenese, Modena.
Weissbach, H. J. 1975. *Planungswissenschaft. Eine Analyse der Entwicklungsbedingungen und Entwicklungsformen der Arbeitsmarkt*. Achenbach, Biessen-Lollar.
Wirth, Margaret. 1972. *Kapitalismustheorie in der DDR, Entstehung und Entwicklung der Theorie des staatsmonopolistischen Kapitalismus*. Suhrkamp Verlag, Frankfurt.
——. 1977. "Towards a Critique of the Teory of State Monopoly Capitalism." *Economy and Society*, vol. 6, no. 3, August, pp. 284-313.
Wolff, Robert Paul. 1977. *Understanding Rawls*. Princeton University Press, Princeton.
Wygodski, S. L. 1972. *Der gegenwärtige Kapitalismus, Versuch èiner theoretischen Analyse*. Pahl-Rugenstein Verlag, Cologne.
Yaffe, David. 1973. "The Crisis of Profitability." *New Left Review*, no. 80.
——. 1972. "The Marxian Theory of Crisis, Capital and State." *Conference of Socialist Economists Bulletin*, London, Winter.
Zolo, Danilo. 1974, *La teoria comunista dell'estinzione dello Stato*. De Donato, Bari.

著者略歴

Antonio Negri（アントニオ・ネグリ）

1933年生。元パドヴァ大学政治社会科学研究所教授。『転覆の政治学』（小倉利丸訳，現代企画室，2000），『構成的権力』（杉村昌昭・斉藤悦則訳，松籟社，1999），『マルクスを超えるマルクス』（清水和巳ほか訳，作品社，2003），ハートとの共著に，『〈帝国〉』（水嶋一憲ほか訳，以文社，2003），『マルチチュード』（幾島幸子訳，日本放送出版協会，2005）など。

Michael Hardt（マイケル・ハート）

1960年生。デューク大学准教授（比較文学）。パリ第8大学で，当時，フランスに亡命中のネグリに師事。ネグリとの共著のほか，『ドゥルーズの哲学』（田代真ほか訳，法政大学出版局，2003）など。

訳者略歴

長原　豊（ながはら・ゆたか）

1952年生。法政大学教授。『天皇制国家と農民』（日本経済評論社，1989），ジジェク『迫り来る革命』（岩波書店，2004）など。

崎山政毅（さきやま・まさき）

1961年生。立命館大学教授。『サバルタンと歴史』（青土社，2001），『思考のフロンティア　資本』（岩波書店，2004），『異郷の死』（共編，人文書院，2007）など。

酒井隆史（さかい・たかし）

1965年生。大阪府立大学准教授。『自由論』（青土社，2001），『暴力の哲学』（河出書房新社，2004），ネグリ＆ハート『〈帝国〉』（共訳，以文社，2003）など。

ディオニュソスの労働　国家形態批判

2008年4月20日　初版第1刷印刷
2008年4月30日　初版第1刷発行

著　者　アントニオ・ネグリ
　　　　マイケル・ハート

訳　者　長原　豊
　　　　崎山政毅
　　　　酒井隆史

発行者　渡辺博史
発行所　人文書院
〒612-8447　京都市伏見区竹田西内畑町9
電話 075-603-1344　振替 01000-8-1103

装幀者　間村俊一
印刷所　冨山房インターナショナル
製本所　坂井製本所

落丁・乱丁本は小社送料負担にてお取替えいたします

ISBN 978-4-409-03074-5 C 3010